Vertraulichkeitsabsprachen und -zusagen im Spannungsverhältnis von Informationsfreiheit und Vertrauensverhältnissen

AF829811

Europäische Hochschulschriften

European University Studies

Publications Universitaires Européennes

Reihe II	**Rechtswissenschaft**
Series II	Law
Série II	Droit

Band/ Volume **6010**

Katherina Jung

Vertraulichkeitsabsprachen und -zusagen im Spannungsverhältnis von Informationsfreiheit und Vertrauensverhältnissen

Eine Untersuchung zum Mehrpersonenverhältnis im Informationsrecht unter besonderer Berücksichtigung des Informationsfreiheitsgesetzes des Bundes

PETER LANG

Bibliografische Information der Deutschen Nationalbibliothek
Die Deutsche Nationalbibliothek verzeichnet diese Publikation in der Deutschen Nationalbibliografie; detaillierte bibliografische Daten sind im Internet über http://dnb.d-nb.de abrufbar.

Zugl.: Bielefeld, Univ., Diss., 2017

D 361
ISSN 0531-7312
ISBN 978-3-631-75682-9 (Print)
E-ISBN 9978-3-631-75850-2 (E-PDF)
E-ISBN 978-3-631-75851-9 (EPUB)
E-ISBN 978-3-631-75852-6 (MOBI)
DOI 10.3726/b14666

© Peter Lang GmbH
Internationaler Verlag der Wissenschaften
Berlin 2018
Alle Rechte vorbehalten.
Peter Lang – Berlin · Bern · Bruxelles · New York · Oxford · Warszawa · Wien

Das Werk einschließlich aller seiner Teile ist urheberrechtlich geschützt.
Jede Verwertung außerhalb der engen Grenzen des Urheberrechtsgesetzes ist ohne Zustimmung des Verlages unzulässig und strafbar.
Das gilt insbesondere für Vervielfältigungen, Übersetzungen, Mikroverfilmungen und die Einspeicherung und Verarbeitung in elektronischen Systemen.

Diese Publikation wurde begutachtet.

www.peterlang.com

Vorwort

Die Arbeit entstand begleitend zu meiner Tätigkeit als wissenschaftliche Mitarbeiterin am Lehrstuhl für Öffentliches Recht, Staatslehre und Verfassungsgeschichte und beim Examinatoriumsbüro an der Universität Bielefeld. Im Sommer 2017 lag diese an der Universität Bielefeld als Dissertation aus.

Mein großer Dank gilt Prof. Dr. Christoph Gusy, der mich seit meiner Zeit als studentische Hilfskraft an seinem Lehrstuhl stets gefördert hat und mir den Freiraum bei der Themenwahl und der Erstellung der Dissertation ließ.

Herrn Prof. Dr. Andreas Fisahn danke ich für die schnelle Erstellung des Zweitgutachtens und Herrn Prof. Dr. Eidam für die Übernahme des Vorsitzes bei der mündlichen Prüfung.

Bei den Mitarbeitern am Lehrstuhl Gusy möchte ich mich für die schöne Zeit ganz besonders bedanken, insbesondere möchte ich Dr. Christoph Ebeling, der mich für die Tätigkeit am Lehrstuhl angeworben hat, und Dr. Magali Böger, die immer ein offenes Ohr hatte, danken.

Großer Dank geht an Maike Füchtmann und Sarah Garbuszus für das kritische Korrekturlesen. Meinen Eltern, Andreas und Amalia, danke ich für das Vertrauen in mich und die stetige Unterstützung.

Der größte Dank gebührt Arthur Sinulis, der durch seinen Rückhalt die Entstehung dieser Arbeit erst ermöglicht hat und der alle Unlaunen ausgehalten hat. Auch für das Korrekturlesen und die kritischen Anmerkungen muss ihm eine große Anerkennung zu kommen, daher widme ich ihm diese Arbeit.

Bielefeld, im Januar 2018 *Katherina Jung*

Inhaltsverzeichnis

I Problemaufriss und methodisches Vorgehen

Der Begriff der Transparenz kann als eines der Modewörter und Forderungen der letzten Jahre bezeichnet werden. Der Begriff der Transparenz wird unter anderem als „einer der Schlüsselworte der Gegenwart“[1] bezeichnet, da die Forderungen allgegenwärtig sind und sowohl die Politik[2], als auch die Wirtschaft[3] betreffen. Auch in der Rechtswissenschaft und der rechtswissenschaftlichen Diskussion hat die Transparenzdebatte Einzug gehalten, unter anderem wurden Transparenzgesetze[4] und Transparenz-Verordnungen[5] geschaffen. Das Transparenzgesetz ist ein Gesetz des Bundeslandes Hamburg über den Zugang und die Veröffentlichung von Informationen, die in den Behörden des Bundeslandes vorhanden sind. Die Transparenz-Verordnung regelt den Informationszugang zu Informationen des Europäischen Parlamentes, des Rates und der Kommission. Auf bundesstaatlicher Ebene wurde dem Begehren nach staatlicher Transparenz durch das Informationsfreiheitsgesetz[6] nachgekommen. Das Informationsfreiheitsgesetz hat einen Informationszugangsanspruch für Jedermann für Informationen des Bundes geschaffen, was eine Abkehr von dem Arkanprinzip zur Folge hatte. Die unterschiedlichen Gesetze verkomplizieren die Rechtslage, da keine einheitliche Linie und Rechtsprechung existiert. Darüber hinaus regelt das IFG auch nicht die Weiterverwendung von Informationen und auch nicht, was unter den Begriff der Weiterverwendung zu verstehen ist. Das wurde

1 Stehr/Wallner, in: Jansen/Schröter/Stehr(Hrsg.), Transparenz: Multidisziplinäre Durchsichten durch Phänomene und Theorien des Undurchsichtigen, S. 9.

2 Wallner, in: Jansen/Schröter/Stehr (Hrsg.), Transparenz: Multidisziplinäre Durchsichten durch Phänomene und Theorien des Undurchsichtigen, S. 281 ff.; Danach ausführlicher andere Autoren zu dem Themenkontext.

3 Wallner, in: Jansen/Schröter/Stehr (Hrsg.), Transparenz: Multidisziplinäre Durchsichten durch Phänomene und Theorien des Undurchsichtigen, S. 20 ff. Daran anschließend andere Autoren zu dem Themenbereich.

4 Hamburgisches Transparenzgesetz (HmbTG) vom 19. 06. 2012, HmbGVBl. Nr. 29 (2012), S. 271. Im Folgenden zitiert: HmbTG.

5 Verordnung (EG) Nr. 1049/2001 des Europäischen Parlaments und des Rates vom 30. Mai 2001 über den Zugang der Öffentlichkeit zu Dokumenten des Europäischen Parlamentes, des Rates und der Kommission, Abl. Nr. L 145 vom 31. 05. 2001, S. 43 – 48 (Im Folgenden: Transparenz-Verordnung).

6 Gesetz zur Regelung des Zugangs zu Informationen des Bundes (Informationsfreiheitsgesetz – IFG) vom 5. September 2005 (BGBl. I S. 2722), geändert durch Artikel 2 Absatz 6 des Gesetzes vom 7. August 2013 (BGBl. I S. 3154) (Im Folgenden: IFG).

im Informationsweiterverwendungsgesetz[7] normiert. Es wird erkennbar, dass die Rechtslage für den Informationszugangsanspruch noch relativ diffus ist. Ungeachtet dieser neuen Regelungen existieren noch andere „ältere" Akteneinsichts- und Informationsrechte, wie das Akteneinsichtsrecht von Abgeordneten, die Pressegesetze, die Akteneinsichtsrechte nach § 29 VwVfG und auch prozessuale Informationsrechte. Gleichwohl wurden diese Informationsrechte nicht im Rahmen eines Informationsgesetzes oder eines Transparenzrechtes geregelt, sondern sind über verschiedene Gesetze verteilt und bestehen teilweise unabhängig voneinander. Die Dissertation unternimmt an der Stelle den Versuch den Fokus zu erweitern und die bestehenden Informationsrechte in einem Zusammenhang zu betrachten und vorhandene Similaritäten herauszuarbeiten. Dabei wird auch zu thematisieren sein, dass das Informationszugangsrecht nach dem IFG als ein „demokratisch radizierte[s] Informationsrecht"[8] geschaffen wurde. Das Gesetz verfolgt nach Ansicht des Gesetzgebers die Zielsetzung „das Verwaltungshandeln des Bundes [...] transparenter [zu] gestalten [und] [...] demokratische Beteiligungsrechte"[9] zu stärken. Statistisch betrachtet sind aber die Hauptnutzer des Gesetzes wirtschaftlich handelnde Beteiligte – wie Anwälte, die mit den erlangten Informationen eigene Interessen durchzusetzen wollen, und nicht demokratiefördernde Beteiligte. Das wurde durch die Abkehr vom subjektiv-öffentlichen Recht ermöglicht, denn das Informationszugangsrecht des IFG setzt nicht das Vorliegen einer Rechtsverletzung oder die Darlegung eines besonderen Interesses oder Motives voraus. Daher wird das IFG auch als „formales subjektives Recht"[10] bezeichnet. Ungeachtet dieser Transparenzbestrebungen existieren auch Forderungen nach dem Schutz von Geheimnissphären und Privatsphären. Die Beteiligten, die diesen Schutz erreichen wollen, versuchen dies durch die Nutzung von Vertraulichkeitsvereinbarungen zu schaffen. Vertraulichkeitsvereinbarungen sollen den Informationszugang regeln, als Beispiele fallen dazu unter anderen die Kronzeugenregelungen[11] und die Vertraulichkeitszusagen gegenüber V-Personen[12] ein. Das Spannungsverhältnis zwischen den

7 Informationsweiterverwendungsgesetz vom 13. Dezember 2006 (BGBl. I S. 2913), geändert durch Artikel 1 des Gesetzes vom 8. Juli 2015 (BGBl. I S. 1162). Im Folgenden: IWG.

8 Gusy, in: Hoffmann-Riem/u. a. (Hrsg.), Grundlagen des Verwaltungsrechts, Band II, § 23 Rn. 81.

9 BT-Drs. 15/4493, S. 1.

10 Schoch, IFG, § 1 Rn. 16.

11 Abschnitt V.2.a.

12 Abschnitt V.2.c.

Vereinbarungen und den Informationszugangsrechten wird in dieser Dissertation untersucht.

Im Abschnitt II wird zunächst auf das Informationszugangsrecht, welches als Teilbereich des Informationsrechtes verstanden wird, eingegangen. Es wird auch die Transparenz- und Öffentlichkeitsdiskussion betrachtet und eine Einordnung des Informationszugangsrechtes in diese Diskussion vorgenommen. In dem Zusammenhang werden auch die Auskunftsansprüche von Abgeordneten, Pressevertretern und von Beteiligten an einem Verwaltungsverfahren betrachtet. Das zeigt auf, dass Informationsbeziehungen immer Bestandteil von Verwaltungshandeln sind. Daher unternimmt die Dissertation den Versuch eine Ordnungsidee für das Informationsrecht, als Hauptbegriff, nachzuzeichnen, welche sich an der Systematik des Allgemeinen Verwaltungsrechts orientiert. Das Kapitel schließt damit ab, dass konzeptionelle Fehler des IFG – wie die fehlende Systematik der Ausschlussgründe – herausgestellt werden. Die Ausschlussgründe werden dabei in ihrem verfassungsrechtlichen und grundrechtlichen Zusammenhang betrachtet. Das erfolgt unter dem Stichpunkt des Geheimnisschutzrechtes. Der Begriff soll verdeutlichen, dass den Forderungen nach Transparenz auch Gegenforderungen und plakativ gesprochen Geheimnisse entgegenstehen. Ein Geheimnisschutzrecht an sich existiert zwar nicht, soll aber vor Augen führen, dass bestimmte Bereiche des persönlichen, geschäftlichen und staatlichen Handelns schutzbedürftig sind. Dabei ist herauszustellen, dass das Schutzobjekt nicht nur die Rechtsgüter sondern Kommunikations- und Informationsbeziehungen sind. Der Schutz von Kommunikationsbeziehungen wird an der Stelle auch als Situationsschutz bezeichnet.

Aus dem Grund wird im Abschnitt III auf die Beteiligten und die bestehenden Beziehungen zwischen diesen eingegangen. Terminologisch kann zwischen den Informationsgeber oder Dritter i. S. d. IFG, dem Staat einerseits als Informationsnehmer und andererseits als Informationsgeber und den Informationsinteressierten oder dem Auskunftsberechtigten bzw. Informationsnehmer i. S. d. IFG differenziert werden. Die terminologische Einordnung zeigt, dass Informationen Teil von Kommunikationsbeziehungen sind. Daher wird je nach zeitlicher Betrachtung eine andere Bezeichnung der Beteiligten vorzunehmen sein. Der Staat muss eine ausgleichende Funktion einnehmen, denn durch den Informationszugangsanspruch können Informationen Dritter, die an den Staat übermittelt wurden, anderen zugänglich gemacht werden. Dass einige Auskunftsberechtigte den Informationszugangsanspruch zu eigennützigen Zwecken nutzen, wird sodann im nächsten Abschnitt thematisiert.

Im Abschnitt IV wird auf die sogenannte pre-trial-discovery Wirkung des Informationszugangsrechtes eingegangen. Dabei handelt es sich in Anlehnung an das amerikanische Recht um eine Nutzung des Informationszugangsrechtes zur Erlangung von Informationen vor Beginn eines gerichtlichen Prozess. Dabei wird der Begriff des pre-trial-discovery erläutert und die Vereinbarkeit mit der Rechtsordnung diskutiert, abgrenzend zum pre-discovery-Verfahren. In dem Kontext wird auf prozessuale Akteneinsichtsrechte eingegangen, die zum Zwecke rechtsstaatlicher Nutzung geschaffen wurden. Das Informationszugangsrecht, welches als „demokratisch radizierte[s]“[13] Recht geschaffen wurde, wird also als rechtsstaatliches Mittel genutzt. Diese Zweckrichtung und Nutzungsweise wurde von dem historischen Gesetzgeber nicht vorgesehen. Aus dem Grund wird die These aufgestellt, dass die Informationsgeber bzw. Dritten i. S. d. IFG eine zweckwidrige Nutzung des IFG durch die Vereinbarung von sogenannten Vertraulichkeitsvereinbarungen unterbinden wollen.

Im anschließenden Abschnitt V wird auf Vertraulichkeitsvereinbarungen eingegangen. Dazu wird zunächst eine allgemein gültige Definition getroffen. Vertraulichkeitszusagen und -absprachen sind als Teilbegriffe des Begriffs der Vertraulichkeitsvereinbarung zu verstehen. In dem Zusammenhang werden einige Urteile betrachtet, bei denen Vertraulichkeitsvereinbarungen und Informationszugangsrechte bzw. Akteneinsichtsrechte in einem Konflikt zueinander standen. Zum Abschluss des Abschnittes V.3 wird eine Definition getroffen. Dabei wird erkennbar werden, dass Vertraulichkeitsvereinbarungen primär dem Situationsschutz dienen. Das Ergebnis wird unter anderem mit dem Konzept des Vertrauensschutzes, welches einen nachträglichen Situationsschutz schafft, und den zivilrechtlichen Verschwiegenheitsvereinbarungen begründet. Das Ergebnis wird von den Schlussfolgerungen aus Abschnitt II.5.b unterstützt, denn auch Grundrechte dienen dem Schutz kommunikativer Prozesse und nicht nur dem Schutz von Rechtsgütern bzw. Informationsgegenständen. Daran anschließend wird auf die konkrete rechtliche Einordnung eingegangen. Es wird untersucht, ob Vertraulichkeitsvereinbarungen eine materielle oder eine prozessuale Wirkungsweise haben und ob Vertraulichkeitsvereinbarungen mit dem Informationsfreiheitsgesetz vereinbar sind. Die materielle Wirkungsweise verhindert die Entstehung des Informationsanspruchs, weil eine Zweckbegrenzung hinsichtlich der Verwendung der übermittelten Informationen angenommen wird. Bei der prozessualen Wirkungsweise wird angenommen, dass die Vertraulichkeitsvereinbarung auf den Erlass einer Sperrerklärung i. S. d. § 99 Abs. 1 S. 2 VwGO gerichtet ist, um eine öffentliche gerichtliche Verhandlung zu verhindern. Des

---

13 Gusy, in: Hoffmann-Riem/u. a. (Hrsg.), Grundlagen des Verwaltungsrechts, Band II, § 23 Rn. 81.

Weiteren wird die Frage geklärt, ob das bestehende Informationsfreiheitsgesetz einen vertraglichen Anwendungsausschluss des Informationszugangsrechtes entgegensteht oder ob dazu eine zusätzliche gesetzliche Regelung, wie in den Informationsfreiheits- bzw. Transparenzgesetzen der Länder Berlin, Bremen und Hamburg, notwendig ist. Die Frage bildet den Abschluss der Untersuchung.

Zum Abschluss erfolgt ein Resümee der aufgeworfenen Thesen.

II Das Recht des freien Informationszugangs

Um die Fragestellung bearbeiten zu können, muss zunächst auf die Systematik des Rechtes auf freien Informationszugang eingegangen werden. Schon bei der Betrachtung der Terminologie wird erkennbar, dass sowohl von Informationsfreiheit[14] als auch von Informationszugangsfreiheit[15] gesprochen wird. Die unterschiedlichen Begrifflichkeiten sind darauf zurückzuführen, ob der Schwerpunkt auf die Freiheit der Information oder auf den Anspruch an sich – also den Zugang – gelegt wird.

Die Bezeichnung Informationsrecht lässt sich als übergeordnete Terminologie festhalten,[16] die der Systematisierung der Verhältnisse und Verflechtungen innerhalb von Informations- bzw. Kommunikationsprozessen dient.[17] Da aber alle Rechtsbeziehungen auf Kommunikationsbeziehungen aufbauen, ist eine Eingrenzung dahingehend zu treffen, dass ein „informationsspezifischer"[18] Zusammenhang bestehen muss. Eine Kommunikationsbeziehung ist informationsspezifisch, wenn im Zentrum der Kommunikationsbeziehung die Übermittlung von Informationen unter Einsatz besonderer technischer Vorgaben steht.[19] Informationen sind „Sinngehalte, die jemand in einem bestimmten sozialen Kontext bildet"[20]. Dahingegen handelt es sich bei Daten um Zeichen, die eine Informationsgrundlage bilden.[21] Deshalb ist der Begriff Informationsrecht als Oberbegriff für das Datenschutz-, Medien- und Telekommunikationsrecht

---

14 Bull, Was ist Informationsrecht, in: Datenschutz, Informationsrecht und Rechtspolitik, S. 38 ff.; Erdelt, DuD 2003, 465.

15 Schoch, IFG, Einl. Rn. 17 ff.

16 Bull, Was ist Informationsrecht, in: Datenschutz, Informationsrecht und Rechtspolitik, S. 38, 41, wobei Bull drei Untergliederungen differenziert: einerseits die primäre Nutzung, sekundär den anschließenden Austausch von Informationen und tertiär die Organisation des Umgangs mit Informationen. Weiterhin verwendet er die Terminologien Information und Daten synonym, was ebenfalls auf eine Eingliederung des Datenschutzrechts in das Informationsrecht hindeutet.

17 Stohrer, Informationspflichten Privater gegenüber dem Staat, in Zeiten von Privatisierung, Liberalisierung und Deregulierung, S. 46.

18 Kloepfer, Informationsrecht, Vorwort.

19 Kloepfer, Informationsrecht, Vorwort.

20 Bäcker, Der Staat 51 (2012), 91, 92; Genereller: Vesting, in: Hoffmann-Riem/u. a., Grundlagen des Verwaltungsrechts, Band II, § 20 Rn. 18 ff.

21 Bäcker, Der Staat 51 (2012), 91, 92; Vesting, in: Hoffmann-Riem/u. a. (Hrsg.), Grundlagen des Verwaltungsrechts, Band II, § 20 Rn. 11.

zu sehen,[22] insbesondere können das Datenschutzrecht und das Informationszugangsrecht als zwei Ausprägungen des Grundrechts auf informationelle Selbstbestimmung gesehen werden.[23] Nach der Definition von Pitschas bedeutet Informationsrecht „die Gesamtheit jener öffentlich-rechtliche[r] Normen, die sich auf den staatlichen Umgang mit Informationen und Kommunikationshandeln beziehen und die das Informationsverhalten der Behörden untereinander sowie gegenüber den Bürgern regeln."[24]

Als Teilbereich dessen kann das Informationszugangsrecht eingeordnet werden.[25] Das Informationszugangsrecht beschäftigt sich mit dem freien Zugang zu Informationen, über die der Staat[26] verfügt.[27] Durch die terminologische Festsetzung ist zu erklären, wieso Schindel „Datenschutz und das Recht auf Informationsfreiheit als zwei komplementäre Aspekte einer Materie"[28] deklariert.[29] Denn das Datenschutzrecht und das Recht auf Informationsfreiheit oder das Informationszugangsrecht bilden zwei verschiedene Anspruchsrichtungen im System des Informationsrechts, die zu einem Ausgleich geführt werden.[30] Die nachfolgende Untersuchung gestaltet sich durch die zersplitterte Regelungslage im Informationsrecht – bedingt durch die diversen Informationsfreiheitsgesetze[31],

---

22 Kaiser, Die Kommunikation der Verwaltung, S. 276; Kloepfer, Informationsrecht, § 1 Rn. 80.

23 Kloepfer, DÖV 2003, 221; Roßnagel, MMR 2007, 16 ff.; Schoch, in: Informationsfreiheit und Informationsrecht. Jahrbuch 2012, S. 123, 127.

24 Pitschas, in: Hoffmann-Riem/u. a., Reform des Allgemeinen Verwaltungsrechts, S. 219, 242.

25 Zu einem ähnlichen Ergebnis kommt Gurlit, in: Botha/Schaks/Steiger, Das Ende des repräsentativen Staates?, S. 157, 168.

26 Der Begriff „Staat" soll stellvertretend bzw. synonym mit dem Begriff Hoheitsträger verstanden werden.

27 Schoch, IFG, Einl. Rn. 18.

28 Schindel, DuD 1989, 591, 595; Dieser sieht das als Übersetzung für folgenden Satz: „Access and privacy statutes are, in fact, complementary rather than contradictory" House of Commons Canada, General Principles in „Open and Shut: Enhancing the right to know and right to privacy".

29 Caspar, DÖV 2013, 371 ff.; Schoch, in: Informationsfreiheit und Informationsrecht. Jahrbuch 2012, S. 123, 124 ff. zu den differenzierten Auffassungen zu dem Verhältnis von Informationszugangsrecht und Datenschutzrecht.

30 Schoch, in: Liber amicorium Erichsen, S. 247, 259 ff.; Sieber, NJW 1989, 2569, 2571 sieht Informationsrecht ebenfalls als Oberbegriff.

31 Es gibt auf Landes und auf Bundesebene Regelungen und teilweise schon Reformen zu Transparenzgesetzen, vgl. Wohlfarth, LKRZ 2013, 494, 499.

Informationsweiterverwendungsgesetze und die Datenschutzgesetze – als schwierig.[32] Rossi verlangt an der Stelle eine Reform der Informationsfreiheitsgesetze und eine Zusammenfassung der Gesetze zum Informationszugang (zumindest des IFG, des UIG, des VIG und des GeoZG),[33] eine solche Reform ist aber nicht absehbar.[34]

Dementsprechend wird die Terminologie Informationsrecht als Oberbegriff verwendet und die Begrifflichkeit Informationszugangsrecht als Bezeichnung für den konkreten Anspruch auf Erteilung von Informationen. Informationsfreiheit ist als Oberbegriff zum Informationszugangsrecht zu sehen, jedoch als Teilbereich des Informationsrechts.[35] Der Begriff der Informationsfreiheit suggeriert, dass ein Zusammenhang zum Grundrecht auf Informationsfreiheit nach Art. 5 Abs. 1 S. 1 2. HS GG besteht.[36] Die Benennung des IFG als Informationsfreiheitsgesetz ist darauf zurückzuführen, dass ein politisches Interesse an einer griffigen Formulierung bestand.[37]

Wenn nun das Informationsrecht im Zusammenhang des Öffentlichen Rechtes betrachtet wird, könnte gefragt werden, ob das Informationsrecht Bestandteil des Besonderen Verwaltungsrechtes ist. Eine solche Einordnung ist umstritten und wird von einigen als falsch oder unpassend deklariert.[38] Die Vertreter der

---

32 Fehling, DVBl 2017, 79, 81 sieht die Zersplitterung in zweierlei Hinsicht einmal territorial (im Hinblick auf Landes-, Bundes- und europarechtliche Regelungen) und andererseits thematisch (im Hinblick auf die UIGs, VIGs und IFGs).

33 Rossi, ZRP 2014, 201.

34 Hinweis von Schoch, NVwZ 2013, 1033, 1040 mit Hinweis auf Ziekow/Debus/Musch, Bewährung und Fortentwicklung des Informationsfreiheitsrechts = Ausschuss-Drs. 17(4)522B.

35 Bull, ZG 2002, 201; ders., Informationsfreiheitsgesetze – wozu und wie?, in: Datenschutz, Informationsrecht und Rechtspolitik, S. 86, 87: sieht hingegen Informationsfreiheit als das Hinwirken der Behörde auf transparentes Handeln und das Recht aus Art. 5 Abs. 1 S. 1 2. HS GG als Teilmenge, wobei er das nicht als Informationszugangsrecht bezeichnet. Die Begrifflichkeit lehnt er mangels aktiver Handlungsweise des Betroffenen ab. Die Einschätzung ist m. E. verfehlt, sofern von dem Anspruch auf Informationserlangung Gebrauch gemacht wird, bedarf es einer aktiven Handlung, um die Behörde zur Informationsherausgabe zu bewegen.

36 Kritisch Kloepfer/von Lewinski, DVBl 2005, 1277, 1279, die darin eine „Fehlinterpretation“ sehen; Wirtz/Brink, NVwZ 2015, 1166, 1171 sehen die Informationsfreiheit als Ausprägung von Art. 5 Abs. 1 S. 1 2. HS GG, wohingegen die Informationszugangsfreiheit eine einfachrechtliche Normierung ist, die unabhängig von der grundrechtlichen Ausgestaltung ist.

37 Kloepfer/von Lewinski, DVBl 2005, 1277, 1279.

38 Gusy stellt diese für das UIG klar – vgl. Gusy, JZ 1999, 1169.

Ansicht begründen das damit, dass das Informationsrecht eine Querschnittsmaterie zu den tradierten Rechtsgebieten des Zivilrechts, Strafrechts und Öffentlichen Rechts bildet,[39] sodass eine Einordnung in das Öffentliche Recht im Allgemeinen und das Verwaltungsrecht im Speziellen der besonderen Stellung nicht gerecht werden könne. Allerdings ist die Grundidee des Verwaltungsrechtes als System- und Ordnungsidee[40] der Ausgangspunkt für eine Systematisierungsannäherung. Dies könnte der Grund sein, dass einige den Begriff des Informationsverwaltungsrechtes[41] schufen. Durch den Begriff sollen die bestehenden Verflechtungen zwischen den Bürgern und der Verwaltung, die die Informationstätigkeiten betreffen, beschrieben werden.[42] Jedoch wird bei der Verwendung der Begrifflichkeit übersehen, dass Informationsbeziehungen gerade Bestandteile jedes Handeln in der Verwaltung sind,[43] und durch die Schaffung des Begriffs Informationsverwaltungsrechtes nicht ein neues Rechtsgebiet

39 Albers, in: Spiecker/Collin, Generierung und Transfer staatlichen Wissens im System des Verwaltungsrechts, S. 50, 68; Kloepfer, Informationsrecht, § 1 Rn. 67; Schoch, VVDStRL 57 (1998), 158, 163 schreibt dem Öffentlichen Recht eine „Ordnungs- und Gestaltungsfunktion" zu, auch wenn ein großer Teil der informationsrechtlichen Regelungen sich im Zivilrecht finden; Sieber, NJW 1989, 2569, 2575 schreibt dem Öffentlichen Recht eine „Schrittmacherfunktion" im Zusammenhang auf Auskunftsansprüche zu.

40 Vgl. zu der Grundidee: Schmidt-Aßmann, Das allgemeine Verwaltungsrecht als Ordnungsidee. Grundlagen und Aufgaben der verwaltungsrechtlichen Systembildung, Kapitel 1.

41 Augsberg, Informationsverwaltungsrecht; Gurlit, DVBl 2003, 1119 ff.; Pitschas, Die Verwaltung 33 (2000), 111, 124; Kritisch dem Begriff gegenüber: Albers, Rechtstheorie 33 (2002), 61, 89; Laut Kaiser, Die Kommunikation der Verwaltung, S. 261 f. m. w. N. wird nun der Versuch unternommen ein weitergehendes Konzept der Informationsordnung zu entwickeln, welches das Konzept des Informationsverwaltungsrechts umfasst. Zum Begriff der Informationsordnung: Vesting, FS Bundesverfassungsgericht, S. 219 ff.

42 Augsberg, Informationsverwaltungsrecht, S. 195.

43 Gurlit, DVBl 2003, 1119, 1119: „Informationen waren schon immer Gegenstand des Rechts."; Gusy, in: Hoffmann-Riem/u. a. (Hrsg.), Grundlagen des Verwaltungsrechts, Band II, § 23 Rn. 52 sagt, dass „Informationsgewinnung selbst Teil des Verwaltungsverfahrens ist"; Gusy, in: FS Battis, S. 499, 505; Kaiser, Die Kommunikation der Verwaltung, S. 24; Pitschas, in: Hoffmann-Riem/u. a., Reform des Allgemeinen Verwaltungsrechts, S. 219, 265 spricht zwar von Informationsverwaltungsrecht, sieht aber das Verwaltungsrecht im Grund als „Informations- und Kommunikationsrecht".

an sich erzeugt wird.[44] Vielmehr handelt es sich um die Änderung des Fokus;[45] beim Informationsverwaltungsrecht steht der Umgang mit „Wissen"[46], innerhalb eines Kommunikationstransportes,[47] im Vordergrund.[48] Nichtsdestotrotz stellt diese Herangehensweise einen Versuch der Ordnung und Systematisierung dar, welches für die Informationsordnung seit langem versucht wird.[49]

1. Die Informationszugangsfreiheit im Rahmen der Transparenzdebatte

Wenn die Informationszugangsfreiheit betrachtet wird, ist zunächst eine verfassungsrechtliche Einordnung angebracht. Es wird gesagt, dass die Informationszugangsfreiheit als Spezialfall der Transparenzforderung angesehen werden kann.[50] Demnach ist zunächst der Begriff der Transparenz näher zu untersuchen,

---

44 Ebenfalls kritisch zum Begriff des Informationsverwaltungsrechtes: Masing, Transparente Verwaltung. Konturen eines Informationsverwaltungsrechts, VVDStRL 63 (2004), 377 ff. (432 f.)

45 Ähnlich sieht es Kaiser, Die Kommunikation der Verwaltung. S. 24 für die „Entdeckung des Kommunikationsparadigmas". Danach bestanden Kommunikationsbeziehungen von Anfang an, wurden aber als solche erst im Nachhinein beschrieben und S. 243 im Hinblick auf den Zusammenhang von „Information und Kommunikation". Danach ist Kommunikation der Transmitter für das Gut der Information.

46 Augsberg, Informationsverwaltungsrecht, S. 41 „Wissensproduktion", S. 79 „Wissenstransfer", S. 115 „Wissensübernahme", S. 157 „Wissensspeicher", S. 200 „Wissensdistribution, S. 237 „"Nichtwissenmanagement", S. 283 „Wissenstransformation"; Vesting, in: Hoffmann-Riem/u. a. (Hrsg.), Grundlagen des Verwaltungsrechts, Band II, § 20 Rn. 26 f.

47 Vergleiche zu Kommunikationsebenen: Nach Druey, Information als Gegenstand des Rechts, S. 26 ff, liegt die Unterscheidung zwischen Kommunikation und Information darin, dass Information das „statische" ist im Gegensatz zur Kommunikation, was das „dynamische" ist.

48 Das Informationsverwaltungsrecht wird aber im Allgemeinen als „feste[r] Bestand des Verwaltungsrechts" gesehen, vgl. Kaiser, Die Kommunikation der Verwaltung, S. 260 m. w. N.; Vesting, in: Hoffmann-Riem/u. a. (Hrsg.), Grundlagen des Verwaltungsrechts, Band II, § 20 Rn. 5.

49 Schon früh Zöllner, Informationsordnung und Recht, S. 14 f. mit der Anmerkung, dass die Ordnungsidee der Rechtswissenschaft teilweise fremd sei; Schulte, in: Hoffmann-Riem/Schmidt-Aßmann, Verwaltungsrecht in der Informationsgesellschaft, S. 333 zum Wandel der Handlungsformen.

50 Gusy, in: Dix (Hrsg.), Informationsfreiheit und Informationsrecht. Jahrbuch 2015, S. 1, 5.

bevor der Blick auf das Informationsfreiheitsgesetz gerichtet wird. Dabei ist aufzuwerfen, ob der Transparenzbegriff ein verfassungsrechtlicher ist, demjenigen der Öffentlichkeit entspricht oder zumindest einen Teilbereich darstellt.

a. Der Transparenzbegriff

Zu beginnen ist mit dem Begriff der Transparenz. Die Wortherkunft lässt sich auf die lateinischen Begriffe „trans" und „parere" zurückführen - wobei *trans* mit *über* oder *hinüber* zu übersetzen ist und *parere* mit *erscheinen, sichtbar sein*.[51] Der Begriff *parere* wird von Teilen negativ ausgelegt, weil *parere* auch bedeute, dass man auf *jemandes Befehl hin erscheine*, so dass eine gewisse Zwangsrichtung indiziert wird.[52] Kritisiert wird insbesondere, dass sich die Forderung nach Transparenz zu einem „Fetisch"[53], einer „Ideologie"[54] oder auch zu einem „systematische[n] Zwang"[55] entwickle, in dem Sinne, dass viele gesellschaftliche Entwicklungen - wie Umstrukturierungen in Unternehmen[56] - darauf zurückgehen, dass ein gesellschaftliches Bedürfnis nach Transparenz oder vielmehr nach Wissen und Kenntnis bestehe. Natürlich kann die Forderung nach Transparenz bei überspitzter Formulierung negativ gesehen werden, wenn bloß sogenannte „Transparenzattrappen"[57] aufgestellt werden, um tatsächliche Begebenheiten zu verschleiern. Wenn aber der Blickwinkel auf die gesamtgesellschaftliche Entwicklung gelegt wird, wird erkennbar, dass die Transparenzdebatte[58]

---

51 Han, Transparent ist nur das Tote, Zeit 12. Januar 2012.

52 Han, Transparent ist nur das Tote, Zeit 12. Januar 2012.

53 Niggemeyer, Fetisch Transparenz, Der Spiegel 43/2011, S. 68

54 Wewer, Auf dem Weg zum gläsernen Staat?, dms - Zeitschrift für Public Policy 2012, S. 247, 248.

55 Han, Transparent ist nur das Tote, Zeit 12. Januar 2012.

56 Niggemeyer, Fetisch Transparenz, Der Spiegel 43/2011, S. 68, führt das Beispiel der umgebauten Backstuben des Unternehmens Kamps auf, die durch die offenen Backstuben den Konsumenten suggerieren, dass ihr Unternehmen durch vor Ort und frisch gebackene Produkte überzeugen kann. Das Konzept scheint einem Grundbedürfnis der Konsumenten nach transparenten Produktionsmethoden nachkommen zu wollen. Darüber hinaus Gusy, DVBl 2013, 941, 941 Fn. 3 mit weiteren Beispielen.

57 Niggemeyer, Fetisch Transparenz, Der Spiegel 43/2011, S. 68, spricht von „Durchsichtigkeitsattrappen".

58 „Transparenz und Öffentlichkeit [werden] als Modi demokratischer Verwaltung" bezeichnet, Roßnagel, in: Hoffmann-Riem/Schmidt-Aßmann, Verwaltungsrecht in der Informationsgesellschaft, S. 257, 264; Teilweise wurde dies als Publizitätsdebatte geführt, ausführlich: Wegener, Der geheime Staat, S. 120 ff. mit einer Aufschlüsselung der einzelnen Phasen.

große Auswirkungen auf weite Teile des gesellschaftlichen Lebens hat. Dementsprechend wird die rechtliche Entwicklung des 21. Jahrhunderts nicht vor Änderungen verschont.[59] Es werden Begriffe und Prinzipien wie „Verwaltungstransparenz"[60] oder „Transparenz als Verfassungsprinzip"[61] geschaffen.[62] Unter dem ersten Schlagwort wird gerade die Transparenz in behördlichen Strukturen verlangt, und nicht nur die Transparenz von einzelnen legislativen und judikativen Entscheidungen.[63] Unter dem zweiten Schlagwort wird versucht die Begrifflichkeit der Transparenz in die deutsche Verfassungssystematik zu integrieren.[64]

Betrachtet man aber das Grundgesetz, so wird der Begriff der Transparenz nicht gebraucht. Vielmehr findet sich der Begriff der Öffentlichkeit in der Verfassung Verwendung, vgl. Art. 42 Abs. 1 S. 1, 44 Abs. 1 S. 1, 52 Abs. 3 S. 3, 91d, 109a S. 2, 129 Abs. 1 S. 2 HS. 2 GG. Allerdings wird vertreten, dass der Transparenzgedanke sich im Demokratieprinzip, Rechtsstaatsprinzip, dem Bestimmtheitsgebot und dem Bundesstaatsprinzip wiederfinde.[65] Der Ansatz widerspricht nicht dem Ergebnis, dass Transparenz nur ein Bestandteil des Öffentlichkeitsbegriffs ist, denn im Kern ist der Sinngehalt des Transparenzbegriffs mit Erkennbarkeit oder Sichtbarkeit gleichzusetzen und somit als Gegenbegriff zur Geheimhaltung zu verstehen,[66] was ebenfalls an den Begriff des Öffentlichen erinnert.[67] Der Transparenzbegriff hat seinen Ursprung im europarechtlichen Rechtsetzungsraum.[68] Dies wird beispielsweise an der sogenannten Transparenz-Verordnung[69]

---

59 Ähnlich hatte die Debatte um die Öffentlichkeit die juristische Diskussion beeinflusst, vgl. Scherzberg, Die Öffentlichkeit der Verwaltung, S. 289.

60 Fluck, DVBl 2006, 1406.

61 Bröhmer, Transparenz als Verfassungsprinzip, Tübingen 2004.

62 Kritisch im Allgemeinen zu den Transparenzforderungen: Wewer, in: Informationsfreiheit und Informationsrecht. Jahrbuch 2014, S. 161, 164 ff. Wewer sieht die Forderung nach Transparenz als eine bloß politische Forderung, die auf „good governance" und eine „bessere Gesellschaft" abstelle, aber kein effektives Werkzeug an die Hand nehme, ebenda, S. 161, 167 f., 169 f.

63 Fluck, DVBl 2006, 1406, 1406. Ausführlich zur Entwicklung des „Informationsdiskurses": Kaiser, Die Kommunikation der Verwaltung, S. 267 ff.

64 Bröhmer, Transparenz als Verfassungsprinzip, Tübingen 2004.

65 Ausführlich dazu Bröhmer, Transparenz als Verfassungsprinzip, S. 34 ff.

66 Bröhmer, Transparenz als Verfassungsprinzip, S. 25.

67 Abschnitt II.1.b.

68 Vgl. Rossi, Informationszugangsfreiheit und Verfassungsrecht, S. 77; Schoch, in: Informationsfreiheit und Informationsrecht, S. 23, 25 f.

69 Verordnung (EG) Nr. 1049/2001 des Europäischen Parlaments und des Rates vom 30. Mai 2001 über den Zugang der Öffentlichkeit zu Dokumenten des Europäischen

ersichtlich. Auch bei Betrachtung der anderen Sprachfassungen ist zu erkennen, dass von „transparency“ oder „la transparence“ gesprochen wird. Die Übersetzung mit dem Transparenzbegriff ist natürlich naheliegend, kann aber auch in vielen Fällen mit dem Begriff des Öffentlichen oder der Öffentlichkeit geschehen. Da dies nicht erfolgte, kann die Vermutung aufgestellt werden, dass dadurch der Begriff der Transparenz Einzug in die deutsche juristische Terminologie erlangte, was beispielsweise an der Umbenennung einiger Landesinformationsfreiheitsgesetze in Transparenzgesetze sichtbar wird. Allerdings wird die Begrifflichkeit primär im Bezug zur Tätigkeit von Verwaltungsorganen verwendet[70] und da Verwaltungstransparenz nur nachträglich hergestellt werden kann,[71] kann zumindest gesagt werden, dass der Begriff der Transparenz im Gegensatz zum Begriff der Öffentlichkeit nur einen beschränken Aussagegehalt hat.

Infolgedessen ist zu untersuchen, ob der Begriff „Transparenz“[72] dem Terminus der Öffentlichkeit entspricht, oder ob der Ausdruck Transparenz einem gewandelten Verständnis der Öffentlichkeit darstellt und sich aus dem Grund nicht in der Verfassung wiederfindet.

b. Der Öffentlichkeitsbegriff

Dazu ist mit der Untersuchung des Öffentlichkeitsbegriffes zu beginnen.

Bei Betrachtung des Wortsinns von öffentlich tritt der Öffentlichkeitsbegriff vermehrt als Gegenbegriff zu geheim auf.[73] Öffentlich sind Dinge, die der Allgemeinheit zugänglich sind.[74] Der rechtswissenschaftliche Gebrauch des Begriffs „öffentlich“[75] wird durch drei Verständnisrichtungen geprägt. Erstens wird durch die Verwendung innerhalb des Begriffs des „Öffentlichen Rechts“ das Verhältnis zwischen Staat und Bürger beschrieben.[76] Zweitens durch den

---

Parlamentes, des Rates und der Kommission, Abl. Nr. L 145 vom 31. 05. 2001, S. 43 – 48 (Im Folgenden: Transparenz-Verordnung).

70 Rossi, Informationszugangsfreiheit und Verfassungsrecht, S. 78.

71 Rossi, Informationszugangsfreiheit und Verfassungsrecht, S. 79.

72 Der Terminus wird von vielen Seiten aber als ein juristischer verwendet: Kloepfer (Hrsg.), Die transparente Verwaltung; Gusy, Der transparente Staat, DVBl 2013, 941; Gusy, Informationszugangsfreiheit – Öffentlichkeitsarbeit – Transparenz, JZ 2014, 171; Gusy, Transparenz - Verfassungstheoretische und verfassungsrechtliche Aspekte, in: Dix (Hrsg.), Informationsfreiheit und Informationsrecht. Jahrbuch 2015, S. 1.

73 Habermas, Strukturwandel der Öffentlichkeit, S. 57; Westerbarkey, Das Geheimnis, S. 16, S. 24 ff.

74 Martens, Öffentlich als Rechtsbegriff, S. 22.

75 Eine weitere Betrachtung findet sich bei Westerbarkey, Das Geheimnis, S. 24 ff.

76 Vgl. Martens, Öffentlich als Rechtsbegriff, S. 81 ff.

Öffentlichkeitsgrundsatz, der sich in Art. 103 Abs. 1 GG für die Gerichte und in Art. 42 Abs. 1 S. 1 GG für den Bundestag und Art. 52 Abs. 3 S. 3 GG für den Bundesrat wiederfindet, wird der Zugang der Allgemeinheit zu staatlichen Verfahren garantiert,[77] was auch als die Herstellung eines „Kommunikationsforums"[78] bezeichnet werden kann. Drittens wird der Begriff öffentlich als ein Wertbegriff verwendet um Abwägungsentscheidungen anzudeuten, beispielhaft sei § 80 Abs. 2 S. 1 Nr. 4 VwGO genannt.[79] Den drei Funktionen ist im Kern die Zugänglichkeit der Allgemeinheit gemein. Dem rechtswissenschaftlichen Begriff kommt also eine ähnliche Bedeutung wie dem Umgangssprachlichen zu. Mithin lässt sich sagen, dass Öffentlichkeit Voraussetzung für die „Basisdemokratie"[80] ist, welche notwendig für die Grundrechtsausübung ist und der Kontrolle dient.[81] Als Beispiele seien hier die Anwesenheit im Gerichtssaal und der bloße Zugang zu Informationen mit der Option der Kontrolle genannt.

Überdies zeigt die Wahl des rechtsstaatlichen Systems der Republik, dass eine Wahl für die Öffentlichkeit getroffen wurde.[82] Republik leitet sich aus dem lateinischen res publica ab, was mit „öffentliche Sache" übersetzt wird.[83] Durch die Wahl der Staatsform wird somit über das staatsrechtliche Verständnis der Öffentlichkeit entschieden, da die Funktion der Öffentlichkeit und die Beteiligung der Öffentlichkeit Auswirkungen auf die Staatsform haben.

Eine parallele Sichtweise lässt sich für den Begriff der Transparenz statuieren. Aden führt aus, dass transparentes Handeln und eine fortschrittliche (demokratische) Gesellschaft in einem ergänzenden Zusammenhang zueinander stehen.[84] Erst durch Öffentlichkeitsbeteiligung und dem Hinwirken auf Transparenz sind bestimmte historische Umwälzungen geschehen. Das lässt sich im Speziellen an den Reformbemühungen um das IFG und der Weiterentwicklung

---

77 Meinel, KJ 2004, 413, 415 f.; Scherzberg, Die Öffentlichkeit der Verwaltung, S. 290; Zur Idee der Parlamentsöffentlichkeit: Wegener, Der geheime Staat, S. 223 ff.

78 Pitschas, in: Hoffmann-Riem/u. a., Reform des Allgemeinen Verwaltungsrechts, S. 219, 243.

79 Vgl. Martens, Öffentlich als Rechtsbegriff, S. 169 ff.

80 Meinel, KJ 2004, 413, 426, Schmidt-Aßmann, in: Hoffmann-Riem/u. a., Reform des Allgemeinen Verwaltungsrechts, S. 11, 55.

81 Meinel, KJ 2004, 413, 427.

82 Im Gegensatz dazu stehen die „Geheimparlamente", vgl. Rösch, Geheimhaltung in der rechtsstaatlichen Demokratie, S. 112.

83 Ausführlich dazu: Gröschner, VVDStRL 63 (2004), 344, 353 m. w. N.; ders., in: Isensee/Kirchhof (Hrsg.), Handbuch des Staatsrechts. Band II, § 23 Rn. 13 ff.

84 Aden, DZWIR 2012, 360, 360.

zum Transparenzgesetz verdeutlichen. Transparentes Handeln des Staates kann als ein Grundstein von demokratischen Staaten bezeichnet werden.[85] Überdies wird der Zusammenhang von Transparenz und demokratischen Entwicklungen an den Umwälzungen der Glasnost-Bewegung deutlich.[86] Glasnost stammt aus dem Russischen und bedeutet Durchsichtigkeit. Durch die Reformbemühungen sollten die totalitären Regierungsvorgehen in der Stalinzeit überwunden und eine öffentliche und freie Diskussion über den Zustand und den Reformbedarf der Sowjetunion ermöglicht werden,[87] und eine solche Veränderung wird als eine der Ursachen für den Untergang der Sowjetunion gesehen.[88] Das historische Beispiel verdeutlicht den Zusammenhang von transparentem Handeln und demokratischen Reformen und Umwälzungen.[89] Als weiteres historisches Beispiel kann die deutsche Verwaltungstradition angeführt werden, wonach eine Kontinuität der Geheimhaltungspraxis besteht.[90]

Gleichwohl stellt der Transparenzbegriff bloß einen Teilbereich des Öffentlichkeitsbegriffs[91] dar und schließt den Wertbegriff, den der Öffentlichkeitsbegriff umfasst, aus.[92] Jedoch werden die Begriffe ansonsten teilweise synonym verwendet.[93] Die vermehrte Nutzung des Ausdrucks „Transparenz" wird auf den moderneren Klang zurückgeführt und geht mit dem Einfluss des europäischen

85 Pernice, in: Informationsfreiheit und Informationsrecht. Jahrbuch 2013, S. 17, 22 ff. sieht in der transparenten Handlungsweise eine „Öffnung der Staatlichkeit" in dem Sinne, dass eine „Offenheit nach innen" (S. 23) geschaffen wird und Regierungsverantwortung erzwungen wird.

86 Einführend: Schattenberg, Das Ende der Sowjetunion in der Historiographie, APuZ 2011, S. 9 ff.

87 Schattenberg, Das Ende der Sowjetunion in der Historiographie, APuZ 2011, S. 9 ff.

88 Die Sichtweise ist nicht unumstritten: Vgl. zusammenfassend: Schattenberg, Das Ende der Sowjetunion in der Historiographie, APuZ 2011, S. 9 ff.

89 Im Gegensatz dazu war die Sowjetunion an der Wahrung und der Reglementierung von Informationsflüssen interessiert. Ähnlich verlief es in der Zeit des Nationalsozialismus und der DDR unter Führung der SED, vgl. Westerbarkey, Das Geheimnis, S. 83.

90 Ausführlich Wegener, Der geheime Staat, S. 317 – 389.

91 Geminn, AöR 107 (2016), 601, 621 sieht den Begriff der Öffentlichkeit ebenfalls als Oberbegriff und den der Transparenz nur als Teilbegriff; Gusy, in: FS Peine, S. 423, 425 beschreibt Transparenz als „potentielle Öffentlichkeit".

92 Bröhmer, Transparenz als Verfassungsprinzip, S. 19; Masing, VVDStRL 63 (2004), S. 461, 642.

93 Bröhmer, Transparenz als Verfassungsprinzip, S. 21; Drefs, in: T. Dreier/u. a., Informationen der öffentlichen Hand – Zugang und Nutzung, S. 89 ff.

Rechtes einher.[94] Das hat zur Folge, dass der Begriff nun auch im nationalen juristischen Sprachgebrauch verwendet wird, primär sei da an die Rechtsakte der Europäischen Union zu denken,[95] aber auch an die Transparenzgesetze, welche die Informations(freiheits)gesetze ablösen[96]. Allerdings wird der Begriff der Transparenz teilweise negativ assoziiert. So wird bemängelt, dass die bloße Forderung nach Transparenz nicht den Grundproblemen des Informationszugangsanspruchs entgegentreten kann.[97] Stimmen sprechen von einem „Transparenztheater"[98], in dem Sinne dass „Transparenzattrappen"[99] aufgestellt werden, jedoch keine Transparenz geschaffen werde, sondern bloß ein positives Bild zur Außendarstellung gezeichnet werden soll. Das stellt aber einen immanenten Bestandteil der Öffentlichkeitsarbeit dar, denn durch die (Nicht-)Veröffentlichung von Informationen und die Wahl des Publizitätsortes wird immer ein bestimmtes Bild geschaffen.[100] Eine kritische Anmerkung, dass „Transparenzattrappen" aufgestellt werden, kann erfolgen, allerdings ist das eine unumgängliche Folge von Öffentlichkeitsarbeit. Ungeachtet dessen kann solche Öffentlichkeitsarbeit zur Akzeptanz von Entscheidungen führen und Konfliktpotenzial minimieren.[101]

Andererseits könnte die Verwendung des Transparenzbegriffes verdeutlichen, dass mit dem Informationszugangsrecht eine Abkehr vom System des

94 Gusy, in: Dix, Informationsfreiheit und Informationsrecht. Jahrbuch 2015, S. 1, 7 bezeichnet als ein „Zug der Zeit als ein Zug des Rechts"; Gröschner, VVDStRL 63 (2004), S. 344, 351 sieht den Begriff der Transparenz bloß als einen „modernen Terminus", der im Grunde aber den Begriff der Öffentlichkeit repräsentiert.

95 Häberle, VVDStRL 63 (2004), S. 445 mit weiteren Beispielen.

96 Brink/Wirtz, in: Informationsfreiheit und Informationsrecht. Jahrbuch 2015, S. 35 ff. führt die angedachten Reformen zu Transparenzgesetzen (Niedersachsen (S. 45 f.) und Rheinland-Pfalz (S. 47 ff.), die Länder Hessen (S. 46 f.) und Baden-Württemberg (S. 37 ff.) planen derzeit erst den Erlass von Informationsfreiheitsgesetzen); Jauch, DVBl 2013, 16 f. bezeichnet das Hamburger Transparenzgesetz als ein „Paradigmenwechsel".

97 Niggemeyer, Fetisch Transparenz, 43/2011, S. 68; Schröder, Die Verwaltung 4 (1971), 301.

98 Niggemeyer, Fetisch Transparenz, 43/2011, S. 68.

99 Niggemeyer, Fetisch Transparenz, 43/2011, S. 68.

100 Schröder, Die Verwaltung 4 (1971), 301.

101 Zur Akzeptanz: Strohbusch, DVP 2013, 271; Würtenberger, NJW 1991, 257 ff., ders., Die Akzeptanz von Verwaltungsentscheidungen, 1996; Allgemeiner: Kaiser, Die Kommunikation der Verwaltung, S. 29.

subjektiven-öffentlichen Rechtes[102] erfolgt ist.[103] Im Gegensatz dazu umfasse das Konzept der Öffentlichkeit Informationsrechte, die einem subjektiven-öffentlichen Recht entspringen, anders als das voraussetzungslose Informationszugangsrecht des IFG. Zwar wird durch das IFG ein subjektives Recht durch Rechtsakt geschaffen, jenes verlangt aber nicht mehr die Geltendmachung eines eigenen Interesses.[104] Dementsprechend liegt eine „Abkehr“ nur darin, dass ein besonderes Interesse nicht mehr verlangt wird und dass das subjektive Recht vielmehr durch Gesetz statuiert wird. Die Ausweitung des subjektiven Rechtes wird von Teilen auch in Hinblick auf prozessuale Rechte gesehen und kritisiert,[105] nichtdestotrotz handelt es sich um eine Tendenz der Rechtsprechung und der Rechtsakte, die nicht außer Acht gelassen werden kann.

Die folgende Ausarbeitung unterliegt dem Verständnis, dass Transparenz als notwendiges Mittel zur Herstellung von Öffentlichkeit eingesetzt wird und Bestandteil des Begriffs der Öffentlichkeit ist.[106] Dadurch soll ausgedrückt werden, dass nicht nur die Offenlegung von Informationen verlangt wird, sondern vielmehr eine Offenlegung zur Aufklärung von Missständen und zur Ermöglichung von Diskussionen. Mithin wird vorausgesetzt, dass die Information nicht nur zum Zwecke der Veröffentlichung veröffentlicht wird, sondern dass dieses zweck- und zielgerichtet erfolgt.[107] Transparenz ist demnach das Mittel zur Verwirklichung von Öffentlichkeit. Wewer spitzt das dahingehend zu, dass er es als ein Instrument zur Verfolgung eigener Interessen bezeichnet.[108] Die Kritik könnte berechtigt sein, weil das IFG in seiner ursprünglichen Konzeption eine

102 „Die vom öffentlichen Recht dem einzelnen zur Verfolgung seiner Interessen eingeräumte Willens- oder Rechtsmacht“ Schmidt-Preuß, Kollidierende Privatinteressen im Verwaltungsrecht, S. 186 m. w. N.

103 Gusy, JZ 1999, 1169. Gusy, in: Hoffmann-Riem/u. a. (Hrsg.), Grundlagen des Verwaltungsrechts, Band II, § 23 Rn. 81 differenziert zwischen „rechtsstaatlich radizierten“ Auskunftsansprüchen und „demokratisch radizierten“ Informationsansprüchen, was deckungsgleich mit der Einteilung in subjektiv-öffentlich-rechtliche Auskunftsansprüche und den Auskunftsansprüchen nach dem IFG ist.

104 Vgl. Dazu Scherzberg: Die Öffentlichkeit der Verwaltung, S. 378 ff.

105 Steiger, VerwArch 107 (2016), 497, 533.

106 Rossi, Informationszugangsfreiheit und Verfassungsrecht, S. 69 ff. sieht vielmehr das Informationszugangsrecht als Mittel zur Erreichung von Transparenz als Zwischenziel.

107 Nach Humborg, Reflektionen zu Transparenz und Politik, S. 5, beinhaltet die Forderung nach Öffentlichkeit im Gegensatz zur Forderung nach Transparenz die Implikation von Diskussion.

108 Wewer, KritV 2016, 462, 472.

andere Ziel- und Zweckrichtung verfolgt hat, deren tatsächliche Nutzung nun aber eine andere ist. Die unterschiedlichen Motivationen zur Nutzung des IFG werden im Abschnitt III herausgestellt, allerdings geht das Konzept des IFG von einem bloß „formalen" subjektiven Recht aus, sodass die Motivlagen grundsätzlich keine Auswirkungen auf den Anspruch haben.

Bevor aber die diversen Motivationen eingegangen werden kann, ist zunächst die Konzeption des IFG innerhalb der Transparenz- und Öffentlichkeitsdebatte herauszustellen und dann auf die Systematik des IFG einzugehen, wobei auch die grundgesetzlichen Einflüsse nachgezeichnet werden.

c. Das Informationsfreiheitsgesetz

Das Informationsfreiheitsgesetz[109] ist solch ein Transparenzwerkzeug. Da Gesetze als „Mittel der Transparenz"[110] bezeichnet werden, kann das IFG ebenfalls als ein Transparenzmittel[111] betitelt werden.[112] Das Informationszugangsrecht[113] hat grundrechtsermöglichende Wirkung, weil Informationen notwendig sind, um Rechte und Pflichten wahrzunehmen.[114] Und Rechte werden zumeist wahrgenommen, wenn wirtschaftliche Konsequenzen drohen, da Informationen als Wirtschaftsgüter verstanden werden,[115] ist die Funktion der grundrechtsermöglichenden Wirkung nicht zu unterschätzen. Informationen werden häufig als verdinglichte Rechte eingeordnet,[116] sodass dem Schutz von Informationen

109 Zu historischen Hintergründen und den vorgehenden Entwürfen siehe: Angelov, Grundlagen und Grenzen eines staatsbürgerlichen Informationszugangsanspruchs, S. 149 ff.

110 Stentzel, in: Informationsfreiheit und Informationsrecht. Jahrbuch 2008, S. 47, 49 f.

111 Scherzberg, Die Öffentlichkeit der Verwaltung, S. 385, differenziert zwischen vier Arten von „Informationsmittel": 1. „die Erteilung von Auskünften", 2. die „Akteneinsicht", 3. die „Bekanntmachung" und 4. die „Saal- und Medienöffentlichkeit".

112 Rossi, Informationszugangsfreiheit und Verfassungsrecht, S. 77. Rossi schreibt der Transparenz ein Zwischenziel zu und der Förderung der Meinungs- und Willensbildung und die Kontrolle von staatlichen Organen als Hauptziel der Informationszugangsfreiheit.

113 Überblick über die Informationszugangsrechte anderer Staaten: Griebel, Die verfahrensrechtliche Absicherung von Informationsfreiheitsrechten in rechtsvergleichender Sicht.

114 Rossi, IFG, 1. Aufl. (2006), Einleitung Rn. 26, derselbe, Informationszugangsfreiheit und Verfassungsrecht, S. 112 ff. spricht von einer „Grundrechtsgebrauch ermöglichende Wirkung".

115 Püschel, Informationen des Staates als Wirtschaftsgut, 2006.

116 Zech, Information als Schutzgegenstand, S. 64.

eine wirtschaftliche Wirkung zukommt, dadurch dass Unternehmen Anspruch auf bestimmte Schutzstandards haben und sich auf den Anspruch berufen können.[117] Somit kann der Schutz von Betriebs- und Unternehmensgeheimnissen – und das Geheimnisschutzrecht im Allgemeinen – als ein Eigentumsschutzrecht gesehen werden. Die Einordnung setzt allerdings voraus, dass an Informationen Eigentumsrechte bestehen. Dass ein Schutz von Informationen schon seit Jahrhunderten besteht, ist an den Patentgesetzen[118] und den Urheberrechtsgesetzen[119] erkennbar. Denn die angebotenen Güter und Waren, die rechtlich Eigentumsverhältnissen zugeordnet werden, sind Ergebnisse eines Forschungs- und Erstellungsprozesses und ein solcher Prozess ist ohne bestimmte Informationen – also Wissen – nicht möglich. Dementsprechend wurde jahrhundertelang ohne die Nennung des Wortes Information faktisch die Information geschützt. Demnach wurde davon ausgegangen, dass an Informationen Eigentumsverhältnisse bestehen, wobei der Ersteller der Information als Eigentümer gesehen wurde.[120] Der Ersteller muss aber bestimmte Informationen weitergeben und mit seiner Umwelt teilen, zur Erfüllung von staatlichen Aufgaben. Durch die Weitergabe verzichtet er aber nicht konkludent auf seine Rechte, es handelt sich um keine Eigentumsaufgabe. Vielmehr wird eine solche Information nur weitergegeben, wenn sichergestellt ist, dass der Zuordnungsgehalt der Information gewahrt wird. Das lässt sich beispielsweise durch eine „beschränkte Nutzungsüberlassung"[121] gewährleisten, in der vereinbart wird, dass die Information nur zu einem bestimmten Zwecke gegeben wird und nicht an Dritte verbreitet werden darf. Folglich ist nun der Blickwinkel vom bloßen Eigentum auf den Umgang und die Verwertung von Informationen zu legen. Informationen, die der Staat bei der Ausübung seiner (hoheitlichen) Tätigkeit erlangt, beinhalten Beschränkungen.

---

117 Zech, Information als Schutzgegenstand, S. 157.

118 § 9 PatG weist dem Patentrechtsinhaber die ausschließliche Nutzungsmöglichkeit im Rahmen des geltenden Rechtes zu. Das Patent wird durch eine Anmeldung beim Patentamt und der erfolgreichen Patentzuteilung erteilt, vgl. § 7 f. PatG.

119 Nach § 1 UrhG wird der Urheber, also der Schöpfer des Werkes (§ 7 UrhG), nach Maßgabe des Gesetzes geschützt.

120 § 947 und § 950 BGB können an der Stelle als Idee dienen. Danach erwirbt der Hersteller bzw. der bisherige Eigentümer die Eigentümerstellung an dem entwickelten Produkt. Bei Übertragung des Konzeptes auf die Entwicklung von Produkten durch eine Idee dürfte nichts anderes gelten. Der Inhaber der Information/Idee wird Eigentümer des hergestellten Produktes.

121 Zech, Information als Schutzgegenstand, S. 64. Es erfolgt nämlich keine Eigentumsaufgabe, sondern bloß die Einräumung von Nutzungsrechten.

Eine beschränkte Nutzungsüberlassung könnte in Form von Vertraulichkeitsvereinbarungen erwirkt werden,[122] denn die Beschränkung lenkt und ordnet Kommunikationsbeziehungen.

Durch die Schaffung des Informationszugangsrechtes kommt dem Staat die Entscheidungsbefugnis über die Zugangsgewährung zu bestimmten Informationen zu. Dadurch entsteht zwangsläufig eine Kollisionslage mit den beschränkten Zugangsrechten, die der Eigentümer auferlegt hat.

Die Auskunftsbegehren der Informationsinteressierten nach dem IFG sind von altruistischen Motiven, wie der Ausübung der demokratischen Partizipation[123] und der allgemeinen Kontrolle, oder von egoistischen Motiven, wie zur Aufdeckung von Fehlentscheidungen und zur Vorbereitung von Prozessen, geprägt.[124] Die subjektiven Motivlagen sind für das Bestehen des Anspruchs nicht von Relevanz, weil der Anspruch voraussetzungslos ist, sodass eine bestimmte Rechtsbetroffenheit nicht nachzuweisen ist. Auf Grund dessen wird das Informationszugangsrecht kritisiert, weil eine Abkehr vom Prinzip des subjektiven öffentlichen Rechts bestehe.[125]

2. Der Anspruch auf Informationszugang aus grundrechtlicher Sicht

Die verfassungsrechtliche Normierung eines Informationsfreiheitsrechtes findet sich in Art. 5 Abs. 1 S. 1 2. HS GG.[126] Danach hat jeder das Recht sich aus allgemein zugänglichen Quellen zu unterrichten. Um die Reichweite des Anspruches zu begreifen, bedarf es der Auslegung des Begriffs „allgemein zugängliche Quellen". Die Auslegung muss durch die Verfassung und nicht durch das einfache Recht erfolgen.[127] Mithin kann durch die Schaffung des IFG und eines Anspruch

122 Vgl. Abschnitt V.

123 Grundlegend zum Zusammenhang von Demokratie und Partizipation: Fisahn, Demokratie und Öffentlichkeitsbeteiligung.

124 Vgl. Gusy, in: Hoffmann-Riem/u. a. (Hrsg.), Grundlagen des Verwaltungsrechts. Band II, § 23 Rn. 91.

125 Vgl. Schoch, IFG, § 1 Rn. 16 sieht nur ein „formales subjektives Recht". Kritik stammt vielmehr von Ibler, in: FS Brohm, S. 405, 411; Scholz, BKR 2008, 485, 486.

126 Zum individuellen Anspruch nach Art. 5 Abs. 1 GG: Kugelmann, Die informatorische Rechtsstellung des Bürgers, S. 60 ff.; Wegener, Der geheime Staat, S. 476 f. Angelov, Grundlagen und Grenzen eines staatsbürgerlichen Informationszugangsanspruchs, S. 35 ff. führt die die bestehenden Meinungen bis zum Jahr 2000 aus, die einer solchen Einordnung kritisch gegenüber standen.

127 Gurlit, VVDStRL 63 (2004), 450; Scherzberg, VVDStRL 63 (2004), 452, 453.

auf Informationszugang kein Rückschluss auf die Auslegung des Art. 5 Abs. 1 S. 1 2. HS GG gezogen werden.

Nach der Definition des Bundesverfassungsgerichtes sind Quellen allgemein zugänglich, wenn sie „technisch geeignet und bestimmt [sind], der Allgemeinheit, d. h. einem individuell nicht bestimmbaren Personenkreis, Informationen zu verschaffen.“[128] Diese Definition umfasst zwei Komponenten: erstens muss die Quelle technisch geeignet sein und zweitens dazu bestimmt sein, der Allgemeinheit einen Informationszugang zu verschaffen.[129] Bei klassischen Papierakten muss zunächst eine Vervielfältigung vorgenommen werden, um eine Verbreitung an einen weiten Personenkreis vornehmen zu können. Durch die verbesserten Kopier-/Scangeräte und Fotoapparate ist eine leichtere Verbreitungsmöglichkeit gegeben.[130] Und insbesondere durch die fortschreitende Umstellung der Aktenführung auf elektronische Akten[131] ist die Möglichkeit der Verbreitung gestiegen, da in dem Fall eine Versendung per E-Mail, eine Übertragung mit einem USB-Stick oder ein Ausdruck nur einen geringen Arbeitsaufwand verursacht. Die Entwicklung wird auf Bundesebene durch das EGovG[132] vorangetrieben. Im Rahmen des IFG bedeutet, dass das zumindest die Berufung auf den Ausnahmegrund des unverhältnismäßigen Mehraufwandes (§ 1 Abs. 2 S. 3 IFG) nicht mehr gegeben ist.[133] Da die technische Verbreitungsmöglichkeit gesteigert wurde,[134] bedeutet das für den verfassungsrechtlichen Anspruch, dass die erste Voraussetzung nun eher erfüllt ist. Dem Ansatzpunkt kann nicht entgegengehalten werden, dass noch einige technische Zwischenschritte überwunden werden müssen. Es kann nicht auf „normale technische Mittel“ abgestellt werden, sondern es ist auf alle technisch möglichen Mittel abzustellen.[135] Ungeachtet dessen

128 BVerfGE 27, 71, 83; Schoch, Jura 2008, 25, 28.

129 Trosch, Grenzen einer Kommerzialisierung von Informationen des öffentlichen Sektors, S. 72.

130 Überblicksartig zu technologischen Entwicklung: Schoch, VVDStRL 57 (1998), 158, 169 ff.

131 Schon früh zur Akteneinsicht in elektronische Akten: Bachmann/Pavlitschko, MMR 2004, 370 ff.

132 Gesetz zur Förderung der elektronischen Verwaltung (EGovernment-Gesetz - EGovG) vom 25. Juli 2013 (BGBl. I S. 2749).

133 Sydow, in: T. Dreier/u. a. (Hrsg.), Informationen der öffentlichen Hand – Zugang und Nutzung, S. 193, 204; schon grundsätzlicher zu dem Thema: Sydow, NVwZ 2013, 467, 468 f.

134 So sieht es ebenfalls: Sydow, in: T. Dreier/u. a. (Hrsg.), Informationen der öffentlichen Hand – Zugang und Nutzung, S. 193, 207.

135 Lerche, Jura 1995, 561, 566.

werden die meisten Behördenakten weiterhin mit der Intention geführt, dass nicht jede Person Einsicht nehmen kann. Trotz des technischen Fortschrittes ist eine Änderung der bisherigen Praxis nicht anzunehmen.[136]

Um die Voraussetzung des Art. 5 Abs. 1 S. 1 2 HS GG zu erfüllen, müssen die Akten weiterhin dazu bestimmt sein, der Allgemeinheit zugänglich zu sein. Grundsätzlich steht dem Urheber oder „Erschaffer" der Information das Bestimmungsrecht über den Umfang der Zugangsberechtigten zu der Information zu.[137] Ein solches Recht kann durch Rechtsakt auf einen Dritten übertragen werden.[138] Nach Ansicht des Bundesverfassungsgerichtes kann das der Gesetzgeber durch die Öffnung von Informationsquellen und durch den Erlass von Gesetzen wie dem Informationsfreiheitsgesetz ermöglichen.[139] Dazu muss dem Gesetzgeber aber ein Bestimmungsrecht im Hinblick auf die Information zukommen.[140] Das Bestimmungsrecht wird aber durch die Rechte der Einzelnen – insbesondere der Personen, die die Informationen zur Verfügung stellen – beschränkt.[141] Schließlich kann nicht angenommen werden, dass durch die Schaffung des IFG eine Ausweitung des Begriffes der „bestimmten" Informationen angenommen werden kann. Folglich ist keine Ausweitung des verfassungsrechtlichen Anspruches anzunehmen.

Daher werden allgemein zugängliche Quellen teilweise als öffentliche Quellen bezeichnet, was zu seiner synonymen Verwendung der beiden Begriffe führt.[142] Somit sind vertrauliche Quellen – als Gegenbegriff zu öffentlichen und damit zu allgemein zugänglichen Quellen – vom Anwendungsbereich ausgeschlossen. Der Anwendungsbereich des Grundrechts ist beschränkt. Die geschichtliche Betrachtung unterlegt diese Schlussfolgerung, denn der historische Gesetzgeber verfolgte das Ziel, das staatliche Vorgehen in der NS-Zeit zu überwinden.[143]

---

136 Schon früher: BVerfG, B. v. 30. 01. 1986 - 1 BvR 1352/85 = NJW 1986, 1243 ff.

137 Lerche, Jura 1995, 561, 565.

138 Schoch, Jura 2008, 25, 29; Ibler, BT-Innenausschuss-Drs. 17(4)573 B, S. 3.

139 BVerfGE 103, 44, 61 im Zusammenhang mit dem Zugang zu Gerichtsverhandlungen und den Bestimmungen zum Ausschluss der Öffentlichkeit. An der Stelle trifft das Bundesverfassungsgericht keine Aussage über das Zugangsrecht des IFG. Ein solches schreibt Ibler an der Stelle der Aussage des Gerichtes zu, vgl. Ibler, BT-Innenausschuss-Drs. 17(4)573 B, S. 3.

140 BVerfGE 103, 44, 61.

141 BVerfGE 103, 44, 61.

142 BVerfG U. v. 30. 01. 1986 – 1 BvR 1352/85; Herzog, in: Maunz/Dürig (EGL: 20 – alte Fassung), Art. 5 Abs. I, II Rn. 90.

143 BVerfGE 27, 71, 84; Schmidt-Jortzig, in: Isensee/Kirchhof (Hrsg.), Handbuch des Staatsrechts. Bd. VII, § 162 Rn. 34; H. Weber, RDV 2005, 243, 245; Wegener, Der geheime Staat, S. 356 ff.

Während des Nationalsozialismus wurde das Hören von ausländischen Medien pönalisiert,[144] um ein solches staatliches Vorgehen in Zukunft zu verhindern, wird nun der Zugang zu allgemein zugänglichen Quellen grundrechtlich geschützt.[145]

Teleologisch betrachtet lassen sich zwei Komponenten der Informationsfreiheit aus Art. 5 Abs. 1 S. 1 2 HS GG entnehmen. Einerseits ist die Informationsfreiheit eine notwendige Voraussetzung der Demokratie, sodass es im Zusammenhang mit dem Demokratieprinzip aus Art. 20 Abs. 1 GG gesehen werden muss.[146] Bekanntermaßen ist eine informierte Öffentlichkeit[147] notwendige Voraussetzung für die Ausübung demokratischer Aufgaben,[148] da ein organisiertes Vorgehen des Volkes Kommunikation voraussetzt. Und Kommunikation, die eine inhaltliche Auseinandersetzung verfolgt, gebietet den Zugang zu Informationsquellen, sodass ein politischer Wille bzw. ein gemeinsamer politischer Wille erst durch Informationsaustausch entstehen kann.[149] Zudem verlangt das Demokratieprinzip eine „Pflicht zur [...] Publizität"[150], um die demokratische Legitimation wahren zu können. Darüber hinaus könnte ein Ansatzpunkt in der Beteiligung der einzelnen Staatsbürger an dem Staat als Steuerzahler als Argument aufgeführt werden. Der Steuerzahler hat einen Anspruch auf Kenntnis über die Verwendung der bereitgestellten Mittel.[151]

Andererseits muss die Informationsfreiheit in Verbindung mit Art. 1 Abs. 1 und Art. 2 Abs. 2 GG gesehen werden, sodass eine individuelle Komponente

---

144 Schmidt-Jortzig, in: Isensee/Kirchhof (Hrsg.), Handbuch des Staatsrechts. Band VII, § 162 Rn. 34; H. Weber, RDV 2005, 243, 245.

145 Schmidt-Jortzig, in: Isensee/Kirchhof (Hrsg.), Handbuch des Staatsrechts. Band VII, § 162 Rn. 34.

146 Nach Ansicht von Wegener, in: FS Bartlsperger, S. 165, 169 ergibt sich ein verfassungsunmittelbaren Anspruch aus Art. 5 Abs. 1 S. 1 2. HS GG in Zusammenschau mit dem Demokratieprinzip aus Art. 20 GG; Wegener, Der geheime Staat, S. 392 f.; Angelov, Grundlagen und Grenzen eines staatsbürgerlichen Informationszugangsanspruchs, S. 68 ff. enthält eine Zusammenfassung über den Meinungsstand.

147 Zum Konzept der informierten Öffentlichkeit: Martin, Das Steuerungskonzept der informierten Öffentlichkeit.

148 Scherzberg, ThürVBl. 2003, 193, 196 f.; Schmidt-Jortzig, in: Isensee/Kirchhof (Hrsg.), Handbuch des Staatsrechts. Band VII, § 162 Rn. 34.

149 Scherzberg, ThürVBl. 2003, 193, 196.

150 Scherzberg, ThürVBl. 2003, 193, 197.

151 Shiono, in: FS für Klaus Stern, S. 1513, 1516, sieht es als ein „right to know" an, weil bzgl. Öffentlicher Angelegenheiten selbstverständlich ein öffentliches Interesse besteht.

besteht, zumal Informationen und Wissen notwendig sind, um die Persönlichkeit entfalten zu können.[152]

Darüber hinaus ist eine europarechtskonforme Auslegung durch die Betrachtung der europäischen Gesetzeslage anzudenken. Hier ist das europarechtliche Transparenzgebot, welches sich in Art. 1 Abs. 2, 10 Abs. 3, 11 Abs. 1, 2 EU, Art. 15 AEUV und in Art. 42 der Grundrechte Charta findet, zu betrachten. Der Grundsatz der Transparenz bildet ein europäisches Grundprinzip ab.[153] Darüber hinaus konstituiert Art. 15 Abs. 3 1 UA AEUV einen Informationszugangsanspruch auf europarechtlicher Ebene.[154]

Eine solche verfassungsrechtliche Verankerung findet sich auf nationaler Ebene nicht, auch wenn Forderungen nach einer grundgesetzlichen Verankerung bestehen.[155] Ebenfalls wird grundsätzlich ein verfassungsrechtlicher Anspruch aus Art. 5 Abs. 1 S. 2 GG abgelehnt,[156] wobei aber in Einzelfällen – bei einer fehlenden einfachgesetzlichen Normierung – ein direkter Anspruch angenommen wird.[157] Dem wird teilweise kritisch entgegengesetzt, dass Grundrechte grundsätzlich keine Anspruchsnormen seien. Der Argumentation kann aber Jellineks Grundrechtslehre entgegengesetzt werden. Die Grundrechte sind in ihrer Hauptfunktion Abwehrrechte[158] gegen den Staat und haben nach Jellineks Statuslehre einen negativen Status.[159] Der positive Status wird durch die Erfüllung von Schutzpflichten, die sich aus den Grundrechten ergeben, gesehen.[160]

---

152 BVerfGE 27, 71, 81; Schmidt-Jortzig, in: Isensee/Kirchhof (Hrsg.), Handbuch des Staatsrechts. Band VII, § 162 Rn. 34.

153 Calliess, in: Calliess/Ruffert, EUV – AEUV. Kommentar, 4. Aufl. (2011), Art. 1 EUV Rn. 75; Dörr, in: Papier/Merten (Hrsg.), Handbuch der Grundrechte. Band IV, § 103 Rn. 87.

154 Hofstötter, in: Informationsfreiheit und Informationsrecht. Jahrbuch 2014, S. 133, 133; Schoch, in: Informationsfreiheit und Informationsrecht. Jahrbuch 2011, S. 23, 27 f.

155 Baller, Informationsgesellschaft - eine Mogelpackung? Zur Notwendigkeit eines Grundrechts auf Information, in: Haratsch/Kugelmann/Repkewitz (Hrsg.), Herausforderungen an das Recht der Informationsgesellschaft, 1996, S. 33 ff.

156 Druey, Information als Gegenstand des Rechts, 11. Kap. II 1 (S. 326), sagt, dass es ein „Grundrecht auf Information per se […] nicht geben“ kann, vielmehr bedürfte es immer der „Qualifizierung der Situation“, was wohl mit einem konkreten Anspruch verbunden sein muss; Partsch, AfP 2012, 516 (Fn. 11 ff. m. w. N.).

157 Bezogen auf die Pressefreiheit: BVerwG, Urt. v. 20. 02. 2013, Az. 6 A 2.12.

158 Isensee, Das Grundrecht als Abwehrrecht und als staatliche Schutzpflicht, in: Isensee/Kirchhof (Hrsg.), Handbuch des Staatsrecht. Band IX, § 191 Rn. 47 ff.

159 Jellinek, System der subjektiven öffentlichen Rechte, S. 94 ff.; Zur Kritik an Jellineks Statuslehre: Vgl. Alexy, Theorie der Grundrechte, 5. Kapitel II (S. 243 ff.).

160 Jellinek, System der subjektiven öffentlichen Rechte, S. 114 ff.

Die Schutzpflichten sind auf die Abwehr von Gefahren, die von Privatpersonen kommen können, gerichtet.[161] Der aktive Status[162] der Grundrechte wird bei Mitwirkungsrechten und Beteiligungsrechten angenommen – typischerweise die Wahl- und Stimmrechte –[163], wobei die politischen Mitwirkungsrechte sowohl aus dem demokratischen Prinzip als auch den einzelnen Grundrechten, insbesondere den Kommunikationsgrundrechten[164], hergeleitet werden.[165] Da es sich bei dem Informationsrecht aus Art. 5 Abs. 1 S. 1 2 HS GG um ein Kommunikationsgrundrecht handelt, welches „schlechthin konstitutiv" für die demokratische Teilhabe ist,[166] ergibt sich daraus ein Teilhaberechte für die Bürger. Herzog sieht einen Anspruch aus Art. 5 Abs. 1 S. 1 2 HS GG i. V. m. Art. 20 Abs. 1 GG zumindest als gegeben an, wenn ansonsten eine öffentliche Meinungsbildung nicht gewährleistet ist.[167] Ansonsten bestehe die Gefahr, dass der Informationssuchende keine Informationen erhält, weil eine Informationsübermacht auf der anderen Seite bestehe.[168]

Aus diesem Blickwinkel erklärt sich der Ansatzpunkt für einen grundrechtlichen Auskunftsanspruch.[169] Ein solcher kann aus dem Informationszugangsrecht aus Art. 5 Abs. 1 S. 1 2 HS GG hergeleitet werden. Früher wurde ein solcher Anspruch abgelehnt.[170] Das Grundrecht auf Informationszugang sei nämlich kein subjektives Recht und systematisch betrachtet, könnte ansonsten die negative Meinungsfreiheit der Dritten auf Nichtäußerung betroffen sein.[171]

161 Isensee, Das Grundrecht als Abwehrrecht und als staatliche Schutzpflicht, in: Isensee/Kirchhof (Hrsg.), Handbuch des Staatsrecht. Band IX, § 191 Rn. 1.

162 Jellinek, System der subjektiven öffentlichen Rechte, S. 136 ff.

163 Stern, in: Isensee/Kirchhof (Hrsg.), Handbuch des Staatsrechts. Band IX, § 185 Rn. 66.

164 Art. 4, 5, 8 Abs. 1, 9 Abs. 3 GG.

165 Stern, in: Isensee/Kirchhof (Hrsg.), Handbuch des Staatsrechts. Band IX, § 185 Rn. 67.

166 BVerfGE 7, 198, 208; 10, 118, 121; 12, 205, 259; 20, 56, 97 f.; 20, 162, 174 ff.; 27, 71, 81 f.; 35, 202, 221 f.; Seifert, Vorgänge 1981, 1, 1 f.

167 Herzog, in: Maunz/Dürig (EGL: 20 -alt-), Art. 5 Abs. I, II Rn. 101; Wegener, in: FS Bartelsberger, S. 165, 178.

168 Herzog, in: Maunz/Dürig (EGL: 20 -alt-), Art. 5 Abs. I, II Rn. 103.

169 Weiterhin kann darauf abgestellt werden, dass Grundrechte auch als subjektive Rechte zu verstehen sind: Alexy, Theorie der Grundrechte, 4. Kapitel (S. 159 ff.)

170 Dörr, in: Papier/Merten (Hrsg.), Handbuch der Grundrechte. Band IV, § 103 Rn. 75 f.; Langer, Informationsfreiheit als Grenze informationeller Selbstbestimmung, S. 144.

171 Vgl. dazu Langer, Informationsfreiheit als Grenze informationeller Selbstbestimmung, S. 144 f.

Ungeachtet dessen bestehen Bestrebungen zu einer Reform des Grundgesetzes und zu einer verfassungsrechtlichen Verankerung eines Auskunftsanspruchs[172]. In letzter Zeit leitet die Rechtsprechung bei fehlender einfachgesetzlicher Normierung einen solchen Mindestanspruch aus den Grundrechten her.[173] Demnach ist die frühere Ansicht als überholt anzusehen.

Teilweise wird der Informationsanspruch nicht aus Art. 5 Abs. 1 S. 1 GG hergeleitet, sondern aus dem betroffenen Grundrecht. Das Bundesverwaltungsgericht entschied bei der Klage eines Bewerbers in einem Vergabeverfahren, dass dem Kläger ausnahmsweise der Informationszugang nach Art. 12 Abs. 1 GG zu gewähren sei, da ansonsten die subjektiven Rechte nicht geltend gemacht werden könnten. Dies hang damit zusammen, dass die bisherigen Vergabeentscheidungen jahrzehntelange zu Gunsten eines anderen Unternehmers fielen und ein faires Bewerbungsverfahren ohne ausreichende Informationen nicht erfolgen könnte.[174] Der Fall verdeutlicht, dass Informationsrechte und –ansprüche grundrechtsermöglichend sind. An der Stelle ist anzumerken, dass es sich primär um die Herstellung eines fairen Verfahrens handelt. Es sollte das Rechtsschutzgebot gewahrt werden, denn der Staat muss dafür Sorge tragen, dass Rechte verwirklicht werden können. Der Bürger hat zumindest aus seinem jeweils betroffenen Rechtsgut einen Anspruch auf Informationsgewährung, wenn die Herausgabe der Information notwendig zur Verwirklichung des Rechtsschutzes ist. Dementsprechend ergibt sich aus dem Gedanken des Rechtschutzgebotes in Verbindung mit dem betroffenen Grundrecht ein Anspruch des Einzelnen auf Informationsgewährung, welches einem subjektiven öffentlichen Recht entspricht.[175]

Ein weiteres Beispiel in dem Zusammenhang stellt der Zugang zu Informationen, die staatliche Stellen über ein Individuum sammeln, auf Grund der

---

172 Vgl. BT-Drs. 16/9607 (Gesetzentwurf von BÜNDNIS 90/DIE GRÜNEN zur Änderung des Grundgesetzes): Der Entwurf sah die Einführung eines Art. 5a GG mit folgendem Inhalt vor: „Jeder hat das Recht auf Zugang zu Daten öffentlicher Stellen. Beschränkungen dieses Rechtes dürfen nur auf gesetzlicher Grundlage und nur erfolgen, wenn öffentliche Interessen die Vertraulichkeit zwingend gebieten oder ein überwiegendes Interesse Dritter an der Vertraulichkeit besteht" (S. 3). Weitergehend: Kloepfer/Schärdel, JZ 2009, 453, 461; Caspar, in: Dix (Hrsg.), Informationsfreiheit und Informationsrecht. Jahrbuch 2011, S. 297; Ziekow/Debus/Musch, Bewährung und Fortentwicklung des Informationsfreiheitsrechts, S. 59.

173 Für die Presse besteht ein grundrechtunmittelbarer Auskunftsanspruch aus Art. 5 Abs. 1 S. 2 GG: BVerwGE 146, 56; bestätigt durch BVerwG, Urt. v. 25. 3. 2015 – 6 C 12/14, NVwZ 2015, 1388.

174 BVerwG, Urteil vom 02. Juli 2003 – 3 C 46/02 –, BVerwGE 118, 270.

175 Vgl. Scherzberg, ThürVBl. 2003, 193, 198.

informationellen Selbstbestimmung nach Art. 2 Abs. 1 i. V. m. Art. 1 Abs. 1 GG dar.[176] Ohne die Gewährung eines solchen Anspruches könnte der Bürger ansonsten nicht kontrollieren, ob der Staat rechtswidrig in seine Grundrechte durch staatliche (Überwachungs-)Maßnahmen eingegriffen hat. Weiterhin steht dem Bürger ein Anspruch auf Informationszugang aus Art. 3 Abs. 1 GG i. V. m. den Grundsätzen der Verwaltungspraxis zu, sofern die Behörde eine Informationsgewährung in ihrer Verwaltungspraxis eingeführt hat.[177]

Ergänzend ist zu erwähnen, dass die Publizität von Verwaltungsentscheidungen aber immer einen subjektiven Charakter innehat, da Verwaltungsentscheidungslinien und Rechtsprechungslinien erkennbar werden.[178] Dadurch wird Rechtsschutzsuchenden die Möglichkeit eröffnet ihre Rechtsinteressen zunächst anhand der bisherigen Verwaltungspraxis zu prüfen. Das kann dazu führen, dass Gerichtsverfahren in einem frühen Stadium nicht aufgenommen werden oder gerade aufgenommen werden, weil Fehler im Verfahren offensichtlich sind. Ein öffentliches Verhalten kann also im Endeffekt zur Entlastung der Gerichte und Behörden führen.

Wenn nun abschließend noch ein Blick auf die Verfassungen der Länder geworfen wird, fällt auf, dass bis auf Brandenburg (Art. 21 Abs. 4 der brandenburgischen Verfassung[179]) eine verfassungsrechtliche Verankerung des Informationszugangsanspruchs nicht besteht.[180] Darüber hinaus besteht kein weitergehender landesrechtlicher Schutz von Informationsrechten. Die verfassungsrechtlichen Auskunftsansprüche zeigen aber, dass es sich um „rechtsstaatlich radizierte“[181] Auskunftsansprüche handelt, die die Verletzung eines subjektiven Rechtes verlangen. Sofern Herzog[182] auf einen allgemeinen Auskunftsanspruch abstellt, so

---

176 BVerfGE 65, 1, 43; Nun einfachgesetzlich durch das BDSG ausgestaltet. Weitere Nachweise bei Guckelberger, VerwArch 97 (2006), 62, 67; Kugelmann, DÖV 2005, 851, 856.

177 VGH Mannheim, U. v. 30. 07. 2009 – 6 S 7/09, juris Rn. 23.

178 Schröder, Die Verwaltung 4 (1971), 301, 307.

179 „Jeder hat nach Maßgabe des Gesetzes das Recht auf Einsicht in Akten und sonstige amtliche Unterlagen der Behörden und Verwaltungseinrichtungen des Landes und der Kommunen, soweit nicht überwiegende öffentliche und private Interessen entgegenstehen.“

180 Dix, in: T. Dreier/u. a., Informationen der öffentlichen Hand – Zugang und Nutzung, S. 77, 78 ff.; Kirschniok-Schmidt, Das Informationsrecht des Abgeordneten nach der brandenburgischen Landesverfassung, S. 59 f.; von Mutius, in: Informationsfreiheit und Informationsrecht. Jahrbuch 2010, S. 45, 47.

181 Gusy, in: Hoffmann-Riem/u. a. (Hrsg.), Grundlagen des Verwaltungsrechts, Band II, § 23 Rn. 81.

182 Herzog, in: Maunz/Dürig (EGL: 20 -alt-), Art. 5 Abs. I, II Rn. 103.

stellt er diesen im Zusammenhang mit dem Demokratieprinzip her, sodass das allgemeine Zugangsrecht auch ein demokratisch radiziertes ist und grundsätzlich in dem Kontext stehen muss.

3. Abgrenzung des Informationsfreiheitsgesetzes von anderen Auskunfts- und Informationsansprüchen

Das Informationsfreiheitsgesetz wurde als ein „demokratisch radizierter“[183] Auskunftsanspruch geschaffen. Um zu überprüfen, ob der Anspruch dem Standard gerecht wird, ist dieser im Kontext anderer bestehender Auskunftsansprüche zu betrachten.

Durch § 1 Abs. 3 IFG ist der Anwendungsbereich des Informationsfreiheitsgesetzes beschränkt; alle speziellen Normen gehen dem Gesetz vor. Indes wird durch die Vorschrift nicht geklärt, wann eine spezielle Vorschrift besteht, und ob das Informationsfreiheitsgesetz subsidiär einschlägig ist, oder ob durch die Anwendbarkeit anderer Vorschriften der Anwendungsbereich des IFG beschnitten wird.[184] Als allgemeine Voraussetzungen für ein spezielleres Gesetz i. S. d. § 1 Abs. 3 IFG sind zwei Punkte herauszustellen; einerseits ein besonderer Anwendungsbereich, der sich auf Grund von sachlichen und/oder personellen Vorgaben ergibt,[185] und weiterhin muss es sich um eine abschließende Regelung handeln, die einen Rückgriff auf das IFG (zumindest konkludent) ausschließt.[186] Eine Rückausnahme ist nach § 1 Abs. 3 IFG für § 29 VwVfG und § 25 SGB X vorgesehen. Der Punkt erklärt sich damit, dass ansonsten eine Schieflage entstehen könnte, wonach für Auskunftsansprüche von Verfahrensbeteiligten strengere Anforderungen gestellt werden als an die Auskunftsberechtigten nach dem Informationsfreiheitsgesetz. Insofern stehen die Ansprüche nebeneinander. Die Vorschrift des § 29 VwVfG steht stellvertretend für das jahrzehntelang praktizierte Arkanprinzip.[187] Aus diesem Anlass wird kurz auf den Anwendungsbereich der Norm eingegangen und eine Abgrenzung zum Informationsfreiheitsgesetz vorgenommen. Anschließend ist auf die Spezialfälle der Pressegesetze und die

---

183 Gusy, in: Hoffmann-Riem/u. a. (Hrsg.), Grundlagen des Verwaltungsrechts, Band II, § 23 Rn. 81.

184 Schoch, IFG, § 1 Rn. 286.

185 Rossi, DVBl 2010, 554, 557.

186 Die Spezialitätsklausel des § 1 Abs. 3 IFG greift erst, soweit die andere Regelung einen Teilbereich abschließend regelt, vgl.: OVG NW, NVwZ-RR 2003, 800 (801 f.); NJW 2005, 2028 (2029); NWVBl 2006, 292 (293).

187 Scherzberg, ThürVBl. 2003, 193, 193 f.

Auskunftsansprüche bzw. Informationsrechte von Abgeordneten einzugehen. Die letzten beiden Auskunftsansprüche wurden herausgegriffen, um Personenkreise zu untersuchen, die mit der Informationserlangung ebenfalls einen öffentlichen, demokratischen Zweck verfolgen.

a. Auskunftsansprüche von Verfahrensbeteiligten, § 29 VwVfG

Nach § 29 VwVfG hat die Behörde den Beteiligten Einsicht in die das Verfahren betreffenden Akten zu gewähren, soweit deren Kenntnis zur Geltendmachung oder Verteidigung ihrer rechtlichen Interessen erforderlich ist. Der Anspruch nach § 29 VwVfG besteht grundsätzlich neben dem Anspruch nach dem IFG.[188] Die Vorschrift repräsentiert das Konzept der „begrenzten Aktenöffentlichkeit"[189] und führt drei Beschränkungen zur Akteneinsicht auf.[190] Erstens muss es sich um einen Beteiligten handeln, zweitens um Akten, die das Verfahren betreffen, und drittens muss die Kenntnis zur Geltendmachung oder Verteidigung rechtlicher Interessen erforderlich sein.[191] Eine Legaldefinition für die Beteiligten am Verwaltungsverfahren findet sich in § 13 Abs. 1 VwVfG, wobei Abs. 2 eine Ausweitung auf Dritte vorsieht, sofern diese in ihren rechtlichen Interessen am Ausgang des Verfahrens berührt werden könnten. § 13 Abs. 1 VwVfG führt Parteien von Rechtsverhältnissen auf: nach Nr. 1 Antragsteller und -gegner, nach Nr. 2 Betroffene von Verwaltungsakten, nach Nr. 3 Vertragsparteien von öffentlich-rechtlichen Verträgen und nach Nr. 4 die nach Abs. 2 hinzugezogenen Dritten. Hierbei werden die Beteiligten nach § 13 Abs. 1 Nr. 1–3 VwVfG als „geborene"[192] Beteiligte und diejenigen nach § 13 Abs. 1 Nr. 4 VwVfG als „gekorene"[193] Beteiligte bezeichnet.[194] Unabhängig davon wird deutlich, dass nur die Gegenparteien von Rechtsverhältnissen als Beteiligte betrachtet werden. Durch die zweite Voraussetzung – der Sie betreffenden Akten – werden nur Aktenbestandteile, im Endeffekt Informationen, des Rechtsverhältnisses zum Gegenstand des Akteneinsichtsrechtes erhoben. Allerdings werden Akten nicht nur als Papierakten

---

188 Raabe/Helle-Meyer, NVwZ 2004, 641, 645.

189 Scherzberg, Die Öffentlichkeit der Verwaltung, S. 386; Gurlit, DVBl 2003, 1119, 1126 verwendet den Begriff der „beschränkten Aktenöffentlichkeit".

190 Einführend: Papier, in: FS Kloepfer, S. 705 ff.

191 Ausführlich zu den Voraussetzungen: Angelov, Grundlagen und Grenzen eines staatsbürgerlichen Informationszugangsanspruchs, S. 169 ff.

192 Schmitz, in: Stelkens/Bonk/Sachs, VwVfG, § 13 Rn. 5.

193 Schmitz, in: Stelkens/Bonk/Sachs, VwVfG, § 13 Rn. 5.

194 Schmitz, in: Stelkens/Bonk/Sachs, VwVfG, § 13 Rn. 5.

verstanden, sondern umfassen auch andere Arten von gesammelten Informationen.[195]

Demnach wird eine starke inhaltliche Eingrenzung vorgenommen, die zusätzlich dadurch verstärkt wird, dass ein rechtliches Interesse geltend gemacht werden muss. Ein rechtliches Interesse ist erst vorhanden, wenn eine Unsicherheit über das Bestehen oder Nichtbestehen eines Rechtsverhältnisses oder eines Anspruches vorhanden ist, welches aus einer tatsächlichen rechtlichen Begebenheit resultieren kann.[196] Die Einschränkung verdeutlicht, dass nur die Rechtsposition des Bürgers im Falle von Widerspruch, Klagevorbereitung und ähnlichen Konstellationen gestärkt werden soll.[197] Durch die Zugänglichmachung von Informationen sollen Missverständnisse im Vorfeld aus dem Weg geräumt werden, sodass Gerichtsverfahren mit geringen Erfolgsaussichten für die Beteiligten verhindert werden. Zudem wird dadurch dem Bürger bzw. seinem rechtlichen Vertreter die Möglichkeit zur Vorbereitung von Gerichtsverfahren eröffnet. Es dient somit der Einhaltung des Grundsatzes des fairen Verfahrens.[198] In § 29 Abs. 2 VwVfG werden verschiedene Ausnahmegründe aufgeführt, die zu einem Ausschluss des Akteneinsichtsrechtes führen. Danach sind die ordnungsgemäße Erfüllung der Aufgaben der Behörde, das Wohl des Bundes oder eines Landes und gesetzliche oder ihrem Wesen nach geheimhaltungsbedürftige Gegenstände dem Anwendungsbereich des Aktenzugangs entzogen. Denn vom historischen Gesetzgeber wurde der „Schutz dreier Rechtskreise, nämlich der ordnungsgemäßen Erfüllung der behördlichen Aufgaben, dem Geheimnisschutz aus Gründen des Staatswohls und den berechtigten Interessen Dritter“,[199] verfolgt, wobei das Geheimhaltungsinteresse Dritter zusätzlich von § 30 VwVfG, als materiell rechtlichen Anspruch, unterstrichen wird.[200]

Zusammenfassend ist zu sagen, dass § 29 VwVfG Ausdruck der „beschränkten Aktenöffentlichkeit“[201] und ein „rechtsstaatlich radizierter“[202] Auskunftsanspruch

---

195 Angelov, Grundlagen und Grenzen eines staatsbürgerlichen Informationszugangsanspruchs, S. 171.

196 OLG Frankfurt, NJW-RR 2004, 1194, 1195; Angelov, Grundlagen und Grenzen eines staatsbürgerlichen Informationszugangsanspruchs, S. 172; Kallerhof, in: Stelkens/Bonk/Sachs, VwVfG, § 29 Rn. 48.

197 Kallerhof, in: Stelkens/Bonk/Sachs, VwVfG, § 29 Rn. 1 ff.

198 Kallerhof, in: Stelkens/Bonk/Sachs, VwVfG, § 29 Rn. 1.

199 BT-Drs. 7/910, S. 53.

200 Gurlit, DVBl 2003, 1119, 1127.

201 Gurlit, DVBl 2003, 1119, 1126.

202 Gusy, in: Hoffmann-Riem/u. a. (Hrsg.), Grundlagen des Verwaltungsrechts, Band II, § 23 Rn. 81.

ist. Akteneinsicht soll nur innerhalb eines bestehenden Rechtsverhältnisses erlaubt sein und sich nur auf dieses beschränken und nur erfolgen, wenn eine rechtliche Streitfrage besteht. Das Konzept von § 29 VwVfG ist in dem Punkt anders als das Informationsfreiheitsrecht. Dennoch bestehen beide Formen weiterhin nebeneinander, auch wenn eine Änderung des § 29 VwVfG in Diskussion steht, die im ersten Schritt das Erfordernis des rechtlichen Interesses abschaffen und letztlich eine komplette Änderung anstreben soll.[203]

b. Auskunftsansprüche von Abgeordneten

Die Auskunfts- und Informationsrechte von Parlamentarier sind im Gegensatz zu Auskunftsansprüchen nach § 29 VwVfG keine „rechtsstaatlich radizierten“[204] Ansprüche, sondern dienen dem Machtgleichgewicht in einer Demokratie. Die parlamentarischen Auskunfts- bzw. Informationsrechte sind notwendig, um den Kontrollauftrag gegenüber der Regierung erfüllen zu können.[205] Den Abgeordneten werden besondere Akteneinsichts- und Fragerechte zugebilligt.

Unter die Rechte fällt, klassisch gesehen, das Interpellationsrecht, welches die Anfragen aus dem Parlament an die Regierung umfasst.[206] Das Fragerecht und die Antwortpflicht der Regierung kann aus Art. 43 GG hergeleitet werden, denn wenn die Anwesenheit der Regierung verlangt werden kann (Zitierrecht), so wird eine Auskunftspflicht impliziert.[207] Allerdings kann der Auslegung entgegengehalten werden, dass das Fragerecht des Abgeordneten dazu dient, ihn in die Position zu bewegen, seine Arbeit erfolgreich ausüben zu können. Die Abgeordneten des Bundes- und Landtages können die Einsetzung eines Untersuchungsausschusses bei Erreichen eines bestimmten Quorums verlangen, vgl. Art. 44 Abs. 1 GG/Art. 41 LV NRW. Weiterhin wird den Abgeordneten die Ausübung ihres Amtes zugesichert, Art. 48 Abs. 2 GG/Art. 46 LV NRW.

---

203 Schoch, Verwaltung 35 (2002), 149, 161.

204 Gusy, in: Hoffmann-Riem/u. a. (Hrsg.), Grundlagen des Verwaltungsrechts, Band II, § 23 Rn. 81.

205 Gurlit, Die Verwaltungsöffentlichkeit im Umweltrecht, S. 21 ff.; Herbeck, DVBl 2015, 471 ff.; Kirschniok-Schmidt, Das Informationsrecht des Abgeordneten nach der brandenburgischen Landesverfassung, S. 5 Fn. 2; H. A. Wolff, JZ 2010, 173 ff.

206 Klein, in: Maunz/Dürig, Art. 43 GG Rn. 75 ff.

207 Hölscheidt, Frage und Antwort im Parlament; Huber/Unger, NordÖR 2007, 479 ff.; Klein, in: Maunz/Dürig, Art. 43 GG Rn. 70; Weis, DVBl 1988, 268 ff.

Der Auskunftsanspruch leitet sich vielmehr aus Art. 38 Abs. 1 S. 2 GG her,[208] für Nordrhein-Westfalen und die Landtagsabgeordneten findet sich eine Regelung in Art. 30 Abs. 2 Verfassung des Landes NRW.[209] Das Recht ist in § 100 (Große Anfrage), § 104 (Kleine Anfrage) und § 105 (Fragen einzelner Mitglieder) GO BT i. V. m. Anlage 4 einfachrechtlich konkretisiert. Das Interpellationsrecht ist an der Stelle begrenzt ausgerichtet, in dem Sinne dass nur eine gewisse Anzahl an Fragen (für die Fragerunde bis zu zwei, vgl. Anlage 4 zur GO BT I.1.) gestellt werden und die Fragen einen gewissen Umfang nicht überschreiten dürfen.[210] Durch die konkretisierenden Normen der jeweiligen Geschäftsordnungen wird zwar sowohl ein Akteneinsichtsrecht[211] wie ein Fragerecht[212] gewährt, die beiden Rechte sind aber auf Vorgänge innerhalb des Bundes- bzw. Landtages beschränkt. Nach dem Wortlaut des § 16 Abs. 1 GO BT und § 16 GO LT NRW muss es sich um Akten bzw. Unterlagen handeln, die in der Verwahrung des Bundestages sind bzw. die vom Landtag geführt werden. Auch wenn das Akteneinsichtsrecht aus dem IFG nur auf vorhandene Dokumente begrenzt ist,[213] besteht durch die Schaffung des IFG eine weitere Möglichkeit, in Vorgänge von anderen Exekutivorganen Einsicht zu nehmen. Die Beschränkungen sind auf einen historischen Grund zurückzuführen: Das Scheitern der Frankfurter Nationalversammlung wird mitunter auf gehäufte Einzelfragen und -anträge zurückgeführt.[214] Demzufolge dient die eingeschränkte Handhabung der Wahrung der Effektivität der Parlamentsarbeit und der Regierung. Eine Ausweitung der Auskunftsrechte wurde Anfang der 90er Jahre angedacht,[215] aber nicht umgesetzt.

---

208 BVerfGE 13, 123, 125; BVerfGE 70, 324, 355 mit Nennung der Norm; BVerfG, U. v. 21. 10. 2014 – 2 BvE 5/11 = NVwZ 2014, 1652, 1653 ff.; Morlok, in: Dreier, Grundgesetzkommentar, Band II, 3. Aufl. (2013), Art. 38 Rn. 150 (Fn. 480 m. w. N.)

209 Shirvani, NWVBl 2016, 45 ff. zum Verhältnis des IFG zum Fragerecht des Abgeordneten.

210 Hölscheidt/Wahlen, in: Informationsrecht und Informationsfreiheit. Jahrbuch 2013, S. 63, 64 ff. zu „Informationsrechten gegenüber der Bundesregierung“ mit einer kleinen statistischen Auswertung der Nutzung der Informationsrechte der Abgeordneten (S. 65/Fn. 12 m. w. N.).

211 Auf Bundesebene in § 16 GO BT und auf Landesebene in § 16 GO LT NRW.

212 Auf Bundesebene in § 100/§ 104/§ 106 GO BT und auf Landesebene in § 89/§ 92/§ 94 GO LT NRW.

213 Kloepfer/von Lewinski, DVBl 2005, 1277, 1280; Schoch, VBlBW 2010, 333, 336.

214 Kirschniok-Schmidt, das Informationsrecht der Abgeordneten nach der brandenburgischen Landesverfassung, S. 8 Fn. 12.

215 BT-Drs. 12/6000, S. 91.

Die landesrechtlichen Regelungen für die Landtagsabgeordneten reichen in den meisten Bundesländern ebenfalls nicht weiter als die bundesrechtliche Regelung.[216] Ein solches Akteneinsichtsrecht gewährt Art. 45 Abs. 2 S. 1 der Berliner Landesverfassung.[217] Eine ähnliche Befugnis von Abgeordneten in Akten der Verwaltung Einsicht nehmen zu können, findet sich allerdings weder im Grundgesetz noch in der Landesverfassung des Landes Nordrhein-Westfalen. Lediglich die brandenburgische Landesverfassung sieht in Art. 56 Abs. 2 und 3 der Landesverfassung ein umfassenderes Akteneinsichtsrecht der Parlamentarier vor.[218] Nach Art. 56 Abs. 3 brandenburgische Landesverfassung hat der einzelne Abgeordnete Zugang zu allen Dienststellen und Behörden des Landes und kann in die Akten Einsicht nehmen. Folglich hat die „neuere“ Verfassung des Bundeslandes Brandenburg ein weitgehenderes Akteneinsichtsrecht als die älteren Regelungen der anderen Bundesländern und des Bundes.

An der Stelle wird der gesellschaftliche und rechtliche Wandel erkennbar.[219] Ungeachtet dieser Entwicklung wird die These der beschränkten Akteneinsicht auf bestimmte Kreise bzw. Gruppierungen durch das Akteneinsichtsrecht der Parlamentarier gestützt. Denn die Parlamentarier sind durch ihre Stellung dazu verpflichtet ihren Kontrollpflichten nachzugehen, um damit dem „checks and balances“ Prinzip gerecht zu werden.[220] Auf Grund der Stellung als Kontrollinstanz ist ein weitergehendes Informationsrecht in bestimmten Bereichen nachvollziehbar.[221]

c. Auskunftsansprüche von Pressevertretern, PresseG

Abschließend soll auf die Auskunfts- und Informationsrechte der Pressevertreter eingegangen werden. Die Presse ist im Gegensatz zu den anderen verglichenen Auskunftssuchenden als ein Dritter bzw. Außenstehender zu sehen, anders als

---

216 Ein Überblick über die verschiedenen Regelungssysteme findet sich bei Kirschniok-Schmidt, Das Informationsrecht des Abgeordneten nach der brandenburgischen Landesverfassung, S. 39 ff.

217 Entscheidung im Zusammenhang zur Teilprivatisierung der Berliner Wasserbetriebe BerlVerfGH, U. v. 14. 07. 2010 – VerfGH 57/08.

218 Neßler, LKV 1995, 12 ff.

219 Pernice, in: Informationsfreiheit und Informationsrecht. Jahrbuch 2013, S. 17, 21 spricht ebenfalls von einem „verfassungs- und staatstheoretischen Wandel“.

220 Warg, NVwZ 2014, 1263, 1264.

221 Hölscheid/Wahlen, in: Dix (Hrsg.), Informationsfreiheit und Informationsrecht. Jahrbuch 2013, S. 63, 78 sieht den Bundestag als „Kontrollsubjekt“ und nicht als „Kontrollobjekt“.

die Beteiligten im Verwaltungsverfahren und die Parlamentarier innerhalb des Bundestages. Somit müsste die Presse als eine neben dem jeweiligen „System" stehende Instanz eine größere Vergleichbarkeit zum Informationszugangsrecht des IFG haben, da es auch demokratiefördernd ist.

Den Pressevertretern wird die Funktion zugeschrieben, „Mittler zwischen dem Staatsbürger und der staatlichen Gewalt"[222] zu sein. Dadurch wirkt die Presse mit der Informationsverarbeitung und -aufarbeitung bei der politischen Willensbildung mit und kann als Meinungssteuerungsinstanz gesehen werden.[223] Andererseits wird die Presse oftmals als „vierte Gewalt"[224] beschrieben, der eine Kontrollfunktion gegenüber allen drei staatlichen Gewalten zukomme.[225] Die besondere Funktion wird durch das Grundgesetz unterstrichen. Nach Art. 5 Abs. 1 S. 2 GG wird die Pressefreiheit gewährleistet und das Bundesverfassungsgericht umschreibt die Presse als „unentbehrlich" für die Demokratie.[226] Um die Pressefreiheit ausüben zu können, muss der Zugang zu Informationen, als zwingende Vorstufe, gewährleistet werden.[227] Dennoch fehlt eine bundesrechtliche Regelung zum presserechtlichen Auskunftsanspruch. Die Reformvorhaben sind bisher gescheitert.[228] Den existierenden Landespressegesetzen[229] wird lediglich eine Regelungswirkung für den Auskunftsanspruch gegenüber Landesbehörden zuerkannt.[230] Das Bundesverwaltungsgericht führt aus, dass

---

222 Thum, AfP 2005, 30, 32.

223 Gurlit, Die Verwaltungsöffentlichkeit im Umweltrecht, S. 19; Heintschel von Heinegg, AfP 2003, 295, 296 begründet mit dem Argument die „privilegierte Stellung" der Medien; ebenfalls: Frenzel, in: Informationsfreiheit und Informationsrecht. Jahrbuch 2013, S. 79, 89.

224 http://www.bpb.de/politik/grundfragen/deutsche-verhaeltnisse-eine-sozialkunde/138737/medien (zuletzt aufgerufen am 28. 06. 2017); Greve, in: Informationsfreiheit und Informationsrecht. Jahrbuch 2015, S. 133, 134 m. w. N.

225 BVerfGE 20, 162, 175; Thum, AfP 2005, 30, 32.

226 BVerfGE 20, 162, 175.

227 BVerfGE 10, 118, 121; 12, 205, 260; 20, 162, 176; 21, 271, 279; 36, 193, 204; 50, 234, 240; Frenzel, in: Informationsfreiheit und Informationsrecht. Jahrbuch 2013, S. 79 ff.

228 BT-Drs. 17/12484 (Gesetzentwurf der SPD Fraktion) abgelehnt am 27. 06. 2013 (BT-Plenarprotokoll 17/250, S. 32264, 32270).

229 Überblicksartig zu den Anspruchsvoraussetzungen der einzelnen Landesgesetze: Frenzel, in: Informationsrecht und Informationsfreiheit. Jahrbuch 2013, S. 79, 90 ff. (m. w. N.).

230 Vgl. BVerwG, Urt. v. 20. 2. 2013 – 6 A 2/12 = NVwZ 2013, 1006; Kritisch: OVG Münster, Urt. v. 18. 12. 2013 - 5 A 413/11 = NWVBl 2014, 232 und u. a. aus der Literatur: Cornils, DÖV 2013, 657, 658 ff.; Huber, NVwZ 2013, 1010; Das BVerfG, B. v.

zwar durch die Föderalismusreform die Rahmengesetzgebungskompetenz des Bundes für das Presserecht auf die Länder gefallen ist, sodass diese nach Art. 70 Abs. 1 GG kompetenzrechtlich zuständig seien,[231] allerdings sei der Auskunftsanspruch gegenüber den Bundesbehörden Teil der Sachkompetenz, sodass der Auskunftsanspruch die Annexkompetenz zur jeweiligen Sachmaterie bilde.[232] In dem vom Bundesverwaltungsgericht entschiedenen Fall handelte es sich um einen Auskunftsanspruch gegenüber dem Bundesnachrichtendienst, sodass eine Annexkompetenz aus Art. 73 Abs. 1 Nr. 1 GG gefolgert wurde.[233] Das Bundesverwaltungsgericht nimmt daher zumindest einen Mindestanspruch aus Art. 5 Abs. 1 S. 2 GG an, wobei aber die Grenzen und Voraussetzungen nicht geklärt werden.[234] An der Stelle wird nicht auf das IFG zurückgegriffen, weil dem presserechtlichen Auskunftsanspruch eine besondere Rolle zukomme und der „allgemeine“ Anspruch dieser Wertung nicht entsprechen würde.[235] Das Verhältnis des IFG zum PresseG wurde divers untersucht.[236] Nun muss gesagt werden, dass das IFG und die landesrechtlichen PresseG nebeneinander bestehen.[237] Die Schlussfolgerung lässt sich mit der Erwägung begründen, dass den Pressevertretern eine besondere Rolle in der Informationsverbreitung zugewiesen ist und sie daher erst Recht die Jedermann-Rechte (den IFG-Anspruch) nutzen können. Darüber hinaus ist es widersprüchlich, wenn Einzelpersonen Informationen erhalten würden, die nicht an Pressevertreter mangels einer speziellen presserechtlichen Regelung herausgegeben würden. In dem Fall könnte eine Umgehung erfolgen, indem ein Strohmann geschickt würde, der eine Auskunft nach dem IFG erhalten könnte.

---

27. 7. 2015 – 1 BvR 1452/13 = NVwZ 2016, 50 hat auf eine Lösung der Meinungsverschiedenheit verzichtet.

231 BVerwG, Urt. v. 20. 2. 2013 – 6 A 2/12 = NVwZ 2013, 1006; Greve, in: Informationsfreiheit und Informationsrecht. Jahrbuch 2016, S. 133, 143 f.

232 BVerwG, Urt. v. 20. 2. 2013 – 6 A 2/12 = NVwZ 2013, 1006.

233 BVerwG, Urt. v. 20. 2. 2013 – 6 A 2/12 = NVwZ 2013, 1006; der Fall lag dem BVerfG vor, der diesen nicht zur Entscheidung annahm: BVerfG, B. v. 27. 7. 2015.

234 BVerwG, Urt. v. 20. 2. 2013 – 6 A 2/12 = NVwZ 2013, 1006; B. v. 20. 7. 2015 – 6 VR 1/15 = NVwZ 2015, 1383.

235 Alexander, ZUM 2013, 614, 616, kommt zu der Schlussfolgerung und entnimmt es dem BVerfG, Urt. v. 20. 2. 2013 – 6 A 2/12.

236 Zum Verhältnis PresseG und IFG in NRW OVG Münster, NJW 2005, 618; U. v. 26. 10. 2011 – 8 A 2593/10; VG Köln, B. v. 13. 09. 2012 – 13. L112/12.

237 Frenzel, in: Informationsfreiheit und Informationsrecht. Jahrbuch 2013, 79, 108 sieht den presserechtlichen Auskunftsanspruch als vorrangig an, wobei aber die Pressevertreter sich auch auf einen Anspruch aus dem IFG stützen können.

Infolge der nebeneinander bestehenden einfachrechtlichen Regelungslage ist zu dem Schluss zu kommen, dass die Pressevertreter und die Informationssuchenden nach dem IFG einen von den Voraussetzungen und Grenzen gleichgelagerten Anspruch erhalten sollten. Freilich könnte man die herausragende Stelle der Presse für die Informationsverarbeitung herausstellen und damit begründen, dass ein Gleichlauf nicht vorgenommen werden sollte. Aber durch den Wandel der Informationstechnologien – größere Datenmengen können auf kostengünstigem Wege durch Privatpersonen erhalten und transportiert werden – ist eine Begrenzung auf einen kleinen Kreise, die Presse, nicht mehr notwendig. Der Presse wird zwar eine hohe demokratische Funktion zugewiesen,[238] da die Macht vom Volk ausgeht. Und das Volk ist das Subjekt, welches von der Arbeit der Medien profitieren sollte, und wenn sich nun die Gegebenheiten ändern und die einzelnen Bürger Informationen ohne Zwischenschritte erhalten können, so ist nicht ersichtlich, wieso der Presse eine andere Stellung eingeräumt werden sollte. Allerdings bestimmt das Grundgesetz eine unterschiedliche Reichweite. Nach Art. 5 Abs. 1 S. 1 GG steht jedermann die Möglichkeit zu sich aus allgemein zugänglichen Quellen zu informieren, wohingegen für die Presse eine Einschränkung auf die allgemein zugänglichen Quellen in Art. 5 Abs. 1 S. 2 GG nicht getroffen wird, es wird die Pressefreiheit gewährleistet, wozu auch die Informationsbeschaffung zählt. Lediglich auf Grund des verfassungsrechtlichen Unterschiedes könnte eine Ungleichbehandlung – beispielsweise bei den Ausnahmevorschriften – angedacht werden. Nichtsdestotrotz wurde durch die Schaffung des IFG eine Abkehr von dem Prinzip in Art. 5 Abs. 1 S. 1 GG vorgenommen, sodass das gesellschaftliche Bedürfnis nach einem weiten Informationszugangsanspruch genüge getan wurde. Das Grundgesetz beschränkt einen weitergehenden Informationszugang nicht, so dass die Auskunftsansprüche nach dem IFG und dem PresseG in ihrer Weite gleich zu behandeln sind.

Der Auskunftsanspruch nach § 29 VwVfG repräsentiert ein anderes Konzept. Die Grenzen der rechtsstaatlichen Auskunftsansprüche müssen aber erst Recht auf die demokratischen Informationsansprüche übertragen werden, denn Rechtsschutzsuchende können nicht schlechter behandelt werden als demokratieinteressierte Informationsnehmer. Nichts anderes kann für die parlamentarischen Auskunftsansprüche gelten, lediglich besondere Geheimhaltungsgründe – wie die Amtsverschwiegenheit[239] – können für weiterreichende Auskunftsansprüche sprechen.

238 Heintschel von Heinegg, AfP 2003, 295, 296.

239 Dazu Abschnitt II.5.b.dd.(1).

4. Allgemeine Systematik des Informationsfreiheitsgesetzes

Wie schon mehrfach betont, wurde das IFG primär aus demokratietheoretischen Gründen geschaffen. Daher handelt es sich bei dem Anspruch auf Informationszugang aus dem IFG um einen interessenunabhängigen[240] Auskunftsanspruch, der subsidiär ist und durch speziellere Auskunftsansprüche verdrängt wird, vgl. § 1 Abs. 3 IFG. Nach § 1 Abs. 1 S. 1 IFG hat jeder nach Maßgabe des Gesetzes gegenüber den Behörden des Bundes einen Anspruch auf Zugang zu amtlichen Informationen, wobei jedoch zwei Voraussetzungen erfüllt sein müssen. Es muss sich einerseits um eine amtliche Information handeln, eine Legaldefinition findet sich in § 2 Nr. 1 IFG, und andererseits wird eine Einschränkung getroffen, weil es sich nur um einen Anspruch nach Maßgabe des Gesetzes handelt; und die nachfolgenden Normen führen diverse Ausnahmen auf.[241] Gleichwohl ist zunächst auf die tatbestandlichen Voraussetzungen einzugehen.

a. Auskunftsverpflichtete Stelle

Auskunftsverpflichtete Stellen sind gem. § 1 Abs. 1 S. 1 IFG Behörden des Bundes. Unter Behörden des Bundes wird der funktionale Behördenbegriff[242] des § 1 Abs. 4 VwVfG verstanden.[243] Darunter werden auch Regierungsorgane subsumiert, wenn eine verwaltende Tätigkeit des Organs betroffen ist.[244] Den Behörden stehen nach § 1 Abs. 1 S. 4 IFG „natürliche Person[en] oder juristische Person[en] des Privatrechts gleich, soweit eine Behörde sich dieser Person zur Erfüllung ihrer öffentlichen-rechtlichen Aufgabe bedient." Es sind somit keine Beliehenen umfasst, die schon unter den Behördenbegriff des § 1 Abs. 1 S. 1 IFG fallen, sondern vielmehr Verwaltungshelfer.[245] Zudem wird nicht auf den Urheber[246] der Information abgestellt,[247] welcher nur durch deutliche Hinweise auf

---

240 Im Gegensatz zu interessenabhängigen Ansprüchen, vgl. Voßkuhle, in: Hoffmann-Riem/Schmidt-Aßmann, Verwaltungsrecht in der Informationsgesellschaft, S. 349, 379 f.

241 Vgl. Schoch, IFG, § 1 Rn. 17.

242 Schmitz, in: Stelkens/Bonk/Sachs, § 1 Rn. 230.

243 BT-Drs. 15/4493, S. 7.

244 BVerwG, U. v. 3. 11. 2007 – 7 C 3.11, 7 C 4.11; H. P. Roth, DÖV 2012, 717 ff. Zu der Frage, ob auch Untersuchungsausschüsse unter den Behördenbegriff fallen: Gärditz, NVwZ 2015, 1161 ff.

245 BT-Drs. 15/4493, S. 8.

246 Gem. § 7 UrhG ist der Urheber der Schöpfer des Werkes.

247 BT-Drs. 15/4493, S. 7.

die Ausnahmegründe Einfluss auf die (Nicht-)Verbreitung der Informationen nehmen kann.

b. Auskunftsanspruch

Der Auskunftsanspruch nach § 1 Abs. 1 S. 1 IFG ist auf den Zugang zu amtlichen Informationen gerichtet. Amtliche Informationen sind gem. § 1 Abs. 2 Nr. 1 IFG Aufzeichnungen, die einem amtlichen Zweck dienen unabhängig von der Art der Speicherung. Eine Information ist amtlich, wenn diese mit einer „amtlichen Tätigkeit zusammenhäng[t]“[248]. Allerdings ist zu beachten, dass keine Informationsbeschaffungspflicht besteht, sodass nur bereits beim Auskunftsgesuch vorhandene Informationen einer Behörde weitergegeben werden.[249] Des Weiteren gewährt das Informationsfreiheitsgesetz nur einen Anspruch auf Zugang und keinen auf Weiterverwendung.[250] Die Weiterverwendung wird durch das Informationsweiterverwendungsgesetz[251] geregelt, das auf der europäischen Richtlinie 2003/98/EG (PSI-Richtlinie) beruht.[252] Bis zur Schaffung des IWG fehlte eine Regelung bzgl. der Weiterverwendung von Informationen,[253] nichtsdestotrotz besteht keine Norm des IFG, die einer weitergehenden Nutzung der Information entgegenstehen könnte.[254] Die einzige landesrechtliche Regelung war der § 13 Abs. 7 BerlIFG[255], der eine gewerbliche Weiternutzung der empfangenden Informationen ausschloss.[256] Allerdings wurde die Vorschrift im März 2015

---

248 BT-Drs. 15/4493, S. 9.

249 Schoch, IFG, § 1 Rn. 36.

250 T. Dreier/Spiecker gen. Döhmann, in: in: T. Dreier/u. a., Informationen der öffentlichen Hand – Zugang und Nutzung, S. 165, 188; Püschel, DuD 2005, 481, 482. Ausführlich zur Abgrenzung des Zugangs von der Weiterverwendung: Brummund-Dieckhoff, in: T. Dreier/u. a., Informationen der öffentlichen Hand – Zugang und Nutzung, S. 251 ff.

251 Informationsweiterverwendungsgesetz vom 13. Dezember 2006 (BGBl. I S. 2913), geändert durch Artikel 1 des Gesetzes vom 8. Juli 2015 (BGBl. I S. 1162). Im Folgenden: IWG

252 H. Wirtz, DuD 2014, 389 zur Änderung der PSI-Richtlinie.

253 Altmeppen/Kahlen, MMR 2006, 499; Hornung, in: Towfigh, Recht und Markt, S. 75, 87.

254 Hornung, in: Towfigh, Recht und Markt, S. 75, 88 f.

255 „Die Veröffentlichung, Speicherung oder Sammlung von durch Akteneinsichten oder Aktenauskünfte erhaltenen Informationen zu gewerblichen Zwecken ist nicht zulässig.“

256 Vgl. dazu weiter: Hornung, in: Towfigh, Recht und Markt, 75, 88; Trosch, Grenzen einer Kommerzialisierung von Informationen des öffentlichen Sektors, S. 206.

aufgehoben,[257] was auf die Änderungsrichtlinie zur bestehenden PSI-Richtlinie zurückzuführen ist. Danach besteht eine Pflicht zur Gestattung der Weiterverwendung, sofern die Information der Öffentlichkeit zugänglich ist und keine Ausnahmeregelung greift.[258] Der europäische Gesetzgeber versucht Grenzen der Weiterverwendung von Informationen, die die nationalen Gesetzgeber schaffen konnten, abzubauen,[259] um dadurch eine Art „open access", d. h. freien Zugang, zu schaffen.[260] Ungeachtet dessen wird eine bundesrechtliche Regelung, die das IWG und das IFG zusammenfasst, mangels ausreichender bundesgesetzlicher Kompetenzen nicht erfolgen können. Das IWG wurde auf Grund des Art. 74 Abs. 1 Nr. 11 GG erlassen, wonach der Bund auch eine Regelung für die Länder erlassen kann,[261] eine Gesetzgebungskompetenz für den Informationszugang für Landesbehörden kann für den Bund allerdings nicht folgen.[262] Gleichwohl setzt die Weiterverwendung die vorherige Zugänglichmachung voraus.[263] Weiterverwendung wird nach § 2 Nr. 3 IWG als „jede Nutzung von Informationen für kommerzielle oder nichtkommerzielle Zwecke, die über die Erfüllung einer öffentlichen Aufgabe hinausgeht; die intellektuelle Wahrnehmung einer Information und die Verwertung des dadurch erlangten Wissens stellen regelmäßig keine Weiterverwendung dar", verstanden. Folglich ist eine Information, die wahrgenommen wurde und im Weiteren für einen Erkenntnisgewinn genutzt wird, nicht weiterverwendet worden.[264]

Allerdings ist das Zugänglichmachen ein primärer Schritt vor der Weiterverwendung und nicht jede umgangssprachliche Auslegung des Begriffs der Weiterverwendung stellt eine Weiterverwendung dar, die unter den Anwendungsbereich

257 Abgeordneten Haus Berlin Drs. 17/2180 vom 23. 03. 2015.

258 H. Wirtz, DuD 2014, 389, 391.

259 H. Wirtz, DuD 2014, 389, 391.

260 Wiebel/Ahnefeld, CR 2015, 199, 200; BT-Drs. 18/4614, S. 28 liegt der Sinn und Zweck der Richtlinie darin, die öffentlichen Informationen für den kommerziellen Gebrauch bereitzustellen.

261 Püschel, DuD 2005, 481, 483.

262 Vgl. BVerwG, U. v. 20. 02. 2013 - BVerwG 6 A 2.12; Richter/Süssner-Job, in: T. Dreier/u. a., Informationen der öffentlichen Hand – Zugang und Nutzung, S. 297, 312 f.

263 Altmeppen/Kahlen, MMR 2006, 499, 499; T. Dreier/Spiecker gen. Döhmann, in: in: T. Dreier/u. a., Informationen der öffentlichen Hand – Zugang und Nutzung, S. 165, 190.

264 Vgl. Wortlaut § 2 Nr. 3 a. E. IWG. Aber auch Altmeppen/Kahlen, MMR 2006, 499, 501; Brummund-Dieckhoff, in: in: T. Dreier/u. a., Informationen der öffentlichen Hand – Zugang und Nutzung, S. 251, 257.

des IWG fällt. Erst wenn ein „added value“[265] geschaffen wird, was zumeist erst durch eine „ – häufig automatisierte [...] – Verarbeitung und Aufbereitung von Informationsaufzeichnungen“[266], entsteht. Sofern ein solcher Zustand erreicht wird, sind das IWG und dessen Ausnahmegründe zu beachten. Mithin ist festzuhalten, dass wenn der Informationszugang nach dem IFG eröffnet ist, eine Weiterverwendung nach dem IWG möglich ist. Darüber hinaus ist zu beachten, dass Informationen, die bloß zu einem Erkenntnisgewinn führen, nicht unter den Weiterverwendungsbegriff fallen. Gerade die Gefahr der Weiterverwendung kann aber zu einem weitreichenden grundrechtlichen Eingriff führen.

c. Die Ausnahmegründe des IFG

Die Ausnahmegründe des IFG gehören zu dem „umstrittenste[n] Teil des IFG“[267]. Der Gesetzgebungsprozess war mühsam[268] und um ein Ergebnis zu erreichen wurde schließlich jeder Stelle, die Bedenken anbrachte, ein Ausnahmegrund eingeräumt.[269] Auf Grund dessen ist die Spannbreite der Ausnahmegründe vielfältig und teilweise unsystematisch.

Die § 3 bis 6 führen verschiedene Alternativen auf, wobei die Ausnahmegründe des § 3 und § 6 S. 1 IFG (geistiges Eigentum) absolute Ausnahmegründe bildet („besteht nicht“), und bei Betriebs- und Geschäftsgeheimnissen nur Zugang gewährt wird, sofern der Betroffene einwilligt, vgl. § 6 S. 1 IFG. § 4 Abs. 1 IFG zeigt ein intendiertes Ermessen („soll abgelehnt werden“). Im Hinblick auf personenbezogene Daten wird nach § 5 Abs. 1 S. 1 IFG ein Abwägungsspielraum gewährt („überwiegt“). Durch die Einteilung werden gesetzlich Abwägungsoptionen geschaffen bzw. eingeschränkt, schon diese Entscheidung kann kritisiert werden, denn die unterschiedliche Ausgestaltung der Ausnahmegründe sei teilweise nicht erklärbar.[270] Die Gründe für die Ausnahmevorbehalte sind grundrechtlich zu begründen, allerdings ist die Diskrepanz zwischen dem

265 Altmeppen/Kahlen, MMR 2006, 499, 501.
266 Altmeppen/Kahlen, MMR 2006, 499, 501.
267 Kloepfer, KuR 2006, 19, 20.
268 Es wurde über mehrere Legislaturperioden geplant, aber erst 2006 wurde ein Gesetz erlassen, vgl. BT-Drs. 15/4493, S. 6. Beispielsweise gab es schon im Jahr 1993 Bestrebungen ein IFG zu erlassen, vgl. BT-Drs. 12/5694.
269 Gurlit, in: Botha/Schaks/Steiger (Hrsg.), Das Ende des repräsentativen Staates? Demokratie am Scheideweg, S. 157, 167.
270 Fehling, DVBl 2017, 79, 82.

Schutz von Unternehmensgeheimnissen i. S. d. § 6 IFG und personenbezogenen Daten i. S. d. § 5 IFG nicht zu erklären.[271]

Zudem enthält § 3 IFG diverse Ausnahmegründe, die systematisiert werden können. Mangels einer präziseren Aufteilung kann von einem „Systematisierungsdefizit“[272] des IFG gesprochen werden.[273] Im Folgenden werden die Ausnahmegründe klassifiziert. Dabei kann eine Differenzierung an drei[274], an fünf[275], an sieben[276] oder neun Kreisen[277] angedacht werden. Ungeachtet dessen

---

271 Fehling, DVBl 2017, 79, 82.

272 Kloepfer, KuR 2006, 19, 20.

273 Ebenfalls kritisch: Schnabel, in: Informationsfreiheit und Informationsrecht. Jahrbuch 2011, S. 153, 176.

274 Kloepfer, KuR 2006, 19, 21; Schönenbroicher, NwVBl 2014, 405, 406 sieht drei Hauptgruppen der Ausnahmegründe: „- Ablehnung aus überwiegenden staatlichen (öffentlichen) Belangen, - Ablehnung aus überwiegenden Belangen privater Dritter, - Ablehnungsklauseln wie jenen betreffend die Belange der „öffentlichen Sicherheit“, die auf überwiegenden staatlichen und/oder privaten belangen beruhen (können).“

275 Scherzberg, ThürVBl 2003, 193, 198: „die innere und äußere Sicherheit nebst der internationalen Beziehungen, die Funktionsfähigkeit von Regierung und Verwaltung, die Funktionsfähigkeit der Gerichte, die informationelle Selbstbestimmung des Bürgers und der betriebliche und berufliche Datenschutz“; Im Hinblick auf das Öffentlichkeitsprinzip: Scherzberg, Die Öffentlichkeit der Verwaltung, S. 358 ff. Nach Scherzberg bestehen sechs Ausnahmegründe für das Öffentlichkeitsprinzip im Allgemeinen: „Die innere und äußere Sicherheit und die internationalen Beziehungen“ (S. 358 f.), „die Funktionsfähigkeit der Regierung und Verwaltung“ (S. 359 ff.), „die Funktionsfähigkeit der Gerichte“ (S. 366), „die informationelle Selbstbestimmung“ (S. 366 ff.), „der betriebliche und berufliche Datenschutz“ (S. 372 ff.) und „sonstige verfassungsrechtlich geschützte Geheimhaltungsinteressen“ (S. 377).

276 Schindel, DuD 1989, 591, 595 der als Beispiel das schwedische Gesetz aufführt: „1. die Sicherheit des Reiches oder auf dessen Verhältnis zu einer fremden Macht oder zwischenstaatlichen Organisation, 2. Die zentrale Finanz- und Währungspolitik, 3. Die Tätigkeit einer Behörde zur Inspektion, Kontrolle oder anderer Aufsicht, 4. Das Interesse an der Vorbeugung und Verfolgung von Verbrechen, 5. Das wirtschaftliche Interesse der Allgemeinheit, 6. Der Schutz der berechtigten persönlichen und finanziellen Verhältnisse des einzelnen, 7. Das Interesse an der Bewahrung von Tier- und Pflanzenarten.“

277 Bull, Informationsfreiheitsgesetze – wozu und wie?, in: Datenschutz, Informationsrecht und Rechtspolitik, S. 86, 106 ff: 1. Sicherheitsgründe, 2. „Funktionsfähigkeit von Regierung und Parlament, 3. Zum Schutze „laufende[r] Verfahren“ 4. „Planungsverfahren“, 5. „Begnadigungsverfahren“, 6. „Disziplinarsachen“, 7. „Berufs-, Amts- und Geschäftsgeheimnisse“, 8. Geheimhaltung für die „wissenschaftliche Forschung“, 9. Zum Schutze „personenbezogener Daten“, wobei auch Bull zwischen

lassen sich die Differenzierungsansätze von Bull, Kloepfer, Scherzberg, Schindel und Schönenbroicher auf drei Grundkonstellationen zusammenfassen – dem Staatswohl, den Schutz Dritter und den Prinzip der Gewaltenteilung. Das Bundesverfassungsgericht hat eine solche Systematisierung für die Informationsrechte von Abgeordneten angenommen.[278] Eine Übertragbarkeit der Einteilung auf das Informationszugangsrecht des IFG ist angebracht, um einen Gleichlauf herzustellen. Diese Übertragung lässt sich mit der Systematisierungsforderung von Kloepfer, der einen Gleichlauf mit den Ausnahmetatbeständen von § 29 Abs. 2 VwVfG forderte,[279] unterlegen, wobei aber die Gesetzesbegründung zu § 29 Abs. 2 VwVfG von „ordnungsgemäße[r] Erfüllung der behördlichen Aufgaben, de[m] Geheimnisschutz aus Gründen des Staatswohls und [...] [den] berechtigten Interessen Dritter“[280] sprach.

Der erste Ausnahmegrund soll die effektive Aufgabenerfüllung der Behörden trotz des Auskunftsanspruches sicherstellen, der zweite Ausnahmegrund lehnte sich an die frühere Fassung von § 99 Abs. 1 S. 2 VwGO und die dazu ergangene Rechtsprechung an und dritte Ausnahmegrund dient dem Schutz der Privatsphäre der Betroffenen, unter anderem werden Geschäfts- und Betriebsgeheimnisse und private Daten genannt.[281]

Auch § 99 Abs. 1 S. 2 VwGO gewährt Behörden eine Möglichkeit der Verweigerung der Vorlage von Akten innerhalb eines Gerichtsverfahrens, wenn „das Bekanntwerden [...] dem Wohl des Bundes oder eines Landes Nachteile bereiten würde [1] oder wenn die Vorgänge nach einem Gesetz [2] oder ihrem Wesen nach [3] geheim gehalten werden müssen“. Für die Ausnahmegründe nach § 99 Abs. 1 S. 2 VwGO ist ebenfalls ein „Dreiklang“ erkennbar.

Der erste Ausnahmegrund der prozessualen Vorschrift, „die Gefährdung des Wohls des Bundes oder eines Landes“, ist nach dem Vorbild von § 96 StPO gebildet worden und war ein Vorbild für § 29 VwVfG, bekannte Fallgruppen sind die Arbeitsfähigkeit der Behörde und das Leben, die Gesundheit und Freiheit von Personen, wobei nach § 96 StPO die Behörde eine Verpflichtung der

---

zwei Hauptpunkten nämlich den Öffentlichen Interessen und den privaten Interessen differenziert.

278 BVerfG, U. v. 21. 10. 2014 – 2 BvE 5/11 = NVwZ 2014, 1652, 1654.

279 Kloepfer, KuR 2006, 19, 24. Gusy, in: Hoffmann-Riem/u. a. (Hrsg.), Grundlagen des Verwaltungsrechts, Band II, § 23 Rn. 89 sieht ebenfalls eine Orientierung an den „rechtsstaatlich motivierte[n] Konzept[...] individueller Auskunftsansprüche“ als notwendig an.

280 BT-Drs. 7/910, 53.

281 BT-Drs. 7/910, 53.

eigenständigen Abwägung trifft, und zwar soll zwischen dem Prinzip der „geordneten Strafrechtspflege“[282] und der „effektiven Aufgabenwahrnehmung des Staates“[283] abgewogen werden. Nach § 96 StPO würde beispielsweise die konkrete Gefährdung des Lebens eines Menschen den Ausnahmegrund des Wohls des Bundes oder eines Landes erfüllen.[284]

Der zweite Ausnahmegrund setzt eine „spezifische Behördenadressierung“ voraus, als Bespiele werden Art. 10 Abs. 1 GG, § 353b StGB, § 16 BStatG, § 139b Abs. 1 S. 3 GewO genannt.

Der dritte Ausnahmegrund spricht von wesensimmanenten Geheimhaltungsgründen, worunter Nachteile für private Interessen verstanden werden.[285] Für den Ausnahmegrund bedarf es ebenfalls einer konkreten Abwägung zwischen dem Rechtsschutzinteresse des Einzelnen und dem Interessen der Behörde. An der Stelle können Zweifel an der Bestimmtheit der Norm laut werden, allerdings wird der Punkt an der Stelle außer Acht gelassen.

Mithin sind drei Grundkonstellationen zu unterscheiden, die in sich nochmal differenziert werden können: Erstens die sicherheitsspezifischen und politischen Interessen des Staates, zweitens die Gewährleistung der ordnungsgemäßen Erfüllung staatlicher Aufgaben und schließlich die berechtigten Interesse Dritter. Den Bereichen werden im Folgenden die Ausnahmegründe des Informationsfreiheitsgesetzes zugeordnet, wobei primär auf den Willen und die Motivlage des Gesetzgebers abgestellt wird. Die Auskunftsansprüche, die im Abschnitt II.3 aufgeführt wurden, sollen bei der Systematisierung nicht außer Acht gelassen werden.

aa. Sicherheitsspezifische und politische Interessen des Staates

Als erste Kategorie lassen sich diejenigen Ausnahmebereiche zusammenfassen, die einen sicherheitsspezifischen und/oder politischen Bereich des Staates berühren – und allgemein gesprochen Staatsgeheimnisse im engeren Sinne betreffen.

In dem Teilbereich lassen sich vier Unterbereiche herausstellen: Das Sicherheitsrecht, die politischen Interessen, die fiskalischen Interessen des Staates und weitere Interessen, die sich aus dem Grundsatz der Gesetzesbindung ergeben.

282 Greven, in: Karlsruher StPO Kommentar, § 96 StPO Rn. 18.

283 Greven, in: Karlsruher StPO Kommentar, § 96 StPO Rn. 18.

284 Greven, in: Karlsruher StPO Kommentar, § 96 StPO Rn. 18; weitere Fallgruppen finden sich bei: BVerfGE 57, 284; 67, 139; BGHST 29, 109, 111; 31, 155.

285 Greven, in: Karlsruher StPO Kommentar, § 96 StPO Rn. 18.

Trotz einer Systematisierung lassen sich nicht alle Ausnahmegründe nur einer Position zuordnen, sondern erfüllen vielmehr verschiedene Zweckrichtungen und finden sich daher in der folgenden Aufführung teilweise mehrfach.

(1) Sicherheitsrecht

Der Bereich des Sicherheitsrechtes ist wohl derjenige, der von den Sicherheitsbehörden am vehementesten verteidigt wird und der immer wieder für größere Aufregung sorgt, wie zuletzt zu beobachten im Zuge der „NSA-Abhöraffäre" im Jahr 2013.[286] Die Sicherheitsbehörden tendieren dazu, möglichst viele ihrer Informationen geheim zu halten, sodass es nicht verwunderlich ist, dass viele der Ausnahmegründe nur auf einen „sicherheitsspezifischen"[287] Bereich begrenzt wurden. Eine andere Handhabung würde zu großen Bereichsausnahmen führen, was nicht notwendig ist, da auch Sicherheitsbehörden Tätigkeiten ausüben, die keine Relevanz für die Sicherheitslage im deutschen Staat haben. Da die Ausnahmegründe mehrheitlich als Ist-Vorschriften formuliert sind, muss darauf geachtet werden, dass die Ausnahmen nur restriktiv ausgelegt werden.[288]

Die folgenden Ausnahmevorschriften lassen sich dem Sicherheitsbereich zuordnen:

- § 3 Nr. 1 lit. b: „militärische oder sonstige sicherheitsempfindliche Bereiche der Bundeswehr". Obwohl die Vorschrift dem Wortlaut nach dem Sicherheitsrecht zuzuordnen ist, so wird nach dem Gesetzeszweck auf Auslandseinsätze und NATO-Einsätze abgezielt, sodass die Vorschrift dem Schutz politischer Interessen zuzuordnen ist.[289]
- § 3 Nr. 1 lit. c: „Belange der inneren und äußeren Sicherheit". Die Ausnahmevorschrift ist vom Wortlaut und vom Sinn und Zweck dem Bereich der Sicherheitsinteressen zuzuordnen.
- § 3 Nr. 2: „wenn das Bekanntwerden der Information die öffentliche Sicherheit gefährden kann." Der Ausnahmegrund ist weiter zu verstehen als § 3 Nr. 1 lit. c IFG und umfasst die Unversehrtheit der Rechtsordnung, den Schutz von Individualrechtsgütern und den Schutz der Einrichtungen und Veranstaltungen des Staates,[290] was der Definition des Polizeirechts zur Öffentlichen

286 Wolf, JZ 2013, 1039 ff.
287 Kloepfer, KuR 2006, 19, 21.
288 BT-Drs. 15/4493, S. 9.
289 BT-Drs. 15/4493, S. 9.
290 BT-Drs. 15/4493, S. 10.

Sicherheit entspricht. Der Zuordnung zum Sicherheitsrecht ist zuzustimmen, auch wenn eine individuelle Schutzrichtung besteht.

- § 3 Nr. 7: „bei vertraulich erhobener oder übermittelter Information, soweit das Interesse des Dritten an einer vertraulichen Behandlung im Zeitpunkt des Antrags auf Informationszugang noch fortbesteht." Die Vorschrift schützt die vertraulich übermittelten Informationen von Dritten und wird als Schutzvorschrift für Informanten genannt.[291] Primär wird der Schutzanspruch der Informanten gewahrt, aber nichtsdestotrotz wird die Arbeitsweise von Sicherheitsbehörden gesichert, da die Behörden auf Informationen von außen angewiesen sind. Demzufolge wird das Sicherheitsinteresse des Staates durch die Vorschrift dahingehend gedeckt, dass Informationsquellen in Zukunft weiterhin zugänglich sind und die Tätigkeit der Behörde sichergestellt wird. Die Norm hat also eine doppelte Funktion.[292]
- § 3 Nr. 8: „gegenüber den Nachrichtendiensten sowie den Behörden und sonstigen öffentlichen Stellen des Bundes, die Aufgaben im Sinne des § 10 Nr. 3 des Sicherheitsüberprüfungsgesetzes wahrnehmen." Die Vorschrift ist als Ausnahmevorschrift für die Nachrichtendienste zu sehen, um die verbleibenden Lücken, die durch den Schutz von § 3 Nr. 1 lit. c. und Nr. 4 bestehen, zu schließen, denn nach Ansicht der Behörden kann durch Bekanntgabe bestimmter fiskalischer Tätigkeiten, die nicht unbedingt sicherheitsrelevant sind, die Arbeitsweise der Behörde aufgedeckt und damit verhindert werden.[293] Das soll durch den Ausnahmegrund vermieden werden.

(2) Politische Interessen

Weiterhin zählen politische Interessen zu den Gründen für staatliche Geheimhaltung. Durch die Geheimhaltung in dem Bereich soll die supranationale Zusammenarbeit erhalten bleiben und Vertrauensbeziehungen gewürdigt werden. Demzufolge lassen sich folgende Ausnahmevorschriften dem politischen Interesse zuordnen:

- § 3 Nr. 1 lit. a: „internationale Beziehungen". Durch den Ausnahmegrund sollen „auswärtige Belange"[294] und „diplomatische Vertrauensverhältnisse"[295]

291 BT-Drs. 15/4493, S. 11; Schoch, IFG, § 3 Nr. 7 Rn. 309 f.
292 Vgl. Schoch, IFG, § 3 Rn. 309.
293 BT-Drs. 15/4493, S. 12.
294 BT-Drs. 15/4493, S. 9.
295 BT-Drs. 15/4493, S. 9.

geschützt werden und Verlässlichkeit für andere staatliche Akteure demonstrieren.
- § 3 Nr. 1 lit. b: „militärische und sonstige sicherheitsempfindliche Belange der Bundeswehr" dient dem Schutz von übermittelten Informationen innerhalb von militärischen Bündnissen wie der NATO,[296] sodass neben Sicherheitsaspekten auch wie beim lit. a die Vertrauensverhältnisse innerhalb der Militärbündnisse besonders erwähnt werden.
- § 3 Nr. 1 lit. f: „Maßnahmen zum Schutz vor unerlaubtem Außenwirtschaftsverkehr" gehört in dem Sinne zu politischen Interessen, als dass die Durchführung und Durchsetzung von Sanktionen im außenwirtschaftlichen Bereich davon umfasst werden,[297] was ebenfalls der Erfüllung von internationalen Verbindlichkeiten entspricht.

(3) Fiskalische Interessen
- § 3 Nr. 1 lit. d: „Kontroll- oder Aufsichtsaufgaben der Finanz-, Wettbewerbs- und Regulierungsbehörden" will den Schutz der Steuergeheimnisse als Ausnahme hervorheben.[298] Dadurch wird die Wirtschaftstätigkeit des Staates in einigen Punkten erst ermöglicht, da dies die Einnahme von Steuergeldern sowie Entscheidungen in Wettbewerbsfragen umfasst. Insofern wird die Eigenständigkeit der fiskalischen Behörden gewährleistet.
- § 3 Nr. 1 lit. e: „Angelegenheiten der externen Finanzkontrolle" umfassen im Allgemeinen die Tätigkeit des Bundesrechnungshofes,[299] der die fiskalischen Tätigkeiten des Staates prüft und daher zum Bereich der fiskalischen Interessen zählt.
- § 3 Nr. 1 lit. f: „Maßnahmen zum Schutz vor unerlaubten Außenwirtschaftsverkehr" sind nicht nur dem politischen Interessen zuzuordnen, sondern auch den fiskalischen, da monetäre Interessen beim Außenwirtschaftsverkehr betroffen sind.
- § 3 Nr. 6: „wenn das Bekanntwerden der Information geeignet wäre, fiskalische Interessen des Bundes zu beeinträchtigen". Die Ausnahme dient dem Schutz des Haushaltsplanes und der Wirtschaftstätigkeit am Markt,[300] um

296 BT-Drs. 15/4493, S. 9.
297 BT-Drs. 15/4493, S. 10.
298 BT-Drs. 15/4493, S. 9.
299 BT-Drs. 15/4493, S. 10.
300 BT-Drs. 15/4493, S. 11.

eine schlechte marktwirtschaftliche Position des Staates durch die Offenbarung von Informationen zu verhindern.

(4) Andere Geheimnisse: Materieller Geheimnisschutz

- § 3 Nr. 4: „wenn die Information einer durch Rechtsvorschrift oder durch die Allgemeine Verwaltungsvorschrift zum materiellen und organisatorischen Schutz von Verschlusssachen geregelten Geheimhaltungs- und Vertraulichkeitspflichten oder einem Berufs- oder besonderen Amtsgeheimnis unterliegen." Die Norm dient dazu, alle „materiell-rechtlichen Vorschriften in den jeweiligen Spezialgesetzen"[301] zu schützen und den materiellen Geheimnisschutz im Allgemeinen sicherzustellen, sofern er durch die anderen Ausnahmevorschriften nicht gewährleistet ist.

bb. Die Gewährleistung der ordnungsgemäßen Erfüllung staatlicher Aufgaben

Staatliche Aufgaben werden vornehmlich in bestimmten Verfahren durchgeführt und erfüllt. Damit die Aufgabenwahrnehmung ordnungsgemäß verläuft und bestimmte Sicherheitsbedenken aber auch Interessen Dritter geschützt werden, muss die Aufgabenwahrnehmung ohne die Berücksichtigung anderweitiger Informationsinteressen erfolgen. Ansonsten müsste eine eingehende Prüfung der materiellen Gesichtspunkte schon im Laufe des Verfahrens verlangt werden, was nicht nur zu verlängerten Verfahrensabläufen führen könnte, sondern die Unabhängigkeit der staatlichen Institutionen bei der Entscheidungsfindung gefährden könnte. Aus dem Grund existieren folgende Ausnahmegründe im IFG:

- § 3 Nr. 1 lit. g: „die Durchführung eines laufenden Gerichtsverfahrens, den Anspruch einer Person auf ein faires Verfahren oder die Durchführung strafrechtlicher, ordnungswidrigkeitsrechtlicher oder disziplinarischer Ermittlungen". Die Vorschrift schützt die polizeilichen Ermittlungstätigkeiten und die erlangten Informationen, die ansonsten nicht durch Spezialvorschriften nach Beendigung des Ermittlungsverfahrens geschützt sind.[302]
- § 3 Nr. 3 lit. a und lit. b.: „wenn und solange a) die notwendige Vertraulichkeit internationaler Verhandlungen oder b) die Beratung von Behörden beeinträchtigt werden". Die Norm dient dazu den internen Entscheidungsprozess

301 BT-Drs. 15/4493, S. 11.
302 BT-Drs. 15/4493, S. 10.

auf internationaler und innerstaatlicher Bühne zu gewährleisten und ergänzt die materiellen Ausgestaltungen, wie § 3 Nr. 1 lit. a IFG.[303]

- § 3 Nr. 5: „hinsichtlich vorübergehend beigezogener Information einer anderen öffentlichen Stelle, die nicht Bestandteil der eigenen Vorgänge werden soll". Demnach sollen Informationen, die lediglich in Augenschein genommen werden, aber nicht Bestandteil der Akten werden, vor einer weiteren Verbreitung geschützt werden.[304] Es wird vornehmlich der Schutz des Urhebers beabsichtigt,[305] allerdings soll ebenfalls ein Vertrauensverhältnis, welches durch die Möglichkeit der Akteneinsicht innerhalb des Behördenapparates entsteht, geschützt werden,[306] sodass auch diese Vorschrift dem Bereich der Aufgabenerfüllung zuzuordnen ist.
- § 4 Abs. 1 S. 1: „Der Antrag auf Informationszugang soll abgelehnt werden für Entwürfe zu Entscheidungen sowie Arbeiten und Beschlüsse zu ihrer unmittelbaren Vorbereitung, soweit und solange durch die vorzeitige Bekanntgabe der Informationen der Erfolg der Entscheidung oder bevorstehender behördlicher Maßnahmen vereitelt würde."
  Die Vorschrift dient dazu den innerbehördlichen Ablauf und die unbefangene Entscheidungsfindung zu gewährleisten.[307]

cc. Die berechtigten Interessen Dritter

Als dritte und letzte Ausnahmekategorie sind die berechtigten Interessen Dritter zu nennen, die zumeist aus grundrechtlichen Schutzpflichten resultieren.

Innerhalb der Gruppe ist zwischen privaten und unternehmerischen Interessen zu differenzieren, wobei der Schutz von Informanten nach § 3 Nr. 7 IFG als Spezialfall zu sehen ist.

- § 3 Nr. 7: „bei vertraulich erhobener oder übermittelter Information, soweit das Interesse des Dritten an einer vertraulichen Behandlung im Zeitpunkt des Antrags auf Informationszugang noch fortbesteht". Die Vorschrift schützt die Interessen des Informanten auf Anonymität,[308] sodass Repressalien und andere negative Folgen verhindert werden. Die Vorschrift dient neben dem

303 BT-Drs. 15/4493, S. 10.
304 In etwa BT-Drs. 15/4493, S. 11.
305 BT-Drs. 15/4493, S. 11.
306 BT-Drs. 15/4493, S. 11.
307 BT-Drs. 15/4493, S. 12.
308 BT-Drs. 15/4493, S. 11.

Erhalt der Arbeitstätigkeit der Sicherheitsbehörden/Regulierungsbehörden dem Schutz des Individuums.

- § 5 Abs. 1 S. 1: „Zugang zu personenbezogenen Daten darf nur gewährt werden, soweit das Informationsinteresse des Antragstellers das schutzwürdige Interesse des Dritten am Ausschluss des Informationszugangs überwiegt oder der Dritte eingewilligt hat.“ Nach § 5 Abs. 1 S. 1 IFG dient dem Schutz der „informationellen Selbstbestimmung“[309] des Einzelnen und stellt eine Spezialvorschrift zu § 16 BDSG dar.[310] Es werden die individuellen Interessen der Bürger geschützt, wobei aber herausgestellt wird, dass diese nicht abwägungsfrei sind.[311]
- § 6 S. 1: „Der Anspruch auf Informationszugang besteht nicht, soweit der Schutz geistigen Eigentums entgegensteht.“ § 6 S. 1 IFG bekräftigt den Schutzauftrag, der sich aus Art. 14 Abs. 1 GG im Hinblick auf geistiges Eigentum ergibt.[312] Dadurch wird das Urheberrecht sowohl des Einzelnen als auch von Unternehmen geschützt, sodass die Vorschrift beiden Komponenten zugeordnet werden kann.
- § 6 S. 2: „Zugang zu Betriebs- und Geschäftsgeheimnissen darf nur gewährt werden, soweit der Betroffene eingewilligt hat.“ Durch die Norm werden Betriebs- und Geschäftsgeheimnisse, die einfachrechtlich durch § 17 UWG und § 203 StGB und verfassungsrechtlich durch Art. 14 Abs. 1 GG oder Art. 12 Abs. 1 GG geschützt werden, als Geheimhaltungsgegenstand konstituiert.[313] Unternehmen werden Geheimhaltungssphären zuerkannt.

dd. Fazit

Wie gesehen, lassen sich die Ausnahmegründe in drei Hauptdifferenzierungspunkte systematisieren. Die drei Systematisierungspunkte lassen sich verfassungsrechtlich herausstellen, sodass nun die verfassungsrechtlichen Geheimhaltungsgründe betrachtet werden.

---

309 BT-Drs. 15/4493, S. 13.
310 BT-Drs. 15/4493, S. 13.
311 BT-Drs. 15/4493, S. 13.
312 BT-Drs. 15/4493, S. 14.
313 BT-Drs. 15/4493, S. 14. Ausführlich dazu: Prinz, Der Schutz von Betriebs- und Geschäftsgeheimnissen im Informationsfreiheitsrecht.

5. Verfassungsrechtliche Einordnung der Ausnahmegründe: Das Geheimnisschutzrecht

Um den Komplex der verfassungsrechtlichen Einordnung zu beschreiben, wird der Begriff des Geheimnisschutzrechtes[314] verwendet. Der Begriff suggeriert, dass ein Anspruch auf Geheimnisschutz besteht.

Die meisten Autoren, die sich mit Geheimnissen im Öffentlichen Recht beschäftigen, wählen den Begriff der Geheimhaltung.[315] Nach dem Wortsinn lässt sich daraus im Gegensatz zum Geheimnisschutzrecht kein Anspruch herleiten. Zivilrechtliche Autoren verwenden vermehrt die Begrifflichkeit des Geheimnisschutzes.[316] Die Terminologie wird vermehrt in Publikationen, die Beziehungen zwischen Staat und Privaten beschreiben, gebraucht.[317] Deshalb ist eine Begriffsklärung vorzunehmen.

a. Eine Begriffsklärung

Der Begriff des Geheimnisschutzrechts legt das Verständnis zu Grunde, dass sich das Recht oder der Anspruch auf Geheimnisschutz aus einem bestimmten Recht ergeben könnte. Als Beispiel können Grundrechten aufgeführt werden, welche über eine schutzrechtliche Dimension verfügen.[318] Dementsprechend

---

314 Holznagel, in: Hoffmann-Riem/u. a. (Hrsg.), Grundlagen des Verwaltungsrechts, Band II, § 24 Rn. 351; Stohrer, Informationspflichten Privater gegenüber dem Staat in Zeiten von Privatisierung, Liberalisierung und Deregulierung, S. 59 verwendet ebenfalls den Begriff des „Geheimnisschutzrechts".

315 Einige Autoren sprechen nur von Geheimhaltung: Trantas, Akteneinsicht und Geheimhaltung im Verwaltungsrecht, S. 1 ff.; Rösch, Geheimhaltung in der rechtsstaatlichen Demokratie, S. 131 – vorher auch Geheimnissphären, S. 74; wobei Ebert/Tiller, LKV 2001, 255 von einem „behördlichen Geheimnisschutz" sprechen. Ebenfalls mit der Terminologie des Geheimnisschutzes: Gärditz/Orth, JuS 2010, 317; Sydow, Die Verwaltung 38 (2005), 35; Spindler/Weber, MMR 2006, 711; Ohlenburg, NVwZ 2005, 15; Mayen, AnwBl. 2002, 495 ff.

316 Ann/Hauck/Maute, Auskunftsanspruch und Geheimnisschutz im Verletzungsprozess, S. 4 ff.; Ann/Looschelder/Grosch, Praxishandbuch Know-how-Schutz, S. 23 ff.; Ann, GRUR 2014, 12; Kürschner, NJW 1992, 1804; Ohly, GRUR 2014, 1; Schenke, NVwZ 2008, 938.

317 Gärditz/Orth, JuS 2010, 317; Sydow, Die Verwaltung 38 (2005), 35; Spindler/Weber, MMR 2006, 711; Ohlenburg, NVwZ 2005, 15; Mayen, AnwBl. 2002, 495 ff.

318 Jarass, AöR 120 (1995), 345, 351 f.; Rossi, Informationszugangsfreiheit und Verfassungsrecht, S. 225 ff. spricht von „geheimnisschützenden Grundrechte[n]".

könnte sich ein solcher Anspruch zumindest am Untermaßgebot[319] orientieren. Doch bevor eine tatsächliche Einordnung erfolgt, zunächst zum Begriff des Geheimnisses.

Zu beginnen ist mit dem tatsächlichen Wortsinn. Laut Duden gibt es zwei Erklärungsansätze für den Geheimnisbegriff. Erstens handelt es sich um „etwas, was geheim bleiben soll oder was nur Eingeweihten bekannt ist“[320] und zweitens um „etwas unerforschtes oder nicht erforschbares“.[321] Der erste Ansatzpunkt setzt eine bestehende Information innerhalb eines begrenzten Kreises voraus, der zweite Ansatzpunkt geht von einer (noch) nicht vorhandenen Information aus.[322] Der letztere Ansatzpunkt ist innerhalb der Informationsordnung ungeeignet, weil die Informationsordnung zumindest das Bestehen einer Information voraussetzt.[323] Die umgangssprachliche Gleichsetzung der Begriffe des Geheimnisses und des Mysteriums[324] ist für die juristische Betrachtung zu vernachlässigen. Demzufolge umfasst das juristische Verständnis des Geheimnisses eine vorhandene Information, die einem begrenzten Informationskreis bekannt ist.[325] Allgemein kann der Geheimnisschutz als Informationsschutz bezeichnet werden.[326] Das Geheimnisschutzrecht ist also ein Bestandteil des Informationsrechts.

Bei einer Aufschlüsselung der Bestandteile sind die folgenden Punkte hervorzuheben: der Geheimhaltungsgegenstand als erste Voraussetzung eines Geheimnisses, als zweite Voraussetzung ein begrenzter Kreis der Kennenden in Abgrenzung zu offenkundigen Tatsachen und der Öffentlichkeit, als dritte

---

319 Grundlegend zum Begriff des Untermaßgebots BVerfGE 88, 203, 254.

320 http://www.duden.de/suchen/dudenonline/geheimnis (zuletzt aufgerufen am 28. 06. 2017).

321 http://www.duden.de/suchen/dudenonline/geheimnis (zuletzt aufgerufen am 28. 06. 2017).

322 Druey, Information als Gegenstand des Rechts, 5. Kapitel III; Trantas, Akteneinsicht und Geheimhaltung im Verwaltungsrecht, S. 329 m. w. N.

323 Druey, Information als Gegenstand des Rechts, 9. Kapitel I.1; Trantas, Akteneinsicht und Geheimhaltung im Verwaltungsrecht, S. 329 m. w. N.

324 Rösch, Geheimhaltung in der rechtsstaatlichen Demokratie, S. 21 f.

325 Ähnlich Druey, Information als Gegenstand des Rechts, 9. Kapitel I.1b., Rösch, Geheimhaltung in der rechtsstaatlichen Demokratie, S. 21 f.

326 Eine solche Einordnung tätigt Rösch, Geheimhaltung in der rechtsstaatlichen Demokratie, S. 91.

Voraussetzung ist ein Geheimhaltungswille[327] bzw. ein Geheimhaltungsinteresse[328] erforderlich.[329]

Zunächst sind die Geheimhaltungsgegenstände zu betrachten. Freilich sagt der abstrakte Geheimhaltungsgegenstand nichts über die schutzwürdigen Belange aus,[330] denn bei der Betrachtung der schutzwürdigen Belange sind die verfolgten Interessen zu berücksichtigen. Daher ist vor allem der Inhaber oder Träger des Geheimnisses zu betrachten, welcher auch als Geheimnisherr bezeichnet wird.

Dem Geheimnisherren wird ein „gesetzliche[r] Verteilungsvorbehalt"[331] zugeschrieben, d. h. ihm kommt „von Rechts wegen die Befugnis zur Informationsverteilung"[332] zu. Der Geheimnisherr kann andere durch Verschwiegenheitserklärungen über die Weiterverbreitung von Informationen binden. Das bildet das Unterscheidungskriterium zum Begriff des Herrn über die Information, denn diesem kommt keine Befugnis über die Informationsverteilung zu.[333] Vielmehr steht demjenigen nur die Befugnisse eines Besitzers im zivilrechtlichen Sinne zu und dem Geheimnisherren die Befugnisse eines Eigentümers.

Der Geheimnisherr muss zudem über einen Geheimhaltungswillen oder ein Geheimhaltungsinteresse verfügen.[334] Die Unterscheidung zwischen Geheimhaltungswillen und -interessen geht dabei auf die Frage zurück, ob für die

---

327 Druey, Information als Gegenstand des Rechts, 9. Kapitel I 2 h; Rösch, Geheimhaltung in der rechtsstaatlichen Demokratie, S. 32 präferieren den Begriff des Geheimhaltungswillens und kritisieren den des Interesses, wobei insbesondere die Interessenabwägung kritisch hinterfragt wird. Allerdings stellt die Interessenabwägung einen wichtigen Schlusspunkt in der individuellen Betrachtung von der Auskunftserteilung dar, sodass der Begriff im Folgenden eher verwertet wird. Grundlegend zum Begriff des Geheimnisses: Westerbarkey, Das Geheimnis.

328 OVG Berlin-Brandenburg, U. v. 28. 06. 2013 - OVG 12 B 9.12; U. v. 22. 03. 2012 – VG 2 K 102.11; U. v. 8. 12. 2011 – VG 2 K 75.10. Druey, Information als Gegenstand des Rechts, 9. Kapitel I 2 g; Looschelder, in: Ann/u. a., Praxishandbuch Know-how-Schutz, S. 30 sieht Geheimhaltungswillen und Geheimhaltungsinteresse als zwei nebeneinanderstehende Komponenten und nicht als zwei Synonyme; ebenso in: Ann/u. a., Auskunftsanspruch und Geheimnisschutz im Verletzungsprozess, Rn. 13.

329 Druey, Information als Gegenstand des Rechts, 9. Kapitel I2; Rösch, Geheimhaltung in der rechtsstaatlichen Demokratie, S. 21 f.

330 G. Roth, Das einheitliche Recht auf Information, S. 257.

331 Müller, Exekutivischer Geheimnisschutz und parlamentarische Kontrolle, S. 51.

332 Müller, Exekutivischer Geheimnisschutz und parlamentarische Kontrolle, S. 51; Ähnlich: Druey, Information als Gegenstand des Rechts, 1. Kap. I4d (S. 13); Düwel, Das Amtsgeheimnis, S. 104.

333 Müller, Exekutivischer Geheimnisschutz und parlamentarische Kontrolle, S. 51.

334 Druey, Information als Gegenstand des Rechts, 9. Kapitel I 2; Rösch, Geheimhaltung in der rechtsstaatlichen Demokratie, S. 21 f.

Begründung eines subjektiven Rechtes ein Interesse[335] oder ein Wille[336] vorhanden sein muss. Auf den jahrelang währenden Theorienstreit soll verzichtet werden und es sei nur auf das Problem hingewiesen.[337] Vielmehr ist festzuhalten, dass sofern ein Geheimhaltungsinteresse besteht, ein Geheimhaltungswille ebenfalls vorhanden sein kann, da der Wille die rechtliche Durchsetzung in Form der Klagedurchsetzung umfasst[338]. Dementsprechend stehen die beiden Punkte in einem logischen Zusammenhang.[339] Auf Grund des Interesses an der Geheimhaltung würde somit ein Geheimnis bzw. eine Information, die nur einem begrenzten Kreis an Informationsträgern bekannt sein soll, auch nur weitergegeben werden, wenn ein Vertrauensverhältnis besteht, wobei ein Vertrauensverhältnis sich aus vielfältigen Gründen ergeben kann, wie der persönlicher Bindung, der Ehe,[340] gesellschaftlich bestehenden Verpflichtungen,[341] aus den Funktionen, die eine Person repräsentiert, mit der die Kommunikation geführt wird (Journalisten, Steuerberater, Priester, etc.)[342], aber auch aus vertraglichen oder gesetzlichen Verpflichtungen. „Vertrauensverhältnisse" entstehen also durch solche Verpflichtungen. Für den Staat als beteiligten Akteur sind die „Grundsätze der rechtsstaatliche[n] Demokratie"[343] zu beachten, als Grenze seiner Geheimhaltungssphären. Da sich der Geheimnisherr auf Grundrechte berufen kann, ist der Begriff des Geheimnisschutzrechtes zu verwenden.

Folgende Arbeitsweise ergibt sich daraus. Zunächst sind die Geheimhaltungsgegenstände herauszuarbeiten. Anschließend werden Informationsbeziehungen untersucht, die zu einem schützenswerten Geheimhaltungsinteresse[344] führen

---

335 Jhering, Geist des römischen Rechts, Teil 3, S. 339, spricht von „rechtlich geschützte Interessen".

336 Windscheid, Lehrbuch des Padektenrechts, Band 1, S. 156 konstituiert, dass „eine von der Rechtsordnung verliehene Willensmacht oder Willensherrschaft" notwendig sei für die Begründung subjektiver Rechte.

337 Alexy, Theorie der Grundrechte, 4. Kapitel Fn. 20 m. w. N.

338 Alexy, Theorie der Grundrechte, 4. Kapitel I.3.2 (S. 165).

339 Rösch, Geheimhaltung in der rechtsstaatlichen Demokratie, S. 29 ff.

340 Druey, Information als Gegenstand des Rechts, 9. Kapitel II 1.

341 Druey, Information als Gegenstand des Rechts, 11 Kapitel I 2 a „Entstehung von Informationspflichten aus der Gesprächssituation".

342 Druey, Information als Gegenstand des Rechts, 9. Kapitel II 1.

343 Rösch, Geheimhaltung in der rechtsstaatlichen Demokratie, Fn. 40.

344 Druey, Information als Gegenstand des Rechts, 5. Kapitel III1c. Allerdings vermischt Druey an der Stelle Gegenstände von Informationsinteressen, wie dem „Schutz individueller Güter" und den „institutionellen Geheimnisschutz", mit tatsächlichen äußeren

können, da letztentscheidend nicht der Geheimhaltungsgegenstand, sondern das Interesse der Beteiligten auf Geheimhaltung, ist, was den Schlusspunkt für die faktische und auch rechtliche Geheimhaltung bildet.[345]

b. Eine verfassungsrechtliche Einordnung

Zur verfassungsrechtlichen Einordnung müssen die Schutzzwecke, die mit der Geheimhaltung verfolgt werden, herausgearbeitet werden. Mangels einer zentralen Fixierung von Geheimhaltungsnormen und deren breiten Streuweite[346] ist eine Herausarbeitung von Schutzzwecken schwierig, da viele unterschiedliche Bereiche zu beachten sind. In dem Zusammenhang ist auf den Wortsinn des Begriffes zurückzukommen: Das Wort „geheim" leitet sich vom Begriff Heim ab, was als Bild der eigenen vier Wände und des Rückzugsortes rechtspositivistisch durch Art. 13 Abs. 1 GG[347] unter besonderen Schutz steht.[348] Die bildliche Vorstellung kann als eine Art Kernbereichsschutz für die einzelnen Beteiligten angesehen werden.

aa. Art. 13 Abs. 1 GG als Ausgangspunkt

Anders als Jestaedt, der eine Unterscheidung nach modalen und materialen Gründen vornimmt,[349] ist eine Orientierung an den Akteuren an der Stelle sinnvoll, um den Fokus auf dem Beziehungsverhältnis und der Multipolarität zu behalten. Durch die Betrachtung von Individuum, Unternehmen und Staat kann eine Unterscheidung zwischen den Hauptakteuren und deren Geheimhaltungsbelangen getroffen werden. An der Stelle kann insbesondere die Rechtsprechung

---

Faktoren, wie dem „individuellen Kontakt" aus dem sich „Vertrauen" entwickeln kann. Das Vertrauen ist ein zusätzlicher äußerer Faktor, der Auswirkungen auf den Umgang mit Informationsgegenständen haben kann.

345 Druey, Information als Gegenstand des Rechts, 9. Kapitel I 1 d. Nach Druey ist nämlich nicht der Geheimhaltungsgegenstand von der herausragenden Bedeutung, sondern die situationsbedingte Entstehung von Geheimhaltungsverhältnissen. Solche werden im Folgenden als Vertrauensverhältnisse bezeichnet.

346 Beispielhafte sei auf die Zusammenstellung von diversen Normbereichen bei Trantas, Akteneinsicht und Geheimhaltung im Verwaltungsverfahren, S. 268 ff.; Looschelders, in: Ann/u. a., Praxishandbuch Know-how-Schutz, S. 31–62 verwiesen.

347 BVerfGE 89, 1, 9 spricht davon, dass es sich um den „räumlichen Mittelpunkt freier Entfaltung seiner Persönlichkeit" handelt. Dieses erklärt die besondere Stellung der Wohnung, um „in Ruhe gelassen zu werden", BVerfGE 27, 1, 6; 32, 54, 75.

348 Rösch, Geheimhaltung in der rechtsstaatlichen Demokratie, S. 23 ff.

349 Jestaedt, AöR 126 (2001), 204, 225 ff.

zu Art. 13 Abs. 1 GG eine Richtschnur aufzeigen. Die Grundrechtsnorm statuiert die Unverletzlichkeit der Wohnung und bei Übertragung des „Haus/Heim“-Bildes für die Geheimnisbereiche stellt dies einen ersten Ansatzpunkt dar: Geheimnisschutz ist im Grunde der Schutz vor ungewollter Herstellung von Öffentlichkeit.

Der Schutz der Unverletzlichkeit der Wohnung ist der Prototyp des Geheimnisschutzes. Historisch betrachtet ist das der Ort der physischen Stätte für Sicherheit,[350] der schon im 18. Jahrhundert in den ersten Verfassungen vor willkürlichen Eingriffen von außen schützen sollte.[351] Ideengeschichtlich stand der Schutz der Wohnung in der deutschen Verfassungsentwicklung im Zeichen des Schutzes der Familie und des familiären Zusammenlebens,[352] wobei jedoch auch Grenzen für den Schutz von Anfang an in Betracht gezogen wurden – am Anfang anlässlich der Wohnraumnot nach dem Zweiten Weltkrieg und zur heutigen Zeit auf Grund von Sicherheitsbelangen.[353] Der Schutz, den Art. 13 GG statuiert, kann als „formalisierter Geheimbereich“[354] verstanden werden. Stellt erstes primär einen Eingriff in das Eigentumsrecht, und dadurch eine Beschränkung der Entfaltung der Persönlichkeit dar, so ist der zweite Grund ein zentraler Eingriff in den persönlichen Lebensbereich und damit in den geheimen Bereich der Wohnung. Eingriffen sind durch die Schranken in Art. 13 Abs. 2 GG bezogen auf Durchsuchungen, in Art. 13 Abs. 3–5 GG bezogen auf die Überwachung mit technischen Mitteln und in Art. 13 Abs. 7 GG für die sonstigen Beeinträchtigungen Grenzen gezogen. Folglich bestehen Grenzen für Geheimnissphären. Der Geheimnisbereich gilt nicht absolut, sondern ist beschränkbar, solange Ermächtigungsgrundlagen für Eingriffe bestehen. Das Bundesverfassungsgericht stellt in seiner Rechtsprechung klar heraus, dass die „Erhebung von Informationen aus dem absolut geschützten Kernbereich privater Lebensgestaltung“[355] nicht von der Eingriffsmöglichkeit umfasst sind. Was unter den absoluten Kernbereich privater Lebensgestaltung fällt, wird vom Gericht nicht abschließend geklärt. Vielmehr wird aufgeführt, dass Art. 13 Abs. 1 GG eine Konkretisierung der Menschenwürdegarantie des Art. 1 Abs. 1 GG darstellt.[356] Demzufolge ist der Kernbereich betroffen, sofern die Menschenwürde berührt wird.[357] Die Menschenwürde ist betroffen, wenn die

350 Hermes, in: Dreier, GG, Art. 13 Rn. 1; Wegener, Der geheime Staat, S. 286.
351 Vor allem kann die Virginia Bill of Rights herausgestellt werden, siehe Hermes, in: Dreier, GG, Art. 13 Rn. 2 m. w. N.
352 Hermes, in: Dreier, GG, Art. 13 Rn. 2 m. w. N.
353 Hermes, in: Dreier, GG, Art. 13 Rn. 3–5.
354 Rösch, Geheimhaltung in der rechtsstaatlichen Demokratie, S. 88.
355 BVerfGE 109, 279, 279 5. Leitsatz.
356 BVerfGE 109, 279, 311.
357 BVerfGE 109, 279, 311 f.

„öffentliche Gewalt die Achtung des Wertes vermissen lässt, der jedem Menschen um seiner selbst willen zukommt.“[358] Als Beispiele nennt das Gericht die Äußerung über innere Gefühle oder die Sexualität.[359] Das wird als absolute Grenze für Eingriffe in die Unverletzlichkeit der Wohnung gesehen. Somit ist ein Eingriff in die Geheimnissphäre der Wohnung möglich, sofern ein Kernbereich zur Ausübung der Privatsphäre ausgenommen ist.

Neben der Möglichkeit der Einschränkung steht noch die Möglichkeit des eigenständigen Verzichtes auf den Schutz durch die Einwilligung bzw. Zustimmung in eine Durchsuchung.[360] Der Grundrechtsberechtigte verfügt über ein Selbstbestimmungsrecht oder auch Dispositionsbefugnis über Grundrechte, sodass auf Schutz bewusst verzichtet werden kann.

Daraus lässt sich als Kernthese für die Geheimnissphäre von anderen Grundrechten festhalten, dass grundsätzlich ein Bereich für Geheimnisse besteht. In diese Geheimnisbereiche kann bis auf einen absoluten Kernbereich aber bei einer ausreichenden Ermächtigungsgrundlage eingegriffen werden. Nichtsdestotrotz kann der Inhaber des Geheimnisses über das Bestehenbleiben des Geheimnisses disponieren.

Da Grundrechte sowohl Abwehrrechte gegen den Staat als auch Schutzpflichten enthalten, hat das zur Folge, dass der Staat den Schutz von Geheimnissen durch legislative Akte sicherstellen muss. Die These ist nun an den jeweiligen Akteuren und den Grundrechtsnormen herauszustellen.

bb. Private Geheimhaltungssphären

Für den Schutz des Individuums, besser gesagt für den Schutz von Geheimnissen des Individuums, sind einige Grundrechtsnormen zu betrachten: Art. 10 GG, Art. 13 GG, Art. 1 Abs. 1 i. V. m. Art. 2 Abs. 1 GG, Art. 4 GG, Art. 6 GG, Art. 5 Abs. 1 GG, aber auch Art. 38 Abs. 1 S. 1 GG (Die geheime Wahlausübung).[361] Da die Geheimhaltungsschutzbereich des Art. 13 GG schon einleitend erläutert wurde, sei darauf verwiesen.

358 BVerfGE 109, 279, 313.
359 BVerfGE 109, 279, 315.
360 Hermes, in: Dreier, GG, Art. 13 Rn. 44, 111.
361 Plakativ spricht Dix, in: Informationsfreiheit und Informationsrecht. Jahrbuch 2013, S. 249 von „Menschenrechte als Grenze der Geheimhaltung“, die Aussage ist gestützt auf die international ausgehandelten „Tshwane Prinzipien“, abgedruckt in deutscher Sprache in: Informationsfreiheit und Informationsrecht. Jahrbuch 2013, S. 251 von der Open Society Justice Initiative.

(1) Art. 10 Abs. 1 GG

Art. 10 Abs. 1 GG zum Schutz des Post- und Fernmeldeverkehrs und Art. 13 Abs. 1 GG[362] zum Schutz der Wohnung stellen plastisch und formal den Schutz der individuellen Sphäre dar. Art. 10 Abs. 1 GG dient dem Schutz der privaten Kommunikation vor der Ausspähung von außen,[363] wodurch das nicht öffentlich gesprochene Wort innerhalb des Briefverkehrs geschützt wird. Durch den Schutz wird der Kommunikationsvorgang gewahrt und Kommunikation ermöglicht.[364] Die Norm enthält als eine der wenigen Normen des Grundgesetzes die Bezeichnung „Geheimnis". Eine Definition findet sich jedoch nicht. Allerdings soll die Vorschrift den Schutz vor „staatlicher Indiskretion"[365] ermöglichen, und dient somit dem Ausschluss der Öffentlichkeit. Zu beachten ist ebenfalls, dass sich der Schutzumfang nicht auf den konkreten Kommunikationsvorgang – also das Versenden der Information – beschränkt, sondern auch eine Verwertung des Informationsinhaltes umfasst.[366] Die Norm enthält ebenfalls eine Schranke für einen möglichen Eingriff von außen. Jedoch wird beim Schutzumfang eine Dispositionsbefugnis des Kommunikationsteilnehmers erkennbar. Sofern der Teilnehmer auf einen Schutz des Kommunikationsinhaltes verzichtet, wie bei der Versendung von Postkarten, so kann der Inhalt von anderen wahrgenommen werden.[367] Demzufolge besteht die Möglichkeit, auf den rechtlichen und tatsächlichen Schutz autonom zu verzichten, sodass das Grundrecht ein gestuftes Verhältnis kennt.

(2) Art. 2 Abs. 1 i. V. m. Art. 1 Abs. 1 GG

Obendrein sind das allgemeine Persönlichkeitsrecht und das Recht auf informationelle Selbstbestimmung nicht außer Acht zu lassen.[368]

---

362 Ausführungen hierzu siehe oben.

363 Hermes, in: Dreier, GG, Art. 10 Rn. 1; Rösch, Geheimhaltung in der rechtsstaatlichen Demokratie, S. 74 ff., Trantas, Akteneinsicht und Geheimhaltung im Verwaltungsrecht, S. 303; Wegener, Der geheime Staat, S. 285.

364 Hermes, in: Dreier, GG, Art. 10 Rn. 15; Rossi, Informationszugang und Verfassungsrecht, S. 146; Trantas, Akteneinsicht und Geheimhaltung im Verwaltungsrecht, S. 303.

365 Rösch, Geheimhaltung in der rechtsstaatlichen Demokratie, S. 74.

366 Hermes, in: Dreier, GG, Art. 10 Rn. 16.

367 Hermes, in: Dreier, GG, Art. 10 Rn. 16.

368 Rossi, Informationszugangsfreiheit und Verfassungsrecht, S. 145 f.; Trosch, Grenzen einer Kommerzialisierung von Informationen des öffentlichen Sektors, S. 98.

Das allgemeine Persönlichkeitsrecht[369] nach Art. 1 Abs. 1 i. V. m. Art. 2 Abs. 1 GG dient der „Sicherung der personale[n] Autonomie“[370] und soll die Persönlichkeit, Privatsphäre und die Darstellung in der Öffentlichkeit schützen. Als Ausdifferenzierung dieses Grundrechtes wurde die informationelle Selbstbestimmung[371] und das Recht auf Gewährleistung der Vertraulichkeit und Integrität informationstechnischer Systeme[372] herausgearbeitet. Der zweite Punkt soll die Schutzlücken bei der Ausspähung von persönlichen elektronischen Geräten, wie Mobiltelefonen und Laptops, schließen, welche sich durch den technischen Fortschritt aufgetan haben.[373] Das Recht auf informationelle Selbstbestimmung rechnet jedem Datensatz oder auch jeglichem Datum einen eigenen Wert zu, da durch die technischen Möglichkeiten eine schnelle Verarbeitung und Kombination der Daten einen nicht zu unterschätzenden Eingriff darstellen können.[374] Daher wird beim Recht auf informationelle Selbstbestimmung nicht zwischen den einzelnen Sphären, die für das Allgemeine Persönlichkeitsrecht entwickelt wurden, differenziert.[375] Das Recht auf informationelle Selbstbestimmung schützt demzufolge vor jeglicher Datenabfrage und -sammlung.[376] Das Recht auf „Gewährleistung der Vertraulichkeit und Integrität informationstechnischer Systeme“ ist zwar ebenfalls nur eine Ausgestaltung des Allgemeinen Persönlichkeitsrechtes, allerdings soll es den gesamten Datenbestand von einem Datenträger schützen, die von externen Ausspähprogrammen infiltriert sein können.[377] Die gedankliche Aufspaltung stieß in der Literatur auf vehemente Kritik, auch

369 Grundlegend Wanckel, Persönlichkeitsschutz in der Informationsgesellschaft. Kritisch: Bull, Informationelle Selbstbestimmung – Vision oder Illusion?.

370 BVerfGE 35, 202, 219; 72, 155, 170; 90, 263, 270; Hermes, in: Dreier, GG, Art. 2 Abs. 1 Rn. 69.

371 BVerfGE 65, 1, 41 f.; 84, 192, 194; 96, 171, 181; Albers, Informationelle Selbstbestimmung; Albers, in: Hoffmann-Riem/u. a. (Hrsg.), Grundlagen des Verwaltungsrechts, Band II, § 22 Rn. 58 ff.; Scholz/Pitschas, Informationelle Selbstbestimmung und staatliche Informationsverantwortung, S. 66 ff.; Trantas, Akteneinsicht und Geheimhaltung im Verwaltungsrecht, S. 309.

372 BVerfGE 120, 274, 302; Gusy, DuD 2009, 33.

373 Dreier, in: Dreier, GG, Art. 2 I Rn. 79.

374 Das Bundesverfassungsgericht spricht davon, dass es „kein belangloses Datum“ mehr gebe, BVerfGE 65, 1, 45.

375 Dreier, in: Dreier, GG, Art. 2 I Rn. 81.

376 Trantas, Akteneinsicht und Geheimhaltung im Verwaltungsrecht, S. 309 ff. sieht den Hauptgrund des Schutzzweckes der informationellen Selbstbestimmung darin, dass eine Zweckbindung, der zur Verfügung gestellten Daten, bestehe.

377 Dreier, in: Dreier, GG, Art. 2 I Rn. 83.

den technischen Eingriff unter das Recht auf informationelle Selbstbestimmung zu subsumieren.[378] Mithin ist der Schutz der personenbezogenen Daten durch die Ausformung des Allgemeinen Persönlichkeitsrechts ausreichend geschützt, sei es nun durch das „Zwillingsgrundrecht“[379] oder auch nur durch das Recht auf informationelle Selbstbestimmung.

Im Allgemeinen kann festgehalten werden, dass der Privatheitsschutz i. S. d. Art. 2 Abs. 1 i. V. m. Art. 1 Abs. 1 GG als „Informationenschutz oder informationeller Privatsphärenschutz“[380] verstanden werden kann. Dem Einzelnen kann zumindest das Recht zukommen, auf das Ausmaß der Verwendung der Informationen Einfluss zu nehmen.[381]

Einfachrechtlich kann die Ausprägung durch die Strafrechtsnormen des fünfzehnten Abschnitts des Strafgesetzbuches aufgezeigt werden, wonach die „Verletzung des persönlichen Lebens- und Geheimbereiches“ unter Strafe gestellt wird. Geheimnisse i. S. d. § 203 Abs. 1 StGB sind „Tatsachen, die nur einem beschränkten Personenkreis bekannt sind und an deren Geheimhaltung derjenige, den sie betreffen (sog. Geheimnisträger), ein von seinem Standpunkt aus sachlich begründetes Interesse hat oder bei eigener Kenntnis der Tatsache haben würde.“[382] Die Definition erinnert an die aufgestellte Definition zum Geheimnisschutzrecht und verdeutlicht, dass bestimmte Aspekte von den „Geheimnisschutznormen“ allumfassend betrachtet werden und damit eine Verallgemeinerung angenommen werden kann. Allerdings wird nur ein begrenzter Täterkreis, nämlich die in § 203 Abs. 1 Nr. 1–6 StGB genannten Personen, als taugliche Täter bzw. Verletzter der Geheimnispflicht gesehen. Daher ist nicht nur die Privatsphäre des Individuums Grund für die Strafbarkeit, sondern auch der Missbrauch einer besonderen Amtsposition.[383] Der Schutz von persönlichen Lebensbereichen ist als „Geheimbereich“[384] anerkannt und die aufgeführten

---

378 Vgl. unter anderem: Hoeren, MMR 2008, 356; Gurlit, NJW 2010, 1035; Gusy, DuD 2009, 33.

379 Hufen, Staatsrecht II. Grundrechte, § 12 Rn. 3.

380 Horn, in: Isensee/Kirchhof (Hrsg.), Handbuch des Staatsrechts. Band VII, § 149 Rn. 46. Horn führt weiterhin aus, dass es sich gerade um eine Ausprägung „grundrechtlichen Geheimnisschutzes“ handele, ebenda.

381 Horn, in: Isensee/Kirchhof (Hrsg.), Handbuch des Staatsrechts. Band VII, § 149 Rn. 49.

382 Lenckner/Eisele, in: Schönke/Schröder, StGB, § 203 Rn. 5.

383 Lenckner/Eisele, in: Schönke/Schröder, StGB, § 203 Rn. 3; Trantas, Akteneinsicht und Geheimhaltung im Verwaltungsrecht, S. 281.

384 Rösch, Geheimhaltung in der rechtsstaatlichen Demokratie, S. 85.

Grundrechte stehen repräsentativ für weitere geschützte Geheimnisbereiche oder -sphären.

(3) Art. 4 GG, Art. 6 GG, Art. 5 Abs. 1 GG

Die Grundrechte aus Art. 4 Abs. 1 GG, Art. 6 Abs. 1 und Art. 5 Abs. 1 GG schützen den Grundrechtsträger vor dem Zwang, bestimmte Aussagen tätigen zu müssen, und bilden demzufolge einen Geheimnisschutzanspruch.[385] Auf den Anspruch kann der Einzelne durch Entäußerung verzichten, was zu einer Aufgabe des Geheimnisses führt.[386] Es sind die negativen Schutzumfänge der jeweiligen Grundrechte als Ausprägung des Geheimnisschutzes zu sehen.

(4) Art. 38 Abs. 1 S. 1 GG (Die geheime Wahlausübung)

Abschließend kann der Vollständigkeit halber noch Art. 38 Abs. 1 S. 1 GG erwähnt werden, der die geheime Wahlausübung und dadurch die effektive Ausübung der Wahl und infolgedessen demokratische Teilhabe, die frei von Pression ist, gewährleistet.[387] Und durch die geheime Wahlausübung wird ebenfalls der „institutionelle Schutz der Wahlfreiheit"[388] sichergestellt, wodurch Demokratie erst vollständig ermöglicht wird. Dementsprechend wird Geheimhaltung als immanenter Bestandteil der Demokratie und des Demokratieprinzips gesehen.[389] Es werden insofern „Individual- und Kollektivinteressen"[390] verfolgt.

(5) Art. 8 Abs. 1 EU-Grundrechte-Charta/Art. 16 AEUV

Gem. Art. 8 Abs. 1 EU-Grundrechte-Charta und Art. 16 AEUV hat „jede Person das Recht auf Schutz der sie betreffenden personenbezogenen Daten". Die Ausprägung ähnelt dem Schutzbereich, den Art. 2 Abs. 1 i. V. m. Art. 1 Abs. 1 GG schafft, und soll verdeutlichen, dass auch auf europäischer Ebene ein Schutz

385 Trantas, Akteneinsicht und Geheimhaltung im Verwaltungsrecht, S. 331.

386 Rösch, Geheimhaltung in der rechtsstaatlichen Demokratie, S. 87 f. führt lediglich das „Geheimnis des Glaubens" und die negative Meinungsfreiheit als Geheimnisbereiche auf.

387 Pieroth, in: Jarass/Pieroth, GG, Art. 38 Rn. 17.

388 Rösch, Geheimhaltung in der rechtsstaatlichen Demokratie, S. 80.

389 Pieroth, in: Jarass/Pieroth, GG, Art. 38 Rn. 1; Rösch, Geheimhaltung in der rechtsstaatlichen Demokratie, S. 80, wobei Rösch dieses als Ausprägung der Menschenwürdegarantie sieht, ebenda, S. 81.

390 Rösch, Geheimhaltung in der rechtsstaatlichen Demokratie, S. 82.

von Geheimnissen angedacht ist.[391] Im Gegensatz zu Art. 2 Abs. 1 i. V. m. Art. 1 Abs. 1 GG wird das Recht explizit als Datenschutzrecht bezeichnet und der Schutzauftrag des Hoheitsträgers wird im Wortlaut genannt und nicht nur dem Teilbereich des allgemeinen Persönlichkeitsrechtes zugeordnet.[392] Es handelt sich sowohl um ein Abwehr- als auch Schutzrecht, welches gerichtlich geltend gemacht werden kann.[393] Die ausdrückliche Normierung des Schutzgedankens verdeutlicht die kurze Historie der Norm, denn der Gesetzgeber wollte mit der Normierung der Pflicht einem bestehenden gesellschaftlichen Bedürfnis in der Informationsgesellschaft gerecht werden.[394] Art. 8 GRCh hat im Gegensatz zu Art. 7 GRCh einen schmaleren Schutzbereich dahingehend, dass nur personenbezogene Daten geschützt werden und nicht das Privat- und Familienleben, die Wohnung oder die Kommunikation.[395]

(6) Fazit

Geheimhaltungssphären und -bereiche des Individuums sollen einen Rückzugsort für die Person herstellen und wirken einerseits individuell, andererseits ermöglichen die Geheimhaltungsbereiche auch die Ausübung von demokratischen Teilhaberechten, wie Art. 38 GG, und sind damit unter anderem demokratieermöglichend.[396] Insofern werden zwei Zielrichtungen mit dem Geheimhaltungsbereichen verfolgt, und dass unterschiedliche Zwecke verfolgt werden, ist auch am IFG erkennbar, der zwar primär einen demokratietheoretischen Ursprung hat, aber auch für die Verfolgung individueller subjektiver Rechte genutzt wird.

cc. Unternehmerische Geheimhaltungssphären

Nun ist der Blickwinkel auf einen weiteren Akteur zu werfen, die Unternehmen. Unternehmen sollen als juristische Person i. S. d. Art. 19 Abs. 3 GG[397]

391 Ausführlich zur Rechtsprechung des EuGH und EMRK hinsichtlich der Privatsphäre und dem Schutzbereich von Art. 8 Abs. 1 EMRK und Art. 7 GRCh: Eichenhofer, Der Staat 2016, 41, 57 m. w. N.

392 Dreier, in: Dreier, GG, Art. 2 I Rn. 80; Kotzur, in: Geiger/Khan/Kotzur, EUV/AEUV, Art. 16 AEUV Rn. 2.

393 Jarass, Charta der Grundrecht der Europäischen Union, Art. 8 Rn. 2.

394 Vgl. Kotzur, in: Geiger/Khan/Kotzur, EUV/AEUV, Art. 16 AEUV Rn. 1.

395 Zum Verhältnis der beiden Rechte zu einander siehe die Ausführung von Eichenhofer, Der Staat 2016, 41, 61 f. m. w. N. („Spezialitätsthese" oder „Überschneidungsthese").

396 Ähnlich Rösch, Geheimhaltung in der rechtsstaatlichen Demokratie, S. 91.

397 Zum Begriff: Dreier, in: Dreier, GG, Art. 19 III Rn. 44 ff. Es werden nicht nur juristische Personen i. S. d. Zivilrechts verstanden.

verstanden werden, die sich als Wirtschaftssubjekt am Wirtschaftsleben beteiligt. Die Geheimhaltungsinteressen der Unternehmen werden von anderen Grundrechten geschützt, da das Schutzobjekt ein anderes ist. Schutzobjekte sind die Geschäfts- und Betriebsgeheimnisse.[398] Diese bilden Geheimnisse[399] ab, die im Kontext eines Betriebes[400] entstehen bzw. sich in der Sphäre des Unternehmens befinden. Das Geheimnisschutzrecht spielt eine eher untergeordnete Rolle im Dickicht des Eigentumsrechtes und Lauterkeitsrechtes,[401] was sich sicherlich mit der eher mageren einfachrechtlichen Normierung erklären lässt und der Tatsache, dass Unternehmen zumeist versuchen, Geschäftsgeheimnisse schon im Voraus zu schützen[402]. Nichtsdestotrotz bestehen auch hier grundrechtliche Normen, die den Geheimnisschutz bezwecken.

Da Grundrechte dem Schutz natürlicher Personen dienen, bedarf der Schutz von juristischen Personen einer positiven Normierung. Eine solche findet sich in Art. 19 Abs. 3 GG. Danach gelten Grundrechte auch für inländische juristische Personen, soweit sie ihrem Wesen nach auf jene anwendbar sind. Wann aber der Fall einer solchen wesensgemäßen Anwendbarkeit vorliegt, ergibt sich nicht aus dem Gesetz. Dazu können verschiedene Ansatzpunkte vertreten werden, wobei das Verständnis nach Art. 19 Abs. 3 GG entscheidend ist. Die Ausweitung des Grundrechtsschutzes auf juristische Personen lässt sich einerseits mit dem Argument begründen, dass juristische Personen von natürlichen Personen gegründet und betrieben werden, natürliche Personen sind also Bestandteil von juristischen Personen.[403] Andererseits könnte auf eine „grundrechtstypische Gefährdungslage“[404] abgestellt werden, wonach juristische Personen ebenfalls vor staatlichem

---

398 Druey, Information als Gegenstand des Rechts, 12. Kap. II1 (S. 365 ff.) spricht im Allgemeinen von „Unternehmensgeheimnis“ und differenziert zwischen Wirtschafts-, Geschäfts-, Betriebs- und Fabrikationsgeheimnissen. Ansonsten beschränkt auf Geschäfts- und Betriebsgeheimnisse: u. a. Ann, GRUR 2014, 12 ff.; Ohly, GRUR 2014, 1 ff.; Trantas, Akteinsicht und Geheimhaltung im Verwaltungsrecht, S. 326 ff.

399 Zum Geheimnisbegriff siehe Abschnitt II.5.a.

400 Die Begriffe Betrieb und Unternehmen sollen synonym verstanden werden. Trantas, Akteneinsicht und Geheimhaltung im Verwaltungsrecht, S. 326 f. verwendet den Begriff der Wirtschaftsgeheimnisse als Oberbegriff und Geschäfts- und Betriebsgeheimnisse als Teilbestandteile, wobei Betriebsgeheimnisse diejenigen Informationen umfassen, die die Herstellungsprozesse an sich betreffen, und Geschäftsgeheimnisse diejenigen Punkte, die den Geschäftsablauf betreffen.

401 Ohly, GRUR 2014,1, 1 bezeichnet es als „Aschenputtel“ und „Stiefkind“.

402 Ann, GRUR 2014, 12 ff.

403 BVerfGE 21, 362, 369; 68, 193, 206; 75, 192, 196.

404 Dreier, in: Dreier, GG, Art. 19 Abs. 3 Rn. 34.

Hoheitshandeln geschützt werden müssen. So wird teilweise herausgestellt, dass Geheimnisschutz notwendig ist, um Wettbewerb zu ermöglichen und Vermögenswerte zu schützen.[405] Der zweite Erklärungsansatz für die Übertragbarkeit der Grundrechte auf juristische Personen klingt überzeugender, da eine einzelfallbezogene Prüfung ermöglicht wird. Folglich wird auf die zweite Erklärung abgestellt, sodass eine „grundrechtstypische Gefährdungslagen" bestehen muss.

Im Allgemeinen ist anerkannt, dass sich juristische Personen auf Art. 12 Abs. 1 GG[406] und Art. 14 Abs. 1 GG[407] berufen können.[408] Dementsprechend ist für die beiden Grundrechte zu untersuchen, ob auch Geheimnisse von den Grundrechten geschützt werden. In Zeiten von Wirtschaftsspionage[409] müssen Unternehmen zumeist in Form von internen Geheimnisschutz Maßnahmen treffen, um ihre Betriebs- und Geschäftsgeheimnisse zu schützen.[410] Da aber auch Informationspflichten[411] bestehen und Betriebe teilweise zur Weitergabe von Informationen rechtlich verpflichtet sein können, muss beachtet werden, ob den Staat bei der Erlangung solcher Informationen Geheimnisverpflichtungen und Schutzpflichten treffen, sodass der verfassungsrechtliche Schutz der Geheimnissphären herauszuarbeiten ist.

---

405 Ohly, GRUR 2014, 1, 3.

406 BVerfGE 21, 261, 266; 30, 292, 312; 65, 196, 209 f.; 85, 97, 104; 97, 12, 25; 102, 197, 213 f.

407 BVerfGE 4, 7, 17; 35, 348, 360 f.; 53, 336, 345; 66, 116, 130.

408 Eine Übersicht zu den anwendbaren Grundrechten auf inländische juristische Personen findet sich bei Dreier, in: Dreier, GG, Art. 19 Abs. 3, Rn. 37; Kugelmann, Die informatorische Rechtsstellung des Bürgers, S. 70 ff.; Trosch, Grenzen einer Kommerzialisierung von Informationen des öffentlichen Sektors, S. 155, sieht beide Grundrechte als Grundlage für den Geheimnisschutz.

409 Bundesamt für Verfassungsschutz, Wirtschaftsspionage – Risiko für Ihr Unternehmen, 2008, S. 23 f.

410 Informationsmanagement wird als eine „Kernaufgabe" bezeichnet: Ann, GRUR 2014, 12 ff.

411 Stohrer, Informationspflichten Privater gegenüber dem Staat in Zeiten von Privatisierung, Liberalisierung und Deregulierung, S. 205 ff. differenziert die Informationspflichten in: Auskunftspflichten (S. 206 f.), Aufklärungspflichten (S. 207), Anzeigepflichten (S. 207 f.), Melde-, Anmelde- und Abmeldepflichten (S. 208 f.), Benachrichtigungs-, Erklärungs- und Unterrichtungspflichten (S. 209), Mitteilungspflichten (S. 210), Angabe- und Informationspflichten (S. 210 f.), Einsendungs-, Übersendungs-, Übermittlungs- und Einreichungspflichten (S. 211 f.), Vorlagepflichten (S. 212 f.), Vorzeige-, Aushändigungs- und Überlassungspflichten (S. 213 f.) und Nachweispflichten (S. 214 f.).

(1) Art. 12 Abs. 1 GG i. V. m. Art. 19 Abs. 3 GG

Dabei bildet Art. 12 Abs. 1 GG i. V. m. Art. 19 Abs. 3 GG die zentrale Norm für Gewerbetreibende. Nach Aussage des Bundesverfassungsgerichtes ist der Schutzbereich eröffnet, wenn „eine Erwerbszwecken dienende Tätigkeit, insbesondere ein Gewerbe [...], soweit diese Tätigkeit ihrem Wesen und ihrer Art nach in gleicher Weise von einer juristischen wie von einer natürlichen Person ausgeübt werden kann“[412] vorliegt. Geschützt ist demzufolge die Freiheit des Gewerbes,[413] aber auch die Wettbewerbsfreiheit[414]. Durch Informationspflichten gegenüber staatlichen Organen und der damit verbundenen Weitergabe von Informationen außerhalb des Geschäftsbereichs entsteht ein Eingriff in die Berufsfreiheit.[415] Bei der Veröffentlichung von Informationen, die den Geschäftsbetrieb betreffen, ist von einem Eingriff in die Berufsfreiheit auszugehen.[416] Der Geschäftsbetrieb ist an dem Punkt betroffen, soweit die „Dispositions- und Wettbewerbsfreiheit“[417] betroffen ist. Die Dispositionsfreiheit ist mit der Verpflichtung zur Weitergabe der Information bzw. durch die Vergrößerung des informierten Kreises damit immer betroffen. Daher ist der Grad der Rechtfertigung geringer anzusetzen als an anderer Stelle.

Im Hinblick auf den Eingriff in die Wettbewerbsfreiheit kann ein anderes Ergebnis gezogen werden.[418] Sofern durch die Weitergabe von Informationen die Wettbewerbsfreiheit gefährdet wird, indem Informationen an Konkurrenten gelangen können und dadurch Wettbewerbsvorteile hinfällig werden, so kann die Gewerbefreiheit beeinträchtigt werden. Als Beispiel könnten Kundendaten und Vertriebswege aufgeführt werden. Durch solche Informationen werden

---

412 BVerfGE 21, 261, 266; 22, 380, 383; 30, 292, 312; 65, 196, 209 f.; 74, 129, 148 f.

413 BVerfGE 50, 290, 362; BVerwGE 65, 167, 173; Jarass, in: Jarass/Pieroth, GG, Art. 12 Rn. 2.

414 BVerfGE 34, 252, 256; 55, 261, 269; Jarass, in: Jarass/Pieroth, GG, Art. 12 Rn. 15.

415 BVerfG, B. v. 14. 3. 2006 – 1 BvR 2087/03, 1 BvR 2111/03 – juris Rn. 82 ff.; Breuer, in: Isensee/Kirchhof (Hrsg.), Handbuch des Staatsrechts. Band VIII, § 171 Rn. 38; Guckelberger, in: Gersdorf/Paal (Hrsg.), BeckOK Informations- und Medienrecht, § 6 Rn. 12.; Püschel, Informationen des Staates als Wirtschaftsgut, S. 166 ff; Trantas, Akteneinsicht und Geheimhaltung im Verwaltungsrecht, S. 322; Wartenburg, in: Schön (Hrsg.), Rechnungslegung und Wettbewerbsschutz im deutschen und europäischen Recht, Bd. 7, 2.2. S. 61–64.

416 Wollenschläger, VerwArch 102 (2011), 20, 37.

417 Breuer, in: Isensee/Kirchhof (Hrsg.), Handbuch des Staatsrechts, Band VIII, § 171 Rn. 38.

418 Ähnlich Breuer, in: Isensee/Kirchhof (Hrsg.), Handbuch des Staatsrechts. Band VIII, § 171 Rn. 38; Mayen, NVwZ 2003, 537, 541 sieht das als Wettbewerbsfaktor.

Wettbewerbsvorteile gegenüber Konkurrenten sichergestellt, da betriebliche Abläufe aufgedeckt und dadurch Kostenfaktoren ersichtlich werden könnten.[419]

Informationen über beispielsweise die Zusammensetzung von Rezepturen oder Konstruktionspläne stellen aber einen Bestandteil des geistigen Eigentums dar, und werden einfachgesetzlich durch gewerbliche Schutzrechte[420] geschützt. Verfassungsrechtlich lassen sich die Punkte aber unter den Eigentumsschutz nach Art. 14 Abs. 1 GG i. V. m. Art. 19 Abs. 3 GG subsumieren.[421] An der Stelle erreicht der Informationsgehalt der Geschäfts- und Betriebsgeheimnisse den Status eines Vermögensguts und fällt unter den Schutzbereich von Art. 14 Abs. 1 GG, ansonsten sind Geheimnisse in dem Kontext dem Schutzbereich von Art. 12 Abs. 1 GG zuzuordnen.[422] Einfachgesetzlich können insbesondere § 17 UWG und § 203 StGB genannt werden.[423]

(2) Art. 14 Abs. 1 GG i. V. m. Art. 19 Abs. 3 GG

Wie oben angedeutet stehen bestimmte Informationen unter dem Schutz von Art. 14 Abs. 1 GG[424] i. V. m. Art. 19 Abs. 3 GG.

Art. 14 Abs. 1 GG schützt nach dem Wortlaut das Eigentum. Davon ist nach Ansicht des Bundesgerichtshofs und des Bundesverwaltungsgerichts auch das Betriebseigentum umfasst.[425] An der Stelle hat das Bundesverfassungsgericht eine abschließende Entscheidung noch nicht gefällt.[426] Von Teilen der Literatur wird ein Geheimnisschutz der Geschäfts- und Betriebsgeheimnisse zunächst auf Art. 14 Abs. 1 GG gestützt.[427] Teilweise wird aber der Schutzumfang des Art. 14 Abs. 1 GG nur angenommen, sofern ein „Vermögenswert" der Information

419 Im Umkehrschluss sieht es Wieland, in: Dreier, GG, Art. 14 Rn. 61, ebenfalls so.

420 Beispielhaft seien §§ 17 UWG, §§ 203, 204 StGB genannt.

421 Hierzu im kommenden Abschnitt.

422 Rossi, Informationszugangsfreiheit und Verfassungsrecht, S. 141 f.; H. A. Wolff, NJW 1997, 98, 100.

423 G. Roth, Das einheitliche Recht auf Information, S. 258 ff.; Sieber, NJW 1989, 2569, 2574 f.

424 Grundlegend dazu: Brammsen, DÖV 2007, 10 ff.

425 BGHZ 23, 157, 162; 92, 34, 37; BVerwGE 62, 224, 226.

426 Nach BVerfGE 13, 225, 229; 45, 142, 173; Wieland, in: Dreier, GG, Art. 14 Rn. 61 muss es sich um einen substanziellen Eingriff in den Gewerbebetrieb handeln.

427 Breuer, NVwZ 1986,171, 174 (für das UIFG) m. w. N.; Berg, GewArch 1996, 177, 178; Gurlit, Die Verwaltungsöffentlichkeit im Umweltrecht, S. 119 ff.; Kugelmann, Die informatorische Rechtsstellung des Bürgers, S. 71 ff.; Rossi, Informationszugangsfreiheit und Verfassungsrecht, S. 141; Trantas, Akteneinsicht und Geheimhaltung im Verwaltungsrecht, S. 323 ff.

besteht,[428] wie im Fall von geistigem Eigentum. Allerdings sollen Eigentumsrechte und deren Schutz durch den Gesetzgeber definiert werden.[429] Eine solche Ausgestaltung findet sich in § 6 IFG. Die Norm dient nach dem Willen des Gesetzgebers dem Schutz der Grundrechte aus Art. 14 und Art. 12 GG,[430] wobei primär das geistige Eigentum geschützt werden soll. Das geistige Eigentum stellt unstreitig eine Ausprägung des Eigentumsbegriffes des Art. 14 Abs. 1 GG dar,[431] und wird daher verfassungsrechtlich geschützt.

Unternehmen können sich auf den Schutz von Geheimnissen, die das geistige Eigentum betreffen, berufen.[432] Jene sind von Art. 14 Abs. 1 GG i. V. m. Art. 19 Abs. 3 GG umfasst.

(3) Art. 2 Abs. 1 i. V. m. Art. 1 Abs. 1 GG i. V. m. Art. 19 Abs. 3 GG

Das Recht auf informationelle Selbstbestimmung[433] als Teil des allgemeinen Persönlichkeitsrechtes stellt an der Stelle einen Problemfall im Hinblick auf die Anwendbarkeit auf juristische Personen dar.[434] Auf Grund der Nähe des Grundrechtes zur Menschenwürdegarantie aus Art. 1 Abs. 1 GG, die nicht auf juristische Personen anwendbar ist,[435] wird teilweise bezweifelt, dass das allgemeine Persönlichkeitsrecht auf juristische Personen anwendbar ist.[436] Eine solche Feststellung hat das Bundesverfassungsgericht noch nicht getroffen,[437] im Hinblick auf das Recht am eigenen Wort und die informationelle Selbstbestimmung wurde aber entschieden, dass juristischen Personen solche Rechte zustehen.[438]

---

428 Kloepfer/Greve, NVwZ 2011, 577, 579; Wartenburg, in: Schön (Hrsg.), Rechnungslegung und Wettbewerbsschutz im deutschen und europäischen Recht, Bd. 7, 2.2. S. 62.

429 BVerfGE 58, 300, 330; Brammsen, DÖV 2007, 10, 12.

430 BT-Drs. 15/4493.

431 Jarass, in: Jarass/Pieroth, Art. 14 Rn. 19; Wieland, in: Dreier, GG, Art. 14 Rn. 71 ff.

432 Rossi, Informationszugangsfreiheit und Verfassungsrecht, S. 142 ff.

433 Bull, Informationelle Selbstbestimmung? – Vision oder Illusion?, S. 22 ff.; Scholz/Pitschas, Informationelle Selbstbestimmung und staatliche Informationsverantwortung, S. 66 ff.

434 Vgl. dazu Dreier, in: Dreier, GG, Art. 19 Abs. 3 Rn. 38.

435 BVerfGE 95, 220, 242.

436 Dreier, in: Dreier, GG, Art. 19 Abs. 3 Rn. 36; Berg, GewArch 1996, 177, 178; Breuer, NVwZ 1986, 171, 174.

437 Es wurde ausdrücklich offen gelassen: BVerfGE 95, 220, 242. Nach Wartenburg, in: Schön (Hrsg.), Rechnungslegung und Wettbewerbsschutz im deutschen und europäischen Recht, Bd. 7, 2.2. S. 57 – 61, greift das Allgemeine Persönlichkeitsrecht nur subsidiär ein, sofern Art. 12 und 14 keinen Schutz bieten.

438 BVerfGE 106, 28, 42.

Ansonsten würde die Vorschrift Art. 19 Abs. 3 GG durch die Bezugnahme auf Art. 1 Abs. 1 GG und der folgenden Sperrung der Anwendbarkeit von Grundrechten auf juristische Personen ad absurdum geführt,[439] denn alle weiteren Grundrechte gelten als Ausprägung und Konkretisierung der Menschenwürde.[440] Nichtsdestotrotz ist zu beachten, dass auch Unternehmen über sensible Daten – und somit Informationen – verfügen, die schutzbedürftig sind. Durch das Recht auf informationelle Selbstbestimmung wird der Schutz personenbezogener Daten gewährleistet.[441] Personenbezogene Daten können zwar innerhalb eines Unternehmens entstehen, durch die Sammlung von Kundendaten oder Arbeitnehmerdaten, jedoch stellt dies nicht den Kernbereich der Unternehmensdaten dar.[442] Kundendaten können den Grundstock von Unternehmensdaten abbilden, wenn der Unternehmenszweck in der Verarbeitung von Kundendaten und der Auswertung solcher Daten liegt, dies stellt aber lediglich einen Spezialfall dar.[443] Daher sind Unternehmensdaten und personenbezogene Daten nicht zwangsläufig deckungsgleich.[444] Das Recht aus Art. 2 Abs. 1 GG i. V. m. Art. 1 Abs. 1 GG schützt nicht Unternehmensgeheimnisse.[445] Aus dem Grunde ist die Kritik daran berechtigt, dass der Schutz von Unternehmensdaten nicht vom Schutzbereich des Rechtes auf informationelle Selbstbestimmung umfasst ist.[446] Das Ergebnis lässt sich zudem einfachrechtlich stützen. Das Bundesdatenschutzgesetz dient gem. Art. 1 Abs. 1 BDSG dazu, den Einzelnen vor einem Eingriff in das Persönlichkeitsrecht zu schützen. Unternehmen und juristische Personen werden davon nicht umfasst, auch wenn die Rechtslage in anderen europäischen Ländern[447] eine andere ist. Die deutsche Rechtsordnung geht derzeit davon aus, dass aus dem Recht auf informationelle Selbstbestimmung kein Schutz für Unternehmensdaten herzuleiten ist.[448] Der Umstand ist wahrscheinlich mit dem

---

439 Wilms/Roth, JuS 2004, 577, 578; Beyerbach, Die geheime Unternehmensinformation, S. 139.

440 Herdegen, in: Maunz/Dürig, GG, Art. 1 Abs. 1 Rn. 23; Kritisch und ablehnend Dreier, in: Dreier, GG, Art. 1 Abs. 1 Rn. 162 ff.

441 BVerfGE 65, 1, 42; 115, 320, 341.

442 Beyerbach, Die geheime Unternehmensinformation, S. 140 f.

443 Beyerbach, Die geheime Unternehmensinformation, S. 140.

444 Beyerbach, Die geheime Unternehmensinformation, S. 143.

445 Zustimmend: Rossi, Informationszugangsfreiheit und Verfassungsrecht, S. 140.

446 Anders sehen es Wilms/Roth, JuS 2004, 577 ff., die eine differenzierte Unterscheidung nach der betroffenen Information vornehmen und je nachdem Art. 12 Abs. 1 und Art. 14 Abs. 1 GG neben Art. 2 Abs. 1 i. V. m. Art. 1 Abs. 1 GG als einschlägig halten.

447 Tuner, DuD 1985, 20, 22 ff.

448 Andere Ansicht Beyerbach, Die geheime Unternehmensinformation, S. 143.

Verbraucherschutzes zu erklären, wonach das Augenmerk auf dem Schutz des Verbrauchers liegt, sodass eine Ausstrahlungswirkung auf andere Rechtsgebiete wie den Datenschutz vorliegt.

Im Hinblick auf den Unternehmerschutz ist sowohl auf Art. 12 Abs. 1 als auch auf Art. 14 Abs. 1 GG abzustellen. Darüber hinaus sieht das Recht auf Gewährleistung der Vertraulichkeit und Integrität informationstechnischer Systeme[449], welches vom Bundesverfassungsgericht als Teil des allgemeinen Persönlichkeitsrechtes entwickelt wurde, eine Möglichkeit des Schutzes informationstechnischer Systeme vor.[450] Danach wird nicht an den Akteur – Individuum oder Unternehmen – angeknüpft, sondern an das Objekt, sodass zumindest aus dem Institut ein Rechtsschutz für Unternehmen gefolgert werden kann. Natürlich kann eingewendet werden, dass dies eine Ausprägung des allgemeinen Persönlichkeitsrechtes ist und wenn der Schutz von Unternehmen von dem allgemeinen Persönlichkeitsrecht nicht umfasst ist, dann erst Recht nicht von einer weiterentwickelten Form.[451] Allerdings ist dies eine verkürzte Sichtweise. Das Recht wird vor dem Hintergrund der Entwicklungen in der IT-Branche vor Herausforderungen gestellt. Und für einen Ausspähenden ergibt sich nicht augenscheinlich, ob Daten, die sich auf Festplatten, Computern, mobilen Endgeräten befinden,[452] einer einzelnen Person oder einem Unternehmen zuzuordnen sind. Das kann erst bei der gemeinsamen Auswertung der IP-Adresse und dem Inhalt der Daten erfolgen. Zumal Daten universal sind, ist bei der rechtlichen Würdigung eine Weiterentwicklung des allgemeinen Persönlichkeitsrechtes und des Rechtes auf Gewährleistung der Vertraulichkeit und Integrität informationstechnischer Systeme der Schutz für Unternehmensdaten zu befürworten.

Hierbei ist aber zu beachten, dass ein Schutz nur vor einem Eingriff auf die Daten, die sich auf einem Objekt befinden, besteht. Daten, die an weitere Stellen – die Verwaltung – mit der Bitte um vertrauliche Behandlung weitergegeben wurden, werden an der Stelle von dem Recht auf Gewährleistung der Vertraulichkeit und Integrität nicht umfasst – außer die Daten bzw. Informationen befinden sich innerhalb eines weiteren informationstechnischen Systems. Darauf können sich staatliche Akteure aber nicht berufen.[453] Das Grundrecht ist in den betrachteten Konstellationen nicht einschlägig.

---

449 BVerfGE 120, 274, 302.

450 Dreier, in: Dreier, GG, Art. 2 I Rn. 82.

451 Dreier, in: Dreier, GG, Art. 2 I Rn. 86.

452 Dreier, in: Dreier, GG, Art. 2 I Rn. 83.

453 Dazu Abschnitt II.5.b.dd.

(4) Europäische Ebene

Auf europäischer Ebene gewährt Art. 8 EMRK einen Schutz für Geschäfts- und Betriebsgeheimnisse, die Vorschrift wird weit ausgelegt und umfasst auch juristische Personen[454].[455] Ebenfalls zu beachten sind Art. 16 und 17 EU-GRCh, wobei Art. 17 EU-GRCh dem EMRK-Grundrecht vom Schutzumfang entspricht[456] und Art. 16 EU-GRCh über den Schutzumfang der EMRK hinausgeht.[457] Ungeachtet dessen werden Unternehmen vor einer ungewollten Weitergabe von Informationen, die den Geschäftsbetrieb betreffen, geschützt, indem ihnen keine Offenbarungsverpflichtung auferlegt werden darf.[458]

Das Europäische Akteneinsichtsrecht, welches in Art. 41 Abs. 2 lit. b EU-GRCh statuiert wird und den „Betroffenen"[459] ein Akteneinsichtsrecht gewährt, sieht als Ausschlussgrund Geschäfts- und Berufsgeheimnisse vor. Art. 41 Abs. 2 Abs. 2 lit. b a. E. EU-GRCh setzt voraus, dass Berufs- und Geschäftsgeheimnisse geschützt werden, zumindest wird ein Schutz durch den Ausnahmegrund eingefügt.[460] Das Europarecht geht ebenfalls davon aus, dass das Datenschutzrecht aus Art. 8 EU-GRCh neben den Grundrechten aus Art. 16 und Art. 17 EU-GRCh steht, um Geschäftsinformationen zu schützen.[461]

(5) Fazit

Einfachgesetzlich wird der Schutz der Geschäfts- und Betriebsgeheimnisse durch die Normierung der Ausnahmegründe in § 30 VwVfG und § 6 IFG deutlich.[462] Trotz der einfachgesetzlich und grundrechtlich gesicherten Rechte versuchen Unternehmen schon präventiv die mögliche Weitergabe von Informationen im Vorfeld zu unterbinden und sehen es als „Kernelement des

---

454 EuGH, EuZW 2008, 209, 211; Marauhn/Thorn, in: Dörr/u. a. (Hrsg.), EMRK/GG-Konkordanzkommentar, Kapitel 16 Rn. 69.

455 Kloepfer/Greve, NVwZ 2011, 577, 577 f.

456 Folz, in: Vedder/Heintschel von Heinegg (Hrsg.), Europäisches Unionsrecht, Art. 17 GR-Charta Rn. 2.

457 Folz, in: Vedder/Heintschel von Heinegg (Hrsg.), Europäisches Unionsrecht, Art. 16 GR-Charta Rn. 1.

458 EuGH, B. v. 23. 09. 2004 Rs. 435/02 (Rn. 49 juris); Jarass, Charta der Grundrechte der Europäischen Union, Art. 16 Rn. 9.

459 Denn es muss sich nach dem Wortlaut um „sie betreffende[…] Akten"/"his or her file"/"dossier qui la concerne" handeln.

460 Jarass, Charta der Grundrecht der Europäischen Union, Art. 41 Rn. 26.

461 Jarass, Charta der Grundrechte der Europäischen Union, Art. 8 Rn. 4.

462 Ausführlich dazu: Beyerbach, Die geheime Unternehmensinformation, S. 77.

Informationsmanagements“[463] an, da ansonsten durch eine unfreiwillige Weitergabe an unbefugte Personen der gesamte wirtschaftliche Bestand des Unternehmens gefährdet werden könnte. Das führt vor Augen, dass obgleich rechtliche Schutzmechanismen bestehen, versucht wird einen zusätzlichen Schutz für bestehende Informationen und Wertobjekte der Unternehmen zu schaffen. Daher werden auch insbesondere von Unternehmen noch privatrechtliche Vereinbarungen zum Geheimhaltung getroffen, siehe dazu Abschnitt V.1.

dd. Staatliche Geheimhaltungssphären

Untersuchungen zu privaten Geheimhaltungssphären sind, wie oben angedeutet, zahlreich, wohingegen Untersuchungen zu staatlichen Geheimhaltungssphären noch eine Rarität bilden. Das hängt mit einem veränderten Blickwinkel zusammen. Auf Grund der geschaffenen Informationsfreiheitsgesetze besteht kein Rechtfertigungsgrund für die Offenbarung, sondern ein solcher für die Zurückhaltung und folglich die Geheimhaltung von Informationen.[464] Dementsprechend entwickelt sich erst dadurch eine rechtswissenschaftliche Diskussion um staatliche Geheimhaltungssphären.

Jestaedt[465] liefert eine Differenzierung der staatlichen Geheimhaltungsbereiche. Die Einordnung zwischen modalen und materiellen Gesichtspunkten ist ein guter Ansatzpunkt, allerdings orientieren sich seine Ausführungen nur im Groben an verfassungsrechtlichen Gesichtspunkten. In dem Zusammenhang sollen seine Ausführungen und Unterscheidungen ergänzt werden.

(1) Amtsgeheimnis/Dienstgeheimnis

Das Amtsgeheimnis[466] bzw. das Dienstgeheimnis umfasst alle erlangten Informationen, die innerhalb des Dienstverhältnisses in den Wissensbereich des Beteiligten gerieten. Die Pflicht zur Geheimhaltung besteht allgemein ohne Hinblick auf den Inhalt des Geheimnisses. Allerdings sind offenkundige Tatsachen von der Verschwiegenheitspflicht nicht umfasst.[467] Die rein formale Geheimhaltungspflicht lässt sich mit zwei Punkten erklären.

463 Ann, GRUR 2014, 12.

464 Neubert/Wollenteit/Gebauer, ZUR 2005, 424, 425.

465 Jestaedt, AöR 126 (2001), S. 204 ff.

466 Ausführlich Düwel, Das Amtsgeheimnis; zur historischen Entwicklung des Amtsgeheimnisses: Linke, AöR 141 (2016), 317, 335 ff.

467 Westerbarkey, Das Geheimnis, S. 78 f. sieht dieses als einen immanenten Bestandteil des Systemgeheimnisses an. Er sieht Geheimisse von Geheimdiensten als Systemgeheimnisse und nicht als materielle Geheimhaltungsgründe an. Die andere

Erstens handelt es sich um eine historisch gewachsene Geheimhaltungsverpflichtung, vgl. Art. 33 Abs. 5 GG.[468] Die Entwicklung von Staaten sei mit der Ausformung des Berufsbeamtentums einhergegangen.[469] Damit repräsentieren die Beamten und Angestellten im Öffentlichen Dienst den Staat und als Fortwirkung des Arkangeheimnisses müssen die Bediensteten des Staates Geheimnisse für sich bewahren,[470] was das Bundesverfassungsgericht im Rahmen einer Entscheidung zu „Whistleblowern" frühzeitig herausstellte und eine Veröffentlichung von Informationen nach außen ablehnte, sofern vorher nicht eine interne Aufklärung angestoßen wurde.[471] Nichtsdestotrotz steht das Amtsgeheimnis im Zeichen der Arkantradition, die sich aus einem mittelalterlichen Staatsverständnis entwickelt hat.[472]

Zweitens entspricht die Verpflichtung zur Wahrung von Geheimnissen der Treuepflicht des Arbeitnehmers gegenüber ihren Arbeitsgebern. Die Treuepflicht wird aus dem Gebot für Treu und Glauben aus § 241 Abs. 2 BGB hergeleitet.[473] Im Hinblick auf beamtenrechtliche Verschwiegenheitspflichten findet sich einfachgesetzliche Normierung in § 61 Abs. 1 S. 2 BBG, § 36 S. 3 BRRG und § 39 Abs. 1 S. 1 BRRG.[474] Es kann insbesondere auf die besondere Stellung der Beamten abgestellt werden und das Vertrauen, welches gegenüber den Staatsangestellten erbracht wird. Nichtsdestotrotz bestehen für Angestellte des Öffentlichen Dienstes ähnliche Vorschriften zur Wahrung der Geheimhaltung, nach §§ 611 BGB i. V. m. 823 Abs. 1, 2, 826 BGB und nach den jeweiligen Tarifverträgen.[475] Die Verpflichtung zur Wahrung von Geheimnissen erfolgt nicht nur innerhalb des Dienstverhältnisses, sondern wirkt darüber hinaus. Die Arbeitnehmer im

---

Betrachtungsweise ist auf die soziologische Betrachtungsweise zurückzuführen und steht der folgenden Differenzierung nicht entgegen.

468 Schoch, IFG, § 3 Rn. 236; Smeddinck, NJ 2004, 56, 58.

469 Smeddinck, NJ 2004, 56, 58.

470 Ausführlich dazu: Trantas, Akteneinsicht und Geheimhaltung, S. 260 f.; H. Weber, RDV 2005, 243, 244.

471 BVerfGE 28, 191.

472 Linke, AöR 141 (2016), 317, 335; Westerbarkey, Das Geheimnis, S. 83.

473 Ohly, GRUR 2014, 1, 8; Looschelder, in: Ann/u. a., Handbuch des Know-how-Schutz, Kap. 2 Rn. 171 ff.

474 Ausführlich zur Verschwiegenheitspflicht: Schon früh: Drüwel, Das Amtsgeheimnis, S. 41 ff.; Király, Whistleblower in der öffentlichen Verwaltung. Ihre Rechtsstellung bei der Korruptionsbekämpfung, S. 4 ff. – differenziert zwischen Beamten und Arbeitnehmern; Heckel, NVwZ 1994, 224, 225; Schnapp, NJW 1980, 2165 ff.; Trantas, Akteneinsicht und Geheimhaltung, S. 269 ff.

475 Trantas, Akteneinsicht und Geheimhaltung, S. 274 m. w. N.

Allgemeinen müssen die Geheimnisse, die ihnen während ihrer Tätigkeit anvertraut wurden, auch nach Beendigung der Tätigkeit wahren, vgl. § 67 Abs. 1 S. 2 BBG.[476] Überdies erfolgt schon vor der Einstellung von Bediensteten eine Filterung durch das Sicherheitsüberprüfungsgesetz[477]. Gem. § 1 Abs. 1 SÜG müssen Individuen, die eine sicherheitsempfindliche Tätigkeit ausüben, überprüft werden. Teilweise ist deren Umfeld zu kontrollieren, bevor die Personen eine „sicherheitsempfindliche Tätigkeit" i. S. d. § 1 Abs. 2 SÜG ausüben dürfen. Eine solche Vorprüfung ermöglicht eine Aussortierung und Vorsortierung des Personals, die anschließend durch die arbeitsrechtlichen Regelungen für die Zukunft an Geheimhaltungsvorschriften gebunden werden. Darüber hinaus werden Arbeitsabläufe geschaffen, die beschränkte Wissensinseln schaffen und dadurch Geheimhaltungssphären aufrechterhalten.[478] Weiterhin wird durch die strafrechtliche Sanktionierung bei Verstoß gegen die Geheimhaltungspflicht, nach § 203 StGB, ein weiteres repressives Instrument geschaffen, um die Geheimhaltung zu wahren.[479]

Derlei formale Voraussetzungen schaffen eine Mentalität der Geheimhaltung, die von den Arbeitgebern als notwendig angesehen wird. Die Gründe erklären, weshalb Whistleblowing, insbesondere innerhalb von Behörden, negativ aufgefasst wird,[480] und das obwohl es an einigen Stellen hilfreich für die Aufdeckung von Missständen ist.[481]

(2) Wahrung des Gewaltenteilungsprinzips und die behördeninterne Geheimhaltung

Die Grundsätze, die beim Amtsgeheimnis aufgestellt wurden,[482] wirken sich auch innerhalb des behördlichen Ablaufes und auf die weiteren Gewalten aus. Eine logische Folge der Geheimhaltungsvorschriften für einzelne Amtsträger ist,

---

476 Schoch, IFG, § 3 Rn. 236.

477 Sicherheitsüberprüfungsgesetz vom 20. April 1994 (BGBl. I S. 867), das zuletzt geändert wurde durch Artikel 2 des Gesetzes vom 3. Dezember 2015 (BGBl. I S. 2161).

478 Ausführlich zu der Organisation im Freistaat Thüringen: Ebert/Tiller, LKV 2001, 255 ff.

479 Vgl. Trantas, Akteneinsicht und Geheimhaltung im Verwaltungsrecht, S. 279 f.

480 Nach früherer Ansicht des BAG, NJW 1961, 44, stellte Whistleblowing immer ein Verstoß gegen die Treuepflicht dar; Nun differenzierter: Bäcker, Die Verwaltung 48 (2015), 499 ff.; Herold, ZBR 2013, 8 ff.

481 Bäcker, Die Verwaltung 48 (2015), 499, 500; Király, Whistleblower in der öffentlichen Verwaltung. Ihre Rechtsstellung bei der Korruptionsbekämpfung, S. 8 f.

482 Vergleiche Abschnitt zuvor.

dass keine Informationen an behördeninterne Stellen und externe Stellen weitergegeben werden. Das Ergebnis lässt sich ebenfalls mit der Zweckbindung der erlangten Information stützen.[483] Jene Information wurde nur mit dem Zweck der in Inkenntnissetzung einer bestimmten Stelle an die Behörde weitergegeben, sodass sich diese daran gebunden fühlt und keine weitere Verbreitung der Information rechtfertigen kann. Das Ergebnis wird vor allem im Datenschutzrecht gefordert. Danach dürfen Daten nur gespeichert, geändert oder genutzt werden, wenn „es für die Zwecke erfolgt, für die die Daten erhoben worden sind“, § 14 Abs. 1 S. 1 BDSG. Dementsprechend hat das Datenschutzrecht Auswirkungen auf den Informationsumgang von Behörden.[484] Eine solche Anordnung ist ebenfalls mit dem Schreckbild einer „sektorübergreifende[n] Informationskontrolle“[485] zu stützen, ansonsten könnte durch die Zusammenführung von Informationen, die bei verschiedenen Stellen vorhanden sind, ein großes Persönlichkeitsbild entstehen.[486]

Des Weiteren ergibt sich das Verbot der Weitergabe von Informationen aus der Kompetenzordnung.[487] Demnach besteht ein anderer Ansatzpunkt für die beschränkte Weitergabe von Informationen innerhalb des Staatsgefüges. Für den Grund lassen sich plakativ zwei Beispiele aufführen. Einerseits für die Trennung der Judikativen und der Exekutiven wird dieses an den unterschiedlichen Ermittlungsverfahren erkenntlich. Das Ermittlungsverfahren der Staatsanwaltschaft gem. §§ 152 ff. StPO bildet nur einen Grundstein für die Gerichtsverhandlung. Innerhalb des Hauptverfahrens, gem. §§ 213 ff StPO, beginnt der zuständige Richter ein „neues“ Verfahren, d. h. die beiden Organe arbeiten nebeneinander. Das dient nicht vorrangig der Geheimhaltung, sondern vielmehr der Sicherstellung der Unabhängigkeit der Richter und des rechtlichen Gehörs. Aber auch an der Stelle werden einzelne Abläufe voneinander getrennt.

---

483 Ähnlich Bull, Die Grundprobleme des Informationsrechts, in: Datenschutz, Informationsrecht und Rechtspolitik, S. 17, 30; Heckel, NVwZ 1994, 224.

484 Rossi, Informationszugangsfreiheit und Verfassungsrecht, S. 232 f.

485 Bull, Die Grundprobleme des Informationsrechts, in: Datenschutz, Informationsrecht und Rechtspolitik, S. 17, 30.

486 Bull, Was ist Informationsrecht, in: Datenschutz, Informationsrecht und Rechtspolitik, S. 38, 48.

487 So sehen es jedenfalls Jestaedt, AöR 126 (2001), 204, 241; Müller, Exekutivischer Geheimnisschutz und parlamentarische Kontrolle, S. 248 ff.; Rösch, Geheimhaltung in der rechtsstaatlichen Demokratie, S. 131 ff.; Trosch, Grenzen einer Kommerzialisierung von Informationen des öffentlichen Sektors, S. 89 ff. (weitergedacht für die Weiterverwendung).

Eine ähnliche Konstellation findet sich beim Trennungsgebot[488] zwischen der Polizei und den Geheimdiensten wieder. Die zwei Sicherheitsbehörden dürfen nicht auf die bestehenden Informationen des anderen zugreifen, das darf nur ausnahmsweise geschehen.[489] Der Grund dafür liegt primär im Schutze der Bevölkerung, aber auch hier schlagen Geheimhaltungsgründe durch, die kompetenzieller Natur sind. Inhaltlich beziehen sich die jeweiligen Organe auf Schutz von „Kernbereichen“[490], oftmals wird in dem Zusammenhang von exekutivem Kernbereichsschutz gesprochen.[491] Aus diesem Anlass lassen sich bestimmte interne Geheimhaltungsbereiche erklären, wobei die „Kernbereichslehre“ kritisiert werden kann, weil der Lehre zumindest im Kompetenzgefüge eine hinreichende verfassungsrechtliche Legitimation fehle.[492] Allerdings kann dem entgegengehalten werden, dass, wie oben aufgeführt, bestimmte abgrenzbare Bereiche bestehen. Natürlich könnte dieses mit der kompetenziellen Trennung begründet werden, ohne auf Kernbereiche abzustellen. Allerdings würde das dazu führen, dass Abwägungsentscheidungen nicht stattfinden könnten. Nach Maurer ist ein solches Verständnis nicht mit dem Rechtsverständnis der Verfassung zu vereinbaren, da ansonsten an dem „Gleichgewicht“ der Gewalten gerüttelt werden könne.[493] Nichtsdestotrotz wird das Argument des Kernbereichsschutzes insbesondere bei der Verweigerung von Informationen seitens der Regierung immer wieder verwendet,[494] um der Kontrolltätigkeit – die immanenter Bestandteil des checks-and-balances-Prinzips ist – entgegenzuwirken. Im Gegensatz dazu stehen die aufgeführten Beispiele, die gerade einer großen Machtkonzentration entgegenwirken wollen bzw. die Kontrolle von Entscheidungen unterstützen. Zusammenfassend ist festzuhalten, dass der bloße Bezug auf Kernbereiche kritisch gesehen werden kann, wobei aber – wie die

488 Ausführlich dazu: König, Trennung und Zusammenarbeit von Polizei und Nachrichtendienst, 2005.

489 König, Trennung und Zusammenarbeit von Polizei und Nachrichtendienst, 2005.

490 Müller, Exekutivischer Geheimnisschutz und parlamentarische Kontrolle, S. 237 ff.; Rösch, Geheimhaltung in der rechtsstaatlichen Demokratie, S. 142 ff.

491 Schnabel/Freund, DÖV 2012, 192 ff.; kritisch zu einer solchen Auslegung: Schaar/Schultze, in: Informationsfreiheit und Informationsrecht. Jahrbuch 2010, S. 1, 7 ff.

492 Maurer, VVDStRL 43 (1985), 135, 149. Das Grundgesetz kenne zwar den Kernbereich der kommunalen Selbstverwaltung, nach Art. 28 Abs. 2 GG, und einen Wesensgehalt von Grundrechten, Art. 19 Abs. 2 GG.

493 Maurer, VVDStRL 43 (1985), 135, 149.

494 Rösch, Geheimhaltung in der rechtsstaatlichen Demokratie, S. 147 bezeichnet es sogar als „Phantom des jüngeren Staatsrechts“; Schnabel/Freund, DÖV 2012, 192 ff. m. w. N.

ausgewählten Beispiele zeigen – auch bestimmte Differenzierungen bestehen, die Kontrolle fördern.

Demnach könnte ein anderes Argument für die behördeninterne Geheimhaltung sprechen; der Konkurrenzschutz zwischen den Organen und Behörden.[495] Hier muss kritisch angemerkt werden, dass Behörden selten in einer wirklichen Konkurrenzsituation zueinander stehen, sondern vielmehr unter Beachtung des Gemeinwohls arbeiten müssen und daher bei ausnahmsweise bestehender Konkurrenzsituation keine Gefahr für die effiziente Aufgabenerfüllung entwickelt werden darf. Die Verfassung sieht nur einen Schutz der behördeninternen Kommunikation nach außen vor, vgl. Art. 91 Abs. 2 S. 1 GG („zur Kommunikation Sicherheitsanforderungen festlegen"), sodass die Konkurrenzsituation verfassungsrechtlich nicht angedacht ist, sondern eine Kooperation, sofern kompetenzrechtliche Normen dem nicht entgegenstehen. Dabei ist aber nicht zu unterschätzen, dass die Exekutive Geheimhaltung zur Machtdemonstration und -ausübung nutzt.[496]

Daher sind Erwägungen, die sich auf Kompetenzgründe stützen, kritisch zu hinterfragen und können nicht als ein „Geheimnisschutzbereich" im Allgemeinen gesehen werden.

(3) Sicherung der effektiven Aufgabenerfüllung

Wie oben angedeutet, ist die Verwaltung dazu verpflichtet ihre Aufgaben möglichst effektiv zu erfüllen. Das lässt sich damit begründen, dass sie dem öffentlichen Wohl dient und für eine kosteneffiziente Aufgabenerfüllung verantwortlich ist. Der Aufwand, der mit der Herstellung von Öffentlichkeit einhergeht, tritt demnach in Disput zur effektiven Aufgabenerfüllung.[497]

Doch nicht nur Kosten sind an dem Punkt von Relevanz, darüber hinaus können auch bestimmte Aufgaben – insbesondere Abstimmungsergebnisse und freie Diskussionen – ohne einen gewissen Grad an Vertraulichkeit und Geheimhaltung nicht stattfinden. Aus dem Grund finden sich einige Normen in der Verfassung zum Ausschluss der Öffentlichkeit, vgl. Art. 42 Abs. 1 S. 2, 3; Art. 44 Abs. 1 S. 2; Art. 45a Abs. 2 S. 1 i. V. m. Art. 44 Abs. 1 S. 2 und Art. 52 Abs. 3 S. 4 GG. Ohne diese Regelungen könnten Hemmschwellen entstehen und ergebnisoffene Diskussionen verhindert werden. Gleichwohl zeigt die Existenz solcher

---

495 Schröder, Die Verwaltung 4 (1971), 301, 321.

496 Riese, Das Geheimnis in Krisenzeiten, Serie Europa 5/2014, S. 8.

497 Vgl. Müller, Exekutivischer Geheimnisschutz und parlamentarische Kontrolle, S. 71 f.; Schröder, Die Verwaltung 4 (1971), 301, 322.

Normen, dass der Öffentlichkeit und der Publizität der parlamentarischen Beratungen ein hoher Stellenwert zukommt.[498] In den Zusammenhang fällt die geheime Wahlrechtsausübung, nach Art. 38 Abs. 1 GG[499], wonach demokratische Entscheidungsfindung innerhalb einer Geheimnissphäre stattfinden muss. Gleichwohl bestehen Grenzen, denn die Ergebnisse der Arbeitsprozesse müssen öffentlich gemacht werden. Jedenfalls statuiert Art. 82 GG eine solche Vorgabe für Gesetze in Form einer Verkündung. Die grundgesetzliche Veröffentlichungspflicht ist eine Abkehr von der Weimarer Verfassung, die in Art. 72 WRV eine Aussetzung der Verkündung um drei Monate bei einem Verlangen von einem Drittel des Reichstags erlaubte. Für andere Bereiche fehlt eine solche Regelung.[500] Zwar lässt sich der Umstand dadurch erklären, dass die Relevanz von gesetzlichen Entscheidungen einen weiten Wirkungskreis haben und dadurch auch eine größere Publizität einhergehen muss,[501] allerdings können durch andere hoheitliche Handlungsbereiche ebenso große Eingriffe erfolgen. Die Publikationsanforderung steht nicht in einem Wirkungszusammenhang mit der Intensität oder der Qualität des Eingriffs. Dennoch kann daraus nicht gefolgert werden, dass an verwaltungsrechtliche Entscheidungen keine Publikationsanforderungen gestellt werden, vielmehr ist es so, dass konkrete Verwaltungsentscheidungen erst wirksam werden, wenn diese dem Betroffen gegenüber bekannt gegeben werden. Damit wird eine Publizität für die Wirksamkeit einen kleineren – den konkret betroffenen – Kreis reduziert. Gleichwohl wird der effektiven Aufgabenerfüllung Rechnung getragen, da keine weiteren Voraussetzungen daran gestellt werden.

(4) Staatssicherheit: Bestandsschutz des Staates

Als erster materieller Geheimhaltungsgrund lässt sich die Staatssicherheit herausstellen. Staatssicherheit soll als Bestandsschutz des Staates vor fremden Staaten verstanden werden.[502] Ein solches Verständnis wird ebenfalls dem Staatsgeheimnis, welches nach § 93 StGB strafrechtlich geschützt wird, unterstellt.[503]

498 Rösch, Geheimhaltung in der rechtsstaatlichen Demokratie, S. 110.

499 Vgl. Abschnitt II.5.b.bb.(4).

500 Vgl. Drefs, in: T. Dreier/U. a., Informationen der öffentlichen Hand – Zugang und Nutzung, S. 89, 92.

501 Drefs, in: T. Dreier/U. a., Informationen der öffentlichen Hand – Zugang und Nutzung, S. 89, 93.

502 Scherzberg, ThürVBl. 2003, 193, 199; Müller, Exekutivischer Geheimnisschutz und parlamentarische Kontrolle, S. 59 bezeichnet es als „staatliche[n] Selbstschutz".

503 Ellbogen, in: BeckOK StGB, § 93 Rn. 12.

Nach § 93 Abs. 1 StGB sind Staatsgeheimnisse Tatsachen, Gegenstände oder Erkenntnisse, die nur einem begrenzten Personenkreis zugänglich sind und vor einer fremden Macht geheim gehalten werden müssen, um die Gefahr eines schweren Nachteils für die äußere Sicherheit der Bundesrepublik Deutschland abzuwehren.

Die Definition führt aus, dass ein Geheimnis vor einer fremden Macht geheim gehalten werden muss, damit definiert sich der Staat oftmals negativ in Abgrenzung zum Fremden oder auch anderen Staat. Und auf Grund dessen verwundert es nicht, dass bestimmte Sicherheitsbelange insbesondere vor auswärtigen Mächten geschützt werden müssen. Da durch die Weitergabe an die eigene Bevölkerung Informationen an einen zu großen Adressatenkreis gelangen würden, besteht an der Stelle Geheimhaltungsbedarf.[504] Insofern finden sich Andeutungen in der Verfassung. Art. 45a Abs. 2 S. 1 i. V. m. Art. 44 Abs. 1 S. 2 GG eröffnet den Ausschluss der Öffentlichkeit für die Ausschüsse für auswärtige Angelegenheiten und Verteidigung. Die explizite Regelung für den Themenbereich kann nur zu dem Schluss führen, dass auswärtige Angelegenheiten und Verteidigung eine herausragende Stellung haben. Wenn Informationen über solche Themengebiete bekannt gemacht würden, könnte eine effektive Verteidigung des Staates vor äußeren Bedrohungen nicht gewährleistet werden. Und da es nicht nur Bedrohungen von außen, sondern auch von innen – durch verfassungsfeindliche Gruppierungen – gibt, muss der Punkt auf den Sicherheitsbereich des Staates im Ganzen ausgeweitet werden, und an der Stelle ist ein weiteres Verständnis als desjenigen des Staatsgeheimnisses des StGB zuzuweisen. Allerdings müssen Grenzen gezogen werden, die vermehrt als Kontrollmöglichkeiten gesehen werden müssen. Derweilen erfolgt die Kontrolle der Sicherheitsbehörden durch parlamentarische Kontrollgremien, vgl. § 1 PKGrG[505]. An der Stelle muss aber kritisch angemerkt werden, dass die Informationen nicht unmittelbar von den Nachrichtendiensten an die Kontrollgremien gelangen, sondern erst an das Bundeskanzleramt bzw. das zuständige Bundesministerium, vgl. als Beispiel § 12 BNDG[506], § 14 Abs. 7 MADG[507]. Folglich besteht ein Reformbedarf hinsichtlich

504 Teilweise wurde über illegale und legale Staatsgeheimnisse diskutiert, zur Vertiefung sei auf Rösch, Geheimhaltung in der rechtsstaatlichen Demokratie, S. 94 f. m. w. N. verwiesen.

505 Kontrollgremiumgesetz vom 29. Juli 2009 (BGBl. I S. 2346).

506 BND-Gesetz vom 20. Dezember 1990 (BGBl. I S. 2954, 2979), zuletzt geändert durch Artikel 3 des Gesetzes vom 17. November 2015 (BGBl. I S. 1938).

507 MAD-Gesetz vom 20. Dezember 1990 (BGBl. I S. 2954, 2977), zuletzt geändert durch Artikel 2 des Gesetzes vom 17. November 2015 (BGBl. I S. 1938).

der Kontrolltätigkeiten,[508] da die Exekutive Machtausweitung oder -erhalt durch Informationsmanagement betreiben kann, und somit eine Gefahr für den freien Informationsfluss innerhalb demokratischer Verhältnisse entstehen kann.

Verfassungsrechtlich wird der Bestand des Bundes oder eines Landes in Art. 73 Abs. 1 Nr. 10 b GG und Art. 91 GG wortwörtlich erwähnt, wonach einerseits die ausschließliche Gesetzgebungskompetenz dem Bund für den Verfassungsschutz zugewiesen und andererseits eine Norm zur Anforderung von weiteren Polizeikräften aus anderen Ländern bzw. dem Bund geschaffen wird. Die Normen bilden im Grunde zwar nur Kompetenzzuweisungen, allerdings wird durch die ausdrückliche Hervorhebung des Bestandschutzes die herausragende Stellung hervorgehoben.[509]

Für Sicherheitsbelange existiert somit eine verfassungsrechtliche Rechtfertigung der Geheimhaltung. Dazu zählen als Kernbereiche Tätigkeiten der Nachrichtendienste, der Verteidigung und der auswärtigen Angelegenheiten. Da die Teilbereiche mit verschiedenen Tätigkeiten in Zusammenhang stehen, ist eine Fokussierung auf bestimmte Behörden oder Organe nicht vorzunehmen, so wie derzeit in den Ausnahmegründen von § 3 Nr. 4 IFG vorgesehen. Vielmehr sollte eine thematische Orientierung erfolgen. Das kann mit dem unbestimmten Rechtsbegriffs des „Wohls des Bundes oder Landes“, welcher in verschiedenen Vorschriften – wie § 96 StPO, § 39 Abs. 3 S. 1 BRRG, § 99 Abs. 1 S. 2 VwGO, § 29 Abs. 2 S. 1 VwVfG – verwendet wird, umschrieben werden. Als eine (nicht abschließende) Aufzählung führt das Bundesverfassungsgericht den Bestand und die Funktionsfähigkeit des Bundes oder eines Landes, die äußeren oder inneren Sicherheit, die freundschaftlichen Beziehungen zu anderen Staaten oder zu internationalen Organisationen sowie die Störung der öffentlichen Sicherheit und Ordnung auf.[510] Ungeachtet der Aufzählung verbergen sich hinter dem Begriff der öffentlichen Sicherheit und Ordnung ebenfalls definitionsbedürftige Begriffe, die eine schier unendliche Liste an Geheimhaltungsgründen liefern. Demnach muss es sich auch um eine wesentliche Verletzung des Wohls des Bundes oder des Landes handeln. Das Merkmal der „Wesentlichkeit“ setzt einen gewissen Schweregrad voraus, was minimale Beeinträchtigungen ausschließt.

Es lässt sich festhalten, dass als materieller Gesichtspunkt der Bestandsschutz des Staates als Kriterium für den Geheimnisschutz dient.

---

508 Dazu mehr im Abschnitt IV.6

509 Vgl. Ausführlich Rösch, Geheimhaltung in der rechtsstaatlichen Demokratie, S. 178 f.

510 BVerfGE 57, 250, 284; Rudisile, in: Schoch/Schneider/Bier, VwGO, § 99 Rn. 16.

(5) Erfüllung von Schutzpflichten

Ein weiterer materieller Geheimnisschutzaspekt ergibt sich aus den Grundrechten. Grundrechte sind nicht nur Abwehrrechte gegen den Staat, sondern können Ansprüche gegen den Staat enthalten.[511] Um Eingriffe in die Grundrechte zu verhindern, ist der Staat gezwungen bestimmte Normen zu erlassen, sodass Grenzen für Ansprüche der Bürger bestehen und im Vorfeld rechtswidrige Eingriffe in die Grundrechtsbereiche unterbunden werden. Dem Staat kommt eine Schutzpflicht hinsichtlich solcher Informationen zu, die in den Schutzbereich von Privaten gehören, wenn die Daten bzw. Informationen in den staatlichen Informationspool geraten.[512] Nach Ansicht von Sydow stellt dies den zentralen Punkt des Geheimnisschutzrechtes dar.[513] Duschanek sieht zwar den Schutz der privaten Geheimnisse aus den Datenschutzgesetzen als einen Grund für den Schutzauftrag, nach seiner Überzeugung ist aber primär auf die Verpflichtung aus dem Amtsgeheimnis abzustellen.[514]

Den Verpflichtungen kommt der Staat im Informationsrecht bei der Normierung von § 30 VwVfG[515] und §§ 5,6 IFG[516] nach. Nach den Vorschriften sind Geheimnisse aus dem persönlichen Lebensbereich als auch Geschäfts- und Betriebsgeheimnisse vor einer unbefugten Veröffentlichung geschützt.

(6) Grundrechtlicher Schutz für juristische Personen des Öffentlichen Rechts

Juristische Personen des Öffentlichen Rechts können zwar teilweise aktiv am Wirtschaftsleben teilnehmen, allerdings kann sich der Staat wegen des Konfusionsgedankens nicht auf Grundrechte berufen.[517] Vielmehr treffen juristische Personen des öffentlichen Rechts Transparenzpflichten, die auf die Grundrechtsbindung zurückzuführen sind.[518] Juristische Personen des öffentlichen Rechts können sich grundsätzlich nicht auf Grundrechte und damit auch nicht auf den Geheimnisschutz, der sich aus Art. 12 und Art. 14 GG ergibt,[519] berufen.

---

511 Jellinek, System der subjektiven öffentlichen Rechte, S. 114 ff.

512 Müller, Exekutivischer Geheimnisschutz und parlamentarische Kontrolle, S. 75.

513 Sydow, Die Verwaltung 38 (2005), 35 ff.

514 Duschanek, in: FS Rill, S. 413, 417 ff.

515 Vgl. Knemeyer, NJW 1984, 2241, 2244 zu § 30 VwVfG.

516 BT-Drs. 15/4493, S. 14 – danach dient § 6 IFG dem Schutz von Art. 12 und 14 GG – S. 13 – deutet an, dass § 5 IFG dem Schutz „Personenbezogener Daten“ dient, was das Allgemeine Persönlichkeitsrecht meint.

517 BVerfGE 21, 362, 369; 39, 302, 312 f.; 61, 82, 101; 107, 299, 309 f.

518 Mehde, NordÖR 2014, 49, 55.

519 Siehe Abschnitt II.5.b.cc.

Allerdings bestehen Ausnahmen für die Justizgrundrechte aus Art. 103 GG.[520] Den öffentlich-rechtlichen Rundfunkanstalten[521] und den Universitäten[522] wird die Möglichkeit, sich auf Art. 5 Abs. 1 S. 2 2 Alt. GG und Art. 5 Abs. 3 S. 1 GG zu berufen, zugestanden, um ihre Aufgaben effektiv ausüben zu können. An der Stelle könnte angedacht werden, dass juristische Personen des öffentlichen Rechts, die keine typischen staatlichen Aufgaben ausführen, sich zumindest auf Grundrechte berufen können, wenn eine grundrechtstypische Gefährdungslage besteht.[523] Zweifellos kann eine solche grundrechtstypische Gefährdungslage für die Geheimhaltungsansprüche für Betriebs- und Geschäftsgeheimnisse angenommen werden, allerdings bleibt der Konfussionsgedanke bestehen, sodass eine Berufung auf Grundrechte nicht möglich ist.[524] Nichtsdestotrotz würde von der bestehenden Einteilung ohne Notwendigkeit abgewichen werden, denn die Geheimhaltung kann formal durch die Verpflichtung zur Wahrung des Amtsgeheimnisses bzw. Dienstgeheimnisses gewährleistet werden.

Infolgedessen ist von einer Änderung des bestehenden Systems abzusehen. Die juristischen Personen des öffentlichen Rechts können sich nicht auf den Grundrechtsschutz berufen, sodass juristische Personen des Öffentlichen Rechts zur Offenlegung von Geschäfts- und Betriebsgeheimnissen verpflichtet sind.

(7) Fazit: Geheimnisschutz als legitimationsbedürftige Ausnahme[525]

Es lässt sich subsumieren, dass dem Staat bestimmte Geheimhaltungssphären zukommen. Den Kernbereich bildet der Bestandsschutz des Staates und den Schutz von Geheimnissen gegenüber anderen Staaten nach außen. Als weiteren Punkt ergibt sich der Schutz von Geheimnissen zur Wahrung der kompetenzrechtlichen Befugnisse. Daneben steht die Aufrechterhaltung des Grundrechtsschutzes gegenüber der Bevölkerung. Die drei Punkte werden von dem Amtsgeheimnis bzw. Dienstgeheimnis und dem Willen zur effektiven Aufgabenerfüllung überlagert, weil formale Kriterien gebildet werden. Der

---

520 BVerfGE 6, 45, 49 f.; 21, 362, 373; 61, 82, 104.

521 BVerfGE 31, 314, 322; 59, 231, 254; 107, 299, 310; 119, 181, 211.

522 BVerfGE 15, 256, 262; 68, 193, 207; 75, 192, 196; 93, 85, 93.

523 Ähnlich Bethge, in: Maunz/u. a., Bundesverfassungsgerichtsgesetz, § 90 Rn. 150a; Polenz, DÖV 2010, 350, 353.

524 Für das IFG NRW gibt es eine einfachgesetzliche Regelung in § 8 S. 2 IFG NRW, vgl. Rödel, Öffentlichkeit und Vertraulichkeit im Recht der kommunalen Eigengesellschaften, S. 132.

525 Zu einem ähnlichen Ergebnis für das Österreichische System kommt: Laurer, EuGRZ 1983, 29 ff.

Spezialfall der juristischen Personen des öffentlichen Rechts ist an der Stelle auszublenden, da sich die darin entstehenden Geheimnisse in den anderen Punkten wiederfinden und keinen darüber hinausgehenden Schutz benötigen.

c. Zwischenergebnis zum Geheimnisschutzrecht

Geheimnisschutzrecht kann allgemein als Wertschutzrecht[526] angesehen werden. Der Terminus des Wertes soll dabei nicht als materielle Größe im Sinne eines Vermögens gesehen werden, sondern vielmehr als ein schützenswertes Objekt im Allgemeinen.[527] Schon Bull sah Informationen als „Wertgegenstand"[528] an.

Für das Individuum spiegelt sich der Punkt in der „Gewährleistung der Privatsphäre"[529] bzw. „Persönlichkeitsschutz"[530] wieder, für die Unternehmen im Schutze ihrer Geschäfts- und Betriebsgeheimnisse, um aktiv am Markt teilhaben zu können. Und für den Staat ergibt sich der Punkt in der Notwendigkeit seine Aufgaben erfüllen zu können und den Schutz nach außen und nach innen zu gewährleisten.

Geheimnisse sollen demzufolge Werte schützen. Da aber Geheimnisse auch andere Effekte haben, wie die Möglichkeit der Hierarchiebildung, der Inklusion bzw. Exklusion von Teilnehmern und der Machtdemonstration,[531] sind immer Abwägungsentscheidungen zu treffen und Kontrollen eine zwingende Folge des Zusammenspiels. Ungeachtet dessen sind Geheimnisse immanente Bestandteile jeder Kommunikationsbeziehung, sodass Geheimnisschutz auch Kommunikation ermöglicht und somit notwendig für Informationsbeziehungen im Allgemeinen ist.[532] Die Aussage von Worms/Gusy, das „Privatheit die Möglichkeit [bildet], über die Regeln des Zugangs zu Kommunikationsvorgängen zu entscheiden"[533], ist weiter zu fassen. Geheimnisschutzrecht bildet den Oberbegriff, das Schutzobjekt sind die Kommunikationsbeziehungen im Allgemeinen und nicht nur die darin übermittelten Informationen.

---

526 Terminologie aus Zech, Information als Schutzgegenstand, S. 118 ff.
527 Ähnliche Definition findet sich im Duden zum Begriff „Wert".
528 Bull, Die Grundprobleme des Informationsrechts, in: Datenschutz, Informationsrecht und Rechtspolitik, S. 17, 36.
529 Rösch, Geheimhaltung in der rechtsstaatlichen Demokratie, S. 91.
530 Rösch, Geheimhaltung in der rechtsstaatlichen Demokratie, S. 91.
531 Riese, Das Geheimnis in Krisenzeiten. Serie Europa 14/2014, S. 6.
532 So in etwa Gusy, DuD 2009, 33, 35.
533 Worms/Gusy, DuD 2012, 92, 94.

6. Das Informationsfreiheitsrecht

Das Informationsfreiheitsgesetz hat eine Kehrtwende im Informationsrecht zur Folge gehabt.[534] Durch die Schaffung des Rechtes auf Informationszugang ohne die Darlegung von Rechtsbetroffenheit ist eine Abkehr vom „materiellen" subjektiven Recht erfolgt und damit auch vom Arkanprinzip. Zwar hat bisher nicht jedes Bundesland eine landesrechtliche Regelung hinsichtlich Informationszugangsansprüche getroffen,[535] indes ähneln sich die bestehenden Ansprüche in ihrem Umfang.

Die in Abschnitt II.3 aufgeführten anderen Auskunfts- und Informationsansprüche verfügen teilweise über eine andere Reichweite, was mit dem Kreis der Berechtigten (Antragssteller) und dem Zweck- und Zielrichtungen der einzelnen Ansprüche zusammen hängt. Die Auskunftsansprüche der Abgeordneten stehen im Zusammenhang mit der Einteilung der Gewalten, da die Funktion der Parlamentarier (des Parlamentes) darin liegt, die Regierung/Exekutive zu kontrollieren und den Parlamentariern in ihrer Funktion noch amtsbezogene Geheimhaltungspflichten zukommen, kommen diesen weitreichendere Informationsrechte zu als den Informationsinteressierten nach dem IFG. Ähnlich sieht die Situation bei den Pressevertretern aus, denen verfassungsrechtlich ein Auftrag zur Informierung der Gesellschaft zukommt. Dementsprechend wird auch an der Stelle ein darüber hinausgehender Informationsanspruch gewährt. Hinsichtlich der beiden Informationsansprüche lässt sich die unterschiedliche Behandlung auf die verfassungsrechtliche Stellung zurückführen, in dem Sinne dass der Presse und den Parlamentariern verfassungsrechtlich (unumstritten) Rechte auf Informationszugang zustehen, wohingegen dem Individuum nur beschränkte Informationsrechte (Art. 5 Abs. 1 S. 1 2 HS GG – teilweise in Verbindung mit dem Demokratieprinzip) angedacht werden.[536] Mithin kann sogar

534 Gusy, in: Hoffmann-Riem/u. a. (Hrsg.), Grundlagen des Verwaltungsrechts, Band II, § 23 Rn. 82.

535 Erdelt, DuD 2003, 465,468 liefert einen Überblick.

536 Das Informationsrecht aus Art. 5 Abs. 1 S. 1 2. HS IFG wird nicht von allen als ein verfassungsunmittelbarer Anspruch gesehen, vgl. Übersicht bei Lukaßen, Die Fallpraxis der Informationsbeauftragten und ihr Beitrag zur Entwicklung des Informationsfreiheitsrechts, S. 35 ff.; Wirtz/Brink, NVwZ 2015, 1166, 1170 f.; Kloepfer/v. Lewinski, DVBl 2005, 1277, 1277; Masing, VVDStRL 63 (2004), 377, 379; Bejahend: Albers, ZJS 2009, 614, 616 ff; Angelov, Grundlagen und Grenzen eines staatsbürgerlichen Informationszugangsanspruchs, S. 46 ff.; Frowein, in: FS Starck, S. 219, 226, der allerdings große Hürden für das Informationszugangsgesetz noch sieht; H. Weber, RDV 2005, 243, 146 f.

von einem „auskunftrechtliche[n] Abstandsgebot“[537] gesprochen werden, d. h. den internen Kreisen, die durch ihre besondere verfassungsrechtliche Stellung hervorgehoben sind, werden weitreichendere Auskunftsrechte gewährt als den normalen Bürgern.

Dementgegen repräsentiert der verwaltungsrechtliche Auskunftsanspruch nach § 29 VwVfG noch einen materiellen oder auch „rechtsstaatlich radizierten“[538] Anspruch zur prozessualen Durchsetzung von Interessen und ist somit Ausdruck des Rechtsstaatsgedankens und nicht des Demokratiegedankens, wie die beiden Auskunftsansprüche der Presse und der Parlamentarier. Er steht also stellvertretend für das Konzept des subjektiven öffentlichen Rechtes und soll den Wandel zum formalen subjektiven Recht, den das IFG erzeugt hat, verdeutlichen. Dabei soll insbesondere vor Augen geführt werden, dass das Informationsfreiheitsgesetz zur Rechtsdurchsetzung genutzt wird, obwohl auf klassische Kriterien wie das „materielle“ subjektive Recht verzichtet wird. Ungeachtet dessen bestehen bestimmte Querverbindungen, sodass nicht von pauschal unterschiedlichen Konzepten, auf der einen Seite §§ 29, 30 VwVfG und auf der anderen Seite dem Informationszugangsrecht nach dem IFG, ausgegangen werden kann.[539] Der Informationszugangsanspruch wurde mit seiner ursprünglichen Konzeption zwar dazu geschaffen, Transparenz und Kontrolle zu fördern und einen Beitrag zur demokratischen Partizipation zu leisten. Indes hat die voraussetzungslose Konzeption des Anspruches dazu geführt, dass auch Rechtsschutzsuchende das Recht nutzen. Auf die Nutzung des IFG für die Erlangung von Informationen zur Rechtsdurchsetzung wird im Abschnitt IV nach der Bestandsaufnahme unter dem Stichpunkt der Nutzung des Informationsfreiheitsgesetzes als pretrial-discovery-Mittel eingegangen.

Somit lassen sich folgende Punkte für die betrachteten Auskunftsansprüche festhalten: Der Parlamentarier möchte mit den Auskunftsansprüchen seiner verfassungsrechtlichen Stellung als Kontrollsubjekt der Exekutiven nachkommen. Die Presse versucht einen Beitrag zur Meinungsbildung zu schaffen und die Aufgabenerfüllung von den öffentlich agierenden Parteien zu untersuchen. Die Beteiligten im Verwaltungsverfahren möchten durch Auskunftsansprüche

---

537 Schnabel/Freund, DÖV 2012, 192, 195, die es aber aus „dogmatischen Gründen“ (wohl eher praktischen Gründen: der Informationsfluss kann ohne eine tatsächliche Beschränkungen immer nach außen treten) ablehnen.

538 Gusy, in: Hoffmann-Riem/u. a. (Hrsg.), Grundlagen des Verwaltungsrechts, Band II, § 23 Rn. 81.

539 Vgl. Kugelmann, Die informatorische Rechtsstellung des Bürgers, S. 215.

untersuchen, ob sie in bestimmten Situationen rechtmäßig behandelt wurden und zudem eine Kontrolle ihres Verfahrens erreichen.

Folglich kann man sagen, dass das IFG bestehende Informations- und Auskunftsansprüche zusammenführt. Daher ist die These, dass die Ausnahmegründe sich ähneln, nicht verwunderlich.[540] Die Ausnahmegründe wurden auf die drei Grundkonstellationen dem Staatswohl, den Schutz Dritter und den Prinzip der Gewaltenteilung präzisiert, wie im Abschnitt II.4.c einfachrechtlich herausgearbeitet und in Abschnitt II.5 grundgesetzlich betrachtet. Die Ausnahmegründe ähneln sich auch, weil das grundgesetzliche Konzept des Geheimnisschutzes vorhanden ist und damit eine Ausstrahlungswirkung auf die einfachgesetzlichen Normen der Auskunftsansprüche hat.

540 Näher zu den „Übergreifenden Strukturen", Kugelmann, Die informatorische Rechtstellung des Bürgers, S. 281 ff.

III Das Mehrpersonenverhältnis im Informationszugangsrecht

Doch wie ist das Rechtsverhältnis im Informationszugangsrecht des IFG ausgestaltet? Oftmals wird das Verhältnis der Beteiligten als „asymmetrisch“[541] bezeichnet, wobei dafür unterschiedliche Erklärungsansätze bestehen. Asymmetrisch können Informationsbeziehungen werden, weil Informationen unterschiedlich verteilt sind. Eine Asymmetrie entsteht dann, wenn durch die Informationsverteilung eine Machtverteilung entsteht, wie beispielsweise bei der Datensammlung von großen Unternehmen wie Google. Das Informationsrecht wird aber auch als asymmetrisch bezeichnet, weil unterschiedliche Standards gesetzt werden.[542] Hinsichtlich des primären Eingriffs bei der Informationserhebung besteht – wohl bedingt durch die polizeirechtliche oder ordnungsrechtliche Herangehensweise – eine ausgeklüngelte Rechtsprechung, wohingegen sich bei der darüber hinausgehenden Verwendung von Informationen und Daten aber das Informationsrecht im Gesetzgebungsverfahren und der Rechtsprechung noch in der Entwicklung befindet.[543] Teilweise wird die Asymmetrie mit einer mangelnden Systematik[544] begründet, die darauf zurückgeht, dass wie im Abschnitt II beschrieben ein Rechtsgebiet des Informationsrechtes nicht entwickelt wurde und sich daher einzelne Regelungszwecke entwickelt haben, die teilweise die unterschiedlichen Problematiken nicht vollumfänglich beantworten. Deshalb sollen die Beteiligten[545] und die Motive im folgenden Abschnitt herausgearbeitet werden. Dadurch werden Asymmetrien sichtbar. Doch einzuleiten ist das Thema mit einigen allgemeinen Grundannahmen zur Untersuchung von Personenverhältnissen im

---

541 Gusy, in: Hoffmann-Riem/u. a. (Hrsg.), Grundlagen des Verwaltungsrechts, Band II, § 23 Rn. 68; Schoch, in: Franzius (Hrsg.), Beharren, bewegen: FS Kloepfer zum 70. Geburtstag, 2013, S. 201 ff.

542 Schoch, in: Franzius (Hrsg.), Beharren, bewegen: FS Michael Kloepfer zum 70. Geburtstag, 2013, S. 201, 211 ff.

543 Schoch, in: Franzius (Hrsg.), Beharren, bewegen: FS Michael Kloepfer zum 70. Geburtstag, 2013, S. 201, 211 ff.

544 Gusy, in: Hoffmann-Riem/u. a. (Hrsg.), Grundlagen des Verwaltungsrechts, Band II, § 23 Rn. 68.

545 Gusy, in: Hoffmann-Riem/u. a. (Hrsg.), Grundlagen des Verwaltungsrechts, Band II, § 23 Rn. 68, befürwortet ebenfalls eine solche Herangehensweise im Hinblick auf die Systematisierung der Informationsrechte.

Öffentlichen Recht, da das Informationsrecht aus dem Blickwinkel des Öffentlichen Rechtes betrachtet wird.

Die klassische Sichtweise auf das Verwaltungsrecht bzw. das Öffentliche Recht im Allgemeinen ist geprägt von Zwei-Personen-Konstellationen: Auf der einen Seite steht der Bürger und dem gegenüber (oder vielmehr über ihm) der Hoheitsträger. Da der Hoheitsträger als ein übermächtiges Subjekt wahrgenommen wurde, sprach man von einem Subordinationsverhältnis.[546] Der Definitionsansatz begegnet einem insbesondere bei der Frage, ob es sich um Privatrecht oder um Öffentliches Recht handelt, und wurde durch „neuere" Differenzierungspunkte abgelöst.[547] Schon die Änderung zeigt eine Weiterentwicklung an. Daher ist es nicht verwunderlich, sondern gerade unter der Beachtung der sich verkomplizierenden gesellschaftlichen Bedingungen eine logische Folge, dass das Öffentliche Recht nicht mehr nur durch ausschließliche Zwei-Personen-Verhältnisse geprägt ist. Die Entwicklung hängt einerseits mit der Zunahme an Informationen zusammen[548], und andererseits der größeren Präsenz von Kommunikationsbeziehungen.[549] Weitergedacht wird das öffentlich-rechtliche Verhältnis dahingehend, dass immer mehr Kooperationsverhältnisse[550] mit anderen Akteuren geschaffen wurden, welche Einfluss auf das allgemeine Verwaltungsrecht durch die Schaffung des öffentlich-rechtlichen Vertrages hatte und auch im Vergaberecht große Verbreitung findet.[551]

Mithin wird die These, dass das Informationsrecht von multipolaren Personenkonstellationen geprägt ist,[552] nicht verwundern, denn das Informationsrecht

---

546 Ehlers/Schneider, in: Schoch/Schneider/Bier (Hrsg.), VwGO, § 40 Rn. 220.

547 Nämlich von der Frage, ob die streitgegenständliche Norm eine solche des Öffentlichen Rechtes sei – Subjektstheorie bzw. modifizierte Subjektstheorie: Ehlers/Schneider, in: Schoch/Schneider/Bier (Hrsg.), VwGO, § 40 Rn. 222 ff.

548 Kaiser, Die Kommunikation der Verwaltung, S. 179 mit Verweis auf Simits, in: FS Coing, S. 495 ff. der von einem Informationsdruck spricht.

549 Kaiser, Die Kommunikation der Verwaltung, S. 215 f. sieht in der Kommunikation zwischen den einzelnen Beteiligten eine „Obliegenheit".

550 Kaiser, Die Kommunikation der Verwaltung, S 218; Pitschas, in: Hoffmann-Riem/u. a., Reform des Allgemeinen Verwaltungsrechts, S. 219, 228.

551 Schulte, in: Hoffmann-Riem/Schmidt-Aßmann, Verwaltungsrecht in der Informationsgesellschaft, S. 333 ff.

552 Kloepfer, KuR 2006, 19, 22 spricht von einem Dreiecksverhältnis (Antragsteller – Staat – Dritter) bzw. von einem Vierecksverhältnis (Antragsteller – Staat – Geheimnisträger – Dritter); Holznagel, in: Hoffmann-Riem/u. a. (Hrsg.), Grundlagen des Verwaltungsrechts, Band II, § 24 Rn. 42 ff. zu multipolaren Rechtsbeziehungen innerhalb von Behörden.

bzw. deren kommunikative Weiterentwicklung ist nur eine Betrachtung der Kommunikationsstrukturen innerhalb und außerhalb der Verwaltung.[553] Gramm stellte dies schon frühzeitig für die staatliche Informationstätigkeit klar und sah eine Konstellation zwischen „Staat(Informant)-Bürger(Adressat)-Drittbetroffene"[554]. Ungeachtet dessen ist mit einer Bestandsaufnahme des Informationsrechtes – im Speziellen mit dem Informationszugangsrecht – zu beginnen und anschließend auf die Frage einzugehen, ob das Informationszugangsrecht eine Ausprägung des Verwaltungsrechtes darstellt oder vielmehr ein „Rechtsinstitut besonderer Art"[555] ist, weil es mit dem bestehenden System des subjektiven-öffentlichen Rechts bricht.[556] Problematisch ist ebenfalls, dass die Verarbeitung und Generierung von Informationen insbesondere durch informelle Absprachen zu Eingriffen in Rechte Dritter führen kann oder eine Schädigung der Allgemeinheit erfolgen kann.[557] Eine solche Gefährdung entsteht auch durch Absprachen, die die Informationsbeziehungen innerhalb der Informationsordnung beeinträchtigen können. Im Folgenden sind die Informationsbeziehungen der einzelnen Parteien zu betrachten, um anschließend eine rechtliche Würdigung im Hinblick auf Vertraulichkeitsabsprachen treffen zu können.

1. Bestandsaufnahme

Nach dem Grundsatz des § 1 Abs. 1 S. 1 IFG hat jeder einen Anspruch auf Zugang zu amtlichen Informationen gegenüber Behörden des Bundes. Sofern nun der Blickwinkel nur auf die Norm gelegt wird, so fallen nur zwei Beteiligte auf; nämlich jeder – als Anspruchsberechtigter oder Informationsinteressierter – und die Behörden des Bundes als Anspruchsverpflichtete oder auch Informationsnehmer. Dadurch wird zunächst ein Zwei-Personen-Verhältnis gezeichnet, worin das klassische öffentlich-rechtliche Verständnis des Ober- und Unterverhältnisses gesehen werden kann. Wenn nun aber der Blickwinkel

---

553 Ibler, in: FS Peine, S. 457, 458; Kaiser, Die Kommunikation der Verwaltung, die die einzelnen Phasen der Kommunikationsbeziehungen prägnant darlegt und den „Informationsdiskurs" als vorerst letzte Phase statuiert; Voßkuhle, in: Hoffmann-Riem/ Schmidt-Aßmann, Verwaltungsrecht in der Informationsgesellschaft, S. 349, 361 bezeichnet es als „Informationsdreieck".

554 Gramm, Der Staat 30 (1991), 51, 79.

555 Maurer, Allgemeines Verwaltungsrecht, § 19 Rn. 21d.

556 So jedenfalls Ibler, in: FS Brohm, S. 405, 410 ff.; zustimmend für das UIG Gusy, JZ 1999, 1169.

557 Kaiser, Die Kommunikation der Verwaltung, S. 232 f.

erweitert wird und die Ausnahmegründe des IFG hinzugezogen werden, so wird erkennbar, dass auch weitere Belange und Interessen zu berücksichtigen sind. So nennt § 3 Nr. 7 IFG „ (…) Interessen des Dritten an einer vertraulichen Behandlung (…)“, ebenfalls wird in § 5 Abs. 1 S. 1, Abs. 3 IFG von „schutzwürdigen Interesse des Dritten“ gesprochen und § 6 S. 2 IFG erwähnt einen „Betroffenen“. Die Aufzählung zeigt, dass das Verhältnis kein zweipoliges ist, sondern zumindest ein dreipoliges, wenn nicht sogar ein mehrpoliges.[558] Der Dritte im Sinne des IFG kann als Informationsgeber in der Konstellation beschrieben werden. Die drei Beteiligten werden jeweils zu ihrem Vorteil handeln wollen,[559] was dazu führt, dass ein Interessenausgleich[560] durchgeführt werden muss.

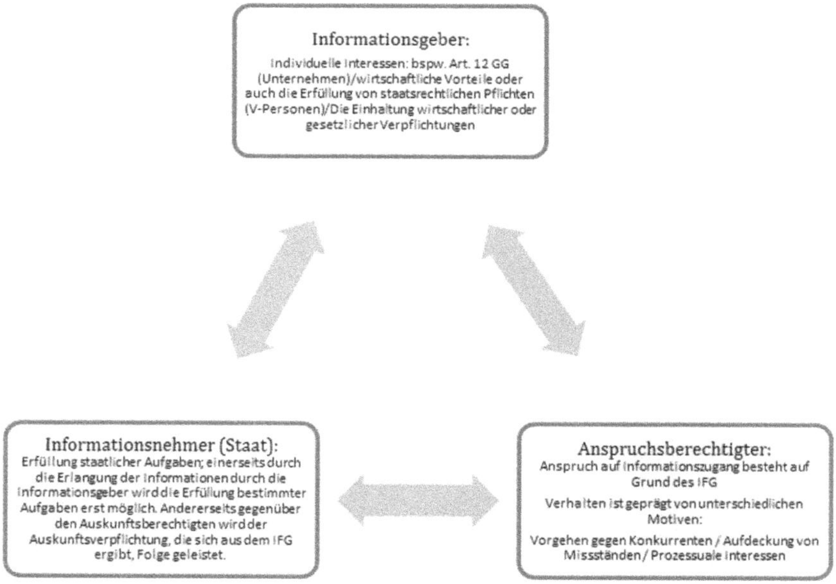

558 Schoch, VVDStRL 57 (1998), 158, 189, Voßkuhle, in: Hoffmann-Riem/Schmidt-Aßmann, Verwaltungsrecht in der Informationsgesellschaft, S. 349, 362.

559 Voßkuhle, in: Hoffmann-Riem/Schmidt-Aßmann, Verwaltungsrecht in der Informationsgesellschaft, S. 349, 362.

560 Kugelmann, Die informatorische Rechtsstellung des Bürgers, S. 24 weist dem Informationsverwaltungsrecht die Aufgabe des Interessenausgleichs zu.

Bereits dadurch ist die Situation komplex, zudem bildet der Zeitfaktor eine weitere Komponente, die betrachtet werden muss. Die genaue begriffliche Einteilung der Beteiligten ist situationsabhängig,[561] da der Staat nicht nur Informationsnehmer, sondern ebenfalls Informationsgeber ist, und der Auskunftsberechtigte nach dem IFG zwar zunächst Informationsinteressierter ist, aber ab dem Zeitpunkt der Informationsgewährung Informationsnehmer ist. Folglich wandelt sich die Stellung ab einem bestimmten Zeitpunkt oder Ereignis, sodass die gewählten Begrifflichkeiten und Einordnungen gerade in dem Zeitpunkt der Antragstellung nach § 1 Abs. 1 S. 1 IFG, aber noch vor Auskunftserteilung untersucht werden.

Bei Betrachtung des Datenschutzrechtes in seiner derzeitigen Ausgestaltung wird erkennbar, dass ebenfalls nur von einer „zweidimensionalen Matrix"[562] ausgegangen wird, da nur ein kleiner Ausschnitt betrachtet wird; nämlich die Konstellation Individuum – Staat oder Individuum – Unternehmen.[563] Die „beschränkte" Sichtweise des Datenschutzrechtes ist auf die historische Entscheidung des Gesetzgebers, bloß einzelne Teilgebiete regeln zu wollen, zurückzuführen.[564] Die anderen Konstellationen werden mit den Begriffen des „Geheimnisschutzes" oder des „Amtsgeheimnisses" deklariert,[565] sodass die Begrifflichkeit des Geheimnisschutzes einschlägig ist und daher ein anderes – weiteres – Ergebnis als im Datenschutzrecht getroffen wird. Die Betrachtungsweise ist damit zu erklären, dass das Datenschutzrecht vordergründig als Abwehrrecht ausgestaltet ist und somit primär nur ein zweipoliges Verhältnis betrachtet wird.

Wenn nun die einzelnen Beteiligten betrachtet werden, müssen die jeweiligen Interessen herausgearbeitet werden. Interessen implizieren zwar die Gestaltung des Rechtes, allerdings findet eine Darstellung orientiert an den Interessen der Beteiligten selten statt,[566] obwohl diese Erklärungsmuster aber auch Entscheidungshilfen bei Abwägungsentscheidungen liefern können. Nach der Einteilung von Schmidt-Aßmann ist zwischen drei verschiedenen Grundstrukturen zu unterscheiden, nämlich den Individualinteressen, den Gruppeninteressen

---

561 Gusy, in: Hoffmann-Riem/u. a. (Hrsg.), Grundlagen des Verwaltungsrechts. Band II, § 23 Rn. 4.

562 Von Lewinski, Die Matrix des Datenschutzes, S. 15 f.

563 Vgl. auch §§ 12 ff.; 27 ff. BDSG.

564 Kaiser, Die Kommunikation der Verwaltung, S. 275 f. m. w. N.

565 Von Lewinski, Die Matrix des Datenschutzes, S. 8 ff.

566 Schmidt-Aßmann, in: Hoffmann-Riem/u. a., Reform des Allgemeinen Verwaltungsrechts, S. 11, 37 m. w. N.

und dem öffentlichen Interesse.[567] Die grundrechtliche Betrachtung erfolgte ebenfalls nach diesem Muster, sodass für das Informationszugangsrecht keine andere strukturelle Herangehensweise in Frage kommt. Somit ist zwischen Informationsnehmer, der das öffentliche Interesse vertritt, Informationsgeber und Informationsinteressierten, die entweder Individualinteressen oder Gruppeninteressen verfolgen, zu differenzieren.

a. Informationsgeber – „Dritter" i. S. d. IFG

Dritter i. S. d. IFG sind Personen, die Informationen zur Verfügung stellen, [568] sodass dieser ebenfalls als „Geheimnisherr"[569] bezeichnet wird. Die Informationen werden zur Verfügung gestellt, um rechtlichen Verpflichtungen zur Informationsgewährung nachzukommen.[570] Zusätzlich werden Informationen freiwillig[571] weitergegeben, um bestimmte Vorteile zu erlangen, sei es um bei einer Auftragsvergabe positiv berücksichtigt zu werden, oder um bestimmte Ressourcen zu erhalten,[572] wenn für die Weitergabe von Informationen bestimmte

567 Schmidt-Aßmann, in: Hoffmann-Riem/u. a., Reform des Allgemeinen Verwaltungsrechts, S. 11, 37 f.

568 BT-Drs. 15/4493, S. 11.

569 Druey, Information als Gegenstand des Rechts, 9. Kapitel I 4, danach ist der Geheimnisherr verfügungsberechtigter. Die Sichtweise entspricht einer sachenrechtlichen Betrachtung.

570 Grundlegend Pohl, Informationsbeschaffung beim Mitbürger; Spiecker gen. Döhmann, in: Spiecker/Collin, Generierung und Transfer staatlichen Wissens im System des Verwaltungsrecht, S. 196, 202; Stohrer, Informationspflichten Privater gegenüber dem Staat in Zeiten von Privatisierung, Liberalisierung und Deregulierung. Kaiser, Kommunikation der Verwaltung, S. 215 f. spricht von einer Obliegenheit.

571 Gusy, in: Hoffmann-Riem/u. a. (Hrsg.), Grundlagen des Verwaltungsrechts, Band II, § 23 Rn. 69. Laut Gusy initiiert der Informationsgeber dadurch bestimmte Aktionen; Pohl, Informationsbeschaffung beim Mitbürger, S. 104 ff. bezeichnet die Form der Informationsübermittlung auch als „spontane" (S. 105) Informationsübermittlung, da eine vorherige Einwirkung seitens des Staates nicht erfolgt sei, im Gegensatz zu den vorherigen Formen der Informationserlangung: konkrete Auskunftspflichten (S. 25 ff.), Setzung von Anreizen für Informationsweitergaben (S. 70 ff.) und der Einwirkung auf Aussageverhalten durch Befragung (S. 86 ff.).

572 Informationen als wirtschaftliche Güter, vgl. Püschel, Informationen des Staates als Wirtschaftsgut, S. 48 ff.; Gusy, in: Hoffmann-Riem/u. a. (Hrsg.), Grundlagen des Verwaltungsrechts, Band II, § 23 Rn. 72, spricht in den Konstellationen von „Leistung gegen Information" im Sinne eines Tauschgeschäftes; Spiecker gen. Döhmann, in: Spiecker/Collin, Generierung und Transfer staatlichen Wissens im System des Verwaltungsrecht, S. 196, 206 insbesondere im Fall „kooperativem Handeln".

Geldsummen gezahlt werden wie bei V-Personen.[573] Wie das letzte Beispiel zeigt, verfolgen beteiligte Personen eigene Interessen. Als egoistisch sind Motive einzuordnen, wenn durch die Gewährung von Informationen weitere Vorteile erlangt werden sollen. Der Bewerber in einem Ausschreibungsverfahren, der Informationen zur Verfügung stellt, möchte bei der Auftragsvergabe begünstigt werden.[574] Ergo verfolgen diese Personengruppen primär egoistische Motive.

Indes erfolgt teilweise die Informationserlangung „zwangsweise“[575] „gegen oder ohne den Willen des Betroffenen“[576]. Im Falle einer solchen Konstellation wird der Betroffene zumeist erst im Nachhinein über die Informationserlangung informiert[577] und ist im Falle einer Informationsweitergabe schutzwürdiger, da ohne sein Wissen und auch ohne seine Zustimmung Informationen erlangt und verarbeitet werden.

Wenn nun aber Personen Informationen zur Verfügung stellen, um auferlegten Verpflichtungen nachzukommen, handeln diese vordergründig zur Erfüllung ihrer Rechtspflicht, demzufolge liegt der Vorteil in der Befreiung von einer rechtlichen Verpflichtung.[578] Primär stellt aber die Erlangung der Information einen Eingriff in die Rechte und Rechtsgüter der einzelnen Person dar,[579] wobei die Inanspruchnahme durch unterschiedliche Interessen motiviert wird, u. a. um Schutzpflichten erfüllen zu können.[580] Dem Staat werden vermehrt Schutzpflichten zugeschrieben,[581] und um ihm gerecht werden zu können, ist die Kenntnis über mögliche Gefahrenquellen und Risikobereiche notwendig. Da aber ein großer Teil der Infrastruktur von privaten Betreibern geführt wird, sind

---

573 Vgl. den Hintergrundbericht „Die Story im Ersten: V-Mann-Land“ ausgestrahlt am 20. 04. 2015. Verfügbar unter: http://www. ardmediathek. de/tv/Reportage-Dokumentation/Die-Story-im-Ersten-V-Mann-Land/Das-Erste/Video?documentId = 27805412&bcastId = 799280.

574 Das entspricht der Tauschsituation von Gusy, in: Hoffmann-Riem/u. a. (Hrsg.), Grundlagen des Verwaltungsrechts, Band II, § 23 Rn. 72.

575 Gusy, in: Hoffmann-Riem/u. a. (Hrsg.), Grundlagen des Verwaltungsrechts, Band II, § 23 Rn. 79.

576 Gusy, in: Hoffmann-Riem/u. a. (Hrsg.), Grundlagen des Verwaltungsrechts, Band II, § 23 Rn. 75.

577 Vgl. Gusy, in: Hoffmann-Riem/u. a. (Hrsg.), Grundlagen des Verwaltungsrechts, Band II, § 23 Rn. 75 ff.

578 Kaiser, Die Kommunikation der Verwaltung, S. 215.

579 Pohl, Informationsbeschaffung beim Mitbürger, S. 148 ff.

580 Vertiefend: Stohrer, Informationspflichten Privater gegenüber dem Staat in Zeiten von Privatisierung, Liberalisierung und Deregulierung, S. 254 ff.

581 BVerfGE 35, 79, 114 ff.; 92, 26, 46; 96, 56, 64; 102, 370, 393.

an der Stelle Informationsangaben über bestehende Vorräte, Quellen etc. notwendig, um beispielsweise im Katastrophenfall eine reibungsvolle Distribution von Gütern vornehmen zu können. In solchen Gefahrenlagen ist verständlich, dass die Informationsweitergabe an die Behörde im Rahmen einer gesetzlichen Informationspflicht erfolgt, und die Informationserlangung zur Erfüllung von Schutzpflichten gegenüber der Bevölkerung dient. Die gestellten Informationsverpflichtungen stellen Eingriffe in Art. 12 Abs. 1 GG, Art. 2 Abs. 1 GG i. V. m. Art 1 Abs. 1 GG aber auch Art. 5 Abs. 1 S. 1 GG dar, die aber durch ein höherwertiges Gut (zumeist der Volksgesundheit, dem Bestand des Staatswohls) gerechtfertigt sind.[582] Demnach ist bei solchen Fallkonstellationen eine Differenzierung zu ziehen, die nicht nur mit den verschiedenen Motivlagen zu begründen ist, sondern vielmehr mit einer höheren Eingriffsqualität. Es ist von Bedeutung, ob der Informationsgeber die Information anlässlich einer Verpflichtung, die einen Eingriff in die Grundrechte darstellt, oder einer eigenständigen Motivation (zur Erlangung einer günstigeren Position) liefert.

Im ersten Fall wiegt eine Informationsweitergabe schwerer, weil damit eine Informationsdistribution durch die Behörde einhergeht. Insbesondere bei Fallkonstellationen, bei denen Informationen zur Koordinierung von Katastrophenfällen gesammelt werden, muss die Informationsweitergabe inhärenter Bestandteil der Informationserlangung sein. Ansonsten könnten Gefahrenlagen nicht bewertet und Lösungsvorschläge nicht gemacht werden. Die Verpflichtung zur Informationsgabe impliziert (zumeist) das Einverständnis zur Informationsweitergabe, wobei aber immer eine besondere Begründung für die Weiterverwendung erfolgen sollte.

Die andere Konstellation ist hingegen von einer freiwilligen Informationsübermittlung geprägt, dementsprechend wird an der Stelle die Informationsweitergabe zumeist fallbezogen – individuell – ausgehandelt werden. Es besteht indes ein Aushandlungsspielraum, der zumeist von den beteiligten Privatakteuren ausgenutzt wird und werden kann.

b. Informationsnehmer – Auskunftsverpflichteter i. S. d. IFG

Der Staat als Auskunftsverpflichteter i. S. d. IFG nach § 1 Abs. 1 S. 1 IFG muss einerseits seiner staatlichen Aufgabe – die ihm zumindest durch die Normierung des Informationszugangsanspruchs auferlegt wird – nachkommen und erfüllt somit eine Verwaltungstätigkeit, andererseits muss er zunächst die Information

582 Vergleiche ausführlich: Stohrer, Informationspflichten Privater gegenüber dem Staat in Zeiten von Privatisierung, Liberalisierung und Deregulierung. S. 262 ff.

erhalten, denn anfangs ist er bloß Informationsnehmer. Die Informationslage ist zu dem Zeitpunkt von einer „Informationsasymmetrie“ geprägt, dass dem Staat Informationen fehlen, die an einer anderen Stelle vorhanden sind.[583] Die zweiseitige Stellung ist bei Betrachtung der originären staatlichen Funktion erkennbar, da dem Staat sowohl grundrechtsermöglichende Verpflichtungen zukommen, als auch die Pflicht Aufgaben wahrzunehmen.[584] Durch ihre diversen Tätigkeiten sammeln die verschiedenen staatlichen Organe eine Fülle von Informationen.[585] Einerseits werden Informationen im Rahmen des Eingriffsrechtes durch die Sicherheitsbehörden zur Abwehr von Gefahren zusammen getragen,[586] andererseits werden Informationen von den Leistungsbegehrenden zur Erfüllung bestimmter Leistungspflichten gesammelt, als Beispiel können die Arbeitsämter und Sozialbehörden genannt werden.[587] Nach Ansicht von Gusy können im Allgemeinen sieben Zweckrichtungen der Informationserhebung und -verarbeitung von Informationen der Verwaltung festgehalten werden:[588]

- die der reinen Informationsbeschaffung,
- die der Verhaltungssteuerung,
- die der Mobilisierung,
- die des Services,
- die der Aufwandsminimierung,

583 Spiecker gen. Döhmann, in: Spiecker/Collin, Generierung und Transfer staatlichen Wissens im System des Verwaltungsrecht, S. 196, 202.

584 Drefs, in: T. Dreier/u. a., Informationen der öffentlichen Hand – Zugang und Nutzung, S. 89, 90; Fassbender, in: Isensee/Kirchhof (Hrsg.), Handbuch des Staatsrechts. Band IV, § 76 Rn. 24.

585 Fassbender, in: Isensee/Kirchhof (Hrsg.), Handbuch des Staatsrechts. Band IV, § 76 Rn. 7, 59; Gusy, in: Hoffmann-Riem/u. a. (Hrsg.), Grundlagen des Verwaltungsrechts, Band II, § 23 Rn. 32 ff.; Pitschas, in: Hoffmann-Riem/u. a., Reform des Allgemeinen Verwaltungsrechts, S. 219, 283 ff.; Stohrer, Informationspflichten Privater gegenüber dem Staat, in Zeiten von Privatisierung, Liberalisierung und Deregulierung, S. 51 ff.

586 Fassbender, in: Isensee/Kirchhof (Hrsg.), Handbuch des Staatsrechts. Band IV, § 76 Rn. 26, 37.

587 Kaiser, Die Kommunikation der Verwaltung, S. 257 sieht die Notwendigkeit des Wissenstransfers insbesondere bei Risikobereichen als notwendig an; Spiecker gen. Döhmann, in: Spiecker/Collin, Generierung und Transfer staatlichen Wissens im System des Verwaltungsrecht, S. 196, 211 ff. sieht im Fall der Leistungsverwaltung eine Informationsasymmetrie, weil Tätigkeitsbereiche auf Private umgewälzt wurden.

588 Gusy, in: FS Battis, S. 499, 503 f.

- die der Legitimationsbeschaffung
- und zur Kommerzialisierung.[589]

Dadurch, dass der Staat Informationen erhält und über einen Informationspool verfügt, kann er als „Informationsträger“[590] oder „Geheimnisträger“[591] bezeichnet werden. Bedingt durch die verschiedenen Tätigkeitsfelder verfügt der Staat als Informationsnehmer über viele Informationen, die als ökonomisches Gut gehandelt werden.[592] Auf Grund dessen besteht ein großes Interesse an dem Informationszugang zu staatlichen Informationen.

Sobald der Staat die vorhandenen Informationen verteilt, kann er als „Informationsdienstleister“[593] bezeichnet werden. Denn dem Staat kommt ebenfalls die Pflicht zu, Informationen vorzusorgen,[594] um einerseits eine „Informationsbasis“[595] zu schaffen, um Gefahren in Zukunft zu verhindern (im Hinblick auf die Nachrichtendienste/Polizei) oder im Ernstfall – wie einer Naturkatastrophe – handlungsfähig zu sein, und andererseits der Gesamtbevölkerung die Ausübung ihrer Kommunikationsrechte zu gewährleisten.[596]

Auch ohne die wirtschaftliche Betrachtung besteht ein großer Pool an Informationen, der nun durch die Schaffung des IFG für eine breite Masse an Informationsinteressenten geöffnet wurde, sodass der Staat nun Auskunftsverpflichteter i. S. d. IFG ist.

Nichtsdestotrotz kommt dem Staat eine „Kommunikationsverantwortung“[597] zu. Er muss die notwendigen Strukturen schaffen, um eine ausgewogene

589 Gusy, in: FS Battis, S. 499, 503 f.

590 Frenzel, in: T. Dreier/u. a., Informationen der öffentlichen Hand – Zugang und Nutzung, S. 57, 67.

591 Druey, Information als Gegenstand des Rechts, 9. Kapitel I 4. Der „Geheimnisträger [ist] eine andere eingeweihte Person“.

592 Püschel, Informationen des Staates als Wirtschaftsgut, S. 48 ff. Kritischer Kaiser, Kommunikation der Verwaltung, S. 257 f. m. w. N.

593 Frenzel, in: in: T. Dreier/u. a., Informationen der öffentlichen Hand – Zugang und Nutzung, S. 57, 67.

594 Stohrer, Informationspflichten Privater gegenüber dem Staat in Zeiten von Privatisierung, Liberalisierung und Deregulierung, S. 54 ff.

595 Stohrer, Informationspflichten Privater gegenüber dem Staat in Zeiten von Privatisierung, Liberalisierung und Deregulierung, S. 55.

596 Stohrer, Informationspflichten Privater gegenüber dem Staat in Zeiten von Privatisierung, Liberalisierung und Deregulierung, S. 56.

597 Pitschas, in: Hoffmann-Riem/u. a., Reform des Allgemeinen Verwaltungsrechts, S. 219, 239.

Kommunikation und Informationsverteilung gewährleisten zu können,[598] sodass auch davon gesprochen werden kann, dass die Herstellung von „Kommunikation" als „Staatsaufgabe" verstanden werden kann.[599] Ungeachtet dessen dürfen geschützte Interessen nicht durch einen ungerechtfertigten Informationszugang berührt werden.[600]

c. Informationsinteressierter – Auskunftsberechtigter i. S. d. IFG

Der Auskunftsberechtigte[601] i. S. d. IFG – potentiell Jedermann – ist eine Person, die ein gewisses Informationsinteresse hat. Der Kreis der Anspruchsberechtigten ist schier unbegrenzt, weil keine Nationalität, Wohnsitzzugehörigkeit oder besonderes Interesse[602] vorausgesetzt wird. Ein besonderes Interessensmotiv wird also nicht für die Informationserlangung verlangt.[603] Rein tatsächlich wird eine Information nach dem IFG erst ersucht, wenn ein bestimmtes Interesse bzw. eine bestimmte Motivlage an der Auskunft besteht, denn die Inanspruchnahme setzt ein gewisses Maß an persönlichem Engagement in Form einer Antragsstellung voraus. Demzufolge werden die Auskunftsberechtigten nach dem IFG ein Motivationsziel verfolgen. Es kann sich um wirtschaftlich motivierte Auskunftsbegehren, aber auch um demokratisch motivierte Begehren handeln. Eine Systematisierung ist an Hand der folgenden drei Gruppen zu treffen.[604]

---

598 Pitschas, in: Hoffmann-Riem/u. a., Reform des Allgemeinen Verwaltungsrechts, S. 219, 239 f. sieht es als „Mediationsfunktion".

599 Pitschas, in: Hoffmann-Riem/u. a., Reform des Allgemeinen Verwaltungsrechts, S. 219, 244 ff.; Stohrer, Informationspflichten Privater gegenüber dem Staat in Zeiten von Privatisierung, Liberalisierung und Deregulierung, S. 254 ff.

600 Pitschas, in: Hoffmann-Riem/u. a., Reform des Allgemeinen Verwaltungsrechts, S. 219, 300 f.

601 Eine Auswertung über die Inanspruchnahme des IFG findet sich bei Ziekow/Debus/Musch, S. 99 ff.; Ziekow/Debus/Musch, in: Informationsfreiheit und Informationsrecht. Jahrbuch 2012, S. 1, 28 ff.

602 Siehe dazu Abschnitt II.2.

603 BVerwGE 135, 34, 38 zum UIG; VGH Kassel, NVwZ 2010, 1036, 1038; Gurlit, in: Botha/Schaks/Steiger, Das Ende des repräsentativen Staates?, S. 157, 161.

604 Sydow/Gebhardt, NVwZ 2006, 986, 987 f. treffen bei Auskunftsansprüchen gegenüber kommunalen Unternehmen ebenfalls eine Dreiteilung unter den Auskunftsinteressierten. Dabei wird zwischen der Kommunalaufsicht, der Öffentlichkeit (Bürgerinitiativen und Medienvertretern) und privaten Konkurrenten unterschieden. Damit wird ebenfalls eine Teilung in berufliche Kontrollaufgabe, gesellschaftlich zugewiesene Kontrollaufgabe und egoistisch handelnde Subjekte getroffen.

Die erste Gruppe bilden Unternehmen bzw. Unternehmer, wobei innerhalb der Kategorie zwei verschiedene Begehren vorrangig verfolgt werden.[605] Auf der einen Seite werden vor allem abgelehnte Konkurrenten innerhalb eines öffentlichen Vergabeverfahrens gerichtliche Verfahren vorbereiten wollen,[606] andererseits könnte der Informationsanspruch zur Erlangung von Know-How genutzt werden.[607] Dadurch kann ein Wissensausgleich oder -vorsprung erreicht werden. Somit werden die Akteure der Gruppe eigene – wohl zumeist wirtschaftliche – Vorteile verfolgen. Es handelt sich zwar dabei um egoistische Motive, gleichwohl kann auch durch diese Form der Informationserlangung die ursprüngliche Zielrichtung des IFG – die Korruptionsbekämpfung – erfolgen.[608] Das entspricht der Nutzung des IFG zur Informationserlangung, die weder rechtsstaatlich noch demokratisch legitimiert ist.

Als zweite Gruppe können NGOs, Pressevertreter oder Betroffene zusammengefasst werden, die bestehende Missstände – beispielsweise Korruptionstatbestände oder die Verschwendung von Steuergeldern – aufdecken wollen.[609] Die Auskunftsberechtigten, die in die Kategorie fallen, verfolgen vornehmlich ein gemeingesellschaftliches Ziel und handeln im Kontrast zur

---

605 Eine ältere Einschätzung von Schoch/Kloepfer, Informationsfreiheitsgesetz (IFG-ProfE), S. 115 geht davon aus, dass 80 % der Informationsinteressenten in den USA konkurrierende Unternehmen sind. Der Anteil der Informationsnutzung durch Anwälte ist zunehmend und kann als ein Indiz für eine entsprechende Tendenz gewertet werden, vgl. Ziekow/Debus/Musch, Bewährung und Fortentwicklung des Informationsfreiheitsrechts, S. 118; Ähnlich gestaltet sich die Nutzung des UIG durch Unternehmen: Wegener, NVwZ 2015, 606, 611.

606 Ein großer Teil der Informationsinteressenten nutzen das IFG zur Vorbereitung zivilrechtlicher Schadensersatzforderungen, vgl. die Auswertung von Ziekow/Debus/Musch, Bewährung und Fortentwicklung des Informationsfreiheitsrechts, S. 100.

607 Kugelmann, Die informatorische Rechtsstellung des Bürgers, S. 161 ff. führt aus, dass hauptsächliche egoistische Motive – wie die Vorbereitung von Prozessen – mit der Informationsermittlung nach den amerikanischen Informationszugangsgesetzen verfolgt werden.

608 Rössner, Das Informationsfreiheitsgesetz als Instrument der Korruptionsprävention; Ziekow/Debus/Musch, Bewährung und Fortentwicklung des Informationsfreiheitsrechts, S. 119.

609 Laut Ziekow/Debus/Musch, Bewährung und Fortentwicklung des Informationsfreiheitsrechts, S. 100 bildet die Gruppe einen geringen Anteil der Antragsteller ab.

ersten Gruppe „altruistisch“[610], was der Nutzung des IFG als „demokratisch radizierter“[611] Auskunftsanspruch entspricht.

Drittens können Personen, die innerhalb eines Prozesses an der Durchsetzung ihrer Rechte interessiert sind, aber die im Gegensatz zur ersten Fallgruppe keine wirtschaftlichen Interessen haben, als Gruppe herausgestellt werden.[612] Vornehmlich ist an Beschuldigte, denen Straftaten zu Last gelegt werden, zu denken. Allerdings könnten je nach Zeitpunkt des gerichtlichen Verfahrens speziellere Normen – aus der ZPO, StPO und VwGO – einschlägig sein, die den Informationsanspruch aus dem IFG verdrängen.[613] Zwar verfolgen die Anspruchsteller der Kategorie ebenfalls egoistische Ziele, wie die Antragsteller der ersten Kategorie, allerdings werden nicht monetäre Ziele verfolgt, sondern die Sicherstellung eines fairen Verfahrens. Die Zielsetzung steht dann unter dem Schutz der Rechtsordnung, u. a. Art. 19 Abs. 4 GG. Nichtsdestotrotz beabsichtigten solche Informationsinteressierten die Ermöglichung und Durchsetzung eigener Rechten und in dieser Situation wirken die Informationsansprüche vornehmlich grundrechtsermöglichend[614]. Folglich werden nicht die ursprünglichen Ziel und Zweckrichtungen, auf denen das Gesetz fußt, verfolgt, sondern andere rechtliche Motivationen, die grundsätzlich durch andere Rechtsinstitute geschützt werden sollen. Das IFG wird also von den Beteiligten als „rechtsstaatlich radizierte[r]“[615] Auskunftsanspruch genutzt.

Im Rahmen der ersten und der dritten Gruppe kommt die Kritik auf, dass die Nutzer des Informationsfreiheitsgesetzes nicht Demokratieinteressierte seien, sondern vielmehr professionell Tätige, wie Journalisten, Aktivisten und Rechtsanwälte.[616] Entsprechend wird im Abschnitt IV die Frage aufgeworfen, ob das IFG einer solchen Nutzung entgegensteht. Die Diskussion dieses Problems erfolgt unter dem Stichpunkt der pre-trial-discovery-Nutzung und es wird dazu plädiert, die Motivlagen zumindest bei der Abwägungsentscheidung zu berücksichtigen.

---

610 Gusy, in: Hoffmann-Riem/u. a. (Hrsg.), Grundlagen des Verwaltungsrechts, Band II, § 23 Rn. 91.

611 Gusy, in: Hoffmann-Riem/u. a. (Hrsg.), Grundlagen des Verwaltungsrechts, Band II, § 23 Rn. 81.

612 Gusy, in: Hoffmann-Riem/u. a. (Hrsg.), Grundlagen des Verwaltungsrechts, Band II, § 23 Rn. 91.

613 Vgl. Abschnitt II.4.

614 Vgl. Zu der Funktion der Informationszugangsrechte: Rossi, Informationszugangsfreiheit und Verfassungsrecht, S. 112.

615 Gusy, in: Hoffmann-Riem/u. a. (Hrsg.), Grundlagen des Verwaltungsrechts, Band II, § 23 Rn. 81.

616 Wewer, KritV 2016, 462, 476.

d. Zusammenfassende Bestandsaufnahme

Festzuhalten ist, dass die Informationsbeziehungen im IFG mehrpolig sind. Die verschiedenen Beteiligten verfolgen mit ihren Zielen unterschiedliche Motive und diese müssen in der abschließenden Betrachtung bei der Gewährung oder Ablehnung des Informationsanspruches berücksichtigt werden. Die einzelnen grundrechtlichen Aspekte, die die Motivationen der Beteiligten decken und stützen, wurden im Abschnitt über das Geheimnisschutzrecht (Abschnitt II.5.) herausgestellt und entwickelt.

2. Das Öffentliche Recht als ausschließliches Zwei-Personen-Verhältnis

Das Öffentliche Recht wurde oftmals als bloßes Zwei-Personen-Verhältnis beschrieben. Demnach bestehen keine multipolare Verhältnisse, sondern nur Staat-Bürger-Verhältnisse.

Die Sichtweise, dass es sich im Grunde nur um zweiseitige Verhältnisse handelt, ist zurückzuführen auf die bipolare Prägung des klassischen Verständnisses des Verwaltungsrechtes.[617] Infolgedessen wurde oftmals von der „Separations-Doktrin"[618] gesprochen. Allerdings hat sich die Rechtsrealität verkompliziert, sodass ein solches Verständnis nicht mehr ausschließlich zu Grunde gelegt werden kann. Ansonsten hätte die Schutznormtheorie[619], die Ansprüche von Dritten systematisiert, nicht die Bedeutung, die ihr zukommt, wonach ein subjektiv öffentliches Recht vorausgesetzt wird. Danach steht einem Dritten nur ein Recht zu gegen Verwaltungsbeziehungen von anderen vorzugehen, wenn die in Rede stehende Norm nicht nur die öffentlichen Interessen schützt, sondern auch Individualinteressen von Einzelnen.[620] Durch die Schutznormtheorie und die Ausgestaltung wird deutlich, dass das Öffentliche Recht multipolare Verhältnisse voraussetzt. Die Theorie von den bipolaren Rechtsverhältnissen ist nicht erfolgsversprechend.

Darüber hinaus wird bei der Betrachtung der im ersten Abschnitt skizzierten Bestandsaufnahme deutlich, dass zwar der Informationszugangsanspruch von dem Auskunftsberechtigten an den Auskunftsverpflichteten gestellt wird

---

617 Schmidt-Preuß, Kollidierende Privatinteressen im Verwaltungsrecht, S. 1; Schmidt-Preuß, in: FS Isensee, S. 597, 600.

618 U. A. Schmidt-Preuß, Kollidierende Privatinteressen im Verwaltungsrecht, S. 84 ff.

619 Wahl, in: Schoch/Schneider/Bier, VwGO, Einl. § 42 Abs. 2 Rn. 94 ff.

620 Wahl, in: Schoch/Schneider/Bier, VwGO, Einl. § 42 Abs. 2 Rn. 95.

und das zunächst nur eine zweipolige Konstellation vorliegt, allerdings lässt die Sichtweise außer Acht, dass der Gegenstand des Informationszugangs in den Nutzungs- bzw. Eigentumsbereich eines Dritten eingreifen kann, sodass eine weitere Gruppe zumindest durch die Informationsgewährung betroffen sein könnte. Dementsprechend ist eine bloß bipolare Betrachtungsweise abzulehnen. Ansonsten würden wichtige Motive und Gründe nicht betrachtet werden können.

3. Die Konfliktschlichtungsformel von Schmidt-Preuß

Vielmehr kann auf die Konfliktschlichtungsformel von Schmidt-Preuß abgestellt werden.[621] Nach der Ordnungsidee ist der Staat als Konfliktschlichter tätig. Schmidt-Preuß differenziert zwischen fünf Grundkonstellationen bei multipolaren Konfliktlagen:[622]

- Fälle der Drittabwehr,
- der Drittvornahmebegehren,
- der Gestaltungsvornahme,
- der Gestaltungsabwehr
- und konkurrierender kapazitätsbezogener Zugangsinteressen.[623]

Das Grundverhältnis besteht zwischen den beiden Privatrechtssubjekten. Da das Verhältnis durch divergierende Interessen geprägt ist, muss eine Lösung gefunden werden, die einen schonenden Ausgleich der unterschiedlichen Interessen vornimmt.[624] Auf Grund der grundrechtlichen Dimension, die sich hinter den jeweiligen Interessen der Privatsubjekte verbirgt, muss ein Ausgleich im Sinne der praktischen Konkordanz vorgenommen werden,[625] d. h. der Gesetzgeber soll als Konfliktschlichter tätig werden. Dabei kategorisiert Schmidt-Preuß die multipolaren Verhältnisse in zwei Konstellationen, die der Kehrseitigkeit und die der Wechselbezüglichkeit.[626] Bei der ersten Konstellation führt die Verbesserung der Rechtsposition des einen zwangsläufig zur Verschlechterung der Rechtsposition

621 Schmidt-Preuß, Kollidierende Privatinteressen im Verwaltungsrecht.

622 Schmidt-Preuß, Kollidierende Privatinteressen im Verwaltungsrecht, S. 9 ff.

623 Schmidt-Preuß, Kollidierende Privatinteressen im Verwaltungsrecht, S. 9 ff.

624 Isensee, in: Isensee/Kirchhof (Hrsg.), Handbuch des Staatsrecht. Band IX, § 191 Rn. 6, sieht das Dreiecksverhältnis mit den Beteiligten Staat, Opfer und Störer.

625 Schmidt-Preuß, Kollidierende Privatinteressen im Verwaltungsrecht, S. 428 f.

626 Schmidt-Preuß, Kollidierende Privatinteressen im Verwaltungsrecht, S. 249 ff.; Schmidt-Preuß, in: FS für Isensee, S. 597, 604 f.

des anderen,[627] wobei ein besonderer Unterfall – die atypische Kehrseitigkeit – besteht, wenn lediglich die Verhinderung einer Rechtsposition im Vordergrund steht. Als Beispiel nennt Schmidt-Preuß das Subventionsrecht.[628] Abzugrenzen davon ist die Wechselbezüglichkeit, die vorliegt, wenn zwei Personen um eine Rechtsposition konkurrieren und bedingt durch Kapazitätsgrenzen nur einer Partei eine positive Entscheidung zukommen kann. Sofern nur die Änderung der Rechtsposition betrachtet wird, so findet sich keine Erklärung für eine Differenzierung zwischen Kehrseitigkeit und Wechselbezüglichkeit, da in beiden Konstellationen eine Verbesserung respektive Verschlechterung der jeweiligen Position eintritt. Wenn jedoch die Interessenlage der Positionen betrachtet wird, wird deutlich, dass eine Unterscheidung angebracht ist. Bei der Kehrseitigkeit stehen sich Interessen diametral entgegen, wohingegen bei der Konstellation der Wechselbezüglichkeit die beiden Parteien dasselbe Interesse haben – die Erreichung einer bestimmten Rechtsposition – und dadurch gerade eine Verdrängung der anderen Partei eine unumgängliche Folge ist.[629] Vielmehr lässt sich die sogenannte atypische Kehrseitigkeit bei Betrachtung der Interessen den wechselbezüglichen Konstellationen zuordnen, wobei jedoch bei Wechselbezüglichkeit eine Kapazitätserschöpfung vorausgesetzt wird – die in der Konstellation nicht vorhanden ist.[630]

Grundsätzlich ist die Übertragung des Modells auf das Informationsrecht denkbar. Jedoch ist, insbesondere für das Informationsrecht, eine Ergänzung notwendig; der Staat handelt nicht nur als regulierende Instanz, die die Interessenkonflikte zwischen den beteiligten Subjekten in Ausgleich bringt – beispielsweise durch Gesetzgebungsakte. Vielmehr handelt der Staat – die Verwaltung – als eigenständig betroffene Instanz, welche eigene Interessen und Motive einbringt und durchsetzen möchte, denn der Staat hat oftmals ein eigenständiges Interesse daran, Informationen zu erlangen.[631]

Wenn nur der Gesetzgeber betrachtet wird, wie Schmidt-Preuß annimmt, so hat der bundesgesetzliche Gesetzgeber durch die Schaffung des IFG mit den diversen Ausschlussgründen von seiner Tätigkeit als Konfliktschlichter Gebrauch gemacht.

627 Schmidt-Preuß, in: FS für Isensee, S. 597, 604.
628 Schmidt-Preuß, in: FS für Isensee, S. 597, 604.
629 Schmidt-Preuß, in: FS für Isensee, S. 597, 604.
630 Schmidt-Preuß, in: FS für Isensee, S. 597, 604.
631 Abschnitt III.1.b.

4. Die staatlichen Akteure als Informationsmittler

Wenn nun aber die Exekutive betrachtet wird, die auf die Informationszugangsansprüche reagiert, so sind weitere Funktionen herauszustellen. Der Hoheitsträger ist nämlich primär Informationsmittler, der teilweise in Erfüllung seiner Schutzpflichten handelt und teilweise aktiv beteiligter Akteur mit eigenem Interesse ist.

Die Bestandsaufnahme zeigt, dass der Hoheitsträger eine doppelte Stellung einnimmt, sowohl als Informationsnehmer als auch als Auskunftsverpflichteter. Er nimmt eine Schaltstelle ein, in dem Sinne, dass er Informationen einerseits sammelt und andererseits den Zugang für Dritte dazu eröffnet. Plastisch gesprochen wird ein Hort geschaffen, der mit Informationen von den Informationsgebern gefüllt wird, und deren Zugang der Auskunftsverpflichtete regelt. Der Staat erfüllt die Stellung des Informationsdistributors oder „Informationsmittlers"[632]. Teilweise wird dem Hoheitsträger die Aufgabe der Sicherung des „Informationsfluss[es]"[633] zugewiesen, was die These unterstützt, dass dem Hoheitsträger eine Informationsmittlertätigkeit zukommt. Frenzel spricht davon, dass der Rechtsstaat „Informationsträger und -dienstleister"[634] sei. Während der Informationsdistribution besteht entweder ein Drittbezug oder nicht.[635]

Da eine Orientierung am Allgemeinen Verwaltungsrecht angedacht ist, ist zunächst zu untersuchen, ob der Begriff des Mittlers im Verwaltungsrecht verwendet wird. Der Begriff des Mittlers im Verwaltungsrecht wird häufig mit dem Begriff des „Konfliktmittlers"[636] oder „Verfahrensmittlers"[637] verbunden. Die beiden Figuren setzen einen neutralen Dritten voraus, der verwaltungsleitend als Verfahrensmittler oder schlichtend als Konfliktmittler agiert.[638] Beide Positionen erinnern an einen Mediator, der parteiunabhängig über eine Konfliktsituation entscheidet.[639] Dem Staat kommt aber innerhalb der Informationsordnung im Hinblick auf die legislatorische Tätigkeit auf Grund der Grundrechte zwar eine Konfliktschlichtungstätigkeit zu. Im Hinblick auf die exekutive Handhabung ist

632 S. Augsberg, DVBl 2007, 733, 738; Gurlit, Die Verwaltungsöffentlichkeit im Umweltrecht, S. 128.
633 Scherzberg, Die Öffentlichkeit der Verwaltung, S. 343.
634 Frenzel, in: T. Dreier/u. a., Informationen der öffentlichen Hand – Zugang und Nutzung, S. 57, 67.
635 Augsberg, DVBl 2007, 733, 736 mit Nennung einiger Beispiele.
636 Hoffmann-Riem, Konfliktmittler in Verwaltungsverhandlungen, S. 21.
637 Hoffmann-Riem, Konfliktmittler in Verwaltungsverhandlungen, S. 21.
638 Hoffmann-Riem, Konfliktmittler in Verwaltungsverhandlungen, S. 21.
639 Zur Kritik einer solchen Übertragung vergleiche: Augsberg, DVBl 2007, 733, Fn. 62.

es aber so, dass die Behörden aktiv beteiligte Organe sind und keine neutrale Position einnehmen, sondern vielmehr auch eigene Interessen und Verpflichtungen erfüllen. Die Figur des Konfliktmittlers ist demnach nicht mit dem Begriff des Informationsmittlers deckungsgleich. Die Behörden handeln nämlich nicht aus einer neutralen Position und greifen nicht erst nachträglich als Konfliktlöser ein, sondern sind von Beginn an Beteiligte.[640]

Drei Hauptcharakteristika des Informationsmittler sind herauszustellen: Das erste Kriterium – bedingt durch die Informationsgesellschaft – ist die Figur des „informierten Staates", d. h. dass der Staat einerseits auf private Informationen angewiesen ist,[641] andererseits Informationen zur Verfügung stellen muss.[642] Das zweite Kriterium liegt darin, dass durch die Abwendung vom Arkanstaat die Öffnung der Informationspoole im Vordergrund steht und dadurch nicht frei zugängliche Informationen großer Kritik ausgesetzt sind.[643] Die zwei Kriterien führen dazu, dass das Mantra die „Freiheit des Informationsverkehrs"[644] ist. Somit ist das dritte Kriterium das gewandelte Handlungsvorgehen: die Exekutive, Judikative und Legislative verpflichten sich dem Informationszugang.[645] Die legislativen Organe müssen dafür Sorge tragen, dass die gesetzlichen Normierungen eine Informationsübermacht – wie beispielsweise Google oder Facebook – verhindern, aber es werden auch Informationsansprüche zwischen Privaten geschaffen, sodass dadurch Informationsquellen eröffnet werden.[646] Der Exekutive kommt die praktische Umsetzung zu und die Judikative ist an der Kontrolle der Informationsdistribution – beispielsweise durch das In-Camera-Verfahren[647] – beteiligt. Dem Staat als Gesamtheit kommt eine Informationsmittlerstellung innerhalb der Informationsordnung zu.[648]

---

640 Vgl. Augsberg, DVBl 2007, 733, Fn. 62.

641 Schoch, IFG, § 3 Rn. 307 spricht daher von einer „Informationsabhängigkeit der Verwaltung".

642 Augsberg, DVBl 2007, 733, 737 f.

643 Augsberg, DVBl 2007, 733, 738.

644 Langer, Informationsfreiheit als Grenze informationeller Selbstbestimmung, S. 207.

645 Augsberg, DVBl 2007, 733, 738.

646 Augsberg, DVBl 2007, 733, 738 sieht zwar an der Stelle kein Mittlerpositon „in dem hier interessierenden Sinne", allerdings ist an der Stelle von einer Informationsmittlung auszugehen, weil grundlegende Voraussetzungen geschaffen werde für den Informationsfluss.

647 Schüly, Das „in camera"-Verfahren der Verwaltungsgerichtsordnung.

648 Augsberg, DVBl 2007, 733 legt seinem Begriff des Informationsmittlers ein engeres Verständnis unter.

Im Hinblick auf das Informationszugangsrecht lässt sich das wie folgt beschreiben: Zunächst wird in Form des Gesetzgebungsaktes durch die Schaffung der Ausschlussgründe auf die verschiedenen Belange Rücksicht genommen. Beim konkreten Informationszugangsbegehren erfolgt eine Abwägung der Informationsbelange und eine Entscheidung über die Informationsvermittlung. Zum Abschluss kann eine gerichtliche Kontrolle über die konkrete Handlung, aber auch abstrakte Regelung, erfolgen.

Eine Unterscheidung der verschiedenen Mittlertätigkeiten kann nicht nur auf der Entscheidungsebene erfolgen, sondern ebenfalls im Hinblick auf die wirtschaftliche Nutzungsmöglichkeit.[649] Dabei kann zwischen einer „kostenlose[n] Informationsabgabe“[650], einem „Gebührenmodell“[651] und einem „Marktmodell“[652] differenziert werden. Die geführte Einteilung von Püschel differenziert zwischen der Höhe der Gegenleistung, die an die Informationsweitergabe bzw. den Zugang dazu gesetzt wird. Insbesondere das letzte Modell deutet auf ein aktives Mitwirkungsinteresse des Staates hin. Mithin ist Augsbergs Aussage, „Sie [die Behörden] teilen keine Informationen bewusst und eigeninitiativ zu, sondern öffnen nur ihre Archive“[653], entgegenzutreten. Die Behörden sind zwar bei der Gewährung des Informationszugangs an die gesetzlichen Bestimmungen gebunden, allerdings sind einige der Ablehnungsgründe Ermessensvorschriften, bei denen Abwägungsentscheidungen getroffen werden. Diese Ermessensentscheidungen müssen zwar ermessenfehlerfrei getroffen werden, wenn aber kein Rangverhältnis zwischen den unterschiedlichen Belangen besteht, kommt den Behörden Ermessen zu. Dementsprechend können die Behörden an der Schnittstelle eigenständige Entscheidungen über Informationsübermittlungen treffen. Und da die anderen Ablehnungsgründe auszulegen sind und teilweise noch keine Auslegungsrichtlinien (seitens der Rechtsprechung) bestehen, können die Behörden bewusste Entscheidungen über die Gewährung von Informationen treffen. Das bestätigt die Rolle des Staates als Informationsmittler. Durch die Schaffung des IFG wurde die Möglichkeit des Informationszuganges geschafft – also eine Stelle der Informationsdistribution – über die die Behörde als Schnittstelle dann Informationen verteilen kann. Der Hoheitsträger wird insofern als Informationsmittler tätig.

---

649 Dix, DuD 2003, 471 zur wirtschaftlichen Nutzbarkeit von Verwaltungsinformationen.
650 Püschel, Informationen des Staates als Wirtschaftsgut, S. 36.
651 Püschel, Informationen des Staates als Wirtschaftsgut, S. 37.
652 Püschel, Informationen des Staates als Wirtschaftsgut, S. 37.
653 Augsberg, DVBl 2007, 733, 739.

Der zweite Aspekt, dass der Staat bei der Ausübung seiner Informationstätigkeit grundrechtliche Schutzpflichten erfüllt, steht nicht im Widerspruch zur ersten Einordnung. Im Gegenteil ergänzt die Erfüllung von Schutzpflichten die Tätigkeit des Informationsmittlers um ein Abwägungskriterium.

Allerdings wird die Staatsaufgabe vornehmlich in der Gewährleistung der IT-Systeme gesehen.[654] Im Gegensatz dazu hat das Informationszugangsrecht einen darüber hinaus gehenden Ansatzpunkt. Die Forderung nach Informations- und Aktenzugang wird grundrechtlich austariert – unter Beachtung der widersprechenden grundrechtlichen Belange[655]. Ansonsten könnte die informationelle Selbstbestimmung Dritter,[656] aber auch weitere Grundrechte nicht ausreichend unter Schutz gestellt werden.[657]

Weiterhin wird die Informationsinfrastruktur um einen „Grundrechtsvoraussetzungsschutz“[658] erweitert. Dadurch wird neben der Zwecksetzung zur Erweiterung der Transparenz ein „formales subjektives Recht“[659] geschaffen, was die Einzelnen dazu befugt Informationen zu erlangen, die vorher nicht zugänglich waren. Es wird also ein „Recht auf Information“[660] geschaffen. Auf Grund dessen besteht die Möglichkeit der „Abwehr illegitimer Datenmacht, [den] Ausgleich unvertretbarer Informations-Ungleichgewichte, [die] Generierung und Gewährleistung hinlänglicher Datenqualität“[661]. Folglich führt die Aktivität des Gesetzgebers, der Behörden und Gerichte dazu, dass grundrechtsberechtigte Personen ein Informationsrecht erhalten, um bestehenden Ungleichheiten entgegenwirken zu können.

Nicht außer Betracht zu lassen ist die „Informationsverantwortung“[662] der Verwaltung. Diese hat nämlich dafür Sorge zu tragen, dass die gesammelten

---

654 Vgl. Holznagel/Sonntag, Schutzpflichten in einer Informationsgesellschaft, in: Roßnagel (Hrsg.), Sicherheit für Freiheit, S. 59, 62 ff.; Schmidt-Aßmann, in: Hoffmann-Riem/Schmidt-Aßmann, Verwaltungsrecht in der Informationsgesellschaft, S. 405, 408 f.; Pitschas, DuD 1998, 143.

655 Dazu siehe unten den Abschnitt „Geheimnisschutzrecht“.

656 Langer, Informationsfreiheit als Grenze informationeller Selbstbestimmung, hat das Spannungsverhältnis schon früh gesehen und aufgearbeitet.

657 Vgl. Scholz/Pitschas, Informationelle Selbstbestimmung und staatliche Informationsverantwortung, S. 36 f.

658 Schoch, VVDStRL 57(1998), 160, 187; Trute, VVDStRL 57 (1998), 216, 254.

659 Reinhart, DÖV 2007, 18, 19; Schoch, IFG, § 1 Rn. 16.

660 Schoch, IFG, Einl. Rn. 54.

661 Schmidt-Aßmann, in: Hoffmann-Riem/Schmidt-Aßmann, Verwaltungsrecht in der Informationsgesellschaft, S. 405, 410.

662 Scholz/Pitschas, Informationelle Selbstbestimmung und staatliche Informationsverantwortung, S. 132.

Informationen, die teilweise den Schutzbereich bestimmter Grundrechte – wie der informationellen Selbstbestimmung – betreffen, nicht ungehindert und ungefiltert Dritten zur Verfügung stehen. Da aber der komplette Ausschluss nicht gewährleistet werden kann, wird durch das Regel-Ausnahme-Verhältnis des Informationszugangsrechtes ein Informationsschutzrecht aufgebaut, das der Informationsverantwortung der Behörde gerecht werden soll.

Gleichwohl ist der Ansatzpunkt, dass der Staat nur in Ausführung seiner Schutzpflichten handelt, zu kurz gegriffen. Der Hoheitsträger verfügt über eigene Interessen an der Informationserlangung und kann aus bestimmten Gründen eine nachvollziehbare Motivation haben, Informationen nicht zu verbreiten, sodass er aktiv auf die Informationsdistribution einwirkt. Als herausragendes Beispiel sind die Sicherheitsbehörden zu nennen, welche ein Interesse daran haben, dass ihre Ermittlungstätigkeiten und -möglichkeiten nicht publik gemacht werden.[663] Daher werden im innerstaatlichen Kontrollbereich durch Kontrollausschüsse[664] sowie durch Gerichte[665] Informationen zurückgehalten oder Sperrerklärungen abgegeben. Des Weiteren können Exekutivbehörden ihre Informationen wirtschaftlich nutzen wollen.[666] Überdies wirken einzelne Hoheitsträger auch aktiv in die Informationsdistribution ein, sodass solche Motivationslagen zu berücksichtigen sind.

Der Hoheitsträger, der als Informationsmittler handelt, muss dafür Sorge tragen, dass einerseits die hoheitlichen Eigeninteressen berücksichtigt werden und andererseits die schutzwürdigen Belange Dritter nicht unberücksichtigt bleiben. Er ist also auch immer aktiv Beteiligter.

663 Dazu Abschnitt II.4.c.aa.

664 BVerfG, NVwZ 2009, 1092; Beck/Schlikker, NVwZ 2006, 912; Glawe, NVwZ 2014, 1632; Herbeck, DVBl 2015, 471; Stentzel, in: Informationsrecht und Informationsfreiheit. Jahrbuch 2008, S. 47; Warg, NVwZ 2014, 1263.

665 U. a.: BGH, B. v. 26. 07. 2011 – 1 StR 297/11; U. v. 31. 03. 1989 – 2 StR 706/88; BVerwG, B. v. 13. 11. 2002 – 2 AV 3/02; B. v. 22. 07. 2010 – 20 F 11/10; OVG Lüneburg, B. v. 04. 01. 2012 – 14 PS 3/11; OVG NRW, B v. 19. 11. 2014 – 5 B 1276/14.

666 Dix, DuD 2003, 471.

IV Pre-trial-discovery-Wirkung des IFG – eine ungewollte Folge?

Die teilweise unzureichende systematische Herangehensweise und Umsetzung des IFG und deren in Teilen noch ungeklärte Reichweite der Ausschlussgründe wurden in Abschnitt II.4.c bereits dargelegt. Dies hat zu großer Verunsicherung bei den Beteiligten, sowohl bei auskunftsverpflichteten Stellen sowie bei den Informationsgebern, geführt. Bedingt durch die Forderung nach Transparenz und die teilweise aufgedeckten Missstände wurde die Unsicherheit der Betroffenen verstärkt. Die bis dato bestehenden „Vertrauensverhältnisse“[667] zwischen den Informationsgebern und -nehmern wurden dementsprechend auch angegriffen. Die Unsicherheit wurde primär dadurch intensiviert, dass das Informationsfreiheitsgesetz nicht in seiner demokratiefördernden Funktion verwendet wurde, sondern zur Ermöglichung und Förderung von Rechtsschutzinteressen. Der Umstand wird als pre-trial-discovery-Wirkung bezeichnet, die dem IFG zugeschrieben wird. Da die Geltendmachung des Informationszugangsanspruchs nicht von der verfolgten Motivationslage abhängig ist,[668] können die Anspruchsberechtigten nach dem IFG Informationen zur Verfolgung egoistischer Motive, wie der Vorbereitung eines Prozesses, verlangen. Solche Informationsanliegen werden von einigen Behörden teilweise sogar als „rechtsmissbräuchlich“[669] eingestuft. Wewer bezeichnet es als „ein Instrument, das ihnen dabei helfen kann, ihren Zielen näher zu kommen.“[670]

Sodann bleibt zu untersuchen, was unter der pre-trial-discovery-Wirkung zu verstehen ist, und ob das IFG eine solche Wirkung erzeugt. Abschließend wird darauf einzugehen sein, ob der Wirkungsweise die Rechtssystematik im Allgemeinen oder bestimmte Normen entgegenstehen, insbesondere wird ein vergleichender Blick auf das Transparenzgesetz Hamburg und das IFG Berlin geworfen, welches die Regelungssysteme mit den jüngsten Reformen sind.

---

667 Vgl. Langner/Schmieszek, WM 2016, 1723, 1727.

668 Hess. VGH, NVwZ 2010,1112; VG Frankfurt, U. v. 10. 11. 2015 – 7 K 2707/15; Gurlit, Die Verwaltung 44 (2011), 75, 83; Gurlit, NGZ 2014, 1161, 1162; Langner/Schmieszek, WM 2016, 1723, 1724; Rossi, NVwZ 2013, 1263, 1264; Ruttloff/Brosende, DVBl 2015, 1482, 1482; D. Scholz, NVwZ 2015, 1111, 1112.

669 Ziekow/Debus/Musch, Bewährung und Fortentwicklung des Informationsfreiheitsrechts, S. 119.

670 Wewer, KritV 2016, 462, 472.

Im nächsten Abschnitt wird auf die Frage zu kommen sein, ob die Vertraulichkeitsabsprachen und -zusagen nun primär dazu genutzt werden, um die Informationszugangsansprüche, die zur Durchsetzung von egoistischen Motiven verfolgt werden, abzuwehren.

1. Das pre-discovery-Verfahren und das pre-trial-discovery-Verfahren

Das pre-discovery-Verfahren ist ein amerikanisches Prozessmittel, welches dazu genutzt wird, um Informationen, über die die Gegenpartei verfügt, zu erlangen und dadurch Beweismittel zu generieren.[671] Die Möglichkeit, den Weg des pre-discovery-Verfahrens zu nutzen, beginnt im amerikanischen Zivilprozessrecht ab der Klageerhebung bis zur Eröffnung der Hauptsache.[672] Das Verfahren ist im amerikanischen Prozessrecht anerkannt und wird zumeist ohne die Mitwirkung von Gerichten durchgesetzt.[673] Für die Geltendmachung des Auskunfts- und Informationsanspruchs nach dem pre-discovery-Verfahren genügt es, dass die Partei, die sich auf einen Anspruch beruft, die Quelle der Information – eine Urkunde oder einen Mitschrift von Verhandlungen – andeutet, dann wird die andere Partei zur Vorlage bzw. Gewährung der Auskunft verpflichtet.[674] Als Ausnahmen kennt das pre-discovery-Verfahren nur wenige Ausschlussgründe, primär das Zeugnisverweigerungsrecht, welches durch die Grundsätze der „self-incrimination“ (Selbstbeschuldigungsfreiheit) und der des „attorney-client-privilege“ (der Geheimhaltung zwischen Anwalt und Klienten) geprägt wird.[675] Um aber den Ausschluss des Anspruchs herstellen zu können, muss eine „protective order“ von einem Gericht erlangt werden.[676] Dementsprechend setzt die Gegenwehr den gerichtlichen Schutz voraus. Das Verfahren dient der Wahrheitsfindung par excellence, denn die Parteien werden durch die hergeführte Aufdeckung der vorhandenen Informationen dazu gezwungen Beweismittel offenzulegen, was zu

671 Brocker/Andrzejewski, GWR 2011, 378, 378; Killias/Kramer/Rohner, in: FS Schwander, S. 934, 935; Lorenz, ZZP 111 (1998), 35, 45; Langner/Schmieszek, WM 2016, 1723, 1724; Lüpke/Müller, NZI 2002, 588, 589; Rieckers, RIW 2005, 19,19.

672 Killias/Kramer/Rohner, in: FS Schwander, S. 934, 935; Lorenz, ZZP 111 (1998), 35, 45; Lüpke/Müller, NZI 2002, 588, 589; Rieckers, RIW 2005, 19,19.

673 Ruttloff/Brosende, DVBl 2015, 1482.

674 Lüpke/Müller, NZI 2002, 588, 589.

675 Lorenz, ZZP 111 (1998), 35, 48.

676 Lorenz, ZZP 111 (1998), 35, 48.

einer – durch Gesetz herbeigeführten – Waffengleichheit führt.[677] Dadurch wird der „radikale Gerechtigkeitsgedanke“[678] durchgesetzt. Das Verfahren wird nicht nur mit dem „altruistischen“ Gedanken rechtfertigt, sondern auch damit, dass Parteien kompromissbereiter seien, wenn ein Zwang zur Offenlegung besteht.[679] Dadurch würden eher Vergleiche geschlossen, die von den beteiligten Parteien akzeptiert werden.

Trotz der noblen Plakatierung wird das Verfahren dazu instrumentalisiert, um die Gegenpartei – nicht nur hinsichtlich des konkreten Parteibegehrens – auszuforschen, was mit dem Begriff der „fishing expeditions“[680] betitelt wird.[681] „Fishing expeditions“ führen teilweise dazu, dass von der Gegenpartei viele Dokumente verlangt werden. Da sogar die Übersetzung von Dokumenten im Rahmen des pre-discovery-Verfahrens verlangt werden kann, ist es nicht verwunderlich, dass das Verfahren von Teilen als ein Instrument der „legalen“ Erpressung erachtet wird,[682] denn die Übersetzung von diversen Unterlagen ist nicht nur ein erheblicher Kostenfaktor sondern auch ein Zeitfaktor, wodurch die Gegenpartei dazu gebracht werden kann, dass andere Tätigkeiten nicht mehr ausgeführt werden können. Das kann im schlimmsten Fall – bei einem kleinen Unternehmen – dazu führen, dass es Investitionen nicht vornehmen kann oder bestimmte Abteilungen nicht mehr ihre gewohnte Arbeit erledigen können, was zu einer Einschränkung der betrieblichen Tätigkeit führen kann. Der Einführung eines solchen Verfahrens in Deutschland stehen demnach viele kritisch gegenüber.[683]

Wenn man nun auf das Informationszugangsrecht in Form des IFG zurückkommt, wird erkennbar, dass das amerikanische Recht[684] einen vergleichbaren Informationszugangsanspruch – nämlich in Form des „freedom of information

---

677 Erwägungsgrund 16 der RL 2014/104/EU führt aus, dass „Informationsasymmetrien“ durch die Offenlegung von Beweismitteln ausgeglichen werden können und dadurch Waffengleichheit hergestellt werden kann; Lorenz, ZZP 111 (1998), 35, 49.

678 Lorenz, ZZP 111 (1998), 35, 48.

679 Lorenz, ZZP 111 (1998), 35, 49.

680 Lorenz, ZZP 111 (1998), 35, 50.

681 Lorenz, ZZP 111 (1998), 35, 50.

682 Lorenz, ZZP 111 (1998), 35, 50.

683 Scholz, BKR 2008, 485, 486.

684 Wenn im Folgenden von „amerikanischem Recht“ gesprochen wird, so ist das allgemeine Bundesrecht der USA gemeint, nicht die jeweiligen bundesstaatlichen Regelungen.

acts“[685] – kennt.[686] Dem Informationszugangsanspruch, der nicht als ein prozessuales Mittel konstruiert wurde, sondern vielmehr als ein demokratisches Mittel zur Kontrolle der Exekutive,[687] wird gleichwohl eine pre-trial-discovery-Wirkung zugeschrieben.[688] Danach können Informationen auch ohne Klageerhebung, welche konstitutiv für die Erlangung von Informationen nach dem pre-discovery-Verfahren ist, beschafft werden. Die Beweiserlangung durch den freedom of information act wird als pre-trial-discovery bezeichnet, da der Informationsanspruch schon vor der Verfahrenseröffnung und sogar vor Klageerhebung geltend gemacht wird. Der „freedom of information act“ erfährt einen ähnlichen Anwendungsbereich wie das pre-discovery-Verfahren. Ungeachtet dessen bestehen Unterschiede, wie insbesondere die Ausnahmegründe, die beim FOIA zahlreicher sind.[689] Auch wenn die bestehenden Regelungen teilweise kritisch gesehen werden, wird der freedom of information act als pre-trial-discovery-Mittel gesehen und als solches verwendet.[690]

Wenn dies nun in Betracht gezogen wird, ergeben sich die folgenden Hauptanwendungsfelder für die Erforschung von Informationen im Hinblick auf den amerikanischen Informationszugangsanspruch nach dem FOIA.

- Zur Vorbereitung eines gerichtlichen Vorgehens gegen den Staat.[691]
- Um Informationen zur erlangen, die der Staat innerhalb eines gerichtlichen Verfahrens gegen den Anspruchsteller nutzen möchte.[692]

---

685 The Freedom of Information Act, 5 U. S. C. § 552 (Public Law No. 89–554, 80 Stat. 383 [1966]), zuletzt geändert am 04. 01. 2016 durch den FOIA Improvement Act of 2016 (Public Law No. 114–185).

686 Zur historischen Entwicklung des freedom of information act, Bräutigam, DÖV 2005, 376 ff.; Griebel, Die verfahrensrechtliche Absicherung von Informationsfreiheitsrechten in rechtsvergleichenden Sicht, S. 42 ff.; Gurlit, Die Verwaltungsöffentlichkeit im Umweltrecht, S. 54 ff.; Martin, in: Informationsfreiheit und Informationsrecht. Jahrbuch 2015, S. 65, 66.

687 Tomlinson, Maryland Law Review 43 (1984), 119, 120 f.

688 Möllers/Wenninger, ZHR 170 (2006), 455, 464.

689 Vgl. Tomlinson, Maryland Law Review 43 (1984), 119, 127.

690 “The freedom of information act (FOIA) and discovery”: (Abrufbar unter: http://www. law. georgetown. edu/cle/materials/eDiscoveryforFedPractitioners/CourseMaterials/ foiaediscovery/TheFreedomofInformationAct%28FOIA%29andDiscovery. pdf), S. 3 mit weiteren Nachweisen in Fn. 19 (zuletzt abgerufen am 28. 06. 2017).

691 Tomlinson, Maryland Law Review 43 (1984), 119, 153 f.

692 Tomlinson, Maryland Law Review 43 (1984), 119, 154 ff.

- Um Informationen zu erlangen, die in einem anderen zivilrechtlichen Verfahren genutzt werden können.[693] An der Stelle kann differenziert werden zwischen der Art der Informationen.
  - Die Informationen wurden vom Staat selbst erzeugt.[694]
  - Die Information wurde dem Staat vertraulich übermittelt.[695]
- Zudem kann es sich um Informationen handeln, die durch das discovery-Verfahren nicht erlangt werden können.[696]
- Es könnten aber auch irrelevante Informationen erlangt werden.[697]
- Es kann als zusätzliche Möglichkeit genutzt werden, um relevante Informationen zu erlangen.[698]

Es lassen sich also sieben Nutzungsmöglichkeiten herausstellen, für die der FOIA als discovery-Mittel verwendet werden kann. Diese Möglichkeiten erinnern an die beschriebenen Motivlagen, die Informationsinteressierten zugeschrieben werden.[699]

2. Vereinbarkeit mit dem deutschen (Prozess)Recht

Der Informationszugangsanspruch nach dem IFG wird – ohne große Verwunderung – als ein solches „Beweiserlangungsmittel" verwendet. Die Gerichte widersprechen einer solchen Nutzung nicht,[700] da das IFG keine bestimmte Motivlage für die Geltendmachung des Informationszugangsanspruchs voraussetzt[701]. Deshalb ist anerkannt, dass der „öffentlich-rechtliche[...] Informationszugangsanspruch[...] zum Zwecke vorprozessualer Sachverhaltsermittlung"[702] genutzt wird, insbesondere von Insolvenzverwaltern[703], Amtshaftungsinteressierten[704]

693 Tomlinson, Maryland Law Review 43 (1984), 119, 159.
694 Tomlinson, Maryland Law Review 43 (1984), 119, 159 ff.
695 Tomlinson, Maryland Law Review 43 (1984), 119, 161 ff.
696 Tomlinson, Maryland Law Review 43 (1984), 119, 167 ff.; 188 ff.
697 Tomlinson, Maryland Law Review 43 (1984), 119, 173 ff.
698 Tomlinson, Maryland Law Review 43 (1984), 119, 178 ff.
699 Abschnitt III.1.c.
700 Vgl. u. a. VGH Kassel, B. v. 02. 03. 2010 – 6 A 1684/08 = NVwZ 2010, 1036, 1038.
701 U. a.: Schmitz/Jastrow, NVwZ 2005, 984, 987 (insbesondere Fn. 40 m. w. N.); Schoch, NJW 2009, 2987, 2990; Kritisch: Scholz, BKR 2008, 485, 486.
702 Ruttloff/Brosende, DVBl 2015, 1482, 1482.
703 Vgl. u. a.: BVerwG, NVwZ 2011, 235; NZI 2012, 684; OVG Münster, NZI 2011, 915; VG Hamburg, U. v. 23. 04. 2009 – I9 K 4199/07.
704 Vgl. u. a.: OVG Münster, ZfIR 2003, 386, 387; OVG Berlin-Brandburg, B. v. 26. 01. 2011, OVG 12 N 97.10; Classen, NordÖR 2013, 236; Ruttloff/Brosende, DVB. 2015, 1482 ff.

und Geschädigten von Anlagen[705].[706] Dabei wird nicht bestritten, dass die erlangten Informationen notwendig waren, um Rechtsverletzungen überhaupt aufdecken zu können[707] und somit der Rechtsdurchsetzung dienen.

a. Bestandsaufnahme für das Prozessrecht

Zu beginnen ist aber mit der pre-discovery-Wirkung, also der Möglichkeit Informationen der Gegenpartei ab Klageerhebung zu erlangen. Allgemein wird vertreten, dass das deutsche Recht eine solche Regelung nicht kenne.[708] Das lässt sich verschiedentlich begründen. Im Hinblick auf das Strafverfahrensrecht und das verwaltungsgerichtliche Verfahren ist zu sagen, dass bedingt durch den Amtsermittlungsgrundsatz[709], welches die Gerichte dazu zwingt, die Beweise allumfänglich zu untersuchen, eine pre-trial-discovery-Wirkung obsolet ist. Der Grund für die Existenz des Amtsermittlungsgrundsatzes liegt darin, dass die Waffengleichheit der Beteiligten sichergestellt werden soll und dass das Gericht eine materiell richtige Entscheidung treffen soll.[710] Hierzu stehen den Gerichten einige Möglichkeiten der Wissensgenerierung zu.[711] Mit Blick auf das Zivilverfahrensrecht wird deutlich, dass mangels eines Amtsermittlungsgrundsatzes zwar der Weg für die pre-discovery-Wirkung zur Generierung von Beweismitteln gangbar sein könnte, allerdings wird das deutsche Recht von dem Beibringungsgrundsatz[712] geprägt.[713] Ein auf Wahrheitsfindung angelegtes

705 Kritisch und Problematisch in dem Fall die Kronzeugenverfahren im Kartellrecht: Dazu u. a.: BVerwG, B. v. 4. 11. 2015 – 7 C4/14 = NVwZ 2016, 1335; EuGH, U. v. 12. 11. 2014 – C-140/13 = NVwZ 2015, 46 ff.; EuGH, U. v. 14. 06. 2011 – C-360/09 = EuZW 2011, 598 ff.; VGH Kassel, B. v. 02. 03. 2010 – 6 A 1684/08 = NVwZ 2010, 1036 ff.; Busch/Sellin, BB 2012, 1167 ff.; Heinichen, NZKart. 2014, 83 ff.; Köster, NZKart 2016, 345 ff.; Langner/Schmieszek, WM 2016, 1723 ff.; Möllers/Wenninger, ZHR 170 (2006), 455 ff.

706 Ruttloff/Brosende, DVBl 2015, 1482, 1482 f.

707 Möllers/Pregler, ZHR 176 (2012), 144, 152.

708 Lorenz, ZZP 111 (1998), 35, 37.

709 § 24 VwVfG, § 20 SGB, § 88 AO; § 86 VwGO; § 76 FGO; § 103 SGG; § 155 StPO; § 244 Abs. 2 StPO.

710 Benedikt, Geheimnisschutz im deutschen Verwaltungsprozess und im Verfahren vor der Unionsgerichtsbarkeit, S.28; Guckelberger, DVBl 2017, 222, 224.

711 Kritisch: Guckelberger, DVBl 2017, 222, die eine zu starke Abhängigkeit von Sachverständigengutachten kritisiert und eine Reform fordert.

712 Lorenz, ZZP 111 (1998), 35, 39; Stürner, Die Aufklärungspflicht der Parteien des Zivilprozesses, S. 6 f.; 8 f.

713 Redeker/Pres/Gittinger, WRP 2015, 812, 812 f.

Rechtsschutzverfahren[714] werde nicht mit dem pre-discovery-Verfahren erreicht werden können, denn ein solches wird von der Rechtsprechung abgelehnt.[715] Das liegt darin begründet, dass der Begriff der Wahrheit im deutschen Zivilprozessrecht als formeller und nicht als ein materieller Begriff verstanden wird.[716] Es kommt also nicht auf die Aufdeckung der tatsächlichen Umstände an, vielmehr ist die Beweismöglichkeit der beteiligten Parteien von Relevanz. Auf Grund dieses Verständnisses ist es nicht verwunderlich, dass dementsprechend das pre-discovery-Verfahren im deutschen Zivilrecht verpönt ist. Auskunfts- und Informationsansprüche werden im Zivilrecht nur anerkannt, wenn jene aus dem materiellen Recht hergeleitet werden. Prozessual hingegen treffen die Beteiligten nur Prozessförderungspflichten.[717] Bisherige Reformierungswünsche und -pläne wurden nicht umgesetzt.[718]

Ungeachtet dessen kennen die jeweiligen Prozessordnungen Akteneinsichtsrechte, bei denen es sich aber um „rechtsstaatlich radizierte“[719] Auskunftsrechte handelt. Dabei können die bestehenden Akteneinsichtsrechte im Prozessrecht in zwei Kategorien aufgeteilt werden; einerseits solche die den Beteiligten des Prozesses – den Prozessparteien und den Gerichten – zustehen, und andererseits denjenigen die Dritten zustehen.[720] Zu beachten ist, dass die nachfolgenden zivilprozessualen Akteneinsichtsrechte grundsätzlich nicht als spezielle Akteneinsichtsrechte i. S. d. § 1 Abs. 3 IFG gewertet werden und den Informationszugangsanspruch nach § 1 Abs. 1 IFG nicht verdrängen, da die

---

714 Stürner, Die Aufklärungspflicht der Parteien des Zivilprozesses, S. 29 ff.

715 Prozessuale Auskunfts- und Informationspflichten werden für das Zivilprozessrecht abgelehnt: BGH, U. v. 11. 06. 1990 – II ZR 159/89 = JZ 1991, 630 ff.

716 Lorenz, ZZP 111 (1998), 35, 37.

717 BGH, U. v. 11. 06. 1990 – II ZR 159/89 = JZ 1991, 630, 631.

718 Lorenz, ZZP 111 (1998), 35, 57.

719 Gusy, in: Hoffmann-Riem/u. a. (Hrsg.), Grundlagen des Verwaltungsrechts, Band II, § 23 Rn. 81.

720 Auf europäischer Ebene mit dem Akteneinsichtsrecht aus der Verordnung (EG) Nr. 1049/2001 des Europäischen Parlamentes und des Rates vom 30. Mai 2001 über den Zugang der Öffentlichkeit zu Dokumenten des Europäischen Parlaments, des Rates und der Kommission wird ebenfalls auf die Möglichkeit des Zugangs zu Schriftsätzen von Drittparteien verhalten umgegangen. Vgl. dazu: Heitsch, Die Verordnung über den Zugang zu Dokumenten der Gemeinschaftsorgane im Lichte des Transparenzprinzips; Hofstötter, in: Informationsfreiheit und Informationsrecht. Jahrbuch 2014, S. 133 ff.

prozessualen Regelungen nicht die einzigen Beweiserlangungsmittel sein dürfen.[721] Lediglich für § 299 Abs. 2 ZPO, wonach Dritten ohne das Darlegen eines rechtlichen Interesses die Einsicht in Gerichtsakten gewährt werden kann, ist das IFG schon nach § 1 Abs. 1 S. 2 IFG nicht einschlägig.[722] Im Hinblick auf das Strafprozessrecht besteht noch keine endgültig geklärte Rechtslage, sodass dort immer das Konkurrenzverhältnis i. S. d. § 1 Abs. 3 IFG betrachtet werden muss.[723] Nachfolgend werden nur einige Normen des Prozessrechtes herausgegriffen und untersucht.

Zur ersten Kategorie gehört die Normierung des § 142 Abs. 1 S. 1 ZPO, wonach das Gericht anordnen kann, dass eine Partei oder Dritte, die in ihrem oder seinem Besitz befindlichen Urkunden oder sonstigen Unterlagen, auf die sich eine der Prozessparteien bezogen hat, vorzulegen hat. Demzufolge kann eine Prozesspartei durch schlüssig vorgetragene Gründe die Vorlage von Unterlagen innerhalb eines Prozesses erreichen. Dadurch kann nicht die Herausgabe irgendwelcher Unterlagen verlangt werden, sondern nur solcher, die die Schlüssigkeit des vorgetragenen Tatbestandes stützen können,[724] denn dem Gericht kommt ein Ermessen zu und ein solches wird nur positiv für den Antragsteller ausfallen, wenn ein plausibler Grund vorliegt, weshalb Akten herausgegeben werden sollen. Dazu prüft das Gericht die Beweisbedürftigkeit einer Tatsache und ob bestimmte Beweismittel zum Beweis geeignet sind.[725] Nach dem Willen des Gesetzgebers sollte § 142 ZPO nicht als ein „pre-trial discovery of documents“[726] verstanden und nicht zu Ausforschungszwecken genutzt werden,[727] auch wenn die Gefahr „latent“[728] bestehe.[729] Allgemein gilt der Grundsatz, dass

721 Schoch, IFG, § 1 Rn. 369.
722 Schoch, IFG, § 1 Rn. 354 f.
723 Schoch, IFG, § 1 Rn. 352 f.
724 Lüpke/Müller, NZI 2002, 588, 589; Wöstmann, in: Saenger, ZPO, § 142 Rn. 1.
725 Saenger, ZPO-Kommentar, § 142 ZPO Rn. 1.
726 Lüpke/Müller, NZI 2002, 588, 588.
727 BT-Drs. 14/6036, S. 120.
728 Lüpke/Müller, NZI 2002, 588, 588.
729 BT-Drs. 14/6036, S. 121: Der Bundesgesetzgeber führt weiterhin aus, dass grenzüberschreitenden Rechtsschutzgesuchen aus Amerika, die sich auf die dortigen pre-discovery-Richtlinien stützen, nicht Tür und Angel geöffnet seien. Denn der Einwand des Verstoßes gegen den „ordre public“-Grundsatz wurde durch die Schaffung von § 142 ZPO nicht außer Kraft gesetzt. Es wird explizit gesagt, dass § 142 ZPO kein Rechtfertigungsgrund für pre-discovery Maßnahmen sein kann. Folglich entspricht

Beweismittel nicht zu Ausforschungszwecken genutzt werden dürfen.[730] Auf § 142 ZPO kann sich das Prozessgericht schon zur Vorbereitung des Termins, nach § 273 Abs. 2 Nr. 5 ZPO, berufen.

Ähnlich verhält sich der bestehende Anspruch des Vorsitzenden oder eines bestimmten Mitgliedes eines Prozessgerichtes zur Vorbereitung eines Termins nach § 273 Abs. 2 Nr. 2 ZPO, wonach eine Behörde oder ein Träger eines öffentlichen Amtes um Mitteilung von Urkunden oder um Erteilung amtlicher Auskünfte ersucht werden kann. Dadurch wird die Beweiserlangung durch Zeugenvernehmung des Amtsträgers oder die Bestellung eines Sachverständigengutachtens ersetzt, wodurch ebenfalls die Schlüssigkeit von Parteivorträgen geprüft werden kann,[731] eine Erlangung weiterer Beweismittel erfolgt dadurch nicht.

Das Akteneinsichtsrecht der Parteien, welches aus § 299 Abs. 1 ZPO folgt, entspricht dem Anspruch auf verfassungsrechtliches Gehör aus Art. 103 Abs. 1 GG,[732] und erweitert den bestehenden Anspruch der Prozessparteien auf Akteneinsicht nicht, weil dadurch der Anspruch auf ein faires Verfahren nur unterstützt wird. Das Recht aus § 299 Abs. 1 ZPO führt nicht zu einer Ausweitung von Informationsrechten auf nicht bisher eingebrachte Akten in den Prozess.

Daneben können die Prozessparteien die Vorlegung von Akten durch Gegner, gem. §§ 421 ff. ZPO, Dritte, gem. §§ 428 ff. ZPO, durch Behörde oder Beamte, gem. § 432 ZPO, oder durch einen beauftragten oder ersuchten Richter, gem. § 434 ZPO, erreichen, indem sie behaupten, dass jene in Besitz von bestimmten Urkunden wären. Das Recht führt zwar dazu, dass Informationen, welche sich aus den Urkunden ergeben könnten, durch die erzwungene Vorlage nach §§ 428, 432 ZPO erlangt werden können, allerdings sind diese Vorschriften nicht als pre-discovery-Vorschriften zu werten, da ein hohes Maß an Begründungserfordernis zu stellen ist, im Gegensatz zu den amerikanischen Vorschriften. Ungeachtet dessen wurde die Regelung des §§ 428 ff. ZPO – die Urkundenvorlage durch Dritte – im Zuge der ZPO Reform im Jahr 2001 eingefügt, um der „Prozessökonomie“[733] zu helfen.[734] Vor der Reform konnten Urkunden von Dritten nur bei Bestehen eines materiell-rechtlichen Anspruchs (nach bürgerlichem Recht)

---

es auch nicht dem Willen des Gesetzgebers, dass solche Maßnahmen nun in die Zivilprozessordnung durch die Schaffung der Norm Einzug erhalten.

730 Saenger, ZPO-Kommentar, § 142 ZPO Rn. 1.

731 Vgl. Saenger, in: Saenger, ZPO, § 273 ZPO Rn. 12.

732 Saenger, in: Saenger, ZPO, § 273 ZPO Rn. 1.

733 BT-Drs. 14/4722, S. 92.

734 BT-Drs. 14/4722, S. 92.

erlangt werden.[735] Die Änderung wird zwar mit der Prozessökonomie begründet, gleichwohl wurde an der Stelle ein prozessuales Mittel zur Beweiserlangung geschaffen, natürlich unter der Prämisse des schlüssigen Parteivortrags während des Prozesses, das eine gewisse Nähe zum pre-discovery-Verfahren nicht abstreiten lässt. Ähnlich verhält es sich mit der Vorschrift nach § 142 Abs. 1, 2 ZPO, wonach Dritte zur Vorlage von Urkunden verpflichtet werden können. Die Regelung wurde ebenfalls im Zuge der ZPO Reform im Jahre 2001 eingeführt und an der Stelle tituliert der Gesetzgeber das Recht aus § 142 ZPO als eine „gesetzliche (prozessuale) Vorlegungspflicht"[736]. Dementsprechend bestehen Tendenzen dazu bloß materielle Auskunfts- und Vorlagepflichten im begrenzten Maße (und mit hohen Begründungserfordernissen) mit prozessualen Auskunfts- und Vorlagepflichten zu ergänzen. Das Zivilprozessrecht steht einem pre-discovery-Verfahren nach amerikanischem Vorbild kritisch gegenüber, allerdings erkennt es gewisse prozessuale Auskunftspflichten zur Verifizierung der prozessualen Wahrheit an.

Wenn nun die strafprozessualen Akteneinsichtsrechte des Gerichtes oder der Parteien betrachtet werden, ist zunächst auf § 147 StPO abzustellen. Die Vorschrift erlaubt dem Verteidiger, in die Akten[737] des Prozesses Einsicht zu nehmen. Der Zweck der Norm liegt auf der Hand – nämlich die „wirksame"[738] Verteidigung zu ermöglichen. Die Norm dient der Verwirklichung des fair trial Prinzips.

Das Akteneinsichtsrecht der Gerichte, Staatsanwaltschaften und anderen Justizbehörden, welches aus § 474 (i. V. m. § 477) StPO folgt, ist ein Auskunftsrecht außerhalb von gerichtlichen Verfahren,[739] und soll die Zusammenarbeit nach § 12 EGGVG ermöglichen und bleibt unberücksichtigt, da es sich um die kompetenzielle Zusammenarbeit der staatlichen Organe handelt.

Ähnlich wird in der Verwaltungsgerichtsordnung in § 100 VwGO den Beteiligten ein Akteneinsichtsrecht in die dem Gericht vorgelegten Akten gewährt. Und da die Behörden gem. § 99 Abs. 1 S. 1 VwGO grundsätzlich zur Aktenvorlage verpflichtet sind, besteht eine Ausnahmeregelung in § 99 Abs. 1 S. 2 VwGO, wonach die oberste Aufsichtsbehörde durch eine Sperrerklärung die Vorlage verweigern kann. Um den effektiven Rechtsschutz trotzdem garantieren zu können, wird in § 99 Abs. 2 VwGO das sogenannte „in-camera"-Verfahren eröffnet.

---

735 BT-Drs. 14/4722, S. 92.
736 BT-Drs. 14/4722, S. 78.
737 Zum Begriff der Akten im Strafprozessrecht: Warg, NJW 2015, 3195 ff.
738 Laufhütte, in: Karlsruher StPO Kommentar, § 147 Rn. 1.
739 Franke, in: Karlsruher StPO Kommentar, § 474 Rn. 1.

Danach können nur die Gerichte Akteneinsicht in die Akten nehmen, die nicht im Verfahren vorgelegt werden sollen, und anschließend darüber entscheiden, ob die Verweigerung der Aktenvorlage begründet war oder nicht. Grundsätzlich besteht ein Akteneinsichtsrecht der Prozessbeteiligten in die Prozessakten.

Ungeachtet der beschriebenen Akteneinsichtsrechte für die Prozessbeteiligten existieren in der Strafprozessordnung aber auch in der Zivilprozessordnung einzelne Vorschriften, die Akteneinsichtsregelungen für nicht primäre Prozessbeteiligte schaffen.

Das erste Akteneinsichtsrecht, welches in dem Zusammenhang zu erwähnen ist, ist das des Privatklägers im Strafprozess, §§ 374 ff. StPO. Nach § 385 Abs. 3 S. 1 StPO kann der Privatkläger durch seinen Anwalt Akteneinsicht begehren. Das Recht dient dazu, den Privatkläger zu befähigen den Prozess im Rahmen der Privatklage zu verfolgen und zu führen, denn ohne die gewährten Informationen durch die Akteneinsicht stände der Privatkläger ohne jegliche Informationen dar und müsste den Prozess von Beginn an rekonstruieren. Dementsprechend steht das Akteneinsichtsrecht des Privatklägers dem Recht der Prozessbeteiligten im originären Sinne am nächsten, denn die Privatkläger sollen durch die Akteneinsichtsrechte in die ursprüngliche Position der Staatsanwaltschaft – als Prozessaufklärungsinstanz – eintreten und den Prozess weiter verfolgen. Demnach entspricht es nur dem Begehren des Privatklägers als eintretender Prozessbeteiligter, das Recht des fairen Verfahrens mit der Akteneinsicht nutzen zu können. Eine darüber hinausgehende Wirkung kommt dem Akteneinsichtsrecht aus § 385 Abs. 3 S. 1 StPO nicht zu.

§ 406e StPO, wonach dem Anwalt des Verletzten ein Akteneinsichtsrecht zukommt, ermöglicht dem Verletzten Schadensersatzansprüche oder Schmerzensgeldforderungen effektiv verfolgen zu können. Dadurch wird – im Gegensatz zum Akteneinsichtsrecht des Privatklägers – die Möglichkeit gegeben, ein weiteres Verfahren zu beginnen und nicht nur ein bestehendes Verfahren zu „übernehmen“. Durch § 406e StPO können Informationen erlangt werden, um Ansprüche aus Rechtsverletzungen zu verfolgen. Durch das Akteneinsichtsrecht wird die Rechtsverfolgung effektiv wahrnehmbar.

In eine ähnliche Richtung geht das Akteneinsichtsrecht nach §§ 475 i. V. m. 477 StPO. Im Sinne der Vorschrift können Anwälte für Privatpersonen oder sonstige Stellen bei Vorliegen eines berechtigten Interesses Akteneinsicht verlangen. Die Norm stellt zwar eine materielle Voraussetzung – das berechtigte Interesse –, gleichwohl wird so ein Akteneinsichtsrecht für „Nicht-Prozessbeteiligte“ geschaffen. An die Person wird nicht mehr eine besondere Voraussetzung – wie die des Verletzten oder Privatklägers – gestellt, bis auf die Tatsache, dass die Akteneinsicht durch einen Anwalt erfolgen soll. Das prozessuale Akteneinsichtsrecht wird so ausgeweitet, aber durch das Tatbestandmerkmal der „berechtigten Interesse" nur eingeschränkt. Nichtsdestotrotz eröffnet das Akteneinsichtsrecht nach § 475 StPO die Möglichkeit der Akteneinsicht für unbeteiligte Dritte und verfügt über eine „Zwitterstellung" zwischen den Akteneinsichtsrechten der Prozessbeteiligten und dem Informationszugangsrecht nach dem IFG.

Ähnlich könnte man das Akteneinsichtsrecht nach § 299 Abs. 2 ZPO einordnen. Danach wird Dritten ein Akteneinsichtsrecht innerhalb eines Verfahrens zugestanden. Allerdings müssen jene ein rechtliches Interesse glaubhaft machen, vgl. § 299 Abs. 2 ZPO. Anders als das berechtigte Interesse i. S. d. § 475 StPO setzt das rechtliche Interesse das Bestehen eines Rechtsverhältnisses voraus,[740] was einen Bezug zu einem materiellen Anspruch schafft. Die Normierung des Akteneinsichtsrechts nach § 299 Abs. 2 ZPO, ähnlich wie das Akteneinsichtsrecht des Verletzten nach § 406e StPO, dient der Durchsetzung materieller Ansprüche, indem Informationen durch die Akteneinsicht erlangt werden. Folglich ist § 299 Abs. 2 ZPO Ausdruck eines verbrieften prozessualen Akteneinsichtsrechtes zur Durchsetzung materieller Ansprüche. Das Recht nach § 299 Abs. 2 ZPO ist aber nicht neben dem Akteneinsichtsrecht nach dem IFG anwendbar, sondern verdrängt dieses.[741] Mithin wird insbesondere nicht das prozessual bestehende Recht auf Akteneinsicht über materielle Ansprüche erweitert.

Als Fazit lässt sich festhalten, dass die bestehenden prozessualen Akteneinsichtsrecht primär nur den Prozessbeteiligten zustehen. Sie dienen dazu den effektiven Rechtsschutz zu wahren und gehen mit der Geltendmachung materieller Ansprüche einher. Es sind, wie zu Anfang erwähnt, „rechtsstaatlich indizierte"[742] Rechte. Anders als im pre-discovery-Verfahren werden bloße Ausforschungsmaßnahmen[743] der Gegenseite oder unbeteiligter Dritte verhindert, indem zumindest „berechtigte Interessen" wie bei § 475 Abs. 1 S. 1 StPO als Voraussetzungen an die Akteneinsicht verlangt werden. Die rechtsstaatliche

740 Zuck, NJW 2010, 2913, 2914.

741 Schoch, IFG, § 1 Rn. 354 f.

742 Gusy, in: Hoffmann-Riem/u. a. (Hrsg.), Grundlagen des Verwaltungsrechts, Band II, § 23 Rn. 81.

743 Stürner, Die Aufklärungspflicht der Parteien des Zivilprozesses, S. 106 ff. referiert, dass die Substantiierungspflicht der Beteiligten dazu führt, dass die Ausforschung verhindert wird. Die Substantiierungspflicht verlangt die substantiierte Darlegung von Gründen, die der Nachverfolgung des Anspruchs entsprechen. Die Anforderung wird auch weiterhin von den Gerichten verlangt, um den Akteneinsichtsrecht der geltend machenden Partei nachzukommen.

Ausrichtung erklärt die Notwendigkeit eines materiellen Kriteriums – des berechtigten Interesses – auf welches das IFG aber verzichtet als bloß „demokratisch radizierter“[744] Auskunftsanspruch.

b. Pre-trial-discovery-Wirkung des IFG

Wie im oberen Abschnitt erläutert, wird dem amerikanischen FOIA eine pre-trial-discovery Wirkung zugeschrieben, eine solche Wirkung kommt nach Ansicht einiger Stimmen in der Literatur dem IFG zu.[745] Das hängt damit zusammen, dass der Auskunftsanspruch nach dem IFG voraussetzungslos ist und keine (nachträgliche)[746] Kontrolle der Motivationslage erfolgen kann (bzw. darf). Die Informationssuchenden können die erlangten Informationen nach Belieben nutzen, unter anderem zur Vorbereitung von Prozessen.[747] Daher kann dem IFG eine pre-trial-discovery Wirkung attestiert werden, da Informationen schon ohne ein Gerichtsverfahren und somit pre trial erlangt werden können.

Aus dem Grund wird von Wewer kritisch bemängelt, dass das Informationszugangsrecht nicht von den Bürgern, die am Demokratieprozess partizipieren wollten, genutzt werde, sondern vielmehr von „professionelle[n] Beobachter[n] von Politik, Regierung und Verwaltung“[748]. Der Feststellung schwingt ein Vorwurf der zweckentfremdeten Nutzung des Informationszugangsanspruches mit, wovon aber nach Ansicht von Schoch „keine Rede sein kann“[749]. Denn von einem Missbrauch könnte nur ausgegangen werden, wenn dies dem Zweck und Wortlaut diametral entgegensteht. Da aber an die Anspruchsstellung keine Voraussetzungen, wie eine besondere Motivationslage,[750] gestellt werden, kann von einer unzweckmäßigen Nutzung nicht ausgegangen werden.

Das IFG stellt keine positiven Anforderungen an die Anmeldung von Ansprüchen.[751] Der Wortlaut des Gesetzes steht also einer solchen Nutzung nicht

---

744 Gusy, in: Hoffmann-Riem/u. a. (Hrsg.), Grundlagen des Verwaltungsrechts, Band II, § 23 Rn. 81.

745 Gurlit, Die Verwaltung 44 (2011), 75, 83; Gurlit, NGZ 2014, 1161, 1162; Langner/Schmieszek, WM 2016, 1723, 1724; Rossi, NVwZ 2013, 1263, 1264; Ruttloff/Brosende, DVBl 2015, 1482, 1482; D. Scholz, NVwZ 2015, 1111, 1112.

746 Schoch, IFG, § 1 Rn. 25.

747 Mit weiteren Beispielen: Ruttloff/Brosende, DVBl 2015, 1482, 1483; Schoch, IFG, § 1 Rn. 20.

748 Wewer, in: Informationsfreiheit und Informationsrecht. Jahrbuch 2014, S. 161, 165.

749 Schoch, IFG, Einl. 394.

750 U. a. VG Kassel, NVwZ 2010, 1036, 1038.

751 Siehe oben. Abschnitt II.4.

entgegen. Außerdem verfügt das IFG über keine Zweckbestimmungsnorm, die die Zielrichtung des Gesetzes festlegt, anders als einigen Landesinformationsfreiheitsgesetzen.[752] Zwar verfolgte der Gesetzgeber mit der Schaffung des IFG primär andere Zwecke – nämlich die Erhöhung der Akzeptanz von Verwaltungsentscheidungen, die Förderung von Partizipation und die bessere Verwaltungskontrolle, insbesondere die Korruptionsbekämpfung,[753] nichtsdestotrotz finden sich innerhalb des Gesetzgebungsprozesses keine Gründe dafür, dass das IFG nur zu Gunsten von altruistischen Motiven genutzt werden dürfe.[754] Aufgrund dieses Zusammenhanges kann nicht angenommen werden, dass das IFG nicht als pre-trial-dicovery-Mittel genutzt werden kann, schließlich ist bei rechtsvergleichender Betrachtung festzustellen, dass ähnliche Gesetze auch für jene Zwecke verwendet wurden. Hätte der Gesetzgeber eine solche Nutzung unterbinden wollen, müsste sich zumindest in der Gesetzesbegründung, der Bestimmung der Zwecknutzung, im Wortlaut der Ausnahmevorschriften oder innerhalb der Tatbestandsvoraussetzungen des Informationszugangsanspruches eine Andeutung wiederfinden. Das ist aber nicht der Fall. Lediglich im Hinblick auf § 9 Abs. 3 IFG, wo es um die Ablehnung des Antrages geht, wenn die Information schon allgemein zugänglich ist oder der Antragsteller schon über die Information verfügt, wurde über die Frage des Rechtsmissbrauchs diskutiert, allerdings in dem Sinne, dass querulatorische Anträge abgelehnt werden können.[755] Eine weitere Begrenzung des Anspruchs wurde in der Hinsicht nicht vorgenommen.

Ungeachtet dessen sehen einige Autoren in der pre-trial-discovery-Wirkung, die vom Informationszugangsrecht ausgeht, einen „Systembruch".[756] Durch die Erleichterung der Beweiserlangung würden bestehende Zugangshindernisse bei der Anspruchsdurchsetzung umgangen.[757] Allerdings setzt ein Systembruch

752 Schoch, IFG, Einl. Rn. 27.

753 BT-Drs. 15/4493, S. 6; Püschel, DuD 2004, 290, 291; Nach Ansicht von Schoch, IFG, Einl. Rn. 49 ff. sind es die Kontrollfunktion, die Partizipationsfunktion und der Grundrechtsvorausset-zungsschutz.

754 Vgl. VG Kassel, NVwZ 2010, 1036, 1038.

755 BT-Drs. 15/4493, S. 16.

756 Cranshaw, juris PR-InsR 17/2009, Anm. 4, S. 4; Scholz, BKR 2008, 485, 486.

757 Scholz, BKR 2008, 485, 485: Kritisiert, dass durch die Informationserlangung bei der BaFin, deren eigentliche Funktion, „Aufgaben und Befugnisse nur im öffentlichen Interesse" (nach § 4 Abs. 4 FinDAG) wahrzunahmen, umgangen wird. Dem kann entgegengehalten werden, dass nicht absolut feststeht, was die Durchsetzung der „öffentlicher Interessen" ist. Unter der Voraussetzung kann auch verstanden werden, dass nicht nur die Finanzaufsicht im Allgemeinen der Aufgabenwahrnehmung entspricht, sondern zudem der Wahrung und Herstellung eines gerechten oder ausgeglichenen

voraus, dass die Rechtsordnung – insbesondere das Prozessrecht – Auskunftsansprüchen und Informationsansprüchen entgegensteht. Dem ist aber, wie in dem Abschnitt zuvor gezeigt, nicht der Fall. Vielmehr werden Akteneinsichtsrechte unter bestimmten Voraussetzungen gewährt und zwar insbesondere um Rechtsdurchsetzung zu ermöglichen und bestimmte Verfahrensgebote – wie das fair trial Gebot – zu wahren. Er dient also dem Grundrechtsvoraussetzungsschutz,[758] was man als eine Zweckrichtung des IFG auslegen kann, auch wenn die ursprüngliche Konzeption wohl eher demokratische und nicht primär wirtschaftliche Rechte fördern wollte. Außerdem wird der Konflikt spezieller verfahrensrechtlicher Informationszugangsregelungen zum IFG wird durch die Subsidiaritätsregelung in § 1 Abs. 3 IFG gelöst. Nach der Vorschrift wird der Informationszugang nach dem IFG durch eine abschließende gesetzliche Regelung ausgeschlossen. Die Regelungen der Prozessordnungen zum Akteneinsichtsrecht könnten eine solches Gesetz i. S. d. § 1 Abs. 3 IFG darstellen. Darüber hinaus statuiert § 3 Zif. 1 lit. g IFG den Schutz von laufenden gerichtlichen Verfahren, sodass grundsätzlich ausreichende Regelungen zur Kollisionslage bestehen.[759] Da die prozessualen Informationszugangsregelungen allerdings nicht abschließend sind, wird der Anwendungsbereich des IFG nicht beschränkt.[760]

Der Informationszugangsanspruch geht über die bestehenden Auskunftsansprüche, die einen Rechtsanspruch ermöglichen, hinaus, weil nicht an konkreten Rechten (insbesondere materiellen Rechten) angeknüpft wird, um Informationen oder Auskünfte zu erhalten. Nichtsdestotrotz verbergen sich hinter den geplanten Informationsbegehren Interessen, die materiell bestehende Ansprüche fördern wollen – wie die Vorbereitung von Schadensersatzklagen[761]. Natürlich ist die Motivationslage für den Informationszugang unbeachtlich, allerdings wenn das Momentum der Motivlage zugedacht würde, wird ersichtlich, dass ohne das IFG Interessen – nämlich die Erlangung von Beweismitteln – nicht durchgesetzt werden können. Das hätte zur Folge, dass der Wahrheitsfindung nicht genüge getan werden könnte, auf Grund mangelnder gesetzlicher

---

Finanzdienstleistungssektors dient. Und die letzte Funktion kann so verstanden werden, dass eine Hilfestellung, wie die Informationsweitergabe zur Vorbereitung von weiteren Verfahren, unter den Begriff zu subsumieren ist.

758 Schoch, IFG, Einl. Rn. 53.

759 Lüttgau, AnwBl 2010, 462, 462.

760 Zustimmend Lüttgau, AnwBl 2010, 462, 462.

761 Hier kann vorwiegend auf die BaFin Fälle verwiesen werden: Berger/Schirmer, DVBl 2015, 608; Huber, in: Informationsfreiheit und Informationsrecht, Jahrbuch 2014, S. 237.

Regelungen. Der Informationszugangsanspruch nach dem IFG fördert die materielle und formelle Wahrheitsfindung, was dem effektiven Rechtsschutz dient, weil Beweismittel aufgedeckt werden können. Das Ergebnis widerspricht nicht der bestehenden Rechtsordnung, sondern erweitert die bestehenden Ansprüche nur. Wenn der Blickwinkel nicht nur auf die Beweismittelerlangung gelegt wird, sondern im Allgemeinen auf die Wissensgenerierung, besteht kein Systembruch, denn dem IFG kommt die Funktion zu, das Wissen der Bürger zu erweitern. Dementsprechend soll das Informationszugangsrecht als Mittel zur Wissensgenerierung[762] genutzt werden.

Die ursprünglichen Ziele und Zweckrichtung des IFG hatte eigentlich eine andere Motivationslage, nämlich die Stärkung der Bürgerbeteiligung. Allerdings werden Anliegen des Gesetzgebers, die einer Nutzung des IFG als pre-trial-discovery-Mittel verhindern wollen oder nur auf bestimmte Anwendungsfelder beschränken wollen, nicht erkennbar. Mithin kann nicht von einem eklatanten Systembruch gesprochen werden, vielmehr stellt eine solche Nutzung des IFG das Ausnutzen der Handlungsoptionen dar. Problematisch ist vielmehr nur, dass die Gewährung des Informationszuganges auch die Informationsweiterverwendung i. S. d. IWG zur Folge hat. Die Informationsweiterverwendung wurde geschaffen, sodass der wirtschaftliche Wert der Informationsbestände des Staates abgegriffen werden kann und so neue Arbeitsplätze geschaffen werden könnten.[763] Somit ist die wirtschaftliche Nutzung, die durch das IWG ermöglicht wird und die die Informationszugangsgewährung voraussetzt, § 1 Abs. 2a IWG, der kritische Punkt, da sichergestellt werden muss, dass Rechte der Informationsgeber durch die Informationszugangsgewährung und der damit einhergehenden Informationsweiterverwendung nicht berührt werden. Dem können Vertraulichkeitsvereinbarungen entgegenwirken.

Ungeachtet dessen hat das IFG einen positiven Effekt auf die (mögliche) Einleitung von Gerichtsverfahren. Dadurch dass Informationen und mögliche Beweismittel schon in einem frühen Stadium erlangt werden können, sind die Erfolgsaussichten von Verfahren in einem frühen Zeitraum – nämlich schon lange vor Klageerhebung – vorhersehbar. Somit können die Betroffenen frühzeitig von (unbegründeten) Klageerhebungen absehen, da ihre Befürchtungen durch die Informationserlangung nicht bestätigt werden, sodass unbegründete Klagen seltener vor Gericht abgewiesen werden müssten, was zur Entlastung der Gerichte führen würde. Weiterhin entstehen für die Informationssuchenden und

762 Fehling, DVBl 2017, 79, 80.
763 Schoch, IFG, Einl. Rn. 171.

möglichen Klagenden geringere Kosten, denn im Falle einer nicht erfolgreichen Klage hat die unterliegende Partei die Kosten des Verfahrens nach § 91 Abs. 1 S. 1 ZPO zu tragen. Das Kostenrisiko wird durch die Informationserlangung oder die Verifizierung von Bedenken in einem frühen Stadium gedeckt. Deshalb hat das Informationszugangsrecht positive Auswirkungen auf die Entscheidungsfindung vor der Klageerhebung. Aber auch im Hinblick auf den Beginn und die Führung von Verfahren hat das Informationszugangsrecht positive Auswirkungen, denn wenn die beteiligten Parteien schon vor Klageerhebungen Beweismittel erlangt haben, können die Mittel im Verfahren eingebracht werden, um ihre Ansprüche zu stützen. Folglich muss keiner der prozessualen Auskunftsansprüche[764] genutzt werden, was dazu führt, dass das gerichtliche Verfahren zeitlich verkürzt wird. Infolgedessen wird ebenfalls die Arbeitsbelastung für die Gerichte reduziert, was dem Staatshaushalt zu Gute kommt, weil die Richter ihre Zeit für andere Verfahren nutzen können. Der Argumentation kann zwar entgegengesetzt werden, dass die Arbeitsbelastung nun auf eine andere Ebene – nämlich auf die Behörden – verschoben wird, sodass im Endeffekt keine Kosten auf Staatsebene gespart werden. Zumindest kann aber der Verwaltung vorgehalten werden, dass Verfahrensabläufe geschaffen werden können, die effektiv und kostengünstig durchgeführt werden, und es darf nicht außer Acht gelassen werden, dass Verwaltungsbeamte zumeist in einer niedrigeren Gehaltsstufe einzuordnen sind, was als Kostenfaktor zu beachten ist.[765]

Als Kritik an pre-discovery-Maßnahmen im Allgemeinen und an pre-trial-discovery-Maßnahmen werden die „fishing expeditions“[766] genannt. Unter dem Begriff versteht man die Nutzung des pre-(trial-)discovery-Verfahrens zur Erlangung möglicher Geheimnisse – vor allem Geschäfts- und Betriebsgeheimnisse – von Konkurrenten.[767] Demzufolge ist bloß die Ausforschung Ziel und Zweck der Informationserlangung. Dem setzt die amerikanische Rechtsordnung das Institut der „protective order“[768] entgegen. Das Instrument stellt

764 Abschnitt IV.2.a.

765 Nichtsdestotrotz kann durch das Scannen der Unterlagen auf geheimhaltungsbedürfte Informationen ein hoher Kostenaufwand entstehen. Langner/Schmieszek, in: Informationsfreiheit und Informationsrecht. Jahrbuch 2014, S. 227, 230 m. w. N. führt aus, dass bei 20.000 Seiten Kosten in Höhe von 56.000 Euro entstehen und dass bei einer „maximalen Auskunftsgebühr von 500 EUR [...] nicht einmal 1 % der Kosten“ (ebenda) gedeckt würden.

766 Killias/Kramer/Rohner, in: FS Schwander, S. 934, 936.

767 Killias/Kramer/Rohner, in: FS Schwander, S. 934, 936.

768 Killias/Kramer/Rohner, in: FS Schwander, S. 934, 936.

eine Schutzanordnung seitens eines Gerichtes dar, wonach die Verweigerung der Informationsweitergabe legitimiert wird.[769] Dadurch dass das pre-discovery-Verfahren in Deutschland nicht existiert, fehlt eine solche Normierung der protective order. Das bedeutet aber nicht, dass ein solches Verhalten nicht durch andere Maßnahmen im deutschen Recht verhindert werden kann. Zuzugeben ist, dass das IFG ein Ausforschungsverbot nicht kennt.[770] Indes liegt die Entscheidung über die Gewährung des Informationszugangs bei der Behörde, der ein Ermessensspielraum bzw. ein Auslegungsspielraum hinsichtlich der Ausnahmegründe zukommt. Infolgedessen kann die Herausgabe von Informationen durch eine Abwägungsentscheidung zu Lasten des Informationszuganges getroffen werden, sodass eine protective order nicht notwendig wäre, weil das Gesetz eine andere Möglichkeit des Schutzes von Geheimbereichen (nämlich die vorhandenen Ausnahmegründe) kennt. Im Grunde besteht nur eine minimale Gefahr der Ausforschung. Vertraulichkeitsvereinbarungen können als ein solches Mittel verstanden werden.

Das tragfähigste Argument gegen die pre-discovery-Wirkung ist allerdings die Gefahr, dass das Informationszugangsrecht zu einer „restriktiven Ausgestaltung der Kommunikationspraxis“[771] führt. Das bedeutet, dass die bestehende Verwaltungspraxis nicht mehr bestand haben könnte, weil die freiwillige Informationsmitteilung von Dritten nicht mehr erfolgen würde,[772] wie am Beispiel der Kronzeugenverfahren im Kartellrecht[773]. Das Problem würde auf die Behördenebene verlagert werden, da Informationen bei dieser nicht ankommen würden, weil die Informationsgeber anlässlich der Gefahr von Ausspähungen und der Unsicherheit über die Reichweite des Informationszugangsrechtes vor einer Weitergabe der Informationen absehen würden. Das Problem hängt damit zusammen, dass die bis dahin bestehenden Vertrauensverhältnisse nun durch Informationszugangsansprüche „angegriffen“ werden und eine neue Verwaltungspraxis sich noch nicht etabliert hat. Daher können Informationsgeber eine freiwillige Informationsweitergabe ablehnen, um die Offenlegung an Dritte zu verhindern. Die Problematik lässt sich somit nur durch ein zusätzliches Mittel beheben, welches Vertrauen in den Informanten- und Informationsschutz

---

769 Killias/Kramer/Rohner, in: FS Schwander, S. 934, 936.

770 Schoch, IFG, § 1 Rn. 20, 24.

771 Langner/Schmieszek, WM 2016, 1723, 1725.

772 Scholz, BKR 2008, 485, 485; Wilsing/Paul, BB 2009, 114.

773 AG Bonn, U. v. 18. 02. 2012 – 51 GS 53/09; Busch/Sellin, BB 2012, 1167, 1168; Seitz, Anm. zu EuGH, U. v. 14. 06. 2011 – C-360/09, EuZW 2011, 599, 601.

schafft, insbesondere Unternehmen könnten das als „Risikovorsorge“[774]-Mittel nutzen. Vertraulichkeitsabsprachen und -zusagen könnten gerade solche Mittel darstellen.

Bevor aber auf diese Option einzugehen ist, ist noch zu untersuchen, ob nicht eine andere (gesetzliche) Möglichkeit besteht, z. B. die Schaffung einer Missbrauchsklausel. Das Hamburger Transparenzgesetz, welches ansonsten sehr weitgehende Informationspflichten und sogar Veröffentlichungspflichten, wie in § 10 Abs. 2 HmbTG, vorsieht, verfügt beispielsweise über eine solche Klausel. Die Norm findet sich in § 5 Nr. 5 HmbTG und lautet:

> *„Keine Informationspflicht nach diesem Gesetz besteht […]*
> *5. für Prognosen, Bewertungen, Empfehlungen oder Anweisungen in Zusammenhang mit der gerichtlichen oder außergerichtlichen Geltendmachung oder Abwehr von Ansprüchen, […]“*

Durch die Ausnahmeregelung sollten „Unterlagen, die den Willensbildungsprozess auskunftspflichtiger Stellen in Zusammenhang mit gerichtlicher und außergerichtlicher Geltendmachung oder Abwehr von Ansprüchen betreffen“[775], von der Akteneinsicht nach dem Transparenzgesetz ausgenommen werden. Dadurch, dass der Wille des historischen Gesetzgebers nur von Unterlagen, die den Willensbildungsprozess widergeben, spricht, ist im Umkehrschluss zu sagen, dass Tatsachenmaterialien davon nicht umfasst sind.[776] Ansonsten könnte die Begründungsfähigkeit von Amtshaftungsprozessen und ein „materiell richtiges Urteil“[777] nicht gewährleistet werden.[778] Infolgedessen ist aber der Einschätzung von Maatsch und Schnabel beizupflichten, dass die Vorschrift die „Waffengleichheit der informationspflichtigen und informationsberechtigten Parteien eines Rechtsverhältnisses“[779] herstellen soll, indem ein Informationsinteressierter keine Informationen im Rahmen eines Prozesses erlangen kann. Folglich schließt der Ausnahmegrund die pre-discovery-Wirkung aus. Gleichwohl stellt es keine allumfängliche Ausnahmevorschrift dar, denn es wird nicht deutlich, dass auch eine Informationserlangung, die vor einem gerichtlichen Prozess erfolgt, unterbunden wird, sodass nicht zwangsläufig auch eine

774 Sellmann/Augsberg, WM 2006, 2293, 2301.
775 Hamburgische Bürgschaft Drs. 20/4466, S. 17.
776 Vgl. Maatsch/Schnabel, Das Hamburgische Transparenzgesetz, § 5 Rn. 30.
777 Classen, NordÖR 2013, 236, 241.
778 Classen, NordÖR 2013, 236 ff.; Maatsch/Schnabel, Das Hamburgische Transparenzgesetz, § 5 Rn. 30.
779 Maatsch/Schnabel, Das Hamburgische Transparenzgesetz, § 5 Rn. 26.

pre-trial-discovery verhindert wird. Dies hängt damit zusammen, dass die Informationsinteressierten bei der Informationserlangung nicht darstellen müssen, zu welchem Zweck die Information genutzt werden soll. Somit wird durch den Ausnahmegrund eine Informationserlangung vor Anhängigkeit eines gerichtlichen Verfahrens nicht ausgeschlossen.

Das IFG kennt eine ähnliche Vorschrift nicht, lediglich § 1 Nr. 1 lit. g IFG sieht eine Ausnahmeregelung vor, wenn nachteilige Auswirkungen auf „die Durchführung eines laufenden Gerichtsverfahrens, den Anspruch einer Person auf ein faires Verfahren oder die Durchführung strafrechtlicher, ordnungswidrigkeitsrechtlicher oder disziplinarischer Ermittlungen" entstehen könnten. Die Ausnahme soll den Ablauf eines Gerichtsverfahrens nicht stören, würde aber wohl auch der Ermittlung eines „materiell richtige[n] Urteil[s]"[780] nicht entgegenstehen. Der Ausnahmegrund greift aber erst, wenn ein Gerichtsverfahren existiert. Da aber der Informationszugangsanspruch zumeist schon vor einem gerichtlichen Verfahren genutzt wird, wird der Ausnahmegrund zumeist nicht einschlägig sein.

Auf Bundesebene kennt lediglich das Umweltinformationsgesetz[781] eine Missbrauchsklausel, die sich in § 8 Abs. 2 Nr. 1 UIG findet:

> *„Soweit ein Antrag*
> *1. offensichtlich missbräuchlich gestellt wurde, […] ist er abzulehnen, es sei denn, das öffentliche Interesse an der Bekanntgabe überwiegt."*

Nach dem Willen des Gesetzgebers sollte der Ausnahmegrund dazu dienen, Antragstellungen, die nur zu einer Verzögerung des Verwaltungsverfahrens gestellt werden und auch Fälle des bereits beantworteten Auskunftsverlangens zu verhindern.[782] Der Fall wird als „behördenbezogener" Fall bezeichnet.[783] Von der Rechtsprechung wird die Ansicht verfolgt, dass unter diese Kategorie auch solche Auskunftsverlangen fallen, die einen anderen Zweck als die Zweckbestimmungen des UIG bestimmen, verfolgen.[784] Nach Erwägungsgrund Nr. 1

---

780 Classen, NordÖR 2013, 236, 241 zwar im Hinblick auf das Transparenzgesetz Hamburg, aber in dem Sinne übertragbar.

781 Umweltinformationsgesetz in der Fassung der Bekanntmachung vom 27. Oktober 2014 (BGBl. I S. 1643).

782 BT-Drs. 15/3406, S. 19.

783 Reidt/Schiller, in: Landmann/Rohmer, Umweltrecht, § 8 UIG Rn. 55.

784 Hess. VGH, U. v. 20. 03. 20017 - 11 A 1999/06 (zu § 7 Abs. 2 Nr. 1 des Hessischen Umweltinformationsgesetzes); OVG Rheinland-Pfalz, U. v. 30. 01. 2014 – 1 A 10999/13; VG Neustadt, U. v. 21. 09. 2015 – 4 K 146/15.NW.; vgl. Blatt, in: Informationsrecht und Informationsfreiheit. Jahrbuch 2015, S. 173, 243 f.

der Richtlinie 2003/4/EG[785] soll der Auskunftsanspruch im Umweltrecht dazu führen, „das Umweltbewusstsein zu schärfen, einen freien Meinungsaustausch und eine wirksamere Teilnahme der Öffentlichkeit an Entscheidungsverfahren in Umweltfragen zu ermöglichen und letztendlich so den Umweltschutz zu verbessern." Dem Zweck entspräche ein Antrag, der „ausschließlich zweckfremde, nicht umweltbezogene eigene Interessen"[786] verfolge, nicht.[787] Ein solcher Fall läge bei Anträgen von Konkurrenten vor, die egoistische Motive, wie die Ausspähung von Informationen, anstrebten.[788] Die Situation wird auch als „verwendungsbezogener Missbrauch"[789] bezeichnet. Auch wenn Teile der Rechtsprechung und Literatur die Missbrauchsoption im Umweltrecht anerkennen, so werden hohe Voraussetzungen an das Vorliegen der Ausnahme gesetzt. Es handelt sich dabei um zwei Bedingungen. Erstens soll die Information ausschließlich für einen Zweck genutzt werden, der nicht der Zwecksetzung des Umweltinformationsanspruchs entspricht,[790] und zweitens muss es offensichtlich sein, dass der Antragsteller die zu erlangenden Informationen für egoistische Zwecke nutzen möchte.[791] Das Kriterium der „Offensichtlichkeit" liege vor, wenn „aus Sicht eines objektiven Dritten […] der Missbrauch […] ohne nennenswerte Restzweifel ins Auge springen [muss]"[792]. Bedingt durch die hohen Anforderungen wird eine Bejahung des Ausnahmegrundes selten erfolgen können.[793] Die Auslegung der Ausnahmevorschrift ist vom OVG Berlin-Brandenburg kritisiert worden, da die Ausnahmegründe nach § 8 UIG lediglich öffentliche Belange schützen sollen und nicht private Belange.[794] Die Nutzung des UIG zur Erlangung von Informationen zur privaten Nutzung – eine Art „verwendungsbezogener Missbrauch"[795] – wird nach Ansicht des Gerichtes vom UIG und der

785 Richtlinie 2003/4/EG des europäischen Parlamentes und des Rates vom 28. 01. 2003 über den Zugang der Öffentlichkeit zu Umweltinformationen und zur Aufhebung der Richtlinie 90/313/EWG des Rates (ABl. L 41/26 vom 14. 02. 2003).

786 VG Neustadt, U. v. 21. 09. 2015 – 4 K 146/15.NW (juris Rn. 41), mit Verweis auf: BVerwG, U. v. 24. 09. 2009 – 7 C 2.09, NVwZ 2010, 189.

787 OVG Rheinland-Pfalz, U. v. 30. 01. 2014 – 1 A 10999/13; VG Neustadt, U. v. 21. 09. 2015 – 4 K 146/15.NW.

788 Reidt/Schiller, in: Landmann/Rohmer, Umweltrecht, § 8 UIG Rn. 55.

789 Reidt/Schiller, in: Landmann/Rohmer, Umweltrecht, § 8 UIG Rn. 55.

790 VG Neustadt, U. v. 21. 09. 2015 – 4 K 146/15.NW (juris Rn. 43).

791 VG Neustadt, U. v. 21. 09. 2015 – 4 K 146/15.NW (juris Rn. 43).

792 Reidt/Schiller, in: Landmann/Rohmer, Umweltrecht, § 8 UIG Rn. 56.

793 Ausnahme: VG Frankfurt, U. v. 23. 05. 2012 – 7 K 1820/11. F.

794 OVG Berlin-Brandenburg, U. v. 17. 12. 2008 - OVG 12 B 23.07 (juris Rn. 49).

795 OVG Berlin-Brandenburg, U. v. 17. 12. 2008 - OVG 12 B 23.07 (juris Rn. 49).

Missbrauchsklausel nicht verhindert.[796] Die Geschäftsgeheimnisse würden vielmehr durch die Ausnahmegründe geschützt.[797] Dem OVG Berlin-Brandenburg ist an der Stelle zuzustimmen, denn weder die Gesetzesmaterialien[798] deuten eine derartige Auslegung an, noch die systematische Stellung oder der Wortlaut der Vorschrift. Vielmehr sprechen der Wortlaut und die systematische Stellung dafür, dass nur „öffentliche Belange" nicht missbraucht werden dürften. Zwar könnte argumentiert werden, dass öffentliche Belange auch den Schutz Dritter vor Ausspähung umfassen können, allerdings widerspricht eine solche Auslegung der systematischen Betrachtung, da die privaten Belange und insbesondere die Ansprüche von Unternehmen auf Schutz von Knowhow in § 9 UIG geregelt werden. Des Weiteren statuiert der 8. Erwägungsgrund der RL 2003/4/EG, dass jeder natürlichen und juristischen Person die Geltendmachung des Anspruchs ohne Darlegung eines besonderen Interesses zu gewährleisten ist. Gesetzt den Fall, dass nun doch die Interessen auf einer zweiten Stufe – nämlich bei der Auslegung des Ausnahmegrundes nach § 8 Abs. 2 Nr. 1 UIG – auf die Gewährung des Informationszugangsanspruch nach dem UIG Einfluss nehmen können, so wäre dies eine Umgehung des ursprünglichen Gesetzgeberwillens. So muss auch für das UIG festgehalten werden, dass zwar einige Stimmen eine Missbrauchskontrolle einführen wollen, eine solche aber mit den Grundfesten des Umweltinformationszugangsanspruch nicht vereinbar ist. Auch für das UIG existiert keine Missbrauchsklausel.

Somit ist zusammenzufassen, dass „Missbrauchsklauseln" zur Verhinderung der Inanspruchnahme des Informationszugangsrechtes zum Zwecke von pre-trial-discovery nicht vorhanden sind. Der Gesetzgeber hat auf die Schaffung einer solchen Klausel verzichtet.[799] Mithin steht das Informationszugangsrecht einer solchen Nutzung nicht entgegen und dürfte nicht auf einer zweiten Ebene „eingelesen" werden, da es ansonsten im Widerspruch zu den bestehenden Zweck- und Zielsetzungen steht.

---

796 OVG Berlin-Brandenburg, U. v. 17. 12. 2008 - OVG 12 B 23.07 (juris Rn. 49).

797 OVG Berlin-Brandenburg, U. v. 17. 12. 2008 - OVG 12 B 23.07 (juris Rn. 49).

798 Vgl. BT-Drs. 15/3406, S. 19: „Ein Antrag ist offensichtlich missbräuchlich, wenn z. B. der Antragsteller bereits über die beantragten Informationen verfügt oder der Antrag offensichtlich zum Zweck der Verzögerung von Verwaltungsverfahren gestellt wurde. Der Abwägung mit dem öffentlichen Interesse an der Bekanntgabe wird bei offensichtlich missbräuchlich gestellten Anträgen keine praktische Relevanz zukommen."

799 Schoch, IFG, § 1 IFG Rn. 24.

Nun kann sich dem Problem zugewendet werden, ob Vertraulichkeitsabsprachen und -zusagen das Problem der nicht zweckmäßigen Nutzung des IFG unterbinden können. Dazu muss zunächst eine Definition der Vertraulichkeitsvereinbarungen getroffen werden, wobei eine solche gesetzlich nicht besteht, daher werden Gerichtsentscheidungen betrachtet, bei denen Vertraulichkeitsvereinbarungen relevant wurden. Aus der Perspektive wird dann eine Definition getroffen und anschließend wird auf eine rechtliche Fixierung eingegangen. Dabei ist die These aufzustellen, dass Vertraulichkeitsvereinbarungen dem Situationsschutz dienen. Anschließend ist eine rechtliche Betrachtung vorzunehmen, wobei zwischen den beabsichtigten Wirkungsweisen, dem materiellen Ausschluss des Anspruches und der prozessualen Intention (dem Erlass einer Sperrerklärung) differenziert wird. Im Zuge dessen werden rechtliche Bedenken, die solchen Vereinbarungen entgegengehalten werden, diskutiert.

V Vertraulichkeitsabsprachen und -zusagen als Reaktion auf Rechtsunsicherheiten

Die Kritik an der Verwaltungspraxis zu Vertraulichkeitsabsprachen und -zusagen hat schon Tradition. So wurde bereits 1966 nach einem Verfahren, an dem V-Personen beteiligt waren,[800] eine Änderung der Gesamtsituation und die Abkehr von Vertraulichkeitszusagen gefordert.[801] Auch im Hinblick auf aktuelle Entwicklungen – wie den Abschluss des CETA-Abkommens oder anderer Freihandelsverträge – fielen die Begriffe der Vertraulichkeitszusagen und -absprachen,[802] freilich im Kontext der Schiedsgerichtsverfahren. Nichtsdestotrotz wird erkennbar, dass das Instrument der Vertraulichkeitsvereinbarungen bestehende Verwaltungspraxis ist. Im Zivilrecht bilden Vertraulichkeitsvereinbarungen eine kontinuierliche vertragliche Gestaltungsoption, um die Weitergabe von Informationen zu regeln und teilweise zu verhindern.[803] Eine Kritik findet an solchen vertraglichen Verschwiegenheitspflichten im zivilrechtlichen Kontext weitestgehend nicht statt, was mit der Privatautonomie und dem Schutz der Privatsphäre und von Geschäfts- und Betriebsgeheimnissen verbunden ist.[804] Eine übliche Praxis bilden Vertraulichkeitsvereinbarungen bei Mediationsverfahren[805], was damit zusammenhängt, dass das Verfahren von der Grundkonzeption geprägt ist, dass ein nicht öffentliches Verfahren geführt werden soll.[806]

Im öffentlich-rechtlichen Zusammenhang wurde eine solche Praxis zumeist mit der Arkantradition begründet. Allerdings hat die Einführung des allgemeinen Informationszugangsrechtes der Begründung den Raum genommen,[807] denn der zentrale Diskussionsgegenstand ist nicht mehr die Legitimationsbedürftigkeit

800 LG Bonn, B. v. 24. 05. 1965 – 12 Qs 141.65.

801 Perschel, JuS 1966, 231, 236; Rupp, JZ 1966, 34, 34 ff.

802 Zur Verfassungskonformität von Vertraulichkeitszusagen bei Schiedsgerichtsverfahren: J. Wolff, NVwZ 2012, 205 und Aden, DZWIR 2012, 360.

803 Vgl. u. a. Linke/Fröhlich, GWR 2014, 449; Risse/Reichert, NJW 2008, 3680; Werder/Kost, BB 2010, 2903 ff. Nach Linke/Fröhlich, GWR 2014, 449 werden solche Vereinbarungen als confidentiality agreements oder non-disclosure-agreements bezeichnet. Lejeune, ITRB 2001, 198 ff. zu den vertraglichen Gestaltungsoptionen.

804 Werder/Kost, BB 2010, 2903, 2903 bezeichnet es als „Standarddokument".

805 Groth/v. Bubnoff, NJW 2001, 338; Töben, RNotZ 2013, 321, 327; Weigel, NJOZ 2015, 41.

806 Weigel, NJOZ 2015, 41, 41.

807 Abschnitt II.1.

des Auskunftsanspruches,[808] sondern die Rechtfertigung von Geheimnissphären. Die Situation hat sich umgekehrt. Folglich können Vertraulichkeitsvereinbarungen im Öffentlichen Recht nicht mehr mit dem bloßen Argument der Arkantradition und der bestehenden Verwaltungspraxis gerechtfertigt werden. Das Informationsfreiheitsgesetz muss zu einem Wandel der bisherigen Praxis führen, mit der Folge, dass nun Vertraulichkeitsvereinbarungen theoretisch nicht mehr abgeschlossen werden dürften.

Das Instrument hat trotz des Informationszugangsrechtes oder gerade auch dadurch Bestand in der Verwaltungspraxis und innerhalb von gerichtlichen Verfahren werden die Vereinbarungen als Grund für die Verweigerung der Vorlage aufgeführt. Infolgedessen lässt sich die Vermutung aufstellen, dass bedingt durch diverse Auslegungsschwierigkeiten[809] und Anwendungsoptionen – wie die pre-trial-discovery-Nutzung[810] –, die in der Entstehungsphase des IFG nicht berücksichtigt wurden, Rechtsunsicherheiten sowohl bei den Behörden als auch bei den Informationsgebern vorhanden sind. Die Schaffung des IFG hatte zur Folge, dass bestehende gesetzliche Regelungen im Hinblick auf ihre speziellere Ausgestaltung korrigiert werden mussten, was aber im Zuge des Gesetzgebungsverfahrens nicht geschehen ist.[811] Auf Grund dessen ist die Verwaltungspraxis der Vertraulichkeitszusagen und -absprachen trotz oder eher bedingt durch das IFG weiterhin verbreitet.

Es ist die Frage aufzuwerfen, ob Vertraulichkeitsabsprachen und -zusagen mit der Rechtsordnung – insbesondere mit dem Informationszugangsrecht – vereinbar sind. Dazu ist zunächst zu untersuchen, was unter dem Begriff der Vertraulichkeitszusagen und -absprachen zu verstehen ist und auf die Voraussetzungen und Anwendungsfelder einzugehen. Danach wird eine Einordnung in die klassischen Handlungsformen der Verwaltung angestellt, unter Beachtung der unterschiedlichen Ziel- und Zweckrichtungen, die mit solchen Vereinbarungen verfolgt werden können. Im Rahmen dessen kann die Vereinbarkeit mit dem Informationszugangsrecht geprüft werden.

---

808 vgl. Trantas, Akteneinsicht und Geheimhaltung, S. 261 m. w. N.

809 Abschnitt II.4 und 5.

810 Abschnitt IV.

811 Reinhart, DÖV 2007, 18, 21 stellt die Vermutung im Hinblick auf das Vergaberecht auf, da im Vergaberecht keine Norm existiert, wodurch der Informationszugang verdrängt wird.

1. Vertraulichkeitsvereinbarungen im Zusammenhang der Öffentlichkeitsdiskussion und des Geheimnisschutzrechtes

Vertraulichkeitsabsprachen und -zusagen werden abgeschlossen, um das Interesse des Informationsgebers auf Vertraulichkeit und Geheimhaltung zu sichern. Wie schon mehrmals angedeutet, werden Informationen teilweise nur ausgetauscht, weil von der anderen Seite zugesagt wird, dass eine Weitergabe an Dritte nicht erfolgt. Die Prämisse, dass die freiwillige vertrauliche Informationsweitergabe mit einer vertraulichen Behandlung der Information einhergeht,[812] kann rechtlich nur durch das Hinzutreten eines weiteren Instrumentes – auf gesetzlicher oder vertraglicher Weise – hergestellt werden.

Wie die Bestandsaufnahme zum Mehrpersonenverhältnis im Abschnitt III.1. gezeigt hat, liegt eine komplexe Situation vor, die durch „komplexe Verträge"[813] geregelt werden muss. Nach Luhmann ist für komplexe Systeme Vertrauen notwendiger Bestandteil, um eine ausgleichende Wirkung erzeugen zu können und Komplexität zu minimieren.[814] Einen solchen „komplexen Vertrag" stellen Vertraulichkeitsabsprache und -zusagen dar. Die Begrifflichkeiten der Vertraulichkeitsabsprachen und -zusagen tauchen immer wieder in Gerichtsentscheidungen auf, wobei im Allgemeinen von Vertraulichkeitsvereinbarungen gesprochen wird.[815] Erklärungen von nachrichtendienstlichen Behörden gegenüber ihren Informanten werden vermehrt als Vertraulichkeitszusagen bezeichnet,[816] teilweise wird auch von der Zusicherung der Vertraulichkeit gesprochen.[817] Doch der Terminus der Zusagen ist ebenfalls im Kontext von vertraulich erhobenen Informationen innerhalb des Diplomatenkreises geläufig,[818] wie auch bei Kronzeugenvereinbarungen.[819] Der Begriff der Vertraulichkeitsabsprachen wird beispielsweise bei Verträgen zwischen der Bundesanstalt für Immobilienangelegenheiten und

---

812 So sieht es Gusy, KritV 2015, 430, 447.

813 Schmidt-Aßmann, in: Hoffmann-Riem/u. a., Reform des Allgemeinen Verwaltungsrechts, S. 11, 59.

814 Luhmann, Vertrauen, S. 117.

815 VG Berlin, U. v. 22. 03. 2012 – 2 K 102.11.

816 BGH, B. v. 26. 07. 2011 – 1 StR 297/11; OVG Lüneburg, B. v. 04. 01. 2012 – 14 PS 3/11 = NJW 2012, 2372; OVG Lüneburg, B. v. 30. 04. 2009 – 14 PS 1/09 = BeckRS 2012, 51704.

817 BVerwG, B. v. 22. 07. 2010 – 20 F 11/10 = BVerwGE 137, 318; OVG NRW, B. v. 28. 09. 2010 – 13a F 46/10; VG Berlin, U. v. 28. 01. 2015 – 2 K 128.14.

818 OVG Berlin-Brandenburg, U. v. 28. 06. 2013 – OVG 12 B 9.12.

819 U. a. OLG Düsseldorf, U. v. 10. 02. 2014 – V-4-Kart 5/11; AG Bonn, B. v. 12. 08. 2015 – 52 Owi 51/15.

Dritten verwendet,[820] aber auch bei weiteren Nutzungskonstellationen, welche eine zivilrechtliche Prägung haben.[821]

Aus diesen kurzen Einblicken lassen sich zwei Punkte folgern: Vertraulichkeitszusagen und -absprachen werden mit dem Oberbegriff der Vertraulichkeitsvereinbarungen bezeichnet und des Weiteren werden Absprachen in einem zivilrechtlichen Verhältnis – in Konstellationen, die nicht von Ober- und Unterordnungsbeziehungen geprägt sind – geschlossen, sodass die verwendete Terminologie über die Prägung des Rechtsverhältnisses Aufschluss gibt.

Um das Institut der Vertraulichkeitszusagen und -absprachen zu untersuchen, sollte zunächst eine Separierung der Begriffsbestandteile vorgenommen werden. Die Terminologie lässt sich in drei definierbare Unterbegriffe unterteilen: Einerseits den Begriff der Vertraulichkeit, den der Zusagen und den der Absprachen. Der Begriff der Vertraulichkeit ist im Kontext der Öffentlichkeits- und Geheimhaltungsdiskussion zu sehen. Der Ausdruck der Vertraulichkeit wurde zwar in der Ausarbeitung schon einige Male verwendet, jedoch bisher nicht definiert. Vielmehr wurden nur die Begriffe der Öffentlichkeit[822] und der Geheimhaltung bzw. des Geheimnisschutzes[823] angesprochen. Im Allgemeinen sind Informationen vertraulich, die nicht der Allgemeinheit zugänglich sein sollen.[824] Dazu bedarf es einer Einigung zwischen dem Informationsgeber und Informationsnehmer, die darauf gerichtet ist, die Öffentlichkeit auszuschließen.[825] Die Einigung kann in Form einer gegenseitigen Absprache oder einer einseitigen Zusage erfolgen. Des Weiteren wird für das Zuerkennen einer vertraulichen Information ein objektiv schutzwürdiges Geheimhaltungsinteresse gefordert.[826] Die Annäherung an das Konzept der Vertraulichkeit erinnert an diejenige, die zum Geheimnisschutzrecht führte.[827]

---

820 OVG NRW, U. v. 18. 12. 2013 – 5 A 413/11.

821 EuG, B. v. 22. 2. 2005 - T-383/03; BGH, U. v. 25. 01. 2011 – X ZR 98/08; LG Hamburg, U. v. 20. 05. 2005 – 308 O 182/04.

822 Abschnitt II.1.b.

823 Abschnitt II.5.

824 OVG Berlin-Brandenburg, U. v. 28. 06. 2013 - OVG 12 B 9.12; U. v. 22. 03. 2012 – VG 2 K 102.11; U. v. 8. 12. 2011 – VG 2 K 75.10; VG Berlin, U. v. 28. 01. 2015 – 2 K 128.14; U. v. 8. 12. 2011 – VG 2 K 75.10.

825 OVG Berlin-Brandenburg, U. v. 28. 06. 2013 - OVG 12 B 9.12; U. v. 22. 03. 2012 – VG 2 K 102.11; U. v. 8. 12. 2011 – VG 2 K 75.10.

826 OVG Berlin-Brandenburg, U. v. 28. 06. 2013 - OVG 12 B 9.12; U. v. 22. 03. 2012 – VG 2 K 102.11; U. v. 8. 12. 2011 – VG 2 K 75.10; Berger/Partsch/Roth/Schell, IFG, § 3 Rn. 147.

827 Abschnitt II.5.dd.

Vertraulichkeit und Öffentlichkeit sind Konzepte, die im Informationsrecht im Allgemeinen und im Informationszugangsrecht im Speziellen aufeinander treffen und nach einem Ausgleich verlangen. Gleichwohl wurde eine terminologische Gegenüberstellung bisher nicht vorgenommen, denn Geheimhaltung bloß als Gegenbegriff zur Öffentlichkeit zu verstehen wäre an der Stelle zu kurz gegriffen, da der Gegenbegriff zur Öffentlichkeit eher die Nichtöffentlichkeit ist. Dementsprechend ist zu fragen, ob der Terminus der Vertraulichkeit und der Geheimhaltung bzw. des Geheimnisschutzes als Synonym oder nur als Teilbereich zu verstehen sind. Im Kontext der parlamentarischen Tätigkeit hat Rösch ein Stufenverhältnis dahingehend gesehen, dass er die Nichtöffentlichkeit als Oberbegriff sieht, die Form der Vertraulichkeit als qualifizierte Form und die der Geheimhaltung als spezielle Form.[828] Nichtöffentlichkeit werde nämlich durch den bloßen Ausschluss der Öffentlichkeit hergestellt.[829] Die Form der Vertraulichkeit beinhaltet zusätzlich die ausdrückliche Verpflichtung zur Verschwiegenheit gegenüber Dritten.[830] Geheimhaltung hingegen gehe darüber hinaus, weil es weitere organisatorische Maßnahmen gebe, um Geheimhaltung zu gewährleisten.[831] Als Beispiel führt Rösch die Vorschriften VS-GEHEIM, also die Geheimnisschutzordnung des Bundestages,[832] an.[833] Abstrakt ist nach Ansicht von Rösch für die Vertraulichkeit eine bloße Vereinbarung ausreichend, im Gegensatz zur Geheimhaltung, bei der eine gesetzliche Festsetzung verlangt wird. Nach dem Wortsinn steht Vertraulichkeit für Sachverhalte, die nicht öffentlich oder diskret behandelt werden sollen, oder für freundschaftliche, persönliche oder vertraute Beziehungen.[834] Somit ist zunächst mit dem Begriff des Vertrauens zu beginnen. Nach Ansicht von Maurer bestehen für die rechtswissenschaftliche Annäherung des „Vertrauens"-Begriffs zwei Möglichkeiten, die sich auch an der umgangssprachlichen orientieren. Nach seiner Ansicht gibt es eine soziologische, welche notwendig ist für das persönliche Zusammenleben, und eine staatspolitische, „die Grundbedingung der freiheitlichen demokratischen Ordnung"[835], Funktion

828 Rösch, Geheimhaltung in der rechtsstaatlichen Demokratie, S. 112 ff.
829 Rösch, Geheimhaltung in der rechtsstaatlichen Demokratie, S. 113.
830 Rösch, Geheimhaltung in der rechtsstaatlichen Demokratie, S. 113.
831 Rösch, Geheimhaltung in der rechtsstaatlichen Demokratie, S. 113.
832 Geheimschutzordnung des Deutschen Bundestages (Anlage 3 der Geschäftsordnung des Deutschen Bundestages, BGBl. I 1980, 1237) vom 25. Juni 1980 (BGBl. I S. 1237, 1256), zuletzt geändert durch den Beschluss des Bundestages vom 28. Februar 2013.
833 Rösch, Geheimhaltung in der rechtsstaatlichen Demokratie, S. 113.
834 http://www.duden.de/rechtschreibung/vertraulich.
835 Maurer, in: Isensee/Kirchhof (Hrsg.), Handbuch des Staatsrechts. Band IV, § 79 Rn. 11.

von Vertrauen.[836] Als Grundsatz kann daraus gezogen werden, dass Vertraulichkeit als Bestandteil des Nichtöffentlichkeitsbegriffes gesehen werden kann. Vertraulichkeit ist, im Gegensatz zum umfassenden Begriff des Vertrauens, zumeist an eine einzelne konkrete Information gebunden.[837] Im Gegensatz zum Geheimnis, welches ebenfalls auf einen bestimmten Informationsbereich begrenzt ist und nicht auf eine Institution wie das Vertrauen[838], handelt es sich bei vertraulichen Informationen um Mitteilungen, bei der es sich nicht primär um den zu behandelnden Geheimhaltungsbereich dreht, sondern um die konkrete Information.

Es lässt sich die These aufzustellen, dass Informationen als vertraulich zu bezeichnen sind, wenn jene im Rahmen eines konkreten Vertrauensverhältnisses mit der Prämisse der Nichtweitergabe übermittelt werden. Es ist zu untersuchen, ob Vertraulichkeit nur eine vertragliche, bzw. eine konkrete, oder auch situationsbedingte Nichtöffentlichkeit schafft und Geheimhaltung durch gesetzliche Vorgaben geschaffen wird.

2. Die Betrachtung der rechtlichen Handhabung

Nach Ansicht der Rechtsprechung sind Informationen vertraulich, die nicht der Allgemeinheit zugänglich sein sollen.[839] Dazu wird eine Einigung zwischen dem Informationsgeber und Informationsnehmer, gerichtet auf Ausschluss der Öffentlichkeit, gefordert,[840] sowie eine „objektiv schutzwürdige[s] Geheimhaltungsinteresse[...]“[841]. Folglich lassen sich zwei Komponenten festhalten; nämlich das Vorliegen eines schutzwürdigen Geheimhaltungsinteresses, welches dem Schutze eines Rechtsgutes dient, und zweitens eine übereinstimmende Erklärung, die einen Vertrauensmoment begründet.

---

836 Maurer, in: Isensee/Kirchhof (Hrsg.), Handbuch des Staatsrechts. Band IV, § 79 Rn. 11.

837 Pohl, Informationsbeschaffung beim Mitbürger, S. 164.

838 Ausführlich zum Vertrauen: Luhmann, Vertrauen; differenzierend zwischen persönlichem Vertrauen und Systemvertrauen, S. 47 ff.

839 OVG Berlin-Brandenburg, U. v. 28. 06. 2013 - OVG 12 B 9.12; U. v. 22. 03. 2012 – VG 2 K 102.11; U. v. 8. 12. 2011 – VG 2 K 75.10; VG Berlin, U. v. 28. 01. 2015 – 2 K 128.14; U. v. 8. 12. 2011 – VG 2 K 75.10.

840 OVG Berlin-Brandenburg, U. v. 28. 06. 2013 - OVG 12 B 9.12; U. v. 22. 03. 2012 – VG 2 K 102.11; U. v. 8. 12. 2011 – VG 2 K 75.10.

841 OVG Berlin-Brandenburg, U. v. 28. 06. 2013 - OVG 12 B 9.12; U. v. 22. 03. 2012 – VG 2 K 102.11; U. v. 8. 12. 2011 – VG 2 K 75.10; Berger/Partsch/Roth/Schell, IFG, § 3 Rn. 147.

Wenn nun die Hauptanwendungsfelder von Vertraulichkeitsabsprachen und -zusagen betrachtet werden, so bestehen mehrere Anwendungsbereiche, wobei insbesondere die Konstellation der Vertraulichkeitszusagen gegenüber Informanten, dabei seien die Zusagen gegenüber V-Personen und die Kronzeugenregelungen innerhalb von Kartellverfahren hervorzuheben, zu betrachten sind. In dem Bereich bildet sich das dreigliedrige Personenverhältnis zumeist ab und führt zu vielen gerichtlichen Entscheidungen, die das Spannungsverhältnis zum Ausdruck bringen.

a. Kronzeugenregelung

Das kartellrechtliche Kronzeugenverfahren[842] hat nicht nur europarechtlich[843], sondern auch auf nationaler Ebene[844], große Auswirkungen auf Informationsersuchen nach der Transparenz-Verordnung[845], aber auch das IFG, gehabt. In dem Kontext wurde schließlich, um Rechtsunsicherheiten bei der Durchsetzung von Schadensersatzforderungen von Geschädigten zu vermeiden, die Richtlinie 2014/104/EU[846] erlassen.[847] Da die Richtlinie im Nachgang der erfolgten Entscheidungen der europäischen Gerichte erging und auch die Belange der Kommission beachtet, sollen die Definitionen, die in der Richtlinie zu finden ist, verwendet werden. Nach Art. 2 Nr. 16 der Richtlinie 2014/104/EU ist das Kronzeugenprogramm „ein Programm für die Anwendung des Artikels 101 AEUV oder einer entsprechenden Bestimmung des nationalen Rechts, in dessen Rahmen ein an einem geheimen Kartell Beteiligter unabhängig von den übrigen Kartellbeteiligten an einer Untersuchung der Wettbewerbsbehörde mitwirkt, indem der Beteiligte freiwillig seine Kenntnis von dem Kartell und seine Beteiligung

842 Einleitend: Blake/Schnichels, EuZW 2004, 551 ff.; Sauter, in: FS Dauses, S. 351 ff.

843 EuGH, U. v. 27. 02. 2014 – C-365/12 P; EuG, U. v. 07. 10. 2014 – T-534/11; EuG, U. v. 12. 05. 2015 – T-623/13; EuG, U. v. 07. 07. 2015 – T-677/13; EuG, U. v. 22. 05. 2012 – T-344/08.

844 U. a. AG Bonn, B. v. 12. 08. 2015 – 52 Owi 51/15; OLG Düsseldorf, U. v. 10. 02. 2014 – V-4 Kart 5/11.

845 Zur Transparenz-Verordnung: Schoch, in: Informationsfreiheit und Informationsrecht. Jahrbuch 2011, S. 23 ff.

846 Richtlinie 2014/104/EU des Europäischen Parlaments und des Rates vom 26. November 2014 über bestimmte Vorschriften für Schadensersatzklagen nach nationalem Recht wegen Zuwiderhandlungen gegen wettbewerbsrechtliche Bestimmungen der Mitgliedstaaten und der Europäischen Union (Abl. Der EU vom 05. 12. 2014 L 349/1), im Folgenden: Richtlinie 2014/104/EU.

847 Zum Gesetzgebungsverfahren: Fiedler/Blum Huttenlauch, NZKart 2013, 350 ff.

daran darlegt und ihm dafür im Gegenzug durch Beschluss oder Einstellung des Verfahrens die wegen seiner Beteiligung am Kartell zu verhängende Geldbuße erlassen oder ermäßigt wird“[848]. Innerhalb des Verfahrens wird der Kronzeuge[849] eine Kronzeugenerklärung abgeben, die „eine freiwillige oder schriftliche Darlegung seitens oder im Namen eines Unternehmens oder einer natürlichen Person gegenüber einer Wettbewerbsbehörde, in der das Unternehmen oder die natürliche Person seine bzw. ihre Kenntnis von einem Kartell und seine bzw. ihre Beteiligung daran darlegt und die eigens zu dem Zweck formuliert wurde, im Rahmen eines Kronzeugenprogramms bei der Wettbewerbsbehörde den Erlass oder eine Ermäßigung der Geldbuße zu erwirken, oder eine Aufzeichnung der Darlegung“[850], darstellt. In Nr. 31 der „Mitteilung der Kommission über den Erlass und die Ermäßigung von Geldbußen in Kartellsachen“[851] wird zwar nicht von einer Kronzeugenerklärung, sondern von einer Unternehmenserklärung[852], gesprochen. Die unterschiedliche Terminologie ist aber darauf zurückzuführen, dass in dem Stadium, in der die Mitteilung von Relevanz ist, die Entscheidung über die Einleitung eines Kronzeugenprogramms noch nicht entschieden war, im Gegensatz zum Anwendungsbereich der Richtlinie 2014/104/EU, bei der es um nachfolgende Schadensersatzansprüche von Kartellgeschädigte geht. Weiterhin wird innerhalb der Verfahren den Kronzeugen zumeist Vertraulichkeit zugesagt. Nach Nr. 22 der Bekanntmachung 9/2066 des Bundeskartellamtes[853] lehnt das „Bundeskartellamt […] Anträge privater Dritter auf Akteneinsicht bzw. Auskunftserteilung im Rahmen des gesetzlich eingeräumten Ermessens grundsätzlich insoweit ab[…], als es sich um den Antrag auf Erlass oder Reduktion der Geldbuße und die dazu übermittelten Beweismittel handelt“. Eine ähnliche

848 Art. 2 Nr. 15 Richtlinie 2014/104/EU.

849 Kronzeuge ist i. S. d. Art. 2 Nr. 19 Richtlinie 2014/104/EU „ein Unternehmen, dem oder eine natürliche Person, der im Rahmen eines Kronzeugenprogramms der Erlasse einer Geldbuße einer Wettbewerbsbehörde gewährt wurde“.

850 Art. 2 Nr. 16 Richtlinie 2014/104/EU.

851 Mitteilung der Kommission über den Erlass und die Ermäßigung von Geldbußen in Kartellsachen 2006/C 298/11, Abl. der Europäischen Union vom 8. 12. 2006 C 298/17, im Folgenden: „Mitteilung der Kommission über den Erlass von Geldbußen“

852 Danach ist eine Unternehmenserklärung „eine freiwillige Darlegung seitens oder im Namen des Unternehmens gegenüber der Kommission bezüglich seines Wissens über ein Kartell und seine Beteiligung daran, die speziell für die Zwecke der Mitteilung erfolgt.“ (Nr. 31 der Mitteilung der Kommission über den Erlass und die Ermäßigung von Geldbußen).

853 Bundeskartellamt, Bekanntmachung Nr. 9/2006 über den Erlass und die Reduktion von Geldbußen in Kartellsachen – Bonusregelung – vom 07. 03. 2006.

Regelung hat die Kommission in Nr. 33 der Mitteilung der Kommission über den Erlass und die Ermäßigung von Geldbußen aufgestellt. Danach wird die „Einsicht in Unternehmenserklärungen nur den Adressaten der Mitteilung der Beschwerdepunkte gewährt, [...] [a]nderen Parteien wie z. B. Beschwerdeführern wird keine Einsicht in Unternehmenserklärungen gewährt". Beiden Regelungen ist gemein, dass dem Kronzeugen der vertrauliche Umgang mit den übermittelten Informationen zugesagt wird.[854]

Allgemein ist zu sagen, dass das Kronzeugenprogramm dazu dient, mit Hilfe von beteiligten Unternehmen Kartelle aufzudecken und dadurch eine Wettbewerbsverzerrung zu unterbinden.[855] Innerhalb des Kronzeugenverfahrens wird den Kronzeugen gegenüber eine Vertraulichkeitszusage abgegeben, wodurch der Kronzeuge dazu gebracht werden soll, offen und vollumfänglich über Kartellverstöße zu berichten.[856] Ansonsten könnte die Sorge, dass Kartellrechtsgeschädigte seine Aussage nutzen, um anschließend gegen ihn Schadensersatzforderungen geltend zu machen, ihn vor einer Anzeige über Verstöße abbringen. Nach Ansicht des OLG Düsseldorf wird mit einer solchen Zusage „ein besonderes Geheimhaltungsinteresse"[857] des Kronzeugen begründet. Daher wird dem Kronzeugen auch eine Vertraulichkeitszusage gegeben, obwohl nach der Definition der Richtlinie 2014/104/EU die Vereinbarung von Vertraulichkeit kein zentraler Bestandteil ist, sondern nur die Verpflichtung des Erlasses oder der Ermäßigung von Geldbußen. Dass die Kronzeugenregelung der Reduzierung des Bußgeldes dient, wird in der „Mitteilung der Kommission über den Erlass von Geldbußen" deutlich. Ungeachtet dessen statuiert die Kommission, dass „die Mitteilung berechtigte Erwartungen begründet, auf die sich ein Unternehmen, die der Kommission das Bestehen eines Kartells darlegen, berufen können"[858]. Der Aussage schwingt ebenfalls die Bedeutung des vertraulichen Umgangs der übermittelten Informationen mit. Dass ein Konflikt mit der Transparenz-Verordnung bestehen könnte, sieht die Kommission, denn nach Nr. 40 der „Mitteilung der Kommission über den Erlass von Geldbußen" steht die Bekanntmachung der Unterlagen auch nach Fällung der Entscheidung den öffentlichen und privaten Interessen im Sinne von Artikel 4 der Transparenz-Verordnung entgegen. In der „Mitteilung

854 OLG Hamm, B. v. 26. 11. 2013 – III 1 VAs 116 – 120/13 – juris Rn. 51 f.

855 Busch/Sellin, BB 2012, 1167, 1167 führen aus, dass durch das Kronzeugenverfahren die Aufdeckung von Kartellen deutlich zugenommen hat; sie sprechen von einer Verdreifachung der Kartellverfahren; Saller, BB 2013, 1660, 1660 f.

856 Heinichen, NZKart 2014, 83, 89; Sauter, in: FS Dauses, S. 351, 355 f.

857 OLG Düsseldorf, U. v. 10. 02. 2014 – V-4 Kart 5/11 (OWi) (juris Rn. 223).

858 Nr. 38 der „Mitteilung der Kommission über den Erlass von Geldbußen".

der Kommission aus 2002"[859] wurde ein Konflikt mit der Transparenz-Verordnung zwar gesehen, allerdings sah man nur einen Widerspruch mit dem Schutz des Zwecks von Inspektions- und Untersuchungstätigkeiten im Sinne von Art. 4 Abs. 2 der Transparenz-Verordnung.[860] Folglich wurde der Konflikt von dem Ausnahmegrund der Inspektions- und Untersuchungstätigkeit auf öffentliche und private Interessen im Sinne des Art. 4 der Transparenz-Verordnung ausgeweitet. Außerdem wurde eine zeitliche Ausweitung vorgenommen, sodass nun „nach Fällung der Entscheidung"[861] eine Auskunft nach der Transparenz-Verordnung nicht möglich sei. Der Konflikt wurde demnach nicht auf der Ebene des Anwendungsbereiches gelöst, sondern im Rahmen der Ausnahmegründe.[862] Denn durch die Statuierung, dass die Ausnahmegründe einer Veröffentlichung im Allgemeinen entgegenstehen, wird verdeutlicht, dass die Transparenz-Verordnung nicht durch spezielle kartellrechtliche Regelungen verdrängt wird. Das Ergebnis wird durch Art. 6 Abs. 2 der Richtlinie 2014/104/EU unterstützt,[863] wonach der Anwendungsbereich der Transparenz-Verordnung nicht durch die Richtlinie für Schadensersatzforderungen nach wettbewerbsrechtlichen Klagen beschränkt wird. Erwägungsgrund 20 der Richtlinie 2014/104/EU führt ebenfalls aus, dass die Transparenz-Verordnung nicht durch die Richtlinie berührt sein soll.

Die Kartellrechtsvorschriften und die Transparenz-Verordnung sind parallel anwendbar, allerdings ist zu fragen, wie das Verhältnis zueinander ist und wie mit dem Informationsersuchen von Dritten – wohl zumeist Geschädigten von Kartellen – umgegangen wird. Die Problematik wird oftmals im Kontext von *public enforcement* und *private enforcement* diskutiert.[864] Die Verfahren, welche die Kartellbehörden führen, werden als *public enforcement* bezeichnet, und die

---

859 Mitteilung der Kommission über den Erlass und die Ermäßigung von Geldbußen in Kartellsachen (2002/C 45/03), Abl. der Europäischen Gemeinschaft vom 19. 02. 2002 – C 45/3, zitiert: „Mitteilung der Kommission aus 2002"

860 Nr. 31 der „Mitteilung der Kommission aus 2002".

861 Nr. 40 der „Mitteilung der Kommission über den Erlass von Geldbußen".

862 Frenz, EuZW 2013, 778, 779 f.; Lebsanft, in: Informationsrecht und Informationsfreiheit. Jahrbuch 2015, S. 255, 260; Palzer, EuR 2012, 583, 588 f.; Palzer, ZEuP 2015, 416, 426.

863 Lebsanft, in: Informationsrecht und Informationsfreiheit. Jahrbuch 2015, S. 255, 260.

864 Busch/Sellin, BB 2012, 1167, 1167 f.; Milde, Schutz des Kronzeugen im Spannungsfeld von behördlicher Kartellrechtsdurchsetzung und privaten Schadensersatzklagen; Seitz, EuZW 2011, 599, 599.

von Kartellgeschädigten als *private enforcement*.[865] Dabei wird gesagt, dass die Informationen, die durch die Kartellbehörden aufgedeckt werden, die zivilrechtlichen Schadensersatzklagen erst ermöglichen, und demzufolge werden solche Verfahren als „follow on"-Verfahren[866] betitelt. Im Rahmen der Dissertation wurde ein solches Vorgehen als Nutzung des Informationszugangsrechtes zum Zwecke der *pre-trial-discovery*[867] bezeichnet, womit der Fokus der Arbeit verdeutlich werden soll, nämlich derjenige der Nutzung des Informationszugangsrechtes als Mittel zur Erlangung von Informationen. Gleichwohl thematisieren alle Konstellationen die gleiche Problematik: die kollidierenden Interessen der Informanten mit denjenigen der Schadensersatzfordernden und den staatlichen Behörden. Bei der Festsetzung des Zeitpunktes auf die Informationserlangung nach dem IFG ist die folgende terminologische Gestaltung zu beachten: Dritten (Informanten) mit dem Interessen der Informationsnehmer (den Schadensersatzfordernden) und den Informationsgebern (den staatlichen Behörden).

Um eine These über die Behandlung von Informationszugangsansprüche[868] ziehen zu können, ist zunächst zu skizzieren, wie die Gerichte mit der europäischen Rechtslage umgegangen sind, da die neusten Entscheidungen auf eine gewisse Kehrtwende hindeuten; von einer informationszugangsfreundlichen Auslegung zu einer beschränkenden Rechtsprechung im Hinblick auf Auskunftsansprüche.

Der EuG hat die Informationszugangsrechte von Kartellgeschädigten in den letzten Jahren immer mehr gestärkt.[869] Den Höhepunkt fand die Stärkung in den Entscheidungen zu den Rechtsachen Pfleiderer[870] und CDC[871]. Bei der Entscheidung des EuGH in der Rechtsache Pfleiderer handelte es sich um eine Vorlagefrage des Amtsgerichtes Bonn zu der Problemkonstellation, ob Kartellgeschädigte in Bonusanträge bzw. Kronzeugenanträge Einsicht nehmen können.[872]

865 Busch/Sellin, BB 2012, 1167, 1167 f.; Milde, Schutz des Kronzeugen im Spannungsfeld von behördlicher Kartellrechtsdurchsetzung und privaten Schadensersatzklagen, S. 45 ff.

866 EuGH, EuZW 2014, 311.

867 Siehe Abschnitt IV.

868 Ausführlich zu Informationszugangsansprüche beim Bundeskartellamt: Burholt, BB 2006, 2201 ff., der abschließend zu dem Ergebnis kommt, dass durch die diversen Ausschlussgründe des IFG ein Informationszugang zumeist verhindert wird.

869 Palzer, EuR 2012, 583, 584.

870 EuGH, U. v. 14. 06. 2011 - C-360/09.

871 EuG, U. v. 15. 12. 2011 - T-437/08.

872 AG Bonn, B. v. 4. 8. 2009 - 51 GS 53/09.

Das Amtsgericht Bonn musste sich mit einem Auskunftsbegehren eines Kartellgeschädigten befassen, der in die Akten des Bundeskartellamtes zu einem Kartell für Dekopapiere Einsicht nehmen wollte, um den Schaden, den die Pfleiderer AG durch den Bezug von überteuerten Dekopapieren erlitten hat, beziffern zu können. Das Bundeskartellamt hatte nur die Akteneinsicht in die Bußgeldbescheide gewährt, wollte aber den Zugang zu weiteren Unterlagen – insbesondere den Bonusanträgen (Kronzeugenanträgen) – nicht gewähren.[873] Um aber eine substantiierte Klage auf Schadensersatz erheben zu können, musste die Pfleiderer AG eine Schadenssumme nennen, was ohne die Einsichtnahme in die Akten nicht möglich war.[874] Aus dem Bußgeldbescheid, der zugänglich gemacht wurde, konnte die Schadenssumme ebenfalls nicht geschlussfolgert werden. Da das AG Bonn einen möglichen Widerspruch mit europarechtlichen Fragen befürchtete, stellte das Gericht an den EuGH eine Vorlagefrage.[875] Der EuGH kam dahingehend zu dem Ergebnis, dass aus europarechtlicher Sicht kartellrechtliche Bestimmungen einer Akteneinsicht von Geschädigten nicht entgegenstehen.[876] Zwar sehe der Gerichtshof ein Spannungsverhältnis zwischen dem Kronzeugenprogramm und dem Akteneinsichtsrecht[877], weil durch die Akteneinsicht die Interessen der Kronzeugen betroffen wären und dadurch in Zukunft auf die Informationsübermittlung innerhalb des Programmes verzichtet werden könnte,[878] nichtsdestotrotz wollte der EuGH das Spannungsverhältnis nicht lösen, sondern überließ es den nationalen Gerichten unter Beachtung des Einzelfalles eine Lösung zu treffen.[879] Das Amtsgericht entschied unter Beachtung der EuGH-Entscheidung, dass in dem Fall eine Akteneinsicht in die Bonusanträge zu versagen ist, allerdings könne in andere Dokumente und Akten des Bundeskartellamtes Einsicht genommen werden, um den Schaden zu beziffern.[880] Das begründete das Gericht damit, dass ansonsten der Untersuchungszweck, welcher

873 AG Bonn, B. v. 4. 8. 2009 - 51 GS 53/09.

874 AG Bonn, B. v. 4. 8. 2009 - 51 GS 53/09; Ausführlich: Milde, Schutz des Kronzeugen im Spannungsfeld von behördlicher Kartellrechtsdurchsetzung und privaten Schadensersatzklagen, S. 58.

875 AG Bonn, B. v. 4. 8. 2009 - 51 GS 53/09.

876 EuGH, U. v. 14. 06. 2011 – C-360/09; Ausführlich zu der Diskussion: Milde, Schutz des Kronzeugen im Spannungsfeld von behördlicher Kartellrechtsdurchsetzung und privaten Schadensersatzklagen, S. 81 ff.

877 Ausführlich: Dück/Eufinger/Schultes, EuZW 2012, 418 ff.

878 EuGH, U. v. 14. 06. 2011 – C-360/09.

879 EuGH, U. v. 14. 06. 2011 – C-360/09.

880 AG Bonn, B. v. 18. 01. 2012 – 51 Gs 53/09.

von § 406e Abs. 2 S. 2 StPO geschützt wird, gefährdet wäre.[881] Der Untersuchungszweck wurde darin gesehen, dass in zukünftigen Verfahren Kronzeugen auf die Beteiligung an einem Kronzeugenverfahren verzichten könnten, weil sie nachträglich mit weiteren Kosten – den Schadensersatzforderungen – von Geschädigten konfrontiert werden würden.[882] Somit wurde eine Entscheidung für die allgemeine Einordnung der Kronzeugenverfahren getroffen, die über den bloßen Einzelfall hinausging. Der zeitlich unbegrenzte Ausschluss von den Unterlagen wurde zu dem Zeitpunkt vom EuG abgelehnt.

In einer ähnlichen Konstellation setzte sich der EuG mit einem Auskunftsanspruch der CDC AG, einer Aktiengesellschaft, die kartellrechtliche Schadensersatzforderungen geltend macht, auseinander.[883] In der Entscheidung wurden die Ausnahmegründe der Transparenz-Verordnung betrachtet und es wurde festgestellt, dass in der zu entscheidenden Situation keine geschäftlichen Interessen einem Auskunftsanspruch entgegenstehen würden.[884] Ferner sah das EuG den Ausnahmegrund aus Art. 4 Abs. 2 dritter Spiegelstrich der Transparenz-Verordnung als nicht betroffen an, weil der Schutz des Untersuchungsverfahrens nur bei laufenden Verfahren greife und bei abgeschlossenen Verfahren der Ausnahmegrund nicht einschlägig sei.[885] Ohne eine zeitliche Beschränkung würde ansonsten der Wirkungskreis der Transparenz-Verordnung ausgehöhlt, sodass der Auskunftsanspruch wirkungslos bliebe.[886]

Ähnlich fiel die Entscheidung des EuG in der Rechtsache EnBW aus.[887] Auch hier entschied das Gericht, dass die Untersuchungstätigkeit bei abgeschlossenen Verfahren durch die Akteneinsicht nicht gefährdet sei. Weiter führte das EuG aus, dass eine Berufung auf Geschäftsinteressen jeweils für den Einzelfall begründet werden müsse und eine bloße Berufung auf Floskeln nicht ausreiche.[888]

Die Notwendigkeit einer Einzelfallabwägung stellte der EuGH in der Rechtsache Donau Chemie besonders hervor.[889] In dem Verfahren prüfte der Gerichtshof die Vereinbarkeit einer österreichischen Regelung mit dem EU-Recht. Nach

881 AG Bonn, B. v. 18. 01. 2012 – 51 Gs 53/09.
882 AG Bonn, B. v. 18. 01. 2012 – 51 Gs 53/09.
883 EuG, U. v. 15. 12. 2011 – T-437/08.
884 EuG, U. v. 15. 12. 2011 – T-437/08.
885 EuG, U. v. 15. 12. 2011 – T-437/08.
886 EuG, U. v. 15. 12. 2011 – T-437/08.
887 EuG, B. v. 22. 05. 2012 – T-344/08.
888 EuG, B. v. 22. 05. 2012 – T-344/08.
889 EuGH, U. v. 06. 06. 2013 – C-536/11.

§ 39 Abs. 2 des österreichischen Kartellgesetzes von 2005[890] konnten am Verfahren nicht als Partei beteiligte Personen in die Akten des Kartellgerichts nur mit Zustimmung der Parteien Einsicht nehmen. Die Regelung sah der Europäische Gerichtshof als unvereinbar mit dem Europäischem Recht, da kein Raum für eine Einzelfallabwägung vorhanden und eine Akteneinsicht nur von der Zustimmung der Prozessparteien abhängig war. Das Urteil des EuGH unterstrich die Wichtigkeit einer Einzelfallabwägung beim Ausschluss von Aktenzugangsansprüchen, sodass eine Abwägung der „Grundrechte und der unionsrechtlich abgesicherten öffentlichen Interessen“[891] erfolgen muss. Der bloßen Dispositionsbefugnis der Beteiligten wurde zu dem Zeitpunkt eine Absage erteilt.

Von der EuG-Rechtsprechung im Hinblick auf die zeitliche Grenze machte aber der EuGH mit der Entscheidung in der Rechtsache EnBW eine Kehrtwende,[892] indem der Gerichtshof erklärte, dass der Ausnahmegrund des Art. 4 Abs. 2 dritter Spiegelstrich der Transparenz-Verordnung nicht so zu verstehen sei, dass ein Untersuchungsverfahren noch bestehen müsse. Auch wenn ein Verfahren abgeschlossen sei, sei es nicht komplett auszuschließen, dass das Verfahren nochmal neu aufgerollte werden könnte. Deshalb seien Kronzeugenregelungen auf Grund der Ausnahmevorschrift, auch nach Beendigung eines Verfahrens, nicht zugänglich.[893] Infolgedessen wurden Kronzeugenregelungen de facto vom Auskunftsanspruch der Transparenz-Verordnung ausgenommen. Der absolute Schutz von Kronzeugenerklärungen wird nun in der RL 2014/104/EU deutlich, nach Art. 6 Abs. 6 lit. a der RL 2014/104/EU sind Kronzeugenerklärungen zu keinem Zeitpunkt zum Zwecke von Schadensersatzklagen offenzulegen. Die Normierung der Ausnahme führt dazu, dass im Endeffekt Geschädigten innerhalb von Prozessen keine Akteneinsicht gewährt werden kann.[894] Zwar wird in Art. 6 Abs. 2 RL 2014/104/EG statuiert, dass die Anwendungspraxis und die Vorschriften der Transparenz-Verordnung nicht von der Norm betroffen würden, was bedeutet, dass die Regelung in Art. 6 Abs. 6 RL 2014/104/EU nicht im Kontext der Transparenz-Verordnung gelten soll, jedoch

890 Bundesgesetz gegen Kartelle und andere Wettbewerbsbeschränkungen (Kartellgesetz 2005 – KartG 2005) (österreichisches) Bundesgesetzblatt vom 05. 07. 2005 I Nr. 61/2005.

891 Frenz, EuZW 2013, 778, 781.

892 EuGH, U. v. 27. 02. 2014 – C-365/12 P.

893 EuGH, U. v. 27. 02. 2014 – C-365/12 P.

894 Zustimmend: Lebsanft, in: Informationsrecht und Informationsfreiheit. Jahrbuch 2015, S. 255, 286; Milde, Schutz des Kronzeugen im Spannungsfeld von behördlicher Kartellrechtsdurchsetzung und privaten Schadensersatzklagen, S. 184.

erscheint das Ergebnis widersprüchlich, denn dadurch würde eine differenzierte Rechtsprechungspraxis entstehen, die bei prozessualen Auskunftsansprüchen, wie § 406e StPO, und Auskunftsansprüchen à la Transparenz-Verordnung zu unterschiedlichen Ergebnissen führen würde. Eine solche Schlussfolgerung ist aber nicht mit der Rechtslage vereinbar, da die prozessualen Rechte im Gegensatz zu den Auskunftsrechten nach der Transparenz-Verordnung einem konkreten Rechtsschutzverlangen nachkommen und dem effektiven Rechtsschutz dienen. Es wäre nicht erklärbar, wieso prozessuale Auskunftsrechte von Beginn an ausgeschlossen wären und die Rechte der Transparenz-Verordnung erst auf der Ebene der Ausschlussgründe beschränkt werden sollten. Der Gerichtshof konstituierte nämlich, dass bei gewissen Konstellationen ein Auskunftsanspruch notwendig sei. Daher fassten die Richter die private Geltendmachung von Schadensersatzansprüchen unter das Kriterium der überwiegenden öffentlichen Interessen, nach Art. 4 Abs. 2 letzter Halbsatz Transparenz-Verordnung.[895] Nach deren Ansicht wird durch private Schadensersatzklagen in das Wettbewerbsrecht eingegriffen, nämlich in der Form, dass eine Sanktionierung von wettbewerbswidrigem Verhalten erfolgt, sodass private Schadensersatzklagen unter den Begriff des öffentlichen Interesses zu subsumieren seien. Allerdings obliegt es dem Auskunftsinteressierten, die Notwendigkeit der Erlangung der Information darzulegen,[896] was der Auferlegung einer Beweislast entspricht.[897] Durch die Beweislast wird der Auskunftsanspruch, den die Transparenz-Verordnung gewährt, geschwächt.

Zusammenfassend ist festzuhalten, dass die Rechtsprechung zu den Kronzeugenverfahren sich in den letzten Jahren immer mehr für den Schutz von Kronzeugen im Gegensatz zu der Gewährung von Auskunftsansprüchen entwickelt hat. Die Rechtsprechungslinie des EuG, welche eine konkrete Rechtsgutverletzung für die Versagung von Auskunftsansprüchen forderte und die zeitliche Beschränkung von Ausnahmeregelungen sah, hat durch die Entscheidung des EuGH eine Abkehr gefunden. Der EuGH wertet den Stellenwert des Kronzeugenverfahrens als höher ein, auch wenn er es nicht explizit in seiner Entscheidung ausführt. Freilich wird aber erkennbar, dass der Schutz von Vertrauensverhältnissen vom Gerichtshof anerkannt wird, um die Arbeitsweise der Kartellbehörden nicht zu beeinträchtigen. Der einzige vom EuGH vorgeschlagene Lösungsweg führt über die Auferlegung von Beweislasten, welche aber in

895 EuGH, U. v. 27. 02. 2014 – C-365/12 P.

896 EuGH, U. v. 27. 02. 2014 – C-365/12 P.

897 Palzer, ZEuP 2015, 416, 424 f.

dem Fall zu Lasten des Auskunftsberechtigten gehen, weil er das positive Interesse an der Informationsmitteilung darlegen muss. Die deutschen Gerichte bewerten „das besondere Geheimhaltungsinteresse“[898] im Gegensatz zum Auskunftsanspruch als höherrangig. Einzig der High Court in England kam zu einem anderen Ergebnis.[899] Nach Ansicht des englischen Gerichtes liefere das Kronzeugenprogramm zwar den Anreiz für die Bekanntgabe von Kartellrechtsverstößen, allerdings würden es die Unternehmen nur in Betracht ziehen Informationen über Kartelle an die Kommission oder die nationalen Wettbewerbsbehörden weiterzugeben, um Geldbußen zu verhindern.[900] Das sei der einzige Ansporn für die Nutzung des Kronzeugenprogramms, die weitere Zusage von vertraulichem Umgang mit den Informationen können über den Abschluss des Verfahrens nicht erwartet werden.[901] Die Anreizwirkung für die Informationsweitergabe[902] erfolgt über die Mitteilung der Kommission über den Erlass von Geldbußen.[903] Und in dieser wird primär die Reduzierung der Geldbuße thematisiert. Lediglich Nr. 38 führt aus, dass gewisse Erwartungen mit der Mitteilung von Informationen verbunden sind. Dessen ungeachtet kann der Kronzeuge nicht darauf hoffen, dass mit der Kronzeugenregelung berechtigte Schadensersatzansprüche von Geschädigten verhindert werden.[904] Durch die Verweigerung der Einsichtnahme in die Kronzeugenregelungen wird es aber den Geschädigten erschwert Ansprüche geltend zu machen. Und die Mitteilung kann eine solche Hoffnung nicht nähren, denn es wird nicht ausdrücklich ausgeführt, dass die Erwartung an eine komplette – zeitlich unbegrenzte – Vertraulichkeit mit einer solchen Informationsweitergabe verbunden sei. Natürlich ist dem Kronzeugen zuzugestehen, dass er sich durch die Aufdeckung des Kartells und durch die Zurverfügungstellung der Informationen selbst belastet.[905] Würde man also den Geschädigten

898 OLG Düsseldorf, U. v. 10. 02. 2014 – V-4 Kart 5/11 (OWi) – juris Rn. 223.

899 High Court WuW/E KrInt 403 – National Grid; Fischerauer, EnZW 2012, 82, 83 f.; Heinichen, NZKart 2014, 83, 84.

900 High Court WuW/E KrInt 403 – National Grid; Fischerauer, EnZW 2012, 82, 83 f.; Heinichen, NZKart 2014, 83, 84.

901 High Court WuW/E KrInt 403 – National Grid; Fischerauer, EnZW 2012, 82, 83 f.; Heinichen, NZKart 2014, 83, 84.

902 Allgemein zur Anreizwirkung: Pohl, Informationsbeschaffung beim Mitbürger, S. 113 ff.

903 Seitz, EuZW 2011, 598, 601 f. sieht das anders.

904 Zustimmend: Dück/Eufinger/Schultes, EuZW 2012, 418, 419 ff.

905 Angedeutet: Schlussanträge des Generalstaatsanwalts, Jan Mazak, vom 16. 12. 2010 – C-360/09; OLG Hamm, B. v. 26. 11. 2013 – III 1 VAs 116 – 120/13 – juris Rn. 52.

einen Auskunftsanspruch im Hinblick auf die Kronzeugenerklärung gewähren, hätte das zur Folge, dass der Auskunftsberechtigte die erlangten Informationen, die der Kronzeuge freiwillig gegeben hat, dazu nutzen könnte, um ein anderes Verfahren gegen die Person zu führen. Dies steht im Widerspruch zu dem Grundsatz der Selbstbelastungsfreiheit.

Trotz der Kritik[906] an der Entscheidung des EuGH ist festzustellen, dass das Ergebnis – die Verweigerung der Akteneinsicht in Kronzeugenerklärungen – berechtigt ist und im Wege der Beweislast ein gerechtes Ergebnis getroffen wurde, denn das Urteil schließt nicht die Akteneinsicht des Geschädigten in andere Akten der Kartellbehörde aus. Somit wurde im Endeffekt der Differenzierungsvorschlag des Generalstaatsanwaltes, der zwischen freiwillig übermittelten Informationen (den Kronzeugenerklärungen) und den ansonsten vorhandenen Akten unterscheidet, schlussendlich übernommen.[907] Die Unterscheidung zwischen verschiedenen Informationsmitteln – nämlich den Kronzeugenerklärungen und anderen „bereits vorhandenen Informationen"[908] – wird auch in der Richtlinie 2014/104 im Erwägungsgrund 26 f. erkennbar. Das Ergebnis wird dadurch gerechtfertigt, dass ein ausgeglichenes Ergebnis für alle Beteiligten erlangt werden kann.[909]

Gleichwohl ist hervorzuheben, dass dem Schutz von Kronzeugenerklärungen eine höhere Schutzintensität zugesprochen wird, die damit zusammenhängt, dass ohne die Gewährung dessen die Arbeitsfähigkeit der Behörden nicht sichergestellt werden könnte. Und dieser Schutz wird im Verhältnis zwischen Informant und Behörde durch die Zusage von Vertraulichkeit hergestellt.

b. BaFin-Fälle

Eine ähnliche Situation findet sich bei den sogenannten „BaFin-Fällen"[910] vor. Die Bundesanstalt für Finanzdienstleistungsaufsicht (BaFin) gehört zu den Aufsichtsbehörden, die sich häufig mit Informationszugangsansprüchen konfrontiert sehen. Wie das Bundeskartellamt, so ist die BaFin auf die Informationsmitteilung von Dritten angewiesen, um Missstände aufdecken zu können.[911]

---

906 Lebsanft, in: Informationsrecht und Informationsfreiheit. Jahrbuch 2015, S. 255, 260 ff.; Peitz, ZEuP 2015, 416, 423 ff.

907 Schlussanträge des Generalstaatsanwalt, Jan Mazak, vom 16. 12. 2010 – C-360/09.

908 Erwägungsgrund 28 RL 2014/104/EG.

909 Vgl. Erwägungsgrund 26, 27, 28 RL 2014/104/EG.

910 Schoch, NVwZ 2012, 85, 85.

911 Brocker/Andrzejewski, GWR 2011, 378, 380; Langner/Schmieszek, WM 2016, 1723, 1725; Wilsing/Paul, BB 2009, 114.

Auch wenn dem Vorbringen, dass die Kontrolltätigkeit nur durch die Kooperation und die Zusicherung der Vertraulichkeit erfolgen kann, teilweise entgegen gehalten wird, dass eine Kontrolle auch ohne eine „vertrauensvolle Zusammenarbeit" erfolgen kann,[912] wird von Geschädigten versucht, durch die Nutzung des IFG als pre-trial-discovery-Mittel Informationen zu erhalten, die Verstöße beweisen und dadurch mögliche Sekundärklagen unterlegen.[913] Die BaFin sieht sich dadurch in ihrer Aufgabenwahrnehmung gehindert, was zu zahlreichen Prozessen geführt hat,[914] die im Folgenden kurz skizziert werden sollen, um vergleichen zu können, ob ebenfalls Beweislastregelungen genutzt werden, um Vertraulichkeitszusagen Geltung zu verschaffen. Wenn die Frage positiv zu beantworten ist, wäre die These gestützt, dass Vertraulichkeitszusagen nicht zwangsläufig nur dem Schutz von Rechtsgütern, sondern vielmehr dem Schutz von Vertrauensverhältnissen dienen. Auch der EuGH statuiert, „dass sowohl die überwachten Firmen als auch die zuständigen Behörden sicher sein können, dass die vertraulichen Informationen grundsätzlich auch vertraulich bleiben."[915] Folglich wird impliziert, dass die Aufsichtsbehörden und die beteiligten Unternehmen darauf angewiesen sind, dass Informationen, die von Dritten übermittelt wurden, vertraulich zu behandeln sind.

Die bestehende Unsicherheit, die bei der BaFin existiert, hängt damit zusammen, dass im Zuge des Gesetzgebungsprozesses des Informationsfreiheitsgesetzes keine Bereichsausnahme für die Finanzaufsicht eingeführt wurde.[916] Infolgedessen werden Forderungen nach einer eigenen Bereichsausnahme für die BaFin laut.[917] Die Gerichte waren zunächst unsicher hinsichtlich der Auslegung der Ausnahmen und plädierten dazu, die Ausnahmevorschriften eng auszulegen, denn es sollte gerade keine Bereichsausnahme für die BaFin über die gerichtliche Auslegungspraxis geschaffen werden, die nicht im Gesetzgebungsprozess durchgesetzt wurde. Infolgedessen wurde der Ausnahmegrund nach § 3 Nr. 4 i. V. m. § 9 Abs. 1 KWG/§ 8 Abs. 1 WpHG auf die Prüfung des Vorliegens

---

912 Huber, in: Informationsfreiheit und Informationsrecht. Jahrbuch 2014, S. 237, 239, allerdings ohne eine nähere Begründung.

913 Gurlit, NZG 2014, 1161, 1162; Langner/Schmieszek, WM 2016, 1723, 1724 führen einen hohen Anstieg von Anfragen aus.

914 Gurlit, NZG 2014, 1161, 1162; Huber, in: Informationsrecht und Informationsfreiheit. Jahrbuch 2014, 237, 238; Langner/Schmieszek, WM 2016, 1723, 1724.

915 EuGH, U. v. 12. 11. 2014 – C-140/13, Rn. 31 = BeckEuRS 2014, 405880.

916 Huber, in: Informationsfreiheit und Informationsrecht. Jahrbuch 2014, S. 237, 237 f.

917 Schmieszek/Langner, in: Informationsfreiheit und Informationsrecht. Jahrbuch 2014, S. 227, 235.

eines Geschäftsgeheimnisses begrenzt, was zu einer Prüfung des Ausnahmegrundes des § 6 IFG geführt hatte.[918] Den bestehenden Auslegungsschwierigkeiten und der ursprünglich weitgehenden Informationserteilung durch die Gerichte[919] hat der EuGH nun eine Absage erteilt.

Dem EuGH wurde eine Vorlagefrage im Rahmen eines Vorabentscheidungsverfahrens von Seiten des VG Frankfurt a. M. vorgelegt.[920] Dabei sollte das Gericht über die Reichweite von Verschwiegenheitsverpflichtungen entscheiden. Vor allem wurde die Frage aufgeworfen, ob die Berufung auf Verschwiegenheitsverpflichtungen auch bei strafbewährten Handlungen des Dritten, wodurch Rechtsschutzinteressen von Rechtssuchenden beschnitten werden, möglich sei.[921] Im Zuge der Vorlagefrage beschäftigte sich das Gericht primär mit der Auslegung des Art. 54 Abs. 1 der Richtlinie 2004/39/EG[922]. Die Vorschrift setzt sich mit dem Begriff der Berufsgeheimnisse auseinander und lautet:

> *„(1) Die Mitgliedstaaten stellen sicher, dass die zuständigen Behörden, alle Personen, die für diese oder für Stellen, denen nach Artikel 48 Absatz 2 Aufgaben übertragen wurden, tätig sind oder waren, sowie die von den zuständigen Behörden beauftragten Wirtschaftsprüfer*

918 Langner/Schmieszek, WM 2016, 1723, 125.

919 BVerwG, U. v. 24. 5. 2011 – 7 C 6/10 = NVwZ 2011, 1012; VG Frankfurt, U. v. 23. 1. 2008 - 7 E 3280/06 = NVwZ 2008, 1384.

920 VG Frankfurt, B. v. 19. 02. 2013 – 7 K 4127/12. F, NVwZ 2013, 742.

921 VG Frankfurt, B. v. 19. 02. 2013 – 7 K 4127/12. F, NVwZ 2013, 742, dabei handelt es sich um die zweite Vorlagefrage. Die Beantwortung der ersten Vorlagefrage, die wie folgt lautet: „Ist es mit dem Recht der Europäischen Union zu vereinbaren, dass zwingende Verschwiegenheitspflichten, die den nationalen Behörden, welche die Aufsicht über Finanzdienstleistungsunternehmen ausüben, obliegen und die ihre Grundlage in einschlägigen Rechtsakten des Unionsrechts haben (hier: Richtlinie 2004/109/EG, Richtlinie 2006/48/EG und Richtlinie 2009/65/EG) und entsprechend in nationales Recht umgesetzt worden sind, wie dies in der Bundesrepublik Deutschland mit § KWG § 9 Kreditwesengesetz und § WPHG § 8 Wertpapierhandelsgesetz geschehen ist, durch die Anwendung und Auslegung einer nationalen prozessrechtlichen Vorschrift, wie sie § VWGO § 99 VwGO darstellt, durchbrochen werden können.“, wurde im Laufe des Verfahrens verzichtet, vgl. Huber, in: Informationsrecht und Informationsfreiheit. Jahrbuch 2014, S. 237, 244 f. mit Hinweis auf die Stellungnahme der Europäischen Kommission vom 13. 08. 2013.

922 Richtlinie 2004/39/EG des Europäischen Parlamentes und des Rates vom 21. April 2004 über Märkte für Finanzinstrumente, zur Änderung der Richtlinien 85/611/EWG und 93/6/EWG des Rates und der Richtlinie 2000/12/EG des Europäischen Parlaments und des Rates und zur Aufhebung der Richtlinie 93/22/EWG des Rates (Abl. der Europäischen Union vom 30. 4. 2004 L 145/1). Im Folgenden zitiert als: Richtlinie 2004/39/EG.

und Sachverständigen dem Berufsgeheimnis unterliegen. Diese dürfen vertrauliche Informationen, die sie in ihrer beruflichen Eigenschaft erhalten, an keine Person oder Behörde weitergeben, es sei denn in zusammengefasster oder allgemeiner Form, so dass die einzelnen Wertpapierfirmen, Marktbetreiber, geregelten Märkte oder anderen Personen nicht zu erkennen sind; davon unberührt bleiben Fälle, die unter das Strafrecht oder andere Bestimmungen dieser Richtlinie fallen."

Eine Definition des Berufsgeheimnisses findet sich in der Richtlinie weiter nicht, da es sich aber um Mitarbeiter von Behörden oder Personen handelt, denen Aufgaben übertragen wurden, handelt es sich um das europarechtliche Äquivalent des Amtsgeheimnisses[923]. Der EuGH stellt diese Querverbindung nicht an, weil eine Auslegung des nationalen Rechtes nicht erfolgt.

Vielmehr führt der Generalanwalt Jääskinen aus, dass drei Arten von Verschwiegenheitspflichten bestehen, die unter das Berufsgeheimnis nach Art. 54 Abs. 1 der Richtlinie 2004/39/EG fallen.[924] Erstens betreffen Verschwiegenheitspflichten solche „Informationen, die dem sogenannten Bankgeheimnis unterliegen, das sich auf die Beziehungen zwischen dem Kreditinstitut, der Wertpapierfirma oder einem anderen Finanzunternehmen und deren Kunden und Vertragspartnern erstreckt."[925] Folglich wird der institutionelle Geheimnisbereich des Bankenwesens unter Schutz gestellt, was aber auch Überschneidungen zum Betriebs- und Geschäftsgeheimnis haben kann. Die Verschwiegenheitspflicht kann zu den Ausnahmegründen des IFG nach §§ 5, 6 IFG[926] – wenn die Interessen der Kunden und Finanzunternehmen gesehen werden – und unter § 3 Nr. 4 IFG i. V. m. § 9 Abs. 1 KWG und § 8 WpHG[927] – bei Abstellen auf das Bankgeheimnis im engeren Sinne – gezählt werden. Als zweiten Verschwiegenheitsgrund wird das „„Betriebsgeheimnis" der beaufsichtigten Unternehmen"[928] genannt, womit die Rechtsgüter der betroffenen Unternehmen gemeint sind. Die Vertraulichkeitspflicht entspricht somit § 6 IFG[929]. Und abschließend wird

923 Zum Begriff des Amtsgeheimnisses: Abschnitt II.5.b.dd.(1).

924 Generalanwalt beim EuGH, Schlussantrag vom 04. 09. 2014 – C-140/13 = BeckRS 2014, 81740.

925 Generalanwalt beim EuGH, Schlussantrag vom 04. 09. 2014 – C-140/13, Rn. 36 = BeckRS 2014, 81740; mit Verweis auf: EuGH, U. v. 11. 6. 2009 – C-155/08, BeckEuRS 2009, 496236 und EuGH, U. v. 10. 12. 2002 – C-153/00 = EuZW 2003, 280.

926 Vgl. Gurlit, NZG 2014, 1161, 1164 f.

927 Vgl. Brocker/Andrzejewski, GWR 2011, 378, 379; Gurlit, NZG 2014, 1161, 1164; Wilsing/Paul, BB 2009, 114, 115.

928 Generalanwalt beim EuGH, Schlussantrag vom 04. 09. 2014 – C-140/13, Rn. 37 = BeckRS 2014, 81740.

929 Vgl. Gurlit, NZG 2014, 1161, 1164 f.

noch das „aufsichtsrechtliche Geheimnis“[930] aufgeführt, das die Geheimhaltungspflicht der Aufsichtsbehörden und derer Mitarbeiter darstellen soll. Als Beispiele nennt der Generalanwalt „die von den zuständigen Behörden angewandten Überwachungsmethoden, die Korrespondenz und der Informationsaustausch der verschiedenen Behörden“[931]. Die Modalität des Begriffs wird unter den Ausnahmegrund von § 3 Nr. 1 lit. d. IFG[932] zu subsumieren sein. In der Entscheidung des EuGH[933] und nach Ansicht des Generalanwaltes[934] sind in dem zu betrachtenden Verfahren die Verschwiegenheitspflichten des zweiten Falles zu beachten, da insolvente Unternehmen sich ebenfalls auf Geschäfts- und Betriebsgeheimnisse stützen können und sollen.[935] Auf die beiden anderen Verschwiegenheitspflichten wird nicht weiter eingegangen. Der Wortlaut der Entscheidung und die Empfehlung des Generalanwalts deuten darauf hin, dass nur bei der zweiten Variante des Verschwiegenheitsgrundes, der das Vorliegen von Betriebsgeheimnissen fordert, ein konkretes Rechtsgut betroffen sein muss. Somit entsteht der Eindruck, dass eine Bereichsausnahme für die Aufsichtsbehörden geschaffen wird, die schon daher besteht, weil eine besondere Vertrauenssituation innerhalb der aufsichtsrechtlichen Praxis – durch die Verwaltungspraxis und das Bankgeheimnis – existiere. Der VGH Kassel pflichtet der Entscheidung bei und legt den Begriff der vertraulichen Informationen i. S. d. § 8 WpHG und § 9 KWG i. V. m. § 3 Nr. 4 IFG richtlinienkonform aus.[936] Die Sichtweise führt dazu, dass eine weitreichende Ausnahmevorschrift für die Bankenaufsicht geschaffen wird, die ohne das Kriterium einer konkreten Rechtsgutverletzung auskommt.

Das Bundesverwaltungsgericht hat Bedenken, diesen Rückschluss, den der VGH Kassel gezogen hat, zu stützen.[937] Es sei nicht eindeutig, dass der EuGH auf

930 Generalanwalt beim EuGH, Schlussantrag vom 04. 09. 2014 – C-140/13, Rn. 38 = BeckRS 2014, 81740, mit Verweis auf: EuGH, E. v. 11. 12. 1985 – 110/84, BeckRS 2004, 71248.

931 Generalanwalt beim EuGH, Schlussantrag vom 04. 09. 2014 – C-140/13, Rn. 38 = BeckRS 2014, 81740.

932 Vgl. Brocker/Andrzejewski, GWR 2011, 378, 378 f.; Gurlit, NZG 2014, 1161, 1166; Wilsing/Paul, BB 2009, 114, 115.

933 EuGH, U. v. 12. 11. 2014 – C-140/13 Rn. 32 ff.

934 Generalanwalt beim EuGH, Schlussantrag vom 04. 09. 2014 – C-140/13, Rn. 39 ff. = BeckRS 2014, 81740.

935 Generalanwalt beim EuGH, Schlussantrag vom 04. 09. 2014 – C-140/13, Rn. 53 ff. = BeckRS 2014, 81740.

936 VGH Kassel, U. v. 11. 03. 2015 – 6 A 1598/13 – Rn. 45 ff. = BeckRS 2015, 45517.

937 BVerwG, B. v. 04. 11. 2015 – 7 C 4/14.

das Merkmal einer konkreten Rechtsverletzung bei den anderen Verschwiegenheitsgründen verzichten wolle.[938] Infolgedessen stellte das Bundesverwaltungsgericht an den EuGH ein Vorabentscheidungsersuchen hinsichtlich der Reichweite des Berufsgeheimnisses.[939] Der EuGH hat die Entscheidung angenommen und

938 BVerwG, B. v. 04. 11. 2015 – 7 C 4/14.

939 BVerwG, B. v. 04. 11. 2015 – 7 C 4/14. Als Vorlagefragen wurden gestellt:
„1. a) Fallen unter den Begriff der „vertraulichen Informationen" im Sinne von Art. 54 Abs. 1 Satz 2 der Richtlinie 2004/39/EG[1] des Europäischen Parlaments und des Rates vom 21. April 2004 über Märkte für Finanzinstrumente, zur Änderung der Richtlinien 85/611/EWG und 93/6/EWG des Rates und der Richtlinie 2000/12/EG des Europäischen Parlaments und des Rates und zur Aufhebung der Richtlinie 93/22/EWG des Rates und damit unter das Berufsgeheimnis nach Art. 54 Abs. 1 Satz 1 der Richtlinie 2004/39/EG unabhängig von weiteren Voraussetzungen alle unternehmensbezogenen Angaben, die das beaufsichtigte Unternehmen an die Aufsichtsbehörde übermittelt hat?
b) Erfasst das „aufsichtsrechtliche Geheimnis" als Teil des Berufsgeheimnisses im Sinne von Art. 54 Abs. 1 Satz 1 der Richtlinie 2004/39/EG unabhängig von weiteren Voraussetzungen alle in den Akten enthaltenen Äußerungen der Aufsichtsbehörde einschließlich ihrer Korrespondenz mit anderen Stellen?
Wenn die Fragen a) oder b) zu verneinen sein sollten:
c) Ist die Bestimmung über das Berufsgeheimnis in Art. 54 Abs. 1 der Richtlinie 2004/39/EG so auszulegen, dass bei der Qualifikation der Informationen als vertraulich
aa) es darauf ankommt, ob Informationen ihrem Wesen nach unter das Berufsgeheimnis fallen oder der Zugang zu den Informationen das Geheimhaltungsinteresse konkret und tatsächlich beeinträchtigen könnte, oder
bb) sonstige Umstände zu berücksichtigen sind, bei deren Vorliegen die Informationen unter das Berufsgeheimnis fallen, oder
cc) sich die Aufsichtsbehörde hinsichtlich der in ihren Akten enthaltenen unternehmensbezogenen Angaben des beaufsichtigten Instituts und der darauf bezogenen Schriftstücke der Aufsichtsbehörde auf eine widerlegliche Vermutung berufen kann, dass insoweit Geschäfts- oder aufsichtsrechtliche Geheimnisse betroffen sind?
2. Ist der Begriff der „vertraulichen Informationen" im Sinne von Art. 54 Abs. 1 Satz 2 der Richtlinie 2004/39/EG so auszulegen, dass es für die Qualifizierung einer von der Aufsichtsbehörde übermittelten unternehmensbezogenen Angabe als schutzwürdiges Geschäftsgeheimnis bzw. als ansonsten schutzwürdige Information allein auf den Zeitpunkt der Übermittlung an die Aufsichtsbehörde ankommt?
Wenn Frage 2 zu verneinen ist:
3. Ist bei der Frage, ob eine unternehmensbezogene Angabe ungeachtet von Veränderungen des wirtschaftlichen Umfeldes als Geschäftsgeheimnis zu schützen ist und folglich unter das Berufsgeheimnis gemäß Art. 54 Abs. 1 Satz 2 Richtlinie 2004/39/EG fällt, in generalisierender Weise eine zeitliche Schranke – etwa von fünf Jahren – anzunehmen, nach deren Überschreitung in widerleglicher Weise vermutet wird, dass

führt es unter dem Aktenzeichen C-15/16. Die Vorlagefragen Nr. 1 a-c setzen sich mit der Problematik auseinander, ob ein weiterer Umstand – die Verletzung eines Rechtsgutes – für das Vorliegen einer vertraulichen Information vorhanden sein muss und ob es einer konkreten Einzelfallprüfung bedarf. Denn nach der Rechtsprechung des EuG wurden Informationen bisher unter das Berufsgeheimnis subsumiert, wenn drei Voraussetzungen vorlagen: erstens durfte die Information nur einem beschränkten Personenkreis bekannt sein (also nicht öffentlich), zweitens sollte durch die Offenlegung dem Auskunftsgeber oder einem Dritten ein ernsthafter Nachteil entstehen und drittens müsste das Interesse, welches verletzt werden könnten, auch objektiv schutzwürdig sein.[940] Daher wird die Entscheidung des EuGH abzuwarten sein, ob der EuGH durch seine Entscheidung in Sachen Phoenix AG[941] von der Voraussetzung der objektiv schutzwürdigen Interessen Abkehr genommen hat oder ob Informationen, die im aufsichtsrechtlichen Kontext ergangen sind, allgemein unter ein schutzwürdiges Kriterium zu fassen sind,[942] mit der Folge des Verzichts auf das Kriterium der konkreten Rechtsgutverletzung. Wenn die Frage positiv beantwortet wird, so kann auf das zusätzliche Kriterium der Rechtsgutsverletzung verzichtet werden, was die These stützt, dass auch ein bloßer Situationsschutz ausreichend ist.

c. V-Personen

Der Einsatz von V-Personen oder Verdeckten Ermittlern hat eine lange Tradition bei den Polizeibehörden und den Nachrichtendiensten, vgl. I.1.1. Richtlinie V-Person[943]. Die Ermittlungsmethode wird vorwiegend im Rahmen der

---

eine Angabe ihren wirtschaftlichen Wert verloren hat? Gilt Entsprechendes für das aufsichtsrechtliche Geheimnis?"

940 EuG, U. v. 30. 05. 2006 - T-198/03 Rn. 91 = BeckRS 2006, 70407.

941 EuGH, U. v. 12. 11. 2014 – C-140/13, Rn. 31 = BeckEuRS 2014, 405880.

942 Vgl. dazu: Langner/Schmieszek, WM 2016, 1723,1727. Die sich für einen Kurswechsel und eine allgemeine Ausnahme für die Banken-/Finanzaufsicht aussprechen.

943 Anlagen zu den Richtlinien für das Strafverfahren und das Bußgeldverfahren (RiStBV), Anlage D: Gemeinsame Richtlinie der Justizminister/senatoren und der Innenminister/-senatoren des Bundes und der Länder über die Inanspruchnahme von Informanten sowie über den Einsatz von Vertrauenspersonen (V-Personen) und Verdeckten Ermittlern im Rahmen der Strafverfolgung, I 2.2, durch Gemeinsamen Runderlass des Jusitzministers und des Innenminsters vom 17. Februar 1986 (JMBl. NW, S. 62), geändert durch Gemeinsamen Runderlass des Jusitzministeriums und des Innenministeriums vom 15. August 1996 (JMBl. NW, S. 1562); im Folgenden zitiert: Richtlinie V-Person. Da es keine bundesrechtliche Umsetzung der Richtlinie

organisierten Kriminalität genutzt und führt zumeist im Zuge von gerichtlichen Verhandlungen zu Problemen, da die Aussagen von V-Personen und Verdeckten Ermittlern als Beweismittel genutzt werden[944]. Unter V-Personen versteht man „Personen, die, ohne einer Strafverfolgungsbehörde anzugehören, bereit sind, diese bei der Aufklärung von Straftaten auf längere Zeit vertraulich zu unterstützen, und deren Identität grundsätzlich geheim gehalten wird."[945] Folglich ist die vertrauliche bzw. geheime Behandlung der Informationen bzgl. der persönlichen Daten immanenter Bestandteil der Handlungsweise der V-Person. Infolgedessen wird die Vertraulichkeit und Geheimhaltung zumeist zugesichert, wobei die Anforderungen vom Schweregrad der aufzuklärenden Straftaten abhängen.[946] Eine Bindung an die abgegebene Vertraulichkeitszusage wird grundsätzlich nur innerhalb des Verhältnisses Polizei, Staatsanwaltschaft und V-Person anerkannt, vgl. I.4 Richtlinie V-Person. Nichtsdestotrotz wird die Bitte um Vorlage von Informationen über den Einsatz von V-Personen, sei es durch Untersuchungsausschüsse[947] oder durch Gerichte[948], durch Sperrerklärungen, die sich zumeist auf § 96 StPO stützen, blockiert.[949] Dadurch wird im Rahmen des In-Camera-Verfahrens nach § 99 Abs. 1 S. 2 VwGO eine Aktenvorlage verwehrt. Im Hinblick auf das In-Camera-Verfahren war lange Zeit streitig, wie das Verhältnis des Verfahrens zu der Auslegung des Informationszugangsrechtes zu bewerten sei. Einerseits war nicht geklärt, ob die Unterlagen, die im Rahmen eines IFG-Anspruches verweigert wurden, im In-Camera-Verfahren vorgelegt werden konnten und andererseits war nicht klar, ob die Ausnahmegründe

---

gibt und die Erlasse in den Bundesländern sich voneinander unterscheiden, wird im Folgenden nur auf die geltenden Grundsätze in NRW abgestellt.

944 Hohnerlein, NVwZ 2016, 511; Meyer, ZStW 95 (1983), 834 ff.; Lüderssen, in: FS Klug, S. 527 ff.

945 I.2.1 Richtlinie V-Person.

946 Vgl. I.3 Richtlinie V-Person: „a) Die Zusicherung der Vertraulichkeit/Geheimhaltung kommt im Bereich der Schwerkriminalität, der Organisierten Kriminalität, des illegalen Betäubungsmittel- und Waffenhandels, der Falschgeldkriminalität und der Staatsschutzdelikte in Betracht. b) Im Bereich der mittleren Kriminalität bedarf es einer besonders sorgfältigen Prüfung des Einzelfalles. [...] c) In Verfahren der Bagatellkriminalität kommt die Zusicherung der Vertraulichkeit/Geheimhaltung nicht in Betracht."

947 BbgVerfG, U. v. 9. 12. 2004 - VfGBbg 6/04.

948 U. a. OVG Mecklenburg-Vorpommern, B. v. 12. 02. 2013 - 2 M 66/12; VG Schwerin, B. v. 10. 11. 2006 - 1 B 750/06

949 BGH, U. v. 31. 03. 1989 - 2 StR 706/88 (für anonyme Informanten); OVG Lüneburg, B. v. 4. 01. 2012 - 14 PS 3/11.

des § 99 Abs. 1 S. 2 VwGO im Gleichlauf zu den Ausnahmegründen des IFG zu entwickeln seien.[950] Die erste Frage wurde durch das Bundesverwaltungsgericht dahingehend entschieden, dass ablehnende Entscheidungen nach dem IFG innerhalb des In-Camera-Verfahrens überprüft werden können,[951] was de facto den Fachsenat „zum Gericht der Hauptsache“[952] erkläre.[953] Die zweite Frage, ob ein Gleichlauf zwischen den Ausnahmegründen geschaffen werden soll, wurde bisher nicht explizit durch die Gerichte beantwortet. Einige Parallelen werden erkennbar, die im Abschnitt II.3 aufgeführt wurden. Die Sicherheitsbehörden erklären es wie folgt, dass „Informationen, die die Sicherheitsbehörden gewonnen haben, der Schutz der Informationsquellen, ihrer Arbeitsweise und ihrer Vertraulichkeitszusagen an Informanten [...] die oberste Aufsichtsbehörde im Rahmen einer nach § 99 Abs. 1 S. 2 VwGO gebotenen Ermessensentscheidung zur Verweigerung der Aktenvorlage berechtigten“[954]. Dadurch wird das Beweismittel – die Zeugenaussage durch die V-Person – im Verfahren umgangen. Nur der V-Mann-Führer soll aussagen, was aber im Widerspruch zum prozessualen Grundsatz der Unmittelbarkeit steht. Teilweise wurde diskutiert, die Aussage von V-Personen zu ermöglichen, indem eine audiovisuelle Vernehmung unter Verzerrung von persönlichen Merkmalen durchgeführt wird,[955] doch die Sicherheitsbehörden kritisieren, dass der Schutz der Person nicht hinreichend gewährleistet sei, da die V-Person durch eine unbedachte Äußerung einen Hinweis auf seine Person liefern könne, da ihr der professionelle Umgang mit solchen Situationen fehle.[956] Obendrein kann der V-Mann-Führer bei einer Vernehmung nicht schnell genug eingreifen. Aus dem Grund plädieren die Behörden zu einer schriftlichen Beantwortung der gerichtlichen Fragen. Doch die Lösungsoption widerspricht dem Unmittelbarkeitsgrundsatz und darüber hinaus können bei Unklarheiten keine Rückfragen gestellt werden. Zusätzlich wird betont, dass die Funktionsfähigkeit des polizeirechtlichen Ermittlungsapparates gefährdet wäre,

---

950 Vgl. Berger, in: Informationsfreiheit und Informationsrecht. Jahrbuch 2008, S. 225 ff.

951 Seit BVerwG, B. v. 13. 06. 2006 – 20 F 5/05.

952 Berger, in: Informationsfreiheit und Informationsrecht. Jahrbuch 2008, S. 225, 228.

953 Kritisch: Huber, in: Informationsfreiheit und Informationsrecht. Jahrbuch 2012, S. 157, 159 f.

954 OVG Lüneburg, B. v. 9. 06. 2005 – 14 PS 1/05, juris: Rn. 5 mit Verweis auf: BVerfG, B. v. 27. 10. 1999 – 1 BvR 385/90 = BVerfGE 101, 106, 128.

955 Hess. VGH, B. v. 03. 06. 2013 – 8 B 1001/13; 8 D 1002/13; B. v. 29. 05. 2013 – 8 B 1005/13; 8 D 1006/13.

956 OVG NRW, B. v. 19. 11. 2014 – 5 B 1276/14; VG Berlin, B. v. 11. 10. 2013 – 33 L 393.13.

wenn auf die V-Personen nicht mehr auf die ursprünglich gewährte Vertraulichkeitszusage hoffen könnten.

Die Rechtsprechungspraxis führt dazu, dass Auskunftsansprüche in dem Bereich verhindert wurden. Das Dilemma wird nun durch Beweislastregelungen gelöst. Wenn also die Strafverfolgungsbehörde die Aussage einer V-Person oder eines Verdeckten Ermittlers nicht zulässt, wird der Umstand zu Lasten der Behörde verwendet. Teilweise wurden Beweismittelverbote konstruiert, weil die Verdeckten Ermittler zu Taten provozierten.[957] Die Entscheidung wurde zwar im Rahmen des Einsatzes von Verdeckten Ermittlern getroffen, gleichwohl wird die Wertung, dass man die Problematik auf der Ebene des Beweismittels löst, auch bei Einsatz von V-Personen erfolgen müssen. Dementsprechend löst das Gericht das Problem ebenfalls auf der Ebene des Beweismittels, nämlich dahingehend, dass das Beweismittel nicht zugelassen wird. Die Fallkonstellation erweckt den Eindruck, dass Vertraulichkeitszusagen als prozessuales Mittel genutzt werden.

d. Die „Third Party Rule" als weitere nachrichtendienstliche Ausnahme

Im nachrichtendienstlichen Kontext wird insbesondere gegenüber parlamentarischen Kontrollgremien die Weitergabe von Informationen verweigert, die ausländische Geheimdienste übermittelt haben, zumeist unter Berufung auf die sogenannte „third party rule".[958] Den Auskunftsansprüchen der Parlamentarier werden die „völkerrechtlichen Vertraulichkeitszusage[n]"[959] oder „bilaterale[...] Vereinbarungen und Absprachen"[960] entgegengehalten. Die Pflicht zur Wahrung der Vertraulichkeit ergebe sich aus zwei Punkten, einerseits aus einem Geheimnisschutzabkommen zwischen den jeweiligen Staaten[961] und andererseits aus der

957 EGMR, E. v. 23. 10. 2014 – 54648/09; BGH, U. v. 10. 06. 2015 – 2 StR 97/14.

958 Vgl. u. a. BT-Drs. 18/7930, S. 2; BVerfG, B. v. 13. 10. 2016 – 2 BvE 2/15; BVerwG, B. v. 29. 04. 2015 – 20 F 8.14; Gärditz, DVBl 2015, 903, 903 f.; Glauben, NVwZ 2017, 129, 131.

959 BVerfG, B. v. 13. 10. 2016 – 2 BvE 2/15, Rn. 157 = NVwZ 2017, 137 ff.

960 BVerfG, B. v. 13. 10. 2016 – 2 BvE 2/15, Rn. 165 = NVwZ 2017, 137 ff.

961 BVerfG, B. v. 13. 10. 2016 – 2 BvE 2/15, Rn. 161 = NVwZ 2017, 137 ff.; Interessant in dem Zusammenhang das Gutachten von Walter/Lorenz, Zur Vereinbarkeit des Abschlusses von Geheimschutzabkommen ohne Beteiligung des Deutschen Bundestages mit dem Grundgesetz und zur Auslegung derartiger Abkommen am Beispiel des Abkommens mit dem Vereinigten Königreich, zu den Anforderungen an den Abschluss von Geheimschutzabkommen, insbesondere zu der Frage, ob der Deutsche Bundestag beteiligt werden muss, nach Art. 59 Abs. 2 S. 1 GG.

„third party rule“[962]. Dabei stellt das Bundesverfassungsgericht fest, dass auch ohne ein Geheimnisschutzabkommen vertrauliche Informationen auf Grund der „third party rule“ zu wahren seien.[963] Somit statuiert das Bundesverfassungsgericht, dass nicht eine materiell rechtliche Normierung, sondern eine völkerrechtliche Vereinbarung für die Verweigerung der Informationsweitergabe ausreicht.

Im Allgemeinen stellt die „third party rule“ eine Vereinbarung über die Informationsweitergabe an Dritte dar. „[D]er herausgebende Staat [bleibt] „Herr der Information“ und behält auch nach der Übermittlung die Verfügungsbefugnis“[964]. Die Regelung wird aus dem Grund als „Verbot mit Zustimmungsvorbehalt“[965] bezeichnet. Da die Weitergabe mit der Zustimmung der informationsübermittelnden Nation erfolgen kann, muss sich die nationale Stelle im Falle der Anfrage um Informationsübermittlung seitens eines Dritten darum bemühen die Zustimmung des informationsgebenden Staates zu erhalten, vor allem wenn die begehrte Information von grundrechtlicher Bedeutung für den Auskunftsinteressierten ist.[966]

Zwar stellt die Informationsumgangsregelung eine völkerrechtlich anerkannte Verhaltensregel dar, allerdings finden sich gesetzliche Andeutungen des Prinzips.[967] In § 6 Abs. 1 S. 1 PKGrG[968] wird von Informationen gesprochen, die unter die Verfügungsberechtigung des Bundesnachrichtendienstes fallen. Im Umkehrschluss bedeutet das, dass Informationen vorhanden sind, die nicht der Verfügungsbefugnis des Bundesnachrichtendienstes unterliegen, sondern anderen Stellen, wie ausländischen Geheimdiensten. Die Gerichte erkennen die Berufung auf die „third party rule“ aber als legitimen Auskunftsverweigerungsgrund zur Wahrung der informationellen Zusammenarbeit von Nachrichtendiensten an.[969] Dies entspricht einem institutionellen Schutzanspruch gegenüber den Vertrauensbeziehungen von nachrichtendienstlichen Behörden,[970] was dazu führe, dass

---

962 BVerfG, B. v. 13. 10. 2016 – 2 BvE 2/15, Rn. 162 = NVwZ 2017, 137 ff.

963 BVerfG, B. v. 13. 10. 2016 – 2 BvE 2/15, Rn. 162 = NVwZ 2017, 137 ff.

964 BVerfG, B. v. 13. 10. 2016 – 2 BvE 2/15, Rn. 160 = NVwZ 2017, 137 ff.

965 BVerfG, B. v. 13. 10. 2016 – 2 BvE 2/15, Rn. 164 = NVwZ 2017, 137 ff.

966 Gärditz, DVBl 2015, 903, 909.

967 BVerfG, B. v. 13. 10. 2016 – 2 BvE 2/15, Rn. 165 = NVwZ 2017, 137 ff.; Glauben, NVwZ 2017, 129, 131.

968 Gesetz über die parlamentarische Kontrolle nachrichtendienstlicher Tätigkeit des Bundes vom 29. 07. 2009 (BGBl. I S. 2346), zuletzt geändert durch Artikel 13 des Gesetzes vom 05. 01. 2017 (BGBl. I S. 17). Im Folgenden zitiert: PKGrG

969 BVerfG, B. v. 13. 10. 2016 – 2 BvE 2/15, Rn. 172; BVerwG, B. v. 29. 04. 2015 – 20 F 8.14, Rn. 11.

970 Glauben, NVwZ 2017, 129, 131.

kein Raum für eine einzelfallbezogene Bewertung bestehe,[971] denn die „Third Party Rule sichert dauerhafte Kooperationsbeziehungen letztlich institutionell, nicht fallbezogen."[972] Ansonsten könnte der Informationsfluss[973] zwischen den Sicherheitsbehörden beschränkt werden, was eine Zusammenarbeit in Zukunft ausschließen würde. Dadurch würde die Vertrauensebene beschränkt werden und letztendlich könnte der Bestandsschutz des Staates nicht mehr gewährleistet werden, da die Sicherheitsbehörden anlässlich der Zunahme von Sicherheitsgefahren auf eine internationale Kooperation angewiesen sind. Die Ablehnung von Vertrauensschutz hat innerhalb von bestimmten Kooperationsbeziehungen Auswirkungen auf Geheimhaltungsbereiche des Staates[974], sodass in einer vorgezogenen Betrachtungsebene Vertrauensschutz zugesagt werden soll, um den Geheimnisschutz auf der nächsten Ebene aufrechterhalten zu können. Da eine institutionelle oder situationsbedingte Geheimhaltung erzeugt wird, wird die Tatsache, ob die Geheimhaltung tatsächlich notwendig war, nicht überprüft.[975] Das Problem wird vom Bundesverfassungsgericht zwar gesehen, allerdings führt es in seinem Urteil aus, dass es sich um eine mehrpolige Konfliktsituation – Bundesnachrichtendienst, ausländischer Geheimdienst (in dem konkreten Fall den NSA) und parlamentarischer Untersuchungsausschuss – handelt.[976] Die Konfliktlage sei dahingehend zu lösen, dass anlässlich der Völkerrechtsfreundlichkeit des Grundgesetzes und der internationalen Zusammenarbeit der Konflikt zu Gunsten der weiteren Zusammenarbeit zu lösen und damit der Verschwiegenheit der Vorrang einzuräumen sei, was zu Lasten des parlamentarischen Kontrollrechtes ginge.[977] Gleichwohl entstehe nach Ansicht des Gerichtes kein kontrollfreier Raum, da der Bundesnachrichtendienst soweit wie möglich Informationen zu übermitteln habe.[978] Nichtsdestotrotz wird nicht übersehen, dass die Möglichkeit des Missbrauchs besteht.[979]

---

971 Glauben, NVwZ 2017, 129, 131.

972 Gärditz, DVBl 2015, 903, 908.

973 Die Reduzierung des Informationsflusses ist ein Druckmittel, vgl. Gärditz, DVBl 2015, 903, 904.

974 Vgl. Abschnitt II.5.dd. zu den staatlichen Geheimnissphären, wo der Bestandsschutz als ein solcher eingeordnet wurde.

975 Gärditz, DVBl 2015, 903, 908.

976 BVerfG, B. v. 13. 10. 2016 – 2 BvE 2/15, Rn. 177 ff.

977 BVerfG, B. v. 13. 10. 2016 – 2 BvE 2/15, Rn. 177 m. w. N.

978 BVerfG, B. v. 13. 10. 2016 – 2 BvE 2/15, Rn. 178.

979 Gärditz, DVBl 2015, 903, 908; Glauben, NVwZ 2017, 129, 131.

Vertraulichkeitsvereinbarungen auf völkerrechtlicher Ebene wird also ein hoher Stellenwert zugeschrieben, der die Informationsübermittlung innerhalb eines parlamentarischen Kontrollgremiums beschränken kann. Wenn die Situation schon innerhalb des parlamentarischen Untersuchungsausschusses, der nicht öffentlich tagt und deren Mitglieder zur Verschwiegenheit durch ihre Amtstätigkeit verpflichtet sind, auftritt, so muss eine solche Bindungswirkung auch auf der allgemeineren Ebene – also im Rahmen des IFG – erst recht gelten.

e. Zwischenergebnis

Es ist zusammenzufassen, dass Vertraulichkeitsvereinbarungen in verschiedenen Formen die Rechtsprechung und die behördliche Praxis beschäftigen. Dabei wird nicht nur ein bestimmter Rechtsgrund als Rechtfertigung von ablehnenden Auskunftsentscheidungen verwendet, sondern die vorherige Vereinbarung von Vertraulichkeitsvereinbarungen. Dabei geht es immer wieder um den Schutz des Informationsübermittlers, sodass Parallelen zum Schutz von Informanten im Allgemeinen zu ziehen sind. Allerdings kann man nicht sagen, dass Vertraulichkeitsvereinbarungen immer nur dem Schutz von Informanten[980] dienen, diese können vielmehr dem Schutz von Informationen dienen, die nicht Personen schützen wollen. Gleichwohl lassen sich einige Gesichtspunkte, die im Kontext von Informantenschutz angebracht werden, verallgemeinern.

„Aus der Perspektive des Informanten ist es Vertrauensschutz, also ihm persönlich zugesagte Geheimhaltung. Aus der Sicht des [Informations-]Empfängers (Journalisten, Sozialarbeiters, Steuerbeamten usw.) ist es aber seine Funktion, die durch die Ermutigung des Informanten gefördert wird, eine Funktion, die nicht unbedingt wie beim Arzt oder Anwalt wiederum den Informanten dient.“[981] Mit der Aussage erklärt Druey den Schutz für Informanten.[982] Nach Ansicht der Rechtsprechung ist der Schutz von Informanten nicht abhängig von einer „ausdrücklichen Bitte um vertrauliche Behandlung noch von [...] [einer] begründeten Befürchtung, sich im Falle einer Offenlegung möglichen Repressalien ausgesetzt zu sehen.“[983] Auch im Zusammenhang mit § 99 Abs. 1 S. 2 VwGO

---

980 Zum Informantenschutz: Fricke, AfP 2014, 293 ff.; Kugelmann, ZRP 2005, 260 ff.; Schuhmann, wistra 1996, 16 ff.; Zilkens/Beyer, DÖV 2001, 374 ff.

981 Druey, Information als Gegenstand des Rechts, 9. Kap. III1 (S. 271).

982 Druey, Information als Gegenstand des Rechts, 9. Kap. III1 (S. 271).

983 BVerwG, B. v. 22. 07. 2010 – 20 F 11/10 Rn. 10, m. V. a. VerfGH Rheinland-Pfalz, U. v. 4. 11. 1998 – B 5/98 = NJW 1999, 2264, 2265.

wird keine ausdrückliche Bitte um Vertraulichkeit vorausgesetzt.[984] Als Gründe für den Informantenschutz werden „grundrechtlich abgesicherte Interessen [...] [und] öffentliche Interessen an der Sicherstellung der Aufgabenwahrnehmung“[985] aufgeführt. Erstere kann man als einen Rechtsgüterschutz einordnen, der zweite Grund kann als Ausdifferenzierung eines Situationsschutzes gesehen werden. Denn durch die zweite Schutzrichtung soll die öffentliche Aufgabenwahrnehmung, welche durch eine Preisgabe der Identität Dritter gefährdet werden könnte,[986] geschützt werden, da nach ständiger Rechtsprechung „die Arbeitsweise von Sicherheitsbehörden und deren Zusammenarbeit mit anderen Behörden [...] geheimhaltungsbedürftig“[987] sind. Der Schutz des Informanten wird nur ausgeschlossen, wenn die Person die Behörde „wider besseren Wissens oder leichtfertig falsch informiert hat“[988]. Im Gegensatz zu den Aussagen des OVG NRW[989] zum Schutz von Informanten führen die oben aufgeführten Entscheidung zu einem anderen Schluss, nämlich dass der Informationsschutz sowohl durch ein Rechtsgut gerechtfertigt werden kann, als auch durch die Vereinbarung von Vertraulichkeitsvereinbarungen. Vertraulichkeitsvereinbarungen dienen nicht dem Schutz von Rechtsgütern, ein solcher wird die gesetzlichen Ausnahmevorschriften erreicht, sondern primär dem Schutz von Vertrauenssituationen und Vertrauensverhältnissen, sodass die These aufzustellen ist, dass Vertraulichkeitsvereinbarungen dem Situationsschutz dienen. Die aufgeführten Entscheidungen zeigen, dass Vertrauensverhältnisse für die Zukunft geschützt werden müssen und nicht durch die Auskunftsansprüche Dritter in Gefahr gebracht werden sollen.

3. Rechtliche Bewertung von Vertraulichkeitsvereinbarungen

a. Rechtsgüterschutz oder Situationsschutz

Die Idee, dass Vertraulichkeitsvereinbarungen dem Situationsschutz dienen, hängt damit zusammen, dass bei der Diskussion um die rechtliche Einordnung von Informationen, sich mit der Frage auseinander gesetzt wurde, ob

984 OVG NRW, B. v. 28. 09. 2010 – 13a F 46/10 (juris Rn. 17), m. V. a. BVerwG, B. v. 25. 07. 2010 – 10 F 1/10; B. v. 22. 07. 2010 – 20 F 11/10.
985 OVG NRW, B. v. 28. 09. 2010 – 13a F 46/10 (juris Rn. 11).
986 OVG NRW, B. v. 28. 09. 2010 – 13a F 46/10 (juris Rn. 22), m. V. a. BVerwG, B. v. 22. 07. 2010 – 20 F 11.10.
987 BVerwG, B. v. 09. 03. 2010 – 20 F 16/09; U. v. 27. 02. 2003 – 2 C 10/02.
988 OVG NRW, B. v. 28. 09. 2010 – 13a F 46/10 (juris Rn. 23).
989 OVG NRW, B. v. 28. 09. 2010 – 13a F 46/10 (juris Rn. 23).

Informationen als Güter oder als Prozess zu verstehen sind.[990] Wenn man Informationen als Güter begreift, so schafft man eine rechtliche Zuordnung, weil eine Orientierung am Sachenrecht erfolgt, wodurch „Exklusivität im Sinne des Immaterialgüterrechts“[991] erzeugt werden kann. Wenn man aber Informationen als Teil eines Übermittlungsprozesses – und somit im Kontext des Kommunikationsprozesses – sieht, so wird der Fokus auf die „Steuerung von Abläufen gelegt“[992]. Dadurch können Verhaltensweisen, die dem Grundsatz von Treu und Glauben widersprechen,[993] sanktioniert und Kommunikationsprozesse geleitet werden.

Die Zuordnung von Informationen zum Sachenrecht und die Verdinglichung ist eine logische Folge der Nutzung von Informationen als Wirtschaftsgut[994] innerhalb der Informationsgesellschaft. Weil Informationen – als Ideen – einen großen Kostenfaktor bilden, u. a. bei der Entwicklung anderer Güter,[995] ist der Schutz durch die Wahrung bzw. die Schaffung von „Exklusivität“[996] im Interesse der Informationsträger. Die Exklusivität, also die Möglichkeit des Ausschlusses Dritter, bildet also einen Wertfaktor[997] für Informationen, in dem Sinne dass eine an die Öffentlichkeit gelangte Information nicht in den Zustand der Nichtinformiertheit überführt werden kann, d. h. er ist „irreversibel“[998]. Da für die (unbefugte) Zugangsgewährung und Weitergabe von Informationen keine (wirksamen) Rechtsmittel bestanden,[999] musste dies innerhalb der Rechtsordnung entwickelt werden. Rein faktisch werden Informationen innerhalb von Betrieben durch eine restriktive Informationspolitik geheim gehalten.[1000] Die Form der faktischen Geheimhaltung kann aber auch durch einen rechtlichen Schutz ergänzt werden, indem „Rechtsnormen für die Erzeugung von

---

990 Vgl. dazu: Druey, Information als Gegenstand des Rechts.
991 Druey, Information als Gegenstand des Rechts, 9. Kap. I2h (S. 264).
992 Druey, Information als Gegenstand des Rechts, 9. Kap. I2h (S. 264).
993 Druey, Information als Gegenstand des Rechts, 12. Kap. I9 (S. 364).
994 Zu Informationen als Wirtschaftsgut: Hornung, in: Towfigh, Recht und Markt, S. 75, 76 ff.; Püschel, Information des Staates als Wirtschaftsgut, S. 48 ff.
995 Püschel, Information des Staates als Wirtschaftsgut, S. 49.
996 Hornung, in: Towfigh, Recht und Markt, S. 75, 78.
997 Nach Druey, Information als Gegenstand des Rechts, 10. Kap. III2 (S. 297) wird durch Geheimhaltung eine Information wertvoll.
998 Schoch, in: Isensee/Kirchhof (Hrsg.), Handbuch des Staatsrechts. Band III, § 37 Rn. 107.
999 Schoch, in: Isensee/Kirchhof (Hrsg.), Handbuch des Staatsrechts. Band III, § 37 Rn. 107.
1000 Vgl. Hauck, Wirtschaftsgeheimnisse, S. 13 ff.

Exklusivität“[1001] geschaffen werden. Das kann durch eine „eigentumsähnliche Konstruktion“[1002], durch eine „Verbindung mit [der] personale[n] Selbstbestimmung“[1003] oder mit einer an „Eigentums- und Persönlichkeitsrechte anknüpfende[n], aber spezifisch auf Informationen angepasste[n] Struktur“[1004], wie dem Urheberrecht, geschaffen werden. Die diversen Möglichkeiten der Anknüpfung hängen mit den unterschiedlichen Anknüpfungsobjekten zusammen: einerseits dem Informationsträger, andererseits dem Informationsinhalt. Durch den Bezug zum Informationsträger wird die Konstruktion durch das Recht auf Informationelle Selbstbestimmung bzw. das Persönlichkeitsrecht hergeleitet, was am Recht am eigenen Bild verdeutlicht wird. Die Anknüpfung am Informationsträger meint aber nicht zwangsläufig die Bindung an eine Person, es kann auch auf einen Datenträger abgestellt werden, was durch den Objektsbezug zu einer Verdinglichung führt. Durch die Bezugnahme auf ein Informationsobjekt wird es in Form des Eigentumsrechtes übertragbar und handelbar. Die Zuordnung zum Sachenrecht führt aber zu Problemen, denn es kann ein Widerspruch zu den Strukturprinzipien des Sachenrechtes[1005] entstehen. Das Sachenrecht fordert nämlich bei der Übertragung von Eigentumsrechten einen publiken Akt,[1006] da eine Zuordnung nach außen sichtbar sein muss. Dies ist aber im Kontext der Übertragung geheimer Informationen problematisch, da gerade ein publiker Akt verhindert werden soll, um den Informationsgehalt vor Außenstehenden zu schützen. Wenn aber auf einen Publizitätsakt verzichtet wird, so besteht ein Widerspruch zu den sachenrechtlichen Grundprinzipien. Beim Abstellen auf den Informationsinhalt muss zudem der Inhalt in seiner Reichweite bestimmbar sein. Dabei wäre zu problematisieren, ob der konkrete Aussagegehalt, die mögliche Verwertungsoption, der Kontext oder auch andere Punkte schützenswert sind.

Beide Zuordnungsoptionen stehen also vor der Schwierigkeit der Ausgestaltung. Nichtsdestotrotz werden die Konstruktionen in der Rechtsordnung angewendet. Da das Recht auf informationelle Selbstbestimmung nicht gleichlaufend

---

1001 Hornung, in: Towfigh, Recht und Markt, S. 75, 78.

1002 Hornung, in: Towfigh, Recht und Markt, S. 75, 78. Die Anknüpfung an das Sachenrecht stammt aus dem U. S.-amerikanischen Rechtskreis.

1003 Ernst, in: Hill/Engels/Schliesky, Auf dem Weg zum Digitalen Staat – auf ein besserer Staat?, S. 33, 47 f.; Hornung, in: Towfigh, Recht und Markt, S. 75, 78.

1004 Ernst, in: Hill/Engels/Schliesky, Auf dem Weg zum Digitalen Staat – auf ein besserer Staat?, S. 33, 49 f.; Hornung, in: Towfigh, Recht und Markt, S. 75, 78.

1005 Schulte/Nölke, in: Schulze, BGB, Vorbemerkung zu §§ 854–1296, Rn. 14 ff.

1006 Schulte/Nölke, in: Schulze, BGB, Vorbemerkung zu §§ 854–1296, Rn. 9, 17.

mit dem Eigentumsrecht entwickelt wird, entstehen aber weitergehende Herausforderungen.[1007] Das sind Handlungsaufgaben für den Gesetzgeber und die Rechtsprechung, die aber lösbar sind.

Zusammenfassend ist zu dem Ergebnis zu kommen, dass eine Einordnung von Informationen als Güter eine gangbare und von der Rechtsordnung eingeleitete Praxis ist. Gleichwohl kann man Informationen im Kontext von Informationsbeziehungen sehen und den Informationsübermittlungsprozess in den Fokus stellen, wodurch der Blickwinkel und das Schutzgut verlagert werden. Es wird nämlich nicht mehr auf das Eigentumsrecht oder das Persönlichkeitsrecht (im Kontext des Eigentumsrechtes) als Schutzgut abzustellen sein, sondern auf den Schutz von Kommunikationsbeziehungen.[1008] Druey sagt das sogar endgültiger: „als Freiheit konzipiert, ist Information nur im Sinne des *Vorgangs* und nicht im Sinne von Inhalten garantiert."[1009] Denn nach Druey beinhaltet das Geheimsein primär eine Unterlassungspflicht,[1010] sodass am verhinderten Informationsübermittlungsprozess angeknüpft wird. Das Ergebnis sei an Art. 5 Abs. 1 S. 1 GG erkennbar, weil da von „allgemein zugänglichen Informationen" die Rede sei, folglich steht der Informationsübermittlungsprozess im Vordergrund. Auf Grund dessen sind Gesprächssituationen von immanenter Bedeutung, da sich durch Auskünfte bzw. Informationsübermittlungen Vertrauensbeziehungen innerhalb von Kommunikationsakten entwickeln, wodurch eine Verbindlichkeit an die Richtigkeit der Auskunft entstehe.[1011] Der Wert von Informationen muss nicht als ein eigentumsähnlicher Wert verstanden werden, sondern ein solcher kann als ein Wert für vertrauensvollen Umgang konstatiert werden, was ebenfalls für eine situative Einordnung spricht. Eine solche Einstufung ist mit einem Seitenblick auf das zivilrechtliche System der Schadensersatzansprüche zu begründen, denn nach § 280 Abs. 1 S. 1 BGB muss eine Pflicht aus einem Schuldverhältnis verletzt werden, um einen Schadensersatzanspruch begründen zu können. Eine Pflichtverletzung kann dabei die Weitergabe von Informationen an einen Dritten sein, wenn die ursprüngliche Vertragspflicht die Geheimhaltung einer bestimmten Information forderte. Dadurch wird ein situativer Schutz geschaffen, der dem Schutz von Vertragsverhältnissen oder

---

1007 Druey, Information als Gegenstand des Rechts, 4. Kap. II4c (S. 101).

1008 Voßkuhle, in: Hoffmann-Riem/Schmidt-Aßmann, Verwaltungsrecht in der Informationsgesellschaft, S. 349, 397: „Sensibilität von Kommunikationsbeziehungen".

1009 Druey, Information als Gegenstand des Rechts, 13. Kap. I1c (S. 400).

1010 Druey, Information als Gegenstand des Rechts, 9. Kap. I 3 (S. 265) spricht von „Unterbleiben des Informationsvorgangs".

1011 Druey, Information als Gegenstand des Rechts, 11. Kap. I 2 (S. 315).

Vertrauensverhältnissen entspricht. Das Argument ist aber an der Stelle ein zweiseitiges, denn die Pflichtverletzung i. S. d. § 280 Abs. 1 S. 1 BGB kann ein mangelbehaftetes Gut darstellen.

Informationen müssen demnach als Gut sowie als Teil eines Kommunikationsprozesses gesehen werden, denn sowohl die Einordnung als Rechtsgut als auch die des Schutzes von Kommunikationsbeziehungen stehen nicht im Widerspruch zueinander, sondern unterstützt vielmehr die These, dass es nur auf den Blickwinkel ankommt.[1012] Im Kern wollen beide Erklärungsoptionen Exklusivität von Informationen erzeugen mit der Folge, dass Informationen vor anderen geschützt werden. Das kann sowohl durch die Einordnung in den Rechtsgüterschutz als auch den Schutz von Vertrauensverhältnissen bewirkt werden.[1013] Das Ergebnis wird bei der Betrachtung der Grenzen staatlicher Informationserhebungen gestützt. Als Schranke für die Informationserhebung werden „persönliche Geheimnisbereiche und Vertrauensbeziehungen“[1014] genannt. Als weiteres Beispiel kann das Zeugnisverweigerungsrecht aufgeführt werden, welches zum Schutze von Vertrauensverhältnissen und Vertrauenssituationen genutzt wird.[1015] Nach Ansicht von M. Bäcker konstituieren Grundrechte „Vertraulichkeitsgarantien“[1016], die sich an zwei Grundkonstellationen systematisieren lassen, nämlich dem Schutz von „Ort[en] und Mittel[n] der Persönlichkeitsentfaltung“[1017] und dem Schutz von „Kommunikationsvorgängen“[1018]. Der Zweiteilung ist zuzustimmen. Dementsprechend kann von beiden Schutzobjekten – dem Rechtsgut und dem Situations-/Vertrauensschutz – ausgegangen werden, wobei der Rechtsgüterschutz durch Geheimhaltung und der Situationsschutz durch Vertraulichkeit erreicht wird, um an der Stelle eine terminologische Unterscheidung zu treffen.

Eine Unterscheidung zwischen den beiden Konstrukten wird nur bei der rechtlichen Handhabung erkennbar. Die Vorschriften, die dem Geheimnisschutz

---

1012 Für den Begriff der Privatheit: Gusy/Eichenhofer/Schulte, JöR 2016, S. 385, 400 f.

1013 Hauck, Wirtschaftsgeheimnisse, S. 25 geht auf die Wortherkunft des Geheimnis und des Secreto ein und folgert, dass „während der romanische Sprachgebrauch [secreto/segreto] stärker von außen die Trennung zwischen Geheimgehaltenem und Bekannten in den Vordergrund rückt, geht der deutsche Sprachgebrauch [geheim] stärker von der inneren Sicht, dem Hervorheben des Vertrauten aus.“

1014 Gusy, in: Hoffmann-Riem/u. a. (Hrsg.), Grundlagen des Verwaltungsrechts, Band II, § 23 Rn. 79.

1015 Pohl, Informationsbeschaffung beim Mitbürger, S. 163 f. m. w. V.

1016 M. Bäcker, Der Staat 51 (2012), S. 91, 94.

1017 M. Bäcker, Der Staat 51 (2012), S. 91, 94.

1018 M. Bäcker, Der Staat 51 (2012), S. 91, 94.

zuzuordnen sind,[1019] bilden den Rechtsgüterschutz ab. Dazu zählen im Großen und Ganzen die meisten Ausnahmegründe des Informationsfreiheitsgesetzes, da die Schutzrichtung dem Schutz von Rechtsgütern dient. Im Gegensatz dazu erzeugen Vertraulichkeitsvereinbarungen Situationsschutz oder auch Vertrauensschutz, denn durch Vertraulichkeitsvereinbarungen sollen die individuellen Kommunikationsvorgänge und Informationsübermittlungen gewährleistet werden. Da ein individueller Kommunikationsvorgang betroffen ist, wird der Schutz desjenigen individuell ausgehandelt. Der Grund für den Informationsschutz innerhalb der Vertraulichkeitsvereinbarungen liegt aber in der Wahrung von Vertrauensverhältnissen, und das Aushandeln jener schafft zumindest ein Momentum von Vertrauen.

Die Kombination von beiden Rechtsmitteln – einmal den Rechtsgüterschutz durch die Ausnahmevorschriften des IFG und den Vertraulichkeitsvereinbarungen – beseitigt Rechtsunsicherheiten. In den Kapiteln zuvor wurde erläutert, dass einerseits über die Ausnahmegründe der Informationszugangsrechte Unsicherheit herrscht und anderseits die Nutzung des Informationsfreiheitsgesetzes als pre-trial-discovery-Mittel eine Situation schafft, die vorher in der deutschen Rechtsordnung in dem Ausmaße nicht bestand. Mithin werden Vertraulichkeitsvereinbarungen als Werkzeug verwendet, um rechtliche Unsicherheiten und auch Unsicherheiten innerhalb von Vertrauensverhältnissen individuell zu regeln.

b. Vertrauensschutz – ein situationsbedingter Informationsschutz

Im letzten Abschnitt wurde der Begriff des Vertrauensschutzes gebraucht. Im Öffentlichen Recht, insbesondere im Allgemeinen Verwaltungsrecht, wird das Konzept des Vertrauensschutzes verwendet, um enttäuschte Bürgerinteressen nachträglich zu befrieden. Der Vertrauensschutz ist aber ebenfalls Ausdruck eines Rechts- und Situationsschutzes und soll verdeutlichen, dass die im letzten Abschnitt getroffene Aussage keinem rechtlich unbekannten Konzept entspricht.

Historisch entwickelt wurde das Konzept durch die Rechtsprechung,[1020] um die Kontinuität der Rechtsordnung[1021] zu gewährleisten und dem Rechtssicherheitsgedanken[1022] zu entsprechen. Das Konzept soll als „Grundlage und Essenz

1019 Vgl. dazu Abschnitt II.5.
1020 Maurer, in: Isensee/Kirchhof (Hrsg.), Handbuch des Staatsrechts. Band IV, § 79 Rn. 7.
1021 Schwarz, Vertrauensschutz als Verfassungsprinzip, S. 28.
1022 Schwarz, Vertrauensschutz als Verfassungsprinzip, S. 39.

des Rechtes überhaupt“[1023] verstanden werden. Teilweise wird das Konzept des Vertrauensschutzes als subjektiv-rechtliche Komponente der Rechtssicherheit beschrieben,[1024] da es dem Dispositionsschutz diene.[1025] Wenn man das Konzept des Vertrauensschutzes als Dispositionsschutz begreift, bedeutet das Übertragen auf das Informationsrecht ein Verfügungsschutz. Dem ist eine Beschränkung der Informationsweitergaben immanent, infolgedessen darf der Informationsgeber darauf hoffen, dass Informationen innerhalb des Verhältnisses, in dem die Informationen übermittelt werden, nicht weitergegeben werden. Das folgt zumindest aus der Allgemeinen Handlungsfreiheit, nach Art. 2 Abs. 1 GG, denn der Staat muss die „Freiheit zu verantwortlichem, sinnvollem Handeln garantieren“.[1026] Um die Freiheit in einem solchen Maß ausüben zu können, dass ein Missbrauch durch Dritte (durch die Informationserlangung gegen den Willen des Informationsgebers) ausgeschlossen ist, muss eine Dispositionsbefugnis bestehen, was das Vertrauen auf die Beachtung der vorher abgesprochenen Grenzen impliziert. Zumindest aus der Informationsübermittlung und der damit verbundenen Vertraulichkeitsvereinbarung erwächst ein Anspruch auf Vertrauensschutz. Die Dispositionsbefugnis könnte auch als Bestimmungsrecht bezeichnet werden, das Bundesverfassungsgericht schreibt dem Informationsberechtigten zumindest ein Bestimmungsrecht zu.[1027] Im Rahmen des Rechts, welches sich für Privatpersonen nach den privatrechtlichen Vorschriften und für den Staat nach den öffentlich-rechtlichen Vorschriften richtet, kann der Bestimmungsberechtigte den Zugang und die Weitergabe regeln. Eine solche öffentlich-rechtliche Regelung, die den Umgang mit Informationen prägen kann, stellt das Konzept des Vertrauensschutzes dar.

Das Konzept, welches in allen Rechtsgebieten geläufig ist[1028], beispielsweise im Zivilrecht unter dem Begriff des „Treu und Glaubens“, § 242 BGB, dient aber der Schaffung von Verlässlichkeit innerhalb menschlicher Kommunikation. Im Staat-Bürger-Verhältnis wird zusätzlich die staatliche Übermacht begrenzt,

---

1023 Maurer, in: Isensee/Kirchhof (Hrsg.), Handbuch des Staatsrechts. Band IV, § 79 Rn. 12.

1024 Blanke, Vertrauensschutz im deutschen und europäischen Verwaltungsrecht, S. 41; Schwarz, Vertrauensschutz als Verfassungsprinzip, S. 41.

1025 Blanke, Vertrauensschutz im deutschen und europäischen Verwaltungsrecht, S. 41; Kisker, VVDStRL 32 (1973), 147, 161.

1026 Kisker, VVDStRL 32 (1973), S. 149, 161.

1027 BVerfG, U. v. 24. 01. 2001 – 1 BvR 2623/95, juris Rn. 57.

1028 Luhmann, Vertrauen, S. 37; Maurer, in: Isensee/Kirchhof (Hrsg.), Handbuch des Staatrechts. Band IV, § 79 Rn. 13.

um einseitige Änderungen – seitens des Staates – zu verhindern.[1029] Der Bürger kann darauf vertrauen, dass „Gesetze, Verträge und sonstige Rechtsakte – eben wegen ihrer Verbindlichkeit“[1030] beachtet werden. Die Vertraulichkeitsvereinbarung bildet einen solchen Rechtsakt ab, sodass in der Konstellation Vertrauensschutz besteht.

Grundsätzlich wird die Figur des Vertrauensschutzes aber erst verwendet, wenn Vertrauen enttäuscht wird. Die Bürger vertrauen[1031] darauf, dass die staatlichen Behörden in einer bestimmten Art und Weise handeln. Die Betroffenen verfügen über eine „Kontinuitätserwartung“[1032] und über ein „zukunftsbezogene[s] Kontinuitätsvertrauen[]“[1033]. An den Vertrauensschutz werden drei Voraussetzungen gestellt: Erstens wird eine Vertrauensgrundlage geschaffen, zweitens entsteht ein Vertrauen auf die Kontinuität der bestehenden Handlung und drittens wird das Vertrauen durch eine abweichende Handlung verletzt.[1034] Demzufolge wird nicht ein Systemvertrauen[1035] geschützt, sondern nur ein individuelles Vertrauen.[1036] Dementsprechend wird für die rechtliche Relevanz des Vertrauenstatbestandes eine rechtliche Komponente gefordert,[1037] eine solche wird zumeist aus dem Rechtsstaatsprinzip[1038] gefolgert, kann aber durch andere Rechtsgrundsätze begründet werden.[1039] Eine konkrete Rechtsgrundlage für den Rechtsstaat findet sich nicht,[1040] allerdings wird dieser teilweise einfachgesetzlich normiert, § 49 Abs. 2 und § 48 Abs. 2 VwVfG.

1029 BVerwGE 23, 25, 30; 27, 215, 217 f.; Maurer, in: Isensee/Kirchhof (Hrsg.), Handbuch des Staatsrechts. Band IV, § 79 Rn. 13.

1030 Maurer, in: Isensee/Kirchhof (Hrsg.), Handbuch des Staatsrechts. Band IV, § 79 Rn. 12.

1031 Nach Ansicht von Schwarz, Vertrauensschutz als Verfassungsprinzip, S. 31 bedeutet Vertrauen „in erster Linie eine innere Einstellung, es kennzeichnet bestimmte ethisch verwurzelte Vorstellungen und Erwartungen.“

1032 Schwarz, Vertrauensschutz als Verfassungsprinzip, S. 36.

1033 Schwarz, Vertrauensschutz als Verfassungsprinzip, S. 37.

1034 Maurer, in: Isensee/Kirchhof (Hrsg.), Handbuch des Staatsrechts. Band IV, § 79 Rn. 13.

1035 Zum Begriff des Systemvertrauens: Luhmann, Vertrauen, S. 64.

1036 Schwarz, Vertrauensschutz als Verfassungsprinzip, S. 31.

1037 Vgl. Eichenhofer, Der Staat 55 (2015), S. 41, 52.

1038 Püttner, VVDStRL 32 (1974), S. 200, 203; Schwarz, Vertrauensschutz als Verfassungsprinzip, S. 229 ff.

1039 Vgl. Püttner, VVDStRL 32 (1974), S. 200, 201 ff.; Schwarz, Vertrauensschutz als Verfassungsprinzip, S. 145 ff. (Grundrechte und grundrechtsgleiche Rechte).

1040 Püttner, VVDStRL 32 (1974), S. 200, 206.

Gleichwohl muss im ersten Schritt eine Vertrauensgrundlage geschaffen werden, welche durch Kommunikationsakte und Kommunikationsvorgänge entsteht. Schon Kisker führt aus, dass „Bestandszusagen oder zumindest die auf Grund solcher Zusagen gemachten Dispositionen“[1041] einen Dispositionsschutz bezwecken. Die Terminologie des Bestandsschutzes findet sich vermehrt im Baurecht,[1042] und wird verfassungsrechtlich aus Art. 14 GG hergeleitet.[1043] Kisker verwendet den Begriff aber nicht in einer solch eingeschränkten Bedeutung, sondern will zum Ausdruck bringen, dass gemäß dem Grundsatz „pacta sunt servanda“ eine „vertragliche“ Bindung an getroffene Absprachen und Zusagen entstehe.[1044] Die Bindungswirkung kann zwar auch durch andere Handlungen des Staates erfolgen,[1045] ungeachtet dessen entsteht durch eine Zusage ein Moment der Dispositionsbindung und infolgedessen eine Vertrauenssituation. Und eine solche konkrete Zusage erzeugt ein höheres Dispositionsinteresse des Beteiligten und ist schutzwürdig.[1046] Dass der Grundsatz des Vertrauensschutzes im Informationszugangsrecht anerkannt ist, wird an § 17 HmbTG erkennbar. Nach der Vorschrift sind Altverträge, in denen die Vertraulichkeit vereinbart wurde, von der Veröffentlichungspflicht ausgeschlossen. Dem Grundsatz des Vertrauensschutzes wird so Rechnung getragen,[1047] um keinen Widerspruch zum Rechtsschutzgedanken entstehen zu lassen.

Schlussendlich ist die Rechtsfigur des Vertrauensschutzes Ausdruck des situationsbedingten Informationsschutzes[1048], da sich die Bürger bei Bestehen einer Vertrauensgrundlage – welche sich durch eine Vertraulichkeitsvereinbarung ergeben kann – auf das Prinzip des Vertrauensschutzes berufen können. Ansonsten entsteht eine negative Vorbildwirkung, wenn bei den Parteien der Eindruck entsteht, dass die Bindung an getroffene Zusagen nicht besteht.[1049]

1041 Kisker, VVDStRL 32 (1974), S. 149, 162.

1042 Blanke, Vertrauensschutz im deutschen und europäischen Verwaltungsrecht, S. 313 ff.

1043 Blanke, Vertrauensschutz im deutschen und europäischen Verwaltungsrecht, S. 314 f.

1044 Kisker, VVDStRL 32 (1974), S. 149, 163.

1045 Kisker, VVDStRL 32 (1974), S. 149, 162 führt noch zwei Optionen auf: „ – durch die öffentliche Gewalt selbst veranlaßte Dispositionen; - ins Werk gesetzte Chancen.“

1046 Kisker, VVDStRL 32 (1974), S. 149, 167 sieht eine unterschiedliche Schutzintensität je nach dispositionsauslösender Handlung, wobei an die Zusagen das höchste Schutzniveau zu stellen sei.

1047 Jauch, DVBl 2013, 16, 21.

1048 Eichenhofer, Der Staat 55 (2015), S. 41 ff. überträgt das Konzept des Vertrauensschutzes auf das der Privatheit im Internet.

1049 Gärditz, DVBl 2015, 903, 906.

Vertrauen ist nämlich soziologisch notwendig, um innerhalb eines Systems und individueller Kommunikationsbeziehungen die vollen Handlungsoptionen frei ausüben zu können.[1050] Ohne Vertrauen werden Informationen nicht im ausreichenden Maße ausgetauscht, sodass ein „Informationsproblem“[1051] entstehen kann. Das Dilemma wird von nationalen Sicherheitsbehörden aufgeführt, sodass man festhalten muss, dass es nicht nur um einen Rechtsgüterschutz, sondern um Situationsschutz geht.[1052] Auch Maurer sieht eine weitergehende Anwendungsmöglichkeit des Konzeptes, denn nach ihm geht der Vertrauensschutz über den Grundrechtsbereich hinaus,[1053] und somit ist Vertrauensschutz nicht a priori Rechtsgüterschutz.

c. Definition: Vertraulichkeitszusagen und -absprachen

Nach Betrachtung der Fallgruppen ist zu betonen, dass Vertraulichkeitszusagen und -absprachen die Gerichtspraxis beschäftigen und ein immanenter Bestandteil der Verwaltungspraxis sind.

Allgemein wird von Vertraulichkeitsvereinbarungen gesprochen.[1054] Als Vertraulichkeitszusagen werden Erklärungen (u. a. von Sicherheitsbehörden) gegenüber Informanten bezeichnet,[1055] wobei aber ebenfalls der Begriff der Zusicherung der Vertraulichkeit Verwendung findet.[1056] Doch auch in einem anderen Zusammenhang wird der Begriff der Zusagen verwendet, sodass es nicht unbedingt eines sicherheitsrechtlichen Kontextes bedarf. So wurde bei vertraulich erhobenen Informationen innerhalb diplomatischer Tätigkeit der Terminus der Vertraulichkeitszusagen genutzt.[1057] Die Formulierung Vertraulichkeitsabsprachen[1058] findet sich hingegen eher in „zivilrechtlich geprägten“

1050 Luhmann, Vertrauen, S. 117.

1051 Luhmann, Vertrauen, S. 47.

1052 Vgl. Abschnitt V.1.a.bb(4).

1053 Maurer, in: Isensee/Kirschhof (Hrsg.), Handbuch des Staatsrechts. Band IV, § 79 Rn. 157.

1054 VG Berlin, U. v. 22. 03. 2012 – 2 K 102.11.

1055 BGH, B. v. 26. 07. 2011 – 1 StR 297/11; OVG Lüneburg, B. v. 04. 01. 2012 – 14 PS 3/11 = NJW 2012, 2372; OVG Lüneburg, B. v. 30. 04. 2009 – 14 PS 1/09 = BeckRS 2012, 51704.

1056 BVerwG, B. v. 22. 07. 2010 – 20 F 11/10 = BVerwGE 137, 318; OVG NRW, B. v. 28. 09. 2010 – 13a F 46/10; VG Berlin, U. v. 28. 01. 2015 – 2 K 128.14.

1057 OVG Berlin-Brandenburg, U. v. 28. 06. 2013 – OVG 12 B 9.12; Schoch, IFG, § 3 Rn. 321.

1058 Verträge gegenüber der Bundesanstalt für Immobilienangelegenheiten, OVG NRW, U. v. 18. 12. 2013 – 5 A 413/11.

Streitigkeiten,[1059] bei denen es sich vorwiegend um vertragliche Konstellationen handelt. Damit lässt sich sagen, dass die Begrifflichkeit der Zusagen oder Absprachen mit der Aushandlungssituation zusammenhängen. Absprachen sind nach dem Wortlaut gegenseitig ausgehandelte Bestimmungen, wohingegen bei Zusagen der Inhalt der Vertraulichkeitsvereinbarung von einer Seite vorgegeben wird. Ein gegenseitiger Bindungswille an der Vertraulichkeit besteht bei beiden Formen.

Als Grundmuster für Vertraulichkeitsabsprachen lassen sich drei Punkte konstituieren.[1060] Erstens muss der Punkt der *vertraulichen Informationen* ausgehandelt werden. Dabei kann es sich um eine generalklauselartige Regelung handeln, wonach „alle wesentlichen Informationen"[1061] vertraulich zu behandeln sind, oder es kann sich um einen spezifischen Themenbereich handeln.[1062] Dann müssen die einzelnen Themenbereiche, die vertraulich zu behandeln sind, explizit aufgeführt werden. Zweitens muss die *Reichweite bzw. der Umfang der Vertraulichkeitsverpflichtung* umschrieben werden, beispielsweise zählen dazu der Empfängerkreis, der zeitliche Rahmen, der Umfang der Verschwiegenheitsverpflichtung sowie die Möglichkeit der Offenlegung.[1063] Und abschließend werden *Haftungsfragen* im Fall der Verletzung zu regeln sein.[1064] Grundsätzlich ist der ursprüngliche Zustand wiederherzustellen, vgl. § 249 Abs. 1 BGB. Da aber eine Information nach einer Entäußerung nicht wieder vertraulich werden kann, ist die Wiederherstellung des vorherigen Zustandes nicht möglich, sodass eine monetäre Kompensation erfolgen muss, vgl. § 251 Abs. 1 BGB. Ein möglicher Wertverlust kann zwar bei der Offenlegung von Betriebs- und Geschäftsgeheimnissen erfolgen, eine Kompensation im Hinblick auf einen minimierten Vertrauensschutz kann aber selten in einem konkreten Geldbetrag beziffert werden. Vielmehr wird der Abbruch von künftigen Informationsübermittlungen die Folge von gebrochenen Vertraulichkeitsvereinbarungen sein.

Im Kern dienen Vertraulichkeitsvereinbarungen dem Zweck der Beseitigung rechtliche Unsicherheiten, die die Parteien bei Abschluss des Vertrages haben. Denn „wer sich auf ein gegebenes Wort berufen kann, steht doch ungleich besser

---

1059 EuG, B. v. 22. 2. 2005 - T-383/03; BGH, U. v. 25. 01. 2011 – X ZR 98/08; LG Hamburg, U. v. 20. 05. 2005 – 308 O 182/04.

1060 Lejeune, ITRB 2001, 198, 198 f.; Linke/Fröhlich, GWR 2014, 449.

1061 Scheja/Mantz, CR 2009, 413, 415.

1062 Scheja/Mantz, CR 2009, 413, 415.

1063 Lejeune, ITRB 2001, 198, 198 f.; Linke/Fröhlich, GWR 2014, 449.

1064 Lejeune, ITRB 2001, 198, 198 f.; Linke/Fröhlich, GWR 2014, 449.

da als jener, der nur einen vorgefundenen Spielraum genutzt hat"[1065]. Dementsprechend erhöhen Vertraulichkeitsvereinbarungen das Sicherheitsgefühl der Beteiligten, und ermöglichen die Informationsübermittlung im Ganzen. Ansonsten könnte die Gefahr bestehen, dass auf eine Informationsübermittlung verzichtet wird. Das unterstützt die These, dass Vertraulichkeitsvereinbarungen dem Situationsschutz dienen und sekundär erst dem Rechtsgüterschutz.

Dass das Konzept des Vertraulichkeitsschutzes in Form der Vertraulichkeitsvereinbarungen neben dem Konzept des Rechtsgüterschutzes durch die Ausnahmevorschriften besteht, lässt sich mit dem Konzept der Verschwiegenheitspflichten, die im Gesellschaftsrecht und Arbeitsrecht bestehen, erklären. Das Bundesverwaltungsgericht führte aus, dass Vertraulichkeitsvereinbarungen keinen Geheimhaltungsgrund darstellen.[1066] Dem widerspricht die hier getätigte Einordnung nicht, sie formt sie eher aus und kommt zu dem Ergebnis, dass es neben dem Rechtsgüterschutz auch einen Situationsschutz gibt, was durch das Konzept im Zivilrecht, nämlich das der Verschwiegenheitspflicht, bestärkt wird. Die Verschwiegenheitspflicht wird aus der Treuepflicht hergeleitet.[1067] Die Treuepflicht ist ein Mittel[1068] um den Geheimnisschutz herzustellen. Dabei wird an einem Treueverhältnis angeknüpft, welches durch die Verpflichtung Informationen nicht weiterzugeben in die Zukunft hin aufrechterhalten wird. Die vorhandene Situation soll geschützt werden, Verschwiegenheitspflichten führen zu einem Situationsschutz. Da das Konstrukt allgemein anerkannt ist, ist nicht ersichtlich, weshalb eine Übertragung in das Öffentliche Recht, insbesondere bei Beachtung der Amtsverschwiegenheit, in Form der Vertraulichkeitsabsprachen und -zusagen nicht bestehen sollte.

4. Wirkungsweise von Vertraulichkeitsvereinbarungen unter Beachtung rechtlicher Hinderungsgründe

Rechtliche Verschwiegenheitspflichten werden zumeist aus den arbeits- oder gesellschaftsrechtlichen Verträgen oder aus Spezialvorschriften hergeleitet.[1069] Für das Konzept der Vertraulichkeitsvereinbarungen wurde aber bisher auf eine

---

1065 Kisker, VVDStRL 32 (1974), 149, 163.

1066 BVerwG, B. v. 08. 02. 2011 – 20 F 13/10 (juris Rn. 15).

1067 Beyerbach, Die geheime Unternehmensinformation, S. 85 ff.; Looschelder, in: Ann/u. a., Handbuch des Know-how-Schutz, Kap. 2 Rn. 171 ff.

1068 Allgemein zu Geheimhaltungsmitteln: Düwel, Das Amtsgeheimnis, S. 34 ff.

1069 Vgl. Beyerbach, Die geheime Unternehmensinformation, S. 86 f. m. w. N.

rechtliche Einordnung verzichtet.[1070] Allerdings ist eine rechtliche Einordnung notwendig,[1071] um Auswirkungen auf andere Rechtsobjekte und Rechtssubjekte vollständig berücksichtigen zu können.

Auch wenn die Einordnung des Informationszugangsrechtes in das Verwaltungsrecht nicht unumstritten ist,[1072] so ist eine Systematisierung an den klassischen Handlungsformen der Verwaltung angedacht. Das lässt sich damit begründen, dass zumindest für das Informationszugangsrecht eine solche verwaltungsrechtliche Orientierung angedeutet wird. Das wird in § 9 Abs. 4 IFG erkennbar, denn gegen eine ablehnende Entscheidung ist Widerspruch und Verpflichtungsklage ein statthaftes Rechtsmittel. Es ist nun dahingestellt, ob die Vorschrift eine Rechtswegzuweisung[1073] darstellt oder auf die statthafte Antragsart[1074] hindeutet. So wird vorausgesetzt, dass die ablehnende Entscheidung einen Verwaltungsakt i. S. d. § 35 S. 1 VwVfG darstellt, ansonsten wäre kein Widerspruchsverfahren und keine Verpflichtungsklage einschlägig. Die Einordnung der ablehnenden Entscheidung als Verwaltungsakt liefert aber keine Aussage über die Rechtsnatur der Vertraulichkeitszusagen und -absprachen. Und da Vertraulichkeitsvereinbarungen im Rahmen von Verwaltungstätigkeiten getroffen werden, ist eine Einordnung in das Verwaltungsrecht angebracht, vor allem weil solche Akte als Kommunikationsakte und -vorgänge zu werten sind.

Nach Ansicht von Gusy verlaufen „Verfahrenseinleitende, -begleitende und -fördernde Kommunikationsvorgänge […] vielfach informell“[1075]. Mithin bestehen oftmals keine gesetzlichen Regelungen über Informationspflichten und Informationsbeziehungen. Vielmehr handelt es sich oftmals nicht um Verwaltungsakte oder öffentlich-rechtliche Verträge, sondern eher um andere Rechtsverhältnisse, die aber durch die analoge Anwendung der Vorschriften gelöst werden.[1076] Gleichwohl wird durch solche Absprachen ein ausgewogenes Ergebnis für komplexe

---

1070 Das Bundesverwaltungsgericht ließ die Frage für die third party rule dahinstehen: BVerwG, B. v. 29. 04. 2015 – 20 F 8.14 Rn. 18.

1071 Schoch, in: Isensee/Kirchhof (Hrsg.), Handbuch des Staatsrechts. Band III, § 37 Rn. 24 plädiert dafür informales Handeln rechtlich einzuordnen.

1072 Vgl. Gusy, JZ 1999, 1169 zum UIG, vgl. Abschnitt II.

1073 Jastrow/Schlatmann, IFG Kommentar, § 9 Rn. 35

1074 Schoch, IFG, § 9 Rn. 66 ff.

1075 Gusy, in: Hoffmann/Riem/u. a. (Hrsg.), Grundlagen des Verwaltungsrechts, Band II, § 23 Rn. 62.

1076 Gusy, in: Hoffmann/Riem/u. a. (Hrsg.), Grundlagen des Verwaltungsrechts, Band II, § 23 Rn. 65, mit Verweis auf Beyerlin, NJW 1987, 2713, 2713 ff.; Kopp/Ramsauer, VwVfG, § 9 Rn. 4.

Verhältnisse geschaffen.[1077] Doch bevor gefolgert werden kann, dass es sich um bloße informelle Absprachen handelt, sollen die anderen Handlungsformen betrachtet werden. Vertraulichkeitsvereinbarungen sind also in das System der Handlungsformenlehre einzuordnen.

Im Kern kann aus dem oben Gesagten festgestellt werden, dass Vertraulichkeitszusagen notwendig sind, um die Funktionsfähigkeit der Behörde und deren Arbeitsweise zu sichern. Dementsprechend muss der Erlass von Vertraulichkeitsvereinbarungen seinen Ursprung und seine Rechtfertigung in der Funktionsfähigkeit der Behörde und der Möglichkeit der Bildung von Vertrauensverhältnissen haben. Dabei können Vertraulichkeitsvereinbarungen einerseits im Voraus wirken, indem der Informationszugangsanspruch in seiner Anspruchsentstehung schon behindert wird, oder Vertraulichkeitsvereinbarungen können andererseits so verstanden werden, dass diese ein nachgelagertes gerichtliches Verfahren verhindern sollen und mithin bloß eine prozedurale Wirkungsweise haben. Die beiden Wirkungen sollen nun untersucht werden.

a. Materielle Wirkung

Im Hinblick auf die erste Möglichkeit der Zweckrichtung von Vertraulichkeitsvereinbarungen kann zunächst von einer anspruchsverwehrenden Wirkung gesprochen werden, da man die These aufstellen kann, dass durch Vertraulichkeitsvereinbarungen der Informationszugangsanspruch umgangen werden soll. Das könnte man auf zweierlei Weisen begründen. Einerseits könnte durch die Vereinbarung verhindert werden, dass eine amtliche Information i. S. d. § 1 Abs. 1 S. 1 IFG entsteht, da eine Berechtigung zur Verfügung über die übergegebene Information nicht übertragen wird. Allerdings wird nach allgemeiner Ansicht der Begriff der amtlichen Information weit ausgelegt und der Schutz anderer Belange – insbesondere privater Belange – durch die Ausnahmegründe hergestellt.[1078] Auf die Frage wird nach Betrachtung der rechtlichen Einordnungsmöglichkeiten eingegangen.

Daher könnte man andererseits die These mit dem Argument stützen, dass die Vertraulichkeitsvereinbarung einen Vertrauensmoment an sich schafft, wodurch die spezifischen Ausnahmegründe ausgefüllt werden. Im Folgenden soll den Begründungsansätzen nachgegangen werden unter Beachtung der

1077 Schoch, in: Isensee/Kirchhof (Hrsg.), Handbuch des Staatsrechts. Band III, § 37 Rn. 28.

1078 Schoch, IFG, § 1 Rn. 33.

verschiedenen Handlungsformen der Verwaltung, hier dem Verwaltungsakt, dem öffentlich-rechtlichen Vertrag und dem privatrechtlichen Vertrag.

aa. Verwaltungsakt

Wenn es sich bei Vertraulichkeitsvereinbarungen um einen Verwaltungsakt handelt, müssten die Voraussetzungen des § 35 S. 1 VwVfG vorliegen. Danach ist ein Verwaltungsakt jede Verfügung, Entscheidung oder andere hoheitliche Maßnahme, die eine Behörde zur Regelung eines Einzelfalls auf dem Gebiet des öffentlichen Rechts trifft und die auf unmittelbare Rechtswirkung nach außen gerichtet ist. Die aufgeführten Vertraulichkeitsvereinbarungen wurden im Rahmen der Tätigkeit des Bundeskartellamtes, der Bundesanstalt für Finanzdienstleistungsaufsicht, der Polizeibehörden und der Bundesnachrichtendienste abgeschlossen. Dabei handelt es sich um Behörden i. S. d. § 1 Abs. 4 VwVfG, sodass das erste Merkmal eines Verwaltungsakt vorliegt.

Zudem müsste es sich um eine Verfügung, Entscheidung oder andere hoheitliche Maßnahme i. S. d. § 35 S. 1 VwVfG handeln. Das stellt eine Willenserklärung dar, die final auf die Setzung einer Rechtsfolge gerichtet ist.[1079] Durch die Vertraulichkeitsvereinbarung soll Dritten der Zugang zu übermittelten Informationen verwehrt werden, was die Rechtsfolge darstellt. Die Willenskomponente wurde im Zuge der Besprechung zwischen den Beteiligten entäußert, sodass eine Erklärung erfolgte. Somit liegt das zweite Merkmal des Verwaltungsaktes vor. Es muss sich zudem um eine hoheitliche Maßnahme handeln, was bedeutet, dass die Behörde einseitig verpflichtend handeln muss. Bei der Vertraulichkeitszusage wird von der Behörde einseitig die Vertraulichkeit gewährt, bei der Absprache liegt ein einvernehmliches Handeln vor, und da bei der Zusage auch von Seiten des Zusageempfängers der Wille besteht, dass die Beteiligten sich an den Inhalt der Zusage halten, kann nicht von einer hoheitlichen Maßnahme i. S. d. § 35 S. 1 VwVfG ausgegangen werden.

Des Weiteren mangelt es an dem Merkmal der „unmittelbaren Rechtswirkung nach außen", da die Vertraulichkeitszusage nur innerhalb des Verhältnisses wirkt und andere staatliche Organe nicht binden kann, vgl. I.4 Richtlinie V-Person, wonach nur eine Bindung der Staatsanwaltschaft und der Polizei erfolgt. Eine Bindung der Gerichte an die Vertraulichkeitsvereinbarungen kann nicht erfolgen. Das hängt damit zusammen, dass Richter nach Art. 97 Abs. 1 GG unabhängig und nur dem Gesetz unterworfen sind. Und da eine gesetzliche Grundlage für den Erlass von Vertraulichkeitsvereinbarungen nicht existiert, sondern nur

1079 Stelkens, in: Stelkens/Bonk/Sachs, VwVfG, § 35 Rn. 69

Verwaltungsvorschriften, kann die Bindung eines Richters nicht angenommen werden. Ferner ist keine Ermächtigungsgrundlage für den Erlass einer Vertraulichkeitsvereinbarung in Form eines Verwaltungsaktes ersichtlich.

Aus den Gründen kann es sich bei Vertraulichkeitsvereinbarungen nicht um Verwaltungsakte handeln.

bb. Öffentlich-Rechtlicher Vertrag

Da eine Einordnung als Verwaltungsakt ausscheidet, könnte die Einordnung als öffentlich-rechtlicher Vertrag angedacht werden. Denn im Gegensatz zum Verwaltungsakt ist weder eine einseitige Regelung – was der Einordnung der Vertraulichkeitsabsprachen als Verwaltungsakt entgegenstand – noch eine spezielle Ermächtigungsgrundlage für den Abschluss von öffentlich-rechtlichen Verträgen erforderlich. § 54 S. 1 VwVfG kann als generelle Ermächtigungsgrundlage für den Abschluss öffentlich-rechtlicher Verträge gesehen werden.[1080] Wie oben festgestellt, liegt kein Verwaltungsakt vor, daher kann es sich nicht um einen öffentlich-rechtlichen Vertrag i. S. d. § 54 S. 2 VwVfG und infolgedessen auch nicht um einen Vergleichs- (§ 55 VwVfG) oder Austauschvertrag (§ 56 VwVfG) handeln. Es kann sich aber um einen öffentlich-rechtlichen Vertrag i. S. d. § 54 S. 1 VwVfG handeln. Das setzt voraus, dass ein Vertrag auf dem Gebiet des Öffentlichen Rechtes besteht.

Da der öffentlich-rechtliche Vertrag an ein privatrechtliches Rechtsgeschäft angelehnt ist, kann auf die Definition des Zivilrechtes zurückgegriffen werden. Danach entsteht ein Vertrag durch zwei inhaltlich übereinstimmende und im Bezug aufeinander abgegebene Willenserklärungen, dem Angebot und der Annahme.[1081] Die Definition wird entsprechend im Öffentlichen Recht angewandt,[1082] sodass für das Zustandekommen eines Vertrages „ein von einem Erklärungsbewusstsein getragener beidseitiger rechtlicher Bindungswille"[1083] verlangt wird. Die beiden Parteien wollen beim Abschluss einer Vertraulichkeitsvereinbarung erreichen, dass die Informationen der Vertragsparteien, die innerhalb des Rechtsverhältnisses ausgetauscht wurden, nicht an Dritte gelangen. Zwar ist die Motivlage bei den Informationsgebern und den Informationsnehmern eine

---

1080 Bonk/Neumann, in: Stelkens/Bonk/Sachs, § 54 VwVfG, Rn. 4; Ramsauer, in: Kopp/Ramsauer, § 54 VwVfG Rn. 13a.

1081 Brox/Walker, Allgemeiner Teil des BGB, Rn. 78.

1082 Bonk/Neumann, in: Stelkens/Bonk/Sachs, VwVfG, § 54 Rn. 28 f.; Raumsauer, in: Kopp/Ramsauer, § 54 Rn. 18 ff.

1083 Bonk/Neumann, in: Stelkens/Bonk/Sachs, VwVfG, § 54 Rn. 29.

andere, nichtsdestotrotz möchten beide Parteien erreichen, dass eine verbindliche Situation geschaffen wird, sodass keine unbefugte Weitergabe an Dritte erfolgt. Nach § 57 VwVfG ist die Schriftform als zwingende Formvorschrift einzuhalten, die nur durch andere Rechtsvorschriften aufgehoben werden kann.

Ferner ist ein Vertrag öffentlich-rechtlich i. S. d. § 54 S. 1 VwVfG, sofern dieser einen öffentlich-rechtlichen Sachverhalt regelt, als Abgrenzung zum privatrechtlichen Vertrag.[1084] Hierbei sind Verträge auf dem Gebiet des Verfassungsrechtes, des Völkerrechtes und der Exekutive vom Anwendungsbereich der Norm ausgenommen, es muss sich also um eine Verwaltungstätigkeit handeln.[1085] Somit können die third-party-rules innerhalb von internationalen Abkommen über die Informationsübermittlung nicht als öffentlich-rechtlicher Vertrag abgeschlossen werden. Für die Frage, ob ein Vertrag öffentlich-rechtlich oder privatrechtlich ist, wird auf die allgemeinen Abgrenzungstheorien, die Interessen-, Sonderrechts- oder Subjektstheorie abgestellt.[1086] Dafür wird objektiv der Vertragsgegenstand bzw. die Vertragspartei betrachtet.[1087] Wenn auf den Sachzusammenhang abgestellt wird, liegt die Voraussetzung vor, wenn in die gesetzlich zugewiesenen öffentlich-rechtlichen Befugnisse verändernd eingegriffen wird.[1088] Der verändernde Eingriff muss nicht offensichtlich sein, vielmehr kann durch Auslegung ermittelt werden, wobei die konkreten Vertragsbestandteile nach §§ 133, 157 BGB entsprechend ausgelegt werden.[1089] Gleichwohl ist die Beteiligung eines Hoheitsträgers nicht zwingende Voraussetzung für das Vorliegen eines öffentlich-rechtlichen Vertrags.[1090]

Durch Vertraulichkeitsvereinbarungen soll die Verpflichtung des Hoheitsträgers aus § 1 Abs. 1 IFG zum Informationszugang abbedungen werden.[1091] Es wird in die öffentlich-rechtliche Verpflichtung zur Herstellung von Informationszugang regelnd eingegriffen. Es kann die Vermutung aufgestellt werden, dass ein öffentlich-rechtlicher Sachverhalt geregelt werden soll. Allerdings soll damit

1084 Bonk/Neumann, in: Stelkens/Bonk/Sachs, VwVfG, § 54 Rn. 72 ff.

1085 Bonk/Neumann, in: Stelkens/Bonk/Sachs, VwVfG, § 68.

1086 Bonk/Neumann, in: Stelkens/Bonk/Sachs, VwVfG, § 74.

1087 Bonk/Neumann, in: Stelkens/Bonk/Sachs; VwVfG, § 75; Ramsauer, in: Kopp/Ramsauer, § 54 VwVfG Rn. 27.

1088 Ramsauer, in: Kopp/Ramsauer, § 54 VwVfG Rn. 30 b.

1089 Ramsauer, in: Kopp/Ramsauer, § 54 VwVfG Rn. 34.

1090 Ramsauer, in: Kopp/Ramsauer, § 54 VwVfG Rn. 28.

1091 Schoch, IFG, Vorb §§ 3–6 Rn. 35 verwendet ebenfalls den Begriff „abbedungen". Allgemein zum Begriff der Abdingbarkeit: Kähler, Begriff und Rechtfertigung abdingbaren Rechts.

nicht nur der Informationszugang im Rahmen des Informationsfreiheitsgesetzes unterbunden werden, sondern auch die Informationsfreigabe durch andere Informationszugangsrechte, wie prozessuale Akteneinsichtsrechte. Somit ist die Verpflichtung eine weitergehende, die im Kern den Schutz von Informationen dient und die Vergrößerung des Informationszugangskreises unterbindet.

Infolgedessen handelt es sich nicht primär um eine öffentlich-rechtliche Verpflichtung, die an der Stelle geregelt werden soll. Das Ergebnis wird umso einleuchtender, wenn man die entgegenstehende Position betrachtet. Die Privatperson wird sich ebenfalls auf die Vertraulichkeit verlassen und sich an die Vorgabe der Nichtweitergabe und der Nichtzugänglichmachung verpflichten. Mithin handelt es sich nicht um eine öffentliche Verpflichtung zur Regelung eines öffentlich-rechtlichen Gegenstandes. Es kann sich nicht um einen öffentlich-rechtlichen Vertrag handeln.

Darüber hinaus könnten der Einordnung von Vertraulichkeitsvereinbarungen als öffentlich-rechtliche Verträge aber auch andere Normen entgegenstehen. Einerseits könnte § 54 S. 1 2 HS VwVfG, und andererseits könnte § 58 VwVfG Vertraulichkeitsvereinbarungen entgegenstehen.

(1) § 54 S. 1 2 HS VwVfG

Nach § 54 S. 1 2 HS VwVfG können öffentlich-rechtliche Verträge nicht begründet werden, wenn andere Rechtsvorschriften entgegenstehen. Die Vorschrift spiegelt den Grundsatz der Gesetzmäßigkeit der Verwaltung, Art. 20 Abs. 1 und Abs. 3 GG, wieder.[1092] Danach sind entgegenstehende Vorschriften das Grundgesetz sich aus dem Grundgesetz ergebende Grundsätze, das Unionsrecht, formelle und materielle Gesetze aber auch Rechtsverordnungen.[1093] Dabei muss die Regelung nicht ausdrücklich eine vertragliche Regelung ausschließen oder verbieten, es reicht aus, wenn nach dem Sinn und Zweck der Vorschrift eine vertragliche Regelung dem Anspruch nicht entgegenstehen dürfte.[1094] Das IFG ist ein materielles Gesetz und könnte eine entgegenstehende Rechtsvorschrift i. S. d. § 54 S. 1 2 HS VwVfG enthalten. Allerdings verfügt das Informationsfreiheitsgesetz des Bundes über keine ausdrückliche Regelung, wonach vertragliche Regelungen dem Gesetzeszweck des Informationszugangsrechtes nicht entgegenstehen dürfen, anders als einige Informationszugangsgesetze der Länder. Dementsprechend ist zu untersuchen, ob der Informationszugangsanspruch nach dem IFG

1092 Bonk/Neumann, in: Stelkens/Bonk/Sachs, VwVfG, § 54 Rn. 90 ff.
1093 Bonk/Neumann, in Stelkens/Bonk/Sachs, VwVfG, § 54 Rn. 94.
1094 Ramsauer, in: Kopp/Ramsauer, VwVfG, § 54 Rn. 41.

abdingbar ist, solange keine Regelung besteht, die statuiert, dass vertragliche Absprachen dem Informationszugangsrecht nicht entgegenstehen dürfen.

(a) Abdingbarkeit des Anspruchs auf Informationszugang

Im Kontext von Vertraulichkeitsvereinbarungen wird oftmals der Begriff der Abdingbarkeit verwendet,[1095] sodass zu Beginn zu untersuchen ist, ob der Anspruch aus dem IFG „abbedungen“ werden kann. Dazu muss zunächst der Begriff des abdingbaren Rechtes betrachtet werden.

Die Begrifflichkeit des abdingbaren Rechtes oder dispositiven Rechtes[1096] ist vornehmlich eine solche des Zivilrechtes,[1097] was damit zusammenhängt, dass das Privatrecht vom Grundsatz der Privatautonomie geprägt wird. Ob der Begriff des abdingbaren Rechtes auf das Öffentliche Recht Anwendung finden kann, bedarf einer näheren Betrachtung, die im Rahmen der Arbeit nur kurz erfolgen kann.

Nach Ansicht von Möslein kann das Öffentliche Recht über dispositives Recht verfügen.[1098] Das idealisierte Bild der Privatrechtsautonomie setzt ein gleichgeordnetes Verhältnis voraus, indem die Beteiligten die Bedingungen des Vertrages eigenständig aushandeln.[1099] Von einem gleichgeordneten Verhältnis kann im Öffentlichen Recht normalerweise nicht gesprochen werden. Der Staat ist den Individuen übergeordnet. Tatsächlich ist es so, dass der Staat gegenüber Großkonzernen nicht zwangsläufig über eine Machtposition verfügt, allerdings findet eine Differenzierung nach tatsächlichen Machtverhältnissen nicht statt. Wenn man nun den Rechtsgrund der Privatautonomie in Art. 2 Abs. 1 GG sieht, kann sich der Staat als Grundrechtsverpflichteter nicht auf das Grundrecht und damit nicht auf die Privatautonomie als dessen Ausprägung berufen.[1100] Demgegenüber kann man das Konzept der Privatautonomie anders herleiten, nämlich als Möglichkeit, ein Rechtsverhältnis nach eigenen Bedingungen zu regeln,[1101] was eine „Rechtssetzungsbefugnis“ des Einzelnen wiederspiegelt. Den staatlichen Organen kommt zwar eine Rechtssetzungsbefugnis zu, die Befugnis des Staates wird aber unter den Grundsatz des Vorbehaltes des Gesetzes gestellt, zumindest wenn eine eingreifende Handlung des Staates vorliegt.[1102] Von einigen

---

1095 U. a. Schoch, IFG, Vorb §§ 3–6 Rn. 35.
1096 Möslein, Dispositives Recht, S. 9 ff.
1097 Möslein, Dispositives Recht, S. 12.
1098 Möslein, Dispositives Recht, S. 13 f.
1099 Ruffert, Vorrang der Verfassung und Eigenständigkeit des Privatrechts, S. 59.
1100 Vgl. Gurlit, Verwaltungsvertrag und Gesetz, S. 245 m. w. N.
1101 BVerfGE 72, 155, 170.; Gurlit, Verwaltungsvertrag und Gesetz, S. 245 ff.
1102 Gurlit, Verwaltungsvertrag und Gesetz, S. 277 ff. m. w. N.

Stimmen wird unter dem Stichpunkt des Totalvorbehaltes gefordert, auch im Falle anderer hoheitlicher Handlungen nur bei Vorliegen einer Ermächtigungsgrundlage handeln zu können.[1103] Der Staat könnte ohne eine rechtliche Grundlage keine Verträge abschließen. Eine solche Ermächtigungsgrundlage liegt in § 54 VwVfG als „Generalklausel" für den Abschluss von öffentlich-rechtlichen Verträgen vor.[1104] Als Ergebnis gilt für das abdingbare Recht, dass innerhalb des Öffentlichen Rechtes, welches nicht von einer Gleichstufigkeit der Rechtsverhältnisse geprägt ist, sondern vielmehr von Ober- und Unterordnungsverhältnissen, eine Abweichung von der Ermächtigungsgrundlage nur im Rahmen des Rechtes erfolgen kann.[1105] Dafür spricht die Tatsache, dass im Zivilrecht im Falle von ungleichgeordneten Rechtsverhältnissen, wie im Mietrecht, Arbeitsrecht oder Verbraucherrecht,[1106] die Disposivität, die ansonsten im Zivilrecht vorherrscht, gesetzlich beschränkt wird, um die schwächere Vertragspartei zu schützen. Schon aus dem Grund kann für das Öffentliche Recht nichts anderes folgen, da dort die „Übermacht" des Staates dem Einzelnen entgegensteht und dies nach allgemeiner Ansicht als größere Gefahrenlage von „übermächtigen" Privaten gesehen wird. Daher kann von einer Abdingbarkeit im Öffentlichen Recht nicht gesprochen werden, vielmehr nur von dem Ausnutzen rechtlicher Rahmenbedingungen.

Des Weiteren müssten auch Vertraulichkeitsvereinbarungen unter der Definition des abdingbaren Rechtes zu subsumieren sein. Nach Ansicht von Kähler stellt abdingbares Recht die Möglichkeit der Abweichung von einer Rechtsfolge durch die Adressaten der Norm dar.[1107] Adressaten des Informationsfreiheitsgesetzes sind Auskunftsberechtigte, also Jedermann. Theoretisch können die Informationsinteressierten einen Auskunftsanspruch nach § 1 Abs. 1 IFG stellen. Vertraulichkeitsvereinbarungen werden aber von dem Dritten i. S. d. IFG und dem Auskunftsverpflichteten, staatlichen Behörden, getroffen. Somit wirkt die Vertraulichkeitsabsprache zu Lasten eines Dritten und in dem Fall zu Lasten des Anspruchsberechtigten des IFG. Der Anspruchsberechtigte nimmt

---

1103 Gurlit, Verwaltungsvertrag und Gesetz, S. 277 ff.

1104 Gurlit, Verwaltungsvertrag und Gesetz, S. 251 ff.; Ramsauer, in: Kopp/Ramsauer, VwVfG, § 54 Rn. 1.

1105 Möslein, Dispositives Recht, S. 13 ff. mit einer etwas anderen Einschätzung: Danach seien dispositive Regelungen im „klassischen" Öffentlichen Recht nur unter „engen Voraussetzungen" (S. 16) möglich, in anderen Bereichen allerdings auffindbar (S. 14).

1106 BVerfG, B. 07. 02. 1990 - 1 BvR 26/84 = BVerfGE 81, 242.

1107 Kähler, Begriff und Rechtfertigung des abdingbaren Rechts, 2012, S. 7.

also nicht durch die Vertraulichkeitsvereinbarung Einfluss auf das Ergebnis der Absprache. Demzufolge wird die Reichweite der Informationsgewährung von außen geregelt. Deshalb wird bei der Subsumtion des Sachverhaltes unter die Definition des abdingbaren Rechtes erkennbar, dass es sich nicht um eine Abbedingung handeln kann. Wohl aus dem Grund vertritt Schoch die Ansicht, dass eine bloße Vereinbarung für den Ausschluss des Informationszugangsanspruchs nicht ausreichend ist,[1108] denn ansonsten könnten die Beteiligten der Vertraulichkeitsabsprachen über den Zugang anderer entscheiden, was im Widerspruch zum IFG stehe.[1109] Das wird teilweise damit begründet, dass für die Übermittlung vertraulicher Informationen i. S. d. § 3 Nr. 7 IFG ein „objektiv schutzwürdiges Geheimhaltungsinteresse“[1110] hinzu treten muss. Da aber nach dem Willen des Gesetzgebers primär der Schutzzweck der Norm darin liegt, Informanten – im heutigen Kontext als „whistle blower“ bekannt – zu schützen,[1111] liegt ein solches Interesse vor, wenn einerseits Nachteile für die Behörde in ihrer Aufgabenerfüllung oder andererseits für die Betroffenen entstehen könnten. Insbesondere kann darauf abgestellt werden, dass die Behörden die gewünschten Informationen ohne eine solche Vereinbarung nicht erhalten hätten.[1112] Der Begründungspunkt führt aber nicht zu einer rechtlichen Klärung der Situation, da die Informationsweitergabe und -übermittlung von den Informanten immer verweigert werden kann, wenn keine Pflicht zur Informationsübermittlung besteht. So kann eine freiwillige Informationsübergabe grundsätzlich immer an das Kriterium der vertraulichen Behandlung geknüpft werden, da ansonsten der Informationskanal nicht ermöglicht wird. Allerdings umfasst § 3 Nr. 7 IFG nur die freiwillige Informationsübermittlung,[1113] daher wurde nicht nur auf Vertraulichkeitsvereinbarungen im Kontext der Norm abgestellt.

Gleichwohl ist der Begriff der Abdingbarkeit nicht passend, sodass von einem Anwendungsausschluss[1114] gesprochen werden muss, weil der Versuch unternommen wird, den Anwendungsbereich des Informationszugangsrechtes zu beschränken. Die Begrifflichkeit verdeutlicht zudem, dass nicht primär ein

---

1108 Schoch, IFG, § 3 Rn. 323.

1109 Schoch, IFG, Vorb §§ 3–6 Rn. 35 m. V. a. BVerwG, NwVBl 2011, 305, 306; OVG NRW, NVwZ 2010, 1044, 1045; Hoeren, in: Informationszugangsrecht und Informationsfreiheit. Jahrbuch 2008, S. 105, 110; Gurlit, in: FS Hufen, S. 343, 347 ff.

1110 Schoch, IFG, § 3 Rn. 323.

1111 BT-Drs. 15/4493, S. 11 f.

1112 Raue, JZ 2013, 280, 285 bezeichnet das Kriterium sogar als ein hohes.

1113 Schoch, IFG, § 3 Rn. 312.

1114 Scheel, in: Berger/Partsch/Roth/Schell, IFG, § 1 Rn. 83.

zivilrechtliches Instrument eingesetzt wird, sondern bloß eine Regelung innerhalb des bestehenden Rechtes erfolgen soll.

(b) § 54 S. 1 2 HS VwVfG (i. V. m. § 134 BGB) i. V. m. dem IFG

Demnach muss man überprüfen, ob der Anwendungsausschluss gegen das geltende Recht verstößt. Im Rahmen von § 54 S. 1 2 HS VwVfG (i. V. m. § 134 BGB)[1115] könnte in Zusammenschau mit Vorschriften des IFG ein vertraglicher Ausschluss des Anspruches im Widerspruch zur Rechtsordnung stehen, sodass die Vertraulichkeitsvereinbarung nichtig ist und unter Umständen sogar die Informationsübermittlung im Ganzen, i. S. d. § 59 Abs. 3 VwVfG, als nichtig einzuordnen ist. Daher ist zu untersuchen, ob das IFG eine entgegenstehende Norm i. S. d. § 54 S. 1 2 HS VwVfG bzw. ein gesetzliches Verbot i. S. d. § 134 BGB enthält.

Bei der Frage, ob privatrechtliche Handlungsformen ausgeschlossen sind, ist „maßgeblich [...], ob der Regelungszweck eine gleichberechtigte Mitwirkung Privater bei der Gestaltung von Rechtsfolgen zuläßt."[1116] Wenn eine solche privatrechtliche Mitwirkungsmöglichkeit aber ausgeschlossen ist oder die Regelung einer solchen Mitwirkung entgegensteht, liegt ein Verstoß gegen § 54 S. 1 2 HS VwVfG vor, da eine entgegenstehende Norm i. S. d. Vorschrift vorliegt. Wenn ein Verstoß gegen § 134 BGB angenommen wird, muss das IFG ein Verbotsgesetz i. S. d. § 134 BGB darstellen. Folglich müsste eine Norm bestehen, aus der sich ergibt, dass bloß vertragliche Absprachen den Auskunftsanspruch des IFG nicht ausschließen oder beschränken dürfen. Dazu müsste das IFG ein Verbotsgesetz i. S. d. § 134 BGB enthalten.

Die formelle Voraussetzung erfüllt das IFG, es ist ein Bundesgesetz und mithin eine Rechtsnorm i. S. d. § 2 EGBGB. Hinzukommend müsste sich auch ein Verbot aus einer der Vorschriften des Gesetzes ergeben. Ein Verbot liegt vor, „wenn ein von der Rechtsordnung seiner Art nach grds zugelassenes Rechtsgeschäft wegen seines konkreten Inhalts (etwa: „Ohne-Rechnung-Abrede" zwecks Steuerhinterziehung, vgl. BGHZ 176, 198, 201) oder wegen der Modalitäten seines Zustandekommens untersagt wird."[1117] Eine ausdrückliche Regelung, dass vertragliche Absprachen dem Informationszugangsanspruch nicht entgegenstehen dürfen, findet sich im IFG nicht. Nach § 1 Abs. 3 IFG gehen speziellere Rechtsvorschriften über den Zugang zu amtlichen Informationen dem IFG

1115 Die beiden Punkte werden gemeinsam betrachtet.

1116 Gurlit, Verwaltungsvertrag und Gesetz, S. 253.

1117 Dörner, in: Schulze, BGB, § 134 Rn. 4.

vor. Nach Ansicht von Sitsen führe das dazu, dass vertragliche Regelungen den Zugang zu amtlichen Informationen nicht regeln können, da nach dem Wortlaut nur Rechtsvorschriften genannt sind.[1118] Die Einschätzung ist nicht haltbar, denn § 1 Abs. 3 IFG stellt eine Spezialitätsklausel für weitere Anspruchsgrundlagen für den Informationszugang dar. Durch die Vorschrift sollen Konkurrenzverhältnisse zu speziellen Auskunftsansprüchen geregelt werden, sodass das IFG nicht den Auskunftsanspruch in Teilbereich erweitert, sondern dass der Auskunftssteller darauf verwiesen werden kann, dass ein Auskunftsanspruch nach einem spezielleren Gesetz und nicht nach dem IFG zu erlangen ist. Die Norm trifft aber keine Aussage dazu, ob ein formal bestehender Auskunftsanspruch durch vertragliche Regelungen verkürzt werden kann. Es findet sich keine Regelung im IFG, die in ihrem Wortlaut einer Verbotsnorm entsprechen könnte. Schoch führt aber aus, dass „das gesetzlich verbriefte Recht auf Zugang zu amtlichen Informationen „[…] nicht durch Rechtsgeschäft ausgeschlossen oder beschränkt werden““[1119] kann. Dabei verweist Schoch auf § 1 Abs. 2a BremIFG. Die Sichtweise wirkt an der Stelle verkürzt, da mit den Grenzen, die andere (Landes-)Informationsfreiheitsgesetze aufgestellt haben, argumentiert wird.

Es existieren zwar einige Landesinformationsfreiheitsgesetze bzw. Transparenzgesetze, die eine solche Regelung explizit formulieren. Zu fragen ist aber, ob erstens durch die Regelung in den Landesgesetzen der vertragliche Ausschluss beschränkt wird und zweitens ob die Regelung auf das IFG des Bundes übertragen werden kann. Im Folgenden werden die Regelungen des Berliner Informationsfreiheitsgesetzes, des Bremer Informationsfreiheitsgesetzes und des Hamburgertransparenzgesetzes, die eine solche Regelung enthalten, aufgeführt. Die nicht aufgeführten Landesinformationsfreiheitsgesetze[1120] verfügen über keine Normierung eines solchen Verbotes. Die Bundesländer Bayern, Hessen, Niedersachsen und Sachsen haben derzeit noch kein Informationsfreiheitsgesetz erlassen, in Niedersachsen bestehen allerdings Gesetzesvorhaben,[1121] die noch nicht umgesetzt sind.

1118 Sitsen, Das Informationsfreiheitsgesetz des Bundes, S. 320.

1119 Schoch, IFG, Vorb §§ 3–6 Rn. 35.

1120 Teilweise wird zwar nicht von Informationsfreiheitsgesetzen gesprochen, sondern von Transparenzgesetzen. Der Begriff wird aber an der Stelle stellvertretend gebraucht.

1121 Niedersächsischer Landtag, Drs. 17/8004 vom 09. 05. 2017.

Das Berliner Informationsfreiheitsgesetz:

Das Berliner Informationsfreiheitsgesetz[1122] wird von Dix als das „informationszugangsfreundlichste Gesetz“[1123] bezeichnet. Deshalb findet sich eine Regelung, die vertragliche Abreden, die den Ausschluss des Informationsanspruchs verhindern sollen, ausschließt. Die Norm findet sich in § 4 Abs. 2 S. 1 IFG Berlin und hat folgenden Wortlaut:

> *„Die öffentlichen Stellen im Sinne von § 2 Absatz 1 haben beim Abschluss von Verträgen sicherzustellen, dass die Bestimmungen des Vertrages dem Recht auf Akteneinsicht oder Aktenauskunft nach diesem Gesetz nicht entgegenstehen.“*

Dies besagt, dass vertragliche Absprachen den Anspruch auf Informationszugang nicht beschränken dürfen. Das impliziert zweierlei: Einerseits, dass vor der Neueinführung des § 4 Abs. 2 S. 1 IFG der Anspruch auf Informationszugang nach dem IFG Berlin durch vertragliche Abreden beschränkt werden konnte. Anderseits stellt die Norm für die Zukunft klar, dass eine Beschränkung des Informationszugangsrechtes durch vertragliche Absprachen nicht mehr möglich ist. Zwar wurde von der Senatsverwaltung für Inneres und Sport des Landes Berlin erklärt, dass der Norm nur eine klarstellende Funktion zukomme,[1124] was heißen soll, dass ohne die Regelung in § 4 Abs. 2 S. 1 IFG Berlin ein vertraglicher Ausschluss des Anspruchs auf Informationszugang nicht möglich sei, eine Begründung erfolgte aber nicht.

Bei Betrachtung der Reform des Berliner Informationsfreiheitsgesetzes wird aber deutlich, dass gerade die Forderung nach Offenlegung von Vertragsinhalten – insbesondere im Zusammenhang mit der Privatisierung der Berliner Wasserbetriebe – zentraler Bestandteil war und daher eine Reform des IFG Berlin notwendig erschien.[1125] Erst im Rahmen der Reform wurde die obenstehende Regelung eingefügt und die Offenlegung der Verträge zur Privatisierung der Berliner Wasserbetriebe wurde erst durch das „Gesetz für die vollständige Offenlegung von Geheimverträgen zur Teilprivatisierung der Berliner Wasserbetriebe vom

1122 Gesetz zur Förderung der Informationsfreiheit im Land Berlin (Berliner Informationsfreiheitsgesetz – IFG) vom 15. 10. 1999 (GVBl. S. 561), zuletzt geändert durch das Gesetz vom 08. 07. 2010 (GVBl. S. 358). Im Folgenden bezeichnet als IFG Berlin.

1123 Berliner Beauftragter für Datenschutz und Informationsfreiheit, Berliner Informationsfreiheitsgesetz, S. 3.

1124 Rundschreiben I Nr. 64/2010 der Senatsverwaltung für Inneres und Sport des Landes Berlin.

1125 Stellungnahme des Senats zum Bericht des Berliner Beauftragten für Datenschutz und Informationsfreiheit für das Jahr 2010, S. 192 ff.

4. März 2011"[1126] erreicht.[1127] Ein solches Gesetz wäre nicht notwendig gewesen, wenn die Offenlegung schon durch das IFG möglich gewesen wäre. Das spricht dafür, dass vertragliche Absprachen zur vertraulichen Behandlung der Verträge den IFG-Anspruch ausschließen konnten.[1128] Natürlich kann an der Stelle angemerkt werden, dass die Verträge zur Teilprivatisierung vor dem Inkrafttreten des Berliner IFG am 30. 10. 1999 abgeschlossen wurden und daher schon aus Gründen des Vertrauensschutzes kein Anspruch auf Informationszugang bestand. Es wird angeführt, dass der Gesetzgebungsprozess zur Einführung des IFG Berlin an dem Punkt des Abschlusses des Vertrages so weit konkretisiert war, dass der Vertrauensschutzaspekt nicht angenommen werden könnte. Überdies bestanden die Akteneinsichtsrechte der Abgeordneten ohnehin, schon daher konnte – wenn man der obigen Argumentation folgt – kein Vertrauen darauf entstehen, dass die Verträge nicht offengelegt werden. Aber auch dem Akteneinsichtsrecht der Abgeordneten gegenüber wehrten sich die Vertragsparteien und wollten eine Offenlegung der Teilprivatisierungsverträge verhindern.[1129] Aus dem Grund kann das Argument des Vertrauensschutzes als entkräftet angesehen werden, denn das Akteneinsichtsrecht der Abgeordneten bestand schon vorher, sodass zumindest nach dem Rechtsanspruch kein Vertrauensschutz entstehen konnte. In den Kontext fällt die Einführung der obigen Vorschrift, sodass historisch betrachtet die Einführung des Ausnahmegrundes gerade vertragliche Absprachen und Zusagen verhindern sollte. Infolgedessen kann nicht davon ausgegangen werden, dass der Vorschrift nur eine klarstellende Funktion zukommt.

Bremer Informationsfreiheitsgesetz

Weiterhin verfügt das Bremer Informationsfreiheitsgesetz[1130] über eine Norm, welche die Beschränkung des Auskunftsanspruchs durch vertragliche Regelungen verhindert. Die Norm findet sich in § 1 Abs. 2a BremIFG und hat folgenden Wortlaut:

1126 GVBl. 2011, 82.

1127 Zur Frage, ob das Gesetz verfassungsgemäß ist: Schmitz, DVBl 2012, 731 ff.

1128 Stellungnahme des Senats zu dem Volksbegehren „Schluss mit Geheimverträgen – Wir Berliner wollen unser Wasser zurück", Berliner-Abgeordnetenhaus-Drs. 16/2723 (vom 29. 10. 2009), S. 3.

1129 Vgl. Dix, in: Informationsfreiheit und Informationsrecht. Jahrbuch 2010, S. 133, 134 f.

1130 Gesetz über die Freiheit des Zugangs zu Informationen für das Land Bremen (Bremer Informationsfreiheitsgesetz - BremIFG) vom 26. 05. 2006 (Brem. GBl. 2006, S. 263), zuletzt geändert durch das Gesetz vom 28. 04. 2015 (Brem. GBl. 2015, S. 274). Im Folgenden zitiert als: BremIFG.

„Das Recht auf Zugang zu amtlichen Informationen kann nicht durch Rechtsgeschäft ausgeschlossen oder beschränkt werden. Öffentliche Stellen haben ihre Vertragspartner vor Vertragsschluss auf die Veröffentlichungspflicht nach diesem Gesetz hinzuweisen.“

Nach § 1 Abs. 2a S. 1 BremIFG wird der vertragliche oder rechtsgeschäftliche Ausschluss des Informationsanspruchs nach dem Landesinformationsfreiheitsgesetz nicht erlaubt. Der Absatz wurde erst im Jahr 2011 durch eine Gesetzesänderung aufgenommen und sollte dazu führen, dass in Zukunft keine vertraglichen Geheimhaltungs- und Verschwiegenheitspflichten geschlossen wurden, um den Informationszugang zu behindern.[1131] Dementsprechend ging der Landesgesetzgeber davon aus, dass ohne eine solche Regelung der Informationszugangsanspruch durch vertragliche Regelungen ausgeschlossen oder zumindest beschränkt werden konnte, da der Gesetzgeber bei der Verabschiedung von „zukünftig“[1132] spricht.

Die Reform stand im Zeichen der Erweiterung von Transparenz. Insbesondere sollten Verträge, die der Staat im Rahmen der Daseinsvorsorge abschließt, auch für die Öffentlichkeit zugänglich gemacht werden. Dadurch sollte der Bevölkerung der Zugang zu Bereichen eröffnet werden, die große Auswirkungen auf das tägliche Leben haben.[1133] Der Landesgesetzgeber entschied, dass das Informationsinteresse der Bevölkerung das Geheimhaltungsinteresse des Staates und privater Unternehmen überwiege.[1134] Die Norm repräsentiert die Weiterentwicklung des Transparenzgedankens, da nach der Einführung der Informationsfreiheitsgesetze immer wieder Forderungen im Hinblick auf den Zugang zu Verträgen aufkamen.[1135] Gleichwohl bleibt an der Stelle festzuhalten, dass der bremische Landesgesetzgeber davon ausging, dass der vertragliche Ausschluss oder die vertragliche Beschränkung ohne eine entgegenstehende Norm, wie § 1 Abs. 2a S. 1 BremIFG, möglich war. Folglich bedarf es einer solchen Normierung, um den vertraglichen Ausschluss des Informationszuganges zu unterbinden.

1131 Vgl. Bremische Bürgerschaft Drs. 17/1672, S. 3.

1132 Bremische Bürgerschaft Drs. 17/1672, S. 3.

1133 Bremische Bürgerschaft Drs. 17/1672, S. 2.

1134 Bremische Bürgerschaft Drs. 17/1672, S. 2.

1135 Bremische Bürgerschaft, Sitzung am 23. 02. 2011, S. 6229, 6231 mit Verweis auf Peter Schaar, der die Offenlegung von Verträgen zwischen Staat und Unternehmen forderte.

Hamburger Transparenzgesetz

Als abschließendes Beispiel ist auf das Hamburger Transparenzgesetz einzugehen. Dem Gesetz wird eine Vorreiterrolle bei der Weiterentwicklung des Informationszugangsrechtes zugeschrieben.[1136] Um die Entwicklung sprachlich zum Ausdruck zu bringen, wurde das Informationsfreiheitsgesetz zum Transparenzgesetz umbenannt. Überdies werden nicht nur Auskunftsansprüche, § 1 Abs. 2 1 HS HmbTG, sondern auch Veröffentlichungspflichten, § 1 Abs. 2 2 HS. i. V. m. § 3 HmbTG, geregelt. Informationen sollen nicht nur bei individuellen Anfragen, sondern ohne eine solche Anfrage der Öffentlichkeit (bzw. Interessierten) zugänglich gemacht werden. Auch das Hamburger Transparenzgesetz folgt den Reformen in den Bundesländern Berlin und Bremen[1137] und verfügt über eine Regelung zu dem Umgang mit vertraglichen Ausschlüssen des Informationszuganges. Die Regelung ist nicht so auffällig positioniert und nicht so explizit formuliert, wie die Vorschriften in den Informationsfreiheitsgesetzen von Berlin und Bremen. Gleichwohl kann § 17 HmbTG eine solche Regelungswirkung zugesagt werden. Die Vorschrift hat nachstehenden Wortlaut:

„§ 17 Altverträge

(1) Soweit in Verträgen, die vor dem Inkrafttreten des Gesetzes abgeschlossen worden sind (Altverträge), ihre Veröffentlichung ausgeschlossen worden ist, unterliegen sie nicht der Veröffentlichungspflicht.
(2) Wird ein Antrag auf Information hinsichtlich eines Altvertrages gestellt und stehen der Gewährung von Informationen Bestimmungen des Vertrages entgegen, so hat die vertragschließende Behörde den Vertragspartner zu Nachverhandlungen mit dem Ziel aufzufordern, die Informationen freizugeben. Kann innerhalb eines Zeitraums von sechs Monaten keine Einigung erzielt werden, so werden die Informationen gewährt, soweit das Informationsinteresse das Geheimhaltungsinteresse erheblich überwiegt.
(3) Für Änderungen oder Ergänzungen von Altverträgen gelten die Bestimmungen dieses Gesetzes."

Die Vorschrift sagt in Abs. 1 aus, dass die Veröffentlichungspflicht, sofern eine solche vorher vertraglich ausgeschlossen wurde, durch die Neuregelung des Transparenzgesetzes nicht erzwungen werden kann. Damit wird verdeutlicht, dass ein Rückwirkungsverbot besteht. Im Hinblick auf den Informationszugang statuiert Abs. 2, dass sofern eine vertragliche Vereinbarung den Auskunftsanspruch vorher ausschloss, sich die Behörde um eine Neuaushandlung bemühen muss. Und nach

---

1136 Vgl. Caspar, in: Hill/Schliesky, Die Neubestimmung der Privatheit, S. 109 ff.; Jauch, DVBl 2013, 16 ff.; Schnabel, NordÖR 2012, 431 ff.

1137 Hamburgische Bürgschaft Drs. 20/3649, S. 1.

Abs. 2 S. 2 wird herausgestellt, dass sofern keine Einigung erfolgt eine Abwägung der betroffenen Interessen stattfinden muss, um dem Auskunftsanspruch stattgeben zu können. Die Norm konstatiert also, dass vertragliche Absprachen sowohl dem Auskunftsanspruch als auch der Veröffentlichungspflicht nicht entgegenstehen dürfen. Der Grund für die Regelung liegt darin, dass die beteiligten Personen ein Vertrauen auf das Bestehen der getätigten Vertraulichkeitszusagen haben,[1138] denn es besteht ein Grundvertrauen der Beteiligten auf Vertragstreue, auch wenn einige Stimmen einwenden, dass der Absatz 2 obsolet sei, weil schon seit der Einführung des Informationsfreiheitsgesetzes des Landes Hamburg im Jahr 2006 kein Vertrauen auf eine bloß vereinbarte Vertraulichkeit bestehen könne,[1139] was sich aus § 134 BGB i. V. m. den Vorschriften des Informationszugangsgesetzes ergeben würde.[1140] Der Einordnung widerspricht Willenbruch. Er sieht im Gegensatz dazu die Möglichkeit, sich auf die vertragliche Absprache und den Grundsatz aus Treu und Glauben, § 242 BGB i. V. m. § 9 Abs. 1 S. 1 HmbTG, berufen zu können.[1141] Nach seinem Verständnis stellt der Grundsatz des Treu und Glauben i. S. d. § 242 BGB ein höherrangiges Recht i. S. d. § 9 Abs. 1 S. 1 HmbTG dar. Und auf diesen Grundsatz können sich die Vertragsparteien berufen. Der vertragliche Anspruch auf einen vertraulichen Umgang könne nicht durch eine Regelung im Transparenzgesetz geändert werden. Allerdings müsste man, um der Argumentation von Willenbruch folgen zu können, auf die zivilrechtlichen Regelungen abstellen. Die Berufung auf den individuell ausgehandelten Vertrag ist allerdings nicht möglich, da die Regelung in § 9 Abs. 1 S. 1 HmbTG nur von höherrangigem Recht oder spezialgesetzlichen Regelungen spricht. Folglich kann der Anspruch nur durch eine gesetzliche Regelung ausgeschlossen werden und nicht durch eine vertragliche. Die gesetzliche Regelung bildet § 242 BGB ab und nicht der individuell ausgehandelte Vertrag. Es ist auf den Schutz von Vertrauensverhältnissen, der sich an § 242 BGB anlehnt, in toto abzustellen. Natürlich wird das Vertrauensverhältnis durch einen individuellen (teilweisen vertraglichen) Akt begründet, allerdings sieht das Gesetz den Schutz solcher Vertrauensverhältnisse vor. Demzufolge liefert Willenbruch einen Erklärungsansatz dafür, wie vertragliche Absprachen auch trotz einer solchen Regelung bestehen bleiben können, sodass nun zu betrachten ist, ob die Regelungen der Landesinformationszugangsrechte

1138 Hamburgische Bürgerschaft Drs. 20/4466, S. 25. Kritisch zu der Regelung: Stumpf, VerwArch 106 (2015), 499, 524 f, der die Regelung in § 17 Abs. 2 S. 2 HmbTG sogar als verfassungswidrig einstuft, vgl. S. 527.

1139 Maatsch/Schnabel, Das Hamburgische Transparenzgesetz, § 17 Rn. 14.

1140 Maatsch/Schnabel, Das Hamburgische Transparenzgesetz, § 17 Rn. 14.

1141 Willenbruch, NordÖR 2013, 137, 141 f.

Auswirkungen auf die Auslegung des IFG haben können, und wenn nicht, ob das Informationsfreiheitsgesetz des Bundes nichtsdestotrotz nicht vertraglich ausgeschlossen werden kann.

Ergebnis:
Ungeachtet dessen bleibt festzustellen, dass die Regelungen nur im Landesrecht bestehen und kein Rückschluss auf die bundesrechtliche Regelung gezogen werden kann. Das Abstellen auf eine landesrechtliche Regelung, die eine solche vertragliche Abänderung ausschließt, ist weder kompetenziell[1142] noch systematisch erklärlich. Eine landesrechtliche Regelung kann keine Auswirkungen auf eine bundesrechtliche Regelung haben, vgl. Art. 31 GG. Insbesondere da nach Ansicht des BVerwG[1143] die Regelungskompetenz in die Sachkompetenz des Behördenträgers fällt, kann das Landesgesetz keine Regelungswirkung für die bundesrechtliche Regelung erzeugen. Zudem kann aus Art. 5 Abs. 1 GG ein solcher Schluss nicht gezogen werden. Eine Reform, die die Einführung des Art. 5a GG[1144] zur Folge gehabt hätte,[1145] war nicht erfolgreich. Nach dem geplanten Art. 5a S. 2 GG hätte eine Einschränkung nur im Rahmen einer gesetzlichen Grundlage erfolgen können, was zu einem Ausschluss vertraglicher Vereinbarungen geführt hätte. Aber auch der Reformvorschlag war nicht erfolgreich, sodass daraus keine Rückschlüsse für das Informationszugangsrecht und den Ausschluss des Rechtes durch vertragliche Vereinbarungen gezogen werden kann.

Dass eine spezielle Norm keine Rückschlüsse auf die Handhabung eines anderen Regelungsbereiches haben kann, wird mit Blick auf das Bundesdatenschutzgesetz[1146] erkenntlich. § 6 Abs. 1 BDSG bestimmt, dass Ansprüche aus dem BDSG nicht durch Rechtsgeschäft ausgeschlossen werden dürfen.

1142 Stumpf, VerwArch 106 (2015), 499, 515 f. sieht in einigen Regelungen des Hamburger Transparenzgesetzes schon kompetenzrechtliche Bedenken gegen zivilrechtliche Regelungen.

1143 Vgl. BVerwG, Urt. v. 20. 2. 2013 – 6 A 2/12 = NVwZ 2013, 1006; Greve, in: Informationsfreiheit und Informationsrecht. Jahrbuch 2016, S. 133, 143 f.

1144 Art. 5 a GG sollte wie folgt lauten: „Jeder hat das Recht auf Zugang zu Daten öffentlicher Stellen. Beschränkungen des Rechtes dürfen nur auf gesetzlicher Grundlage und nur dann erfolgen, wenn öffentliche Interessen die Vertraulichkeit zwingend gebieten oder ein überwiegendes Interesse Dritter an der Vertraulichkeit besteht."

1145 BT-Drs. 16/9607.

1146 Bundesdatenschutzgesetz, BGBl. I vom 14. 01. 2003, zuletzt geändert durch Art. 1 Zweites ÄndG4 vom 25. 2. 2015 (BGBl. I S. 162).

Allerdings verfügt das Datenschutzrecht über einen Zweckbindungsgrundsatz[1147], was bedeutet, dass nur innerhalb eines bestimmten Zweckes Daten, bzw. im Sinne der Untersuchung auch Informationen, verwenden dürfen, vgl. § 16 Abs. 4 BDSG.[1148] Eine ähnliche Regelung findet sich nicht im IFG. Das bestätigt die Vermutung, dass eine spezielle gesetzliche Regelung existieren muss, die dem vertraglichen Ausschluss des Informationszugangsrechtes entgegenstehen muss. Das spricht dafür, dass der Anspruch auf Informationszugang durch Rechtsgeschäft ausgeschlossen werden kann, wie auch die oben aufgeführten Reformen der landesrechtlichen Regelungen zum Informationszugang zeigen. Eine Gesamtschau zum BDSG und des IFG könnte die Vermutung aufkommen lassen, dass für das IFG ebenfalls eine solche Regelung gelten soll; ansonsten würde eine Asymmetrie entstehen, denn bedingt durch den Zweckbindungsgrundsatz im Datenschutzrecht könnte schon vorher eine Beschränkung der abgeführten Daten erfolgen, sodass schon im Vorfeld eine Reduzierung des Umfangs der Verwendung getroffen werden kann, sodass eine weitere vertragliche Regelung obsolet ist. Wenn aber ein solcher Zweckbindungsgrundsatz nicht innerhalb des Informationszugangsrechtes existiert, so kann eine Informationsübermittlung an Dritte zu einem gravierenden Eingriff in Grundrechte führen. Gleichwohl kann die Regelung aus dem BDSG nicht auf das IFG übertragen werden, es fehlt somit eine Regelung im Bundesinformationsfreiheitsgesetz, die dem vertraglichen Ausschluss des Anspruchs entgegensteht.

Allerdings muss nach § 134 BGB keine ausdrückliche Regelung bestehen, vielmehr ist es ausreichend, wenn sich das Verbot durch Auslegung ergibt.[1149] Meinungen in der Literatur und in der Rechtsprechung möchten aus dem Sinn und Zweck des IFG folgern, dass vertragliche Regelungen über den Informationszugangsanspruch nicht getroffen werden können.[1150] So führt das VG Schleswig für das IFG des Bundeslandes Schleswig-Holstein aus, dass der Anwendungsbereich des IFG grundsätzlich nicht durch vertragliche Absprachen beschränkt werden

1147 BVerfGE 125, 260, 346 f.; Albers, Informationelle Selbstbestimmung, S. 166 ff.; von Lewinski, Die Matrix des Datenschutzes, S. 47.

1148 Schoch, in: Informationsfreiheit und Informationsrecht. Jahrbuch 2012, S. 123, 129.

1149 Dörner, in: Schulze, BGB, § 134 Rn. 4.

1150 Hess. VGH, B. v. 31. 10. 2013 – 6 A 1734/13. Z (juris Rn. 23 zum UIG); VG Stuttgart, U. v. 17. 05. 2011 – 13 K 3505/09 (juris Rn. 70); Beaucamp, NordÖR 2014, 149, 150; Scheel, in: Berger/Roth/Scheel, IFG, § 1 Rn. 83; Schoch, IFG, Vorb §§ 3–6 Rn. 35.

könne.[1151] Eine Begründung wird vom Gericht aber nicht geliefert, die anderen Vertreter führen ebenfalls keine Begründung auf.[1152]

Natürlich ist die vom Gesetzgeber gewollte Ziel- und Zweckrichtung des IFG darauf gerichtet, Transparenz zu schaffen und Korruption zu bekämpfen[1153], und unter diesem Gesichtspunkt wird verständlich, dass vertragliche Absprachen diese Intention untergraben können und damit im Widerspruch zu der Regelungsabsicht des IFG stehen.[1154] An der Stelle wird die Grundsatzfrage tragend, ob die Auslegung dazu dient, den subjektiven historischen Willen des Gesetzgebers zu ermitteln (subjektive Theorie) oder ob unabhängig von dem Willen des Gesetzgebers andere objektive Zwecke des Werkes (objektive Theorie) zu berücksichtigen sind.[1155] Im Hinblick auf die zweite Theorie muss die Tatsachenlage berücksichtigt werden. Eines der primären Ziele, die Korruptionsbekämpfung, wird durch das IFG nicht, so wie ursprünglich gehofft, gefördert.[1156] Darüber hinaus wird das IFG von den Anwendern nicht dazu verwendet, um Informationen zu erhalten, um demokratische Willensbildungsprozesse anzuregen. Vielmehr wird das IFG für die Durchsetzung eigener Schadensersatzansprüchen als pre-trial-discovery-Mittel genutzt. Dass das Gesetz so verwendet werden konnte, musste dem Gesetzgeber bei Betrachtung der ausländischen Rechtsordnungen erkennbar gewesen sein, da dort die Informationszugangsrechte für den Zweck genutzt werden. Auf Grund dessen ist es nicht verwunderlich, dass Personen, die Informationen an Behörden weiterleiten, mögliche nachteilige Auswirkungen, die durch die Veröffentlichung dieser Mitteilungen entstehen können, verhindern möchten. Dementsprechend erfolgt die Informationsübermittlung nur unter bestimmten Prämissen – wie der vertraulichen Behandlung. Wenn die Verwaltungsbehörden solchen Vorgaben nicht zustimmen würden, hätte das zwangsläufig zur Folge, dass ein Informationsstopp erfolgen würde, wie von den Nachrichtendiensten im Kontext der internationalen Zusammenarbeit vorgetragen. Und der Sinn und Zweck des IFG besteht nicht darin, die Arbeitsfähigkeit

---

1151 VG Schleswig-Holstein, U. v. 31. 08. 2004 – 6 A 245/02 bezogen auf das Schleswig-Holsteiner Informationsfreiheitsgesetz.

1152 VG Stuttgart, U. v. 17. 05. 2011 – 13 K 3505/09, juris Rn. 70 mit Verweis auf Scheel, in: Berger/Partsch/Roth/Scheel, IFG, § 1 Rn. 83 mit Verweis auf Püschel, DuD 2004, 290, 295. Aber auch Bundesbeauftragte für Datenschutz, Das Informationsfreiheitsgesetz des Bundes. Texte und Erläuterungen, S. 40.

1153 BT-Drs. 15/4493, S. 6.

1154 So die Begründung von Beaucamp, NordÖR 2014, 149, 151.

1155 Larenz, Methodenlehre, S. 316 ff. m. w. N.

1156 Schoch, IFG, Einl. Rn. 50; Schmitz/Jastrow, NVwZ 2005, 984, 995.

der Behörden zunichte zu machen, sondern im Gegenteil die Funktionsfähigkeit der Behörde zu schützen, was an den Ausschlussgründen erkennbar wird.[1157] Außerdem deuten einige Ausnahmegründe daraufhin, dass nicht nur Rechtsgüter, sondern Vertrauensverhältnisse, geschützt werden sollen. Und solche Vertrauensverhältnisse können durch Vertraulichkeitsabsprachen begründet werden. Als ausdrückliche Regelungen sei auf § 3 Nr. 1 lit. a IFG, wonach internationale Beziehungen zu schützen sind, oder § 3 Nr. 3 IFG, wonach die notwendige Vertraulichkeit internationaler Verhandlungen oder die Beratung von Behörden beeinträchtigt werden, aber auch § 3 Nr. 7 IFG, welcher Vertrauensbeziehungen zwischen Informanten und Informationsnehmer statuiert, zu verweisen. Der Gesetzgeber hat den Schutz von Vertrauensbeziehungen und von Kommunikationsakten und Kommunikationsbeziehungen bezweckt. Der Linie folgen auch die im Abschnitt V.1.a. aufgeführten Entscheidungen der Gerichte, die den Schutz von Vertrauensverhältnissen betonen und den Informationsanspruch aus dem Grund ablehnen. Somit ist davon auszugehen, dass Vertrauensbeziehungen vom IFG geschützt werden. Es bestehen also Überschneidungen zwischen Vertraulichkeitsabsprachen und den Ausschlussgründen des IFG.[1158]

Des Weiteren normiert § 7 Abs. 1 S. 1 IFG, dass „die Behörde, die zur Verfügung über die begehrte Information berechtigt ist“, über den Informationsanspruch zu entscheiden hat. Große Teile der Literatur sehen darin eine bloße Zuständigkeitsregelung und keine materielle Voraussetzung.[1159] Durch die Verwendung des Wortes „berechtigt“ verdeutlicht, dass die Verfügungsbefugnis der Behörde beschränkt werden kann. Die Norm statuiert nicht, dass eine solche Berechtigung sich gerade aus einer gesetzlichen Norm ergeben muss. Im Umkehrschluss bedeutet dies, dass eine vertragliche Beschränkung der Verfügungsbefugnis möglich sein muss, denn dem Informationsgeber steht ein Eigentumsrecht an der übermittelten Information zu. Wenn er über die Information verfügt, kann er die Verfügung mit Einschränkungen versehen, vgl. (einfachgesetzlich) § 906 BGB. Zwar statuiert § 906 S. 1 BGB eine Einschränkung dahingehend, dass die Verfügung Rechten Dritter oder dem Gesetz nicht widersprechen darf, allerdings kann ein Dritter von einem Privaten nicht die Herausgabe von Informationen verlangen, sofern ihm kein materieller Anspruch zusteht. Durch das IFG wird ein solcher nicht geschaffen. Es wird nur ein

1157 Vgl. Abschnitt II.4.b.cc.

1158 Beaucamp, NordÖR 2014, 149, 151 sagt, dass nur bei einer kompletten Erfüllung eines Geheimhaltungsgrundes eine vertragliche Absprache zulässig ist.

1159 Schoch, IFG, § 7 Rn. 35 ff.

Anspruch auf Zugang zu amtlichen Informationen erzeugt. Daher kann das Verständnis des Begriffs der amtlichen Informationen verkürzt und dahingehend verstanden werden, dass nur solche Informationen amtlich sind, die originär vom Amtsträger geschaffen wurden. Dadurch hat der Informationsgeber, der Informationen an die Verwaltung weiterleitet, nicht zu befürchten, dass er im Hinblick auf seine Verfügungsbefugnis mit Einschränkungen zu rechnen hat. Private haben die Möglichkeit auf die Rechtsfolgen rechtsgestaltend einwirken zu können, sodass nach Ansicht von Gurlit[1160] ein vertragliches Handeln zulässig ist. Ansonsten würde der Informationsgeber durch die Informationsübermittlung an die Behörde seine Verfügungsbefugnis an der Information verlieren, was schlussendlich zu einer Enteignung führen würde.[1161] Und eine Enteignung ist nur unter den strengen Voraussetzungen von Art. 14 Abs. 3 GG möglich.[1162] Das IFG erfüllt die Voraussetzungen gerade nicht. Dementsprechend kann die ursprüngliche Verfügungsbefugnis des Informationsgebers nicht durch das IFG ohne eine ausreichende Kompensationsregelung beschnitten werden. Beaucamp kann nicht zugestimmt werden, dass durch Vertraulichkeitsvereinbarungen ein „ungeschriebene[r][…] Ablehnungsgrund“[1163] geschaffen wird, da eine solche Auslegung im Rahmen des geltenden Rechtes erfolgt.

Auch der Gesetzesbegründung ist zu entnehmen, dass „bei Informationen, die die Behörde von Dritten oder von anderen Behörden und Einrichtungen erhalten hat, […] unbeschadet der Ausnahmen im Informationsfreiheitsgesetz (etwa § 3 Nr. 4 und 7, § 5) maßgebend [ist], ob die Behörde über diese Information kraft Gesetzes oder – gegebenenfalls stillschweigender – Vereinbarung ein eigenes Verfügungsrecht erhält.“[1164] Daher sah der Gesetzgeber die Möglichkeit vor, die Verfügungsbefugnis – außerhalb der Ausnahmegründe – wie beispielsweise durch Vertraulichkeitszusagen zu beschränken. Es liegt kein Widerspruch zu den gesetzlichen Ziel und Zweckvorstellungen vor. Vertraulichkeitsvereinbarungen sind mit der geltenden Regelung des IFG vereinbar, wenn man Vertraulichkeitsvereinbarungen als Ausübung der Dispositionsbefugnis über den Umfang der Übermittlung der Informationen versteht. Im Endeffekt entspricht das der Übertragung des Zweckbindungsgrundsatzes aus dem Datenschutzrecht in das Informationszugangsrecht. Dass dem Dritten eine Dispositionsbefugnis

---

1160 Gurlit, Verwaltungsvertrag und Gesetz, S. 253.

1161 So schon zustimmend für Umweltinformationen: Gurlit, Die Verwaltungsöffentlichkeit im Umweltrecht, S. 122 f.

1162 Dreier, in: Dreier, GG, Art. 14 GG Rn. 109 ff.

1163 Beaucamp, NordÖR 2014, 149, 151.

1164 BT-Drs. 15/4493, S. 14.

zukommt, wird an § 6 S. 2 IFG erkennbar, da nur nach der Einwilligung des Betroffenen der Zugang zu Geschäfts- und Betriebsgeheimnissen gewährt werden darf. Das Anerkennen der Dispositionsbefugnis der Geheimnisherren ist auch grundrechtlich zu begründen. Im Abschnitt II.5.b. wurde dargelegt, dass neben gerechtfertigten Eingriffen in die Grundrechte, der grundrechtsberechtigte auf den Schutz selbstbestimmt verzichten kann. Demzufolge ist eine solche auch im Lichte des grundrechtlichen Schutz von Geheimnissen zu befürworten.

Im ersten Abschnitt der Dissertation wurde schon dargelegt, dass die Frage, ob ein Ausnahmegrund i. S. d. IFG vorliegt, große Probleme aufgeworfen hat und dass das Vorliegen eines Ausnahmegrundes oftmals von der subjektiven Einschätzung der betroffenen Person abhängt. So muss Dritten im Voraus eingestanden werden, dass die Informationen nur unter der Gewährung von bestimmten Zugeständnissen, wie des vertraulichen Umganges, übermittelt werden.

(c) Grenzen und Schlussfolgerungen

Trotzdem wird immer wieder betont, dass Vertraulichkeit nur zugesagt werden darf, wenn ein rechtfertigender Grund und sachliche und zeitliche Grenzen bestehen.[1165] Hinsichtlich des Vorliegens der Ausschlussgründe wird statuiert, dass „[m]it Blick auf die Systematik der gesetzlichen Ausschlussgründe und den Schutzzweck der Vorschrift [...] der Anwendungsbereich des Ausschlusstatbestandes erst eröffnet [ist], wenn neben der ausdrücklichen oder konkludenten Abrede von Vertraulichkeit auch materiell ein objektiv schutzwürdiges Geheimhaltungsinteresse besteht. Die im Einzelnen zum Schutz öffentlicher Interessen geregelten Ausschlussgründe, die grundsätzlich eng auszulegen sind, würden unterlaufen werden, wenn bereits der Umstand einer vertraulichen Informationsübermittlung für sich genommen ohne Hinzutreten eines objektiv anzuerkennenden Schutzbedürfnisses zum Ausschluss des Informationszugangs führen würde."[1166] Wie oben aber schon erläutert wurde, ist im Hinblick auf die vertraglichen Absprachen nicht auf die Ausschlussgründe als Ermächtigungsgrundlage, sondern auf die Regelungen zum öffentlich-rechtlichen Vertrag abzustellen. An der Stelle ist in Erinnerung zu rufen, dass vertragliche Absprachen

---

1165 Jestaedt, AöR 126 (2001), 204, 220; Nach Voßkuhle, in: Hoffmann-Riem/Schmidt-Aßmann, Verwaltungsrecht in der Informationsgesellschaft, S. 349, 396 kommt Informationen eine „Halbwertszeit" zu.

1166 OVG Berlin-Brandenburg, Urt. v. 8. 5. 2014 – OVG 12 B 4/12, NVwZ 2015, 126, 127, mit Verweis auf: OVG Berlin-Brandenburg, Urt. v. 28. 6. 2013 – OVG 12 B 9/12 m. w. N.

nicht zu den materiellen Geheimhaltungsgründen, sondern zu den modalen Vertrauensgründen zu zählen sind.[1167] Darüber hinaus hat der Staat, der zwar „nur“ Koordinator für die Ausübung der Privatautonomie ist,[1168] die Ausübung der Privatautonomie der privat handelnden Informationsgeber zu achten, die durch die Vereinbarung von Exklusivvereinbarungen und der Einräumung von Nutzungsrechten in Form der Vertraulichkeitsvereinbarungen ihre Privatautonomie ausüben.[1169] Der Staat hat sich an die vertraglichen Absprachen – bedingt durch den Grundsatz „pacta sunt servanda“ – zu halten, ansonsten würde das IFG ohne eine klare gesetzliche Regelung in die privatautonome Handlungsbefugnis des Einzelnen eingreifen und teilweise sogar enteignend wirken. Infolgedessen würde der Staat seine Rechtssetzungsmacht einseitig ausüben, ohne dem Einzelnen die Möglichkeit auf Reaktion zu geben. Das IFG verfügt über keine ausdrückliche Regelung, wonach Vertraulichkeitsvereinbarungen nicht getroffen werden können, und auch eine Auslegung des IFG führt nicht zu dem Ergebnis, dass es sich um eine entgegenstehende Norm i. S. d. § 54 VwVfG bzw. eine Verbotsnorm i. S. d. § 134 BGB handelt. Das IFG steht einem öffentlich-rechtlichen Vertrag also nicht entgegen.

(2) § 58 VwVfG

Mithin könnten Vertraulichkeitsvereinbarung gegen § 58 Abs. 1 VwVfG verstoßen, wenn das Momentum betrachtet wird, dass die Information sich innerhalb der Behörde befindet. Danach bedarf es der Zustimmung Dritter, sofern in deren Rechte eingegriffen wird, damit kein Vertrag zu Lasten Dritter abgeschlossen wird.[1170] Das setzt voraus, dass ein subjektives Recht eines Dritten betroffen ist.[1171] Durch die Vereinbarung von Vertraulichkeitszusagen wird mitunter versucht den Informationszugangsanspruch auszuschließen. Dadurch besteht ein Eingriff in Rechte der Anspruchsteller bzw. Anspruchsberechtigten („Jeder“) aus § 1 Abs. 1 IFG, was einen Verstoß gegen § 58 Abs. 1 VwVfG darstellt. Demzufolge bedarf es der Zustimmung des Dritten, und solange die Zustimmung nicht

---

1167 Vgl. zum Begriff der modalen und materiellen Ausschlussgründe: Jestaedt, AöR 126 (2001), 204, 222.

1168 Isensee, in: Isensee/Kirchhof (Hrsg.), Handbuch des Staatsrechts, Band VII, § 150 Rn. 80.

1169 Vgl. Dörr, in: Papier/Merten (Hrsg.), Handbuch der Grundrechte. Band IV, § 103 Rn. 81.

1170 Bonk/Neumann, in: Stelkens/Bonk/Sachs, VwVfG, § 58 Rn. 10.

1171 Ramsauer, in: Kopp/Ramsauer, § 58 VwVfG Rn. 5.

besteht, ist der Vertrag als schwebend unwirksam anzusehen.[1172] Für die Parteien der Vertraulichkeitsvereinbarung bedeutet das nicht, dass die Beteiligten nicht an die Abrede gebunden wären.[1173] Vielmehr hat die Vertraulichkeitsabsprache im Hinblick auf Dritte keine Auswirkungen.[1174] Demzufolge können die Rechte von Dritten nicht ausgeschlossen werden, und es entsteht nur eine innervertragliche Bindung zwischen den vereinbarenden Beteiligten, die beispielsweise dazu führen kann, dass eine Schadensersatzpflicht erwachsen könnte, wenn die Information weitergeben würde, ohne die Belange der Gegenpartei zu berücksichtigen.

Wenn aber der Blickwinkel vorverlagert wird, nämlich auf den Zeitpunkt, dass die Information noch nicht an die Behörde weitergegeben wird, ergibt sich ein anderes Bild. Der Informationsgeber möchte durch die Vertraulichkeitsabsprache sein eigenes subjektives Recht – beispielsweise auf Schutz des Eigentums – wahren und auf Grund der Regelungen des IFG könnte ein Eingriff in die Recht des Informationsgebers entstehen, da die Reichweite der Ausnahmegründe und auch die Nutzungsweise zu dem Zeitpunkt der Informationsübermittlung noch nicht abgeschätzt werden kann. Wie oben beschrieben, sieht das IFG aber Möglichkeiten vor, die Verfügungsbefugnis zu beschränken. Dementsprechend stellt die Regelung, dass Informationen an einen Dritten nicht weitergeben werden dürfen, nicht eine Regelung zu Lasten eines Dritten dar, da § 7 Abs. 1 S. 1 IFG und weitere Ausnahmegründe die Informationsweitergabe an Dritte ausschließen.

Im Hinblick auf § 58 Abs. 1 VwVfG ist festzustellen, dass kein Widerspruch besteht, weil sein Recht auf Informationszugang schon von Anfang an beschränkt ist. Wenn der ursprüngliche Informationsgeber die Information vor der Übermittlung an die Behörde unter einen Vorbehalt stellt, so stand dem Auskunftsberechtigten auch nie ein Anspruch nach § 1 Abs. 1 IFG zu, sodass kein Verstoß gegen § 58 Abs. 1 VwVfG anzunehmen ist. Der Ausnahmegrund besteht ebenfalls nicht.

(3) Zwischenergebnis

Zusammenfassend ist zu sagen, dass Vertraulichkeitsvereinbarungen nicht als öffentlich-rechtliche Verträge eingeordnet werden können, dazu liegen die Voraussetzungen nicht vor. Gleichwohl bestünden keine rechtlichen Gesichtspunkte

---

1172 Ramsauer, in: Kopp/Ramsauer, § 58 VwVfG Rn. 9 ff.

1173 Bonk/Neumann, in: Stelkens/Bonk/Sachs, VwVfG, § 58 Rn. 5.

1174 Bonk/Neumann, in: Stelkens/Bonk/Sachs, VwVfG, § 58 Rn. 5.

nach § 54 S. 1 2 HS VwVfG oder § 134 BGB, wonach das IFG als ein entgegenstehendes Gesetz ausgelegt werden kann. Vielmehr kann durch eine Vertraulichkeitsvereinbarung der Informationsumfang, der nach dem IFG zugänglich wäre, vor dem Eintritt in den Wissens- und Herrschaftsbereich der Behörde beschränkt werden. Folglich kann in das IFG eine Art „Zweckbindungsgrundsatz", der im BDSG geläufig ist, reingelesen werden. Die Auslegung führt dazu, dass man das Datenschutzrecht und das Informationszugangsrecht im Kontext einer Rechtsmaterie lesen muss und kann.

cc. Privatrechtlicher Vertrag

Wenn man Vertraulichkeitszusagen nicht dem öffentlich-rechtlichen Themenbereich zuordnet, kann von einem zivilrechtlichen Vertrag gesprochen werden. Vertragsanbahnungen und Vertragsverhältnisse im Allgemeinen können zu Treuepflichten führen, denn nach § 241 Abs. 2 BGB kann sich durch die Begründung eines Schuldverhältnisses die Pflicht ergeben, auf die Rechte, Rechtsgüter und Interessen des anderen Rücksicht zu nehmen. Es kann dabei schon eine vorvertragliche Situation entstehen, wodurch eine Bindung an die Normen des § 241 Abs. 2 BGB erfolgen kann.[1175] Durch eine solche Einordnung könnten die Parteien ohne eine ausdrückliche Vereinbarung die Wahrung der Vertraulichkeit verlangen.[1176] Im Zivilrecht wird der Wahrung von Vertraulichkeit ein hoher Stellenwert zugeschrieben. Der Staat kann aber durch die Wahl des privatrechtlichen Vertrages keine Flucht in das Privatrecht antreten.[1177] Vielmehr würden die oben angesprochenen Punkte hinsichtlich der entgegenstehenden Normen bei privatrechtlichen Verträgen greifen.

Dabei ist insbesondere § 242 BGB als Ausdruck für die Wahrung von Vertraulichkeitszusagen zu sehen. Die Norm beschreibt unter anderem die zu beachtenden Nebenpflichten. Danach ist allgemein anerkannt, dass die Vertragspartner die allgemeinen Interessen der Gegenparteien zu berücksichtigen haben[1178] und das Interesse eines Informationsgebers, der Gefahren für seine Rechtsposition durch die Weitergabe der Information befürchtet, liegt darin, dass die gewährten Auskünfte gerade nicht einem weiteren Publikum eröffnet werden, sondern dass vielmehr das Interesse auf vertraulichen Umgang geachtet wird. Das Interesse würde durch eine explizite Vertraulichkeitsabsprache ausgedrückt werden,

1175 Schulze, in: Schulze, BGB, § 242 Rn. 2.
1176 Ohly, GRUR 2014, 1, 8.
1177 U. a. Kirchhof, in: Maunz/Dürig, Art. 83 Rn. 103.
1178 Schulze, BGB, § 242 Rn. 15.

und in einer solchen Position wäre das Interesse sogar schutzwürdiger. Da die schützenswerten Interessen Verfassungsrang haben können,[1179] ist das Bedürfnis nach einem Schutz rechtlich als höherwertig einzuordnen. Ungeachtet dessen besteht eine Situation, die nicht im Widerspruch zu der Verkehrssitte zu werten ist, sodass Vertraulichkeitszusagen an sich nicht im Widerspruch zu § 242 BGB stehen.[1180]

Wie im Abschnitt zuvor erläutert, ergibt sich aus dem IFG keine Verbotsnorm i. S. d. § 134 BGB. Vertraulichkeitszusagen werden in Form von privatrechtlichen Verträgen geschlossen, um die bestehenden Rechte der Informationsgeber aufrechtzuerhalten. Von einigen Autoren wird sogar aufgeworfen, dass das IFG „das Aus für die „Privatautonomie" der Verwaltung"[1181] bedeute und wollen das Problem dahingehend lösen, dass der Behördenbegriff einschränkend zu verstehen ist und keine privatrechtliche Handlungen unter den Anwendungsbereich zu subsumieren seien.[1182] Zwar kann der Argumentation der Autoren an der Stelle nicht zugestimmt werden, allerdings muss aber gesagt werden, dass das Ergebnis fatal wäre, wenn die Behörde tatsächlich keine Möglichkeit des privatautonomen Handelns hätte. Dem Ergebnis Brückner und Breitrück[1183] ist in dem Punkt zuzustimmen, dass eine Begrenzung des Informationszugangsanspruches gegeben sein muss. Das soll aber im Zuge der Anwendung von Vertraulichkeitsvereinbarungen erfolgen, weil dadurch die Informationsgeber so im Voraus über die Reichweite der Nutzung der übermittelten Informationen eine Bestimmung treffen können. Der Informationsgeber wird seine Eigentumsrechte durch Nutzungsbeschränkungen schützen können, der Informationsnehmer kann auf die Vorteile der Informationserlangung hoffen und der Auskunftssteller wird in seinem Recht auf Informationszugang nicht beschränkt, da er nur die ihm ohnehin nur zustehenden Möglichkeiten verwiesen ist.

Folglich können Vertraulichkeitsvereinbarungen in Form von privatrechtlichen Vereinbarungen getroffen werden. Das IFG in seiner bisherigen Fassung steht einer solchen Wertung nicht entgegen, sofern der Umfang der Informationsnutzung in einer Art „Zweckbindungsgrundsatz" beschränkt wird.

1179 Vgl. Abschnitt II.6.

1180 Im Ergebnis zustimmend: Willenbruch, NordÖR 2013, 137, 141.

1181 Brückner/Breitrück, DVP 2004, 397 ff.

1182 Brückner/Breitrück, DVP 2004, 397, 404 ff.

1183 Brückner/Breitrück, DVP 2004, 397, 404 ff.

b. Prozessuales Gestaltungsmittel

Vertraulichkeitsvereinbarungen können aber auch als „prozessrechtliches Geheimhaltungsmittel“[1184] verstanden werden, wenn ihnen eine prozedurale Wirkung zugeschrieben wird. Trantas beschreibt als prozessrechtliche Geheimhaltungsmittel das Zeugnisverweigerungsrecht (§§ 52 ff. StPO), die Aussonderung amtlicher Schriftstücke und die Verweigerung der Auskunft.[1185] Die Vertraulichkeitsvereinbarung, die darauf gerichtet sein kann, Informationsbestände innerhalb von Akten von Akteneinsichtsrechten auszuschließen, könnte als eine Aussonderung amtlicher Schriftstücke verstanden werden und damit als ein prozessrechtliches Geheimhaltungsmittel.

Bei rechtsvergleichender Betrachtung wird erkennbar, dass zum Schutze der Geheimhaltungsbelange im Rahmen von Informationszugangsansprüchen sogenannte „protective order“ abgegeben werden können.[1186] Nach u.s.-amerikanischem Recht verhindert die „protective order“ die Nutzung des freedom of information acts zur pre-trial-discovery.[1187] Danach wird ein Gericht angerufen, um die Informationen, die ansonsten über das FOIA erlangt werden könnten, zu schützen. Die Funktion kann im deutschen Recht durch die Sperrerklärung durch die Aufsichtsbehörde, i. S. d. § 99 Abs. 1 S. 2 VwGO, erfüllt werden, sodass Vertraulichkeitsvereinbarungen als Absprachen zum Erlass von Sperrerklärungen verstanden werden können.

Wie schon mehrfach betont wurde, sind Informationen nur solange wertvoll, wie diese einem begrenzten Kreis an Kennern zugänglich sind. Da eine gewisse Unsicherheit über die Reichweite der Ausnahmegründe besteht, ist es nicht verwunderlich, dass einem Auskunftsanspruch erst stattgegeben werden soll, wenn der Anspruch ohne Zweifel besteht. Die Beteiligten wirken darauf hin, dass bestehende Zweifel erst gerichtlich geklärt werden, bevor eine Veröffentlichung erfolgt. Die gerichtliche Klärung kann sowohl durch den Auskunftsberechtigten, aber auch durch den Dritten i. S. d. IFG, erfolgen.[1188] Auf Grund des § 100 Abs. 1 VwGO können die vorgelegten Akten durch die Verfahrensbeteiligten eingesehen werden, was als „offene Flanke des Geheimnisschutzes“[1189] angesehen wird. Um das zu verhindern, wird versucht, die frühzeitige Offenlegung

1184 Trantas, Akteneinsicht und Geheimhaltung im Verwaltungsrecht, S. 290 ff.
1185 Trantas, Akteneinsicht und Geheimhaltung im Verwaltungsrecht, S. 290.
1186 Lorenz, ZZP 111 (1998), 35, 48.
1187 Lorenz, ZZP 111 (1998), 35, 48.
1188 Vgl. Schroeter, NVwZ 2011, 457, 458.
1189 Fischer/Fluck, NVwZ 2013, 337, 339.

durch den „Einschub" des In-Camera-Verfahrens nach § 99 Abs. 1 S. 2 VwGO zu umgehen. Das In-Camera-Verfahren wird allerdings erst einschlägig, wenn die Voraussetzungen der Norm vorliegen. Danach muss eine Sperrerklärung i. S. d. § 99 Abs. 1 S. 2 VwGO abgegeben werden. Die Sperrerklärung hat in dem Fall eine Bindungswirkung auf das Gericht in dem Sinne, dass die Akten nicht in das Hauptsacheverfahren eingebracht werden und demnach kein öffentliches Verfahren über eine bestimmte Information geführt wird. Vielmehr wird im Rahmen des In-Camera-Verfahrens, welches als ein Zwischenverfahren ausgestaltet ist,[1190] über die Einbringung der geforderten Akten (Informationen) in das Hauptsacheverfahren beraten.

aa. Zusicherung auf Erlass einer Sperrerklärung

Aus dem Grund ist zu fragen, ob dieser Wirkungszusammenhang schon vorher vereinbart werden kann, nämlich durch vorherige Zusicherung der Behörde dem Informationsgeber gegenüber, dass eine Sperrerklärung im Verfahren abgegeben wird. Innerhalb des verwaltungsrechtlichen Verfahrens kann die Behörde eigenständig den Informationszugang und die Informationsweitergabe verweigern, erst im gerichtlichen Verfahren kommt einem Dritten, nämlich dem Gericht, eine Entscheidungsbefugnis über die Informationsweitergabe zu. Um aber eine Zusicherung[1191] abgeben zu können, müssten die Voraussetzungen des § 38 Abs. 1 S. 1 VwVfG vorliegen. Danach müsste erstens die Handlung darauf gerichtet sein, einen bestimmten Verwaltungsakt zu erlassen oder zu unterlassen, zweitens müsste die zuständige Behörde gehandelt haben und drittens müsste die Formvorschrift (Schriftform) eingehalten worden sein. Das Vorliegen der Voraussetzungen ist zweifelhaft. Somit müsste die zu erlassene Sperrerklärungen einen Verwaltungsakt i. S. d. § 35 S. 1 VwVfG darstellen. Die Frage wurde seitens des Bundesverwaltungsgerichtes offen gelassen.[1192] Nach Ansicht des Gerichts könnte es sich sowohl um einen Verwaltungsakt als auch um eine Erklärung ohne Regelungscharakter handeln. Einige Gerichte lehnten die Einordnung als Verwaltungsakt ab,[1193] wohingegen Ritzer davon ausgeht, dass „die

---

1190 Vgl. dazu: Schmidt-Aßmann, in: FS Schenke, S. 1147, 1149 zu den unterschiedlichen Ausgestaltungsmöglichkeiten von In-Camera-Verfahren.

1191 Kritisch zur Handlungsform der Zusicherung, die für den Privaten eher rechtliche Nachteile aufwerfe: Groh, DÖV 2012, 582 ff.

1192 BVerwG, U. v. 27. 10. 1984 - 1 C 10/84.

1193 Hess. VGH, B. v. 29. 05. 2013 - 8 B 1005/13 (juris Rn. 19); VG Berlin, U. v. 11. 10. 2013 - 33 L 393.13 (juris Rn. 14).

Sperrerklärung vor dem Verwaltungsgericht angefechte[t]“[1194] werden kann, was denknotwendigerweise einen Verwaltungsakt voraussetzt.[1195] An den ersten Voraussetzungen, dass eine Behörde eine hoheitliche Maßnahme zur Regelung eines Einzelfalles trifft, kann bei der Sperrerklärung nicht gezweifelt werden, da die oberste Aufsichtsbehörde über die Frage der Informationsweitergabe in einem konkreten Einzelfall, im Falle von § 99 Abs. 1 S. 2 VwGO und § 96 S. 1 StPO, zu entscheiden hat. Allerdings muss die Regelung auch Außenwirkung erzeugen. Eine Außenwirkung besteht, wenn „unmittelbar die Rechtsposition von Personen in ihrem allgemeinen Status als Bürger verbindlich gestaltet oder festgestellt werden soll.“[1196] Die Entscheidung, ob Informationen weitergegeben werden, hat grundsätzlich Auswirkungen auf die Informationsrechte der Bürger, ein konkreter Eingriff in den Status des Bürgers ist aber an der Stelle zweifelhaft. Darüber hinaus stellt die Sperrerklärung eine Reaktion auf die Aktenvorlageverpflichtung nach § 99 Abs. 1 S. 1 VwGO bzw. § 244 Abs. 2 StPO dar, sodass die oberste Aufsichtsbehörde innerhalb des gerichtlichen Aktenvorlagebegehrens eine ablehnende Entscheidung trifft.[1197] Folglich handelt es sich um eine verwaltungsinterne Weisung, da auf das Informationsbegehren eines anderen staatlichen Organes abgestellt wird.[1198] Mangels Außenwirkung liegt kein Verwaltungsakt vor. Des Weiteren könnte auch daran gezweifelt werden, dass die zuständige Behörde i. S. d. § 38 Abs. 1 S. 1 VwVfG handelt, denn die zuständige Behörde ist diejenige, die über den zu erlassenden Verwaltungsakt zu entscheiden hat.[1199] Die Vertraulichkeitsvereinbarung wird zumeist von einer unteren Behörde getroffen, die Sperrerklärung allerdings wird von der Aufsichtsbehörde erlassen. Eine Personenverschiedenheit zwischen der Behörde, die die Zusicherung der Vertraulichkeit abgibt, und der Behörde, die für den Erlass der Sperrerklärung verantwortlich wäre, liegt somit vor. Die untere Behörde kann keine verbindliche Zusage im Hinblick auf die Sperrerklärung abgeben, unter Einhaltung der Voraussetzungen des § 38 Abs. 1 S. 2 VwVfG, sondern die Mitwirkung der anderen Behörde müsste noch abgewartet werden. Zwar könnte man

1194 Ritzer, in: BeckOK StPO, § 96 Rn. 8.

1195 Allgemein zum Zusammenspiel von § 99 VwGO und den Informationszugangsrechten: Blatt/Franßen, NWVBl 2014, 412 ff.

1196 Ramsauer, in: Kopp/Ramsauer, VwVfG, § 35 Rn. 124.

1197 Zum Ablauf des Verfahrens: Huber, in: Informationsfreiheit und Informationsrecht. Jahrbuch 2012, S. 157, 159 ff.

1198 Hess. VGH, B. v. 29. 05. 2013 – 8 B 1005/13 (juris Rn. 19); VG Berlin, U. v. 11. 10. 2013 – 33 L 393.13 (juris Rn. 14).

1199 Guckelberger, DÖV 2004, 357, 359.

behördeninterne Regelungen treffen, dass die oberste Aufsichtsbehörde eine „vorweggenommene" oder auch antizipierte Zusage erteilt. Dies könnte nach der tatsächlichen Vorgehensweise erfolgen, weil die oberste Aufsichtsbehörde sich auf die Einschätzung der unteren Behörde, die sich thematisch mit dem Sachverhalt auseinandersetzt, verlassen wird.[1200] Allerdings müsste man sich fragen, ob ein solches Vorgehen noch rechtskonform ist, auf die Frage wird im nächsten Abschnitt eingegangen. Demnach kann es sich nicht um eine Zusicherung i. S. d. § 38 Abs. 1 S. 1 VwVfG handeln.

bb. Zusage

Es kann sich aber um eine Zusage handeln. Im Verwaltungsverfahrensgesetz findet sich keine Regelung, lediglich eine Andeutung in § 38 Abs. 1 S. 1 VwVfG, wodurch ausgedrückt wird, dass das Handlungsmittel der Zusage grundsätzlich im Verwaltungsverfahrensgesetz vorausgesetzt wird. Es wird als allgemein anerkanntes Instrument der Verwaltung angesehen,[1201] womit eine „hoheitliche Selbstverpflichtung mit Bindungswillen zu einem späteren Tun oder Unterlassen"[1202] einhergeht. Dass zumeist von einer Zusicherung der Vertraulichkeit[1203] und nicht von einer Zusage der Vertraulichkeit die Rede ist, hat keine Aussagegehalt über die rechtliche Einordnung, sondern lässt sich auf einen historischen Grund zurückführen; die Begriffe der Zusage und Zusicherung wurden häufig synonym verwendet[1204]. Die Zusage ist gerade ein Instrument zur Erzeugung von Vertrauen, sodass auch Vertrauensschutz sich aus einer solchen Zusage ergeben kann.[1205] Im Gegensatz zu bloßen Auskünften und schlichtem Inaussichtstellen von Handlungen wird eine Verbindlichkeit und ein Bindungswille an die getätigte Aussage erzeugt.[1206] Da durch die Zusage, im späteren Verfahren eine Sperrerklärung durch die Aufsichtsbehörde zu erlassen, keine Bindungswirkung

---

1200 Ziekow/Debus/Musch, Bewährung und Fortentwicklung des Informationsfreiheitsrechts, S. 396, gehen davon aus, dass über das Vorliegen der Ausnahmegründe i. S. d. § 99 Abs. 1 S. 2 VwGO die ursprünglich zuständige Behörde eine Einschätzung abgeben wird, der die Aufsichtsbehörde, die für den Erlass der Sperrerklärung zuständig ist, folgen wird.

1201 Ramsauer, in: Kopp/Ramsauer, VwVfG, § 38 Rn. 6.

1202 BVerwGE 26, 31, 36.

1203 U. a. Saller, BB 2013, 1160, 1162.

1204 U. Stelkens, in: Stelkens/Bonk/Sachs, VwVfG, § 38 Rn. 1.

1205 Blanke, Vertrauensschutz im deutschen und europäischen Verwaltungsrecht, S. 227; Ramsauer, in: Kopp/Ramsauer, VwVfG, § 38 Rn. 6.

1206 U. Stelkens, in: Stelkens/Bonk/Sachs, VwVfG, § 38 Rn. 21.

auf Dritte entsteht, könnte das Modell mit der bisherigen Rechtsprechung zu Vertraulichkeitszusagen im Einklang stehen.[1207]

Infolgedessen ist der Zusammenhang zwischen Vertraulichkeitsvereinbarung und prozessualer Wirkungsweise zu betrachten. Innerhalb des In-Camera-Verfahrens würde das Gericht an Hand eines vierstufigen Maßstabes die Rechtmäßigkeit der Sperrerklärung überprüfen.[1208] Erstens müsste die Sperrerklärung formell ordnungsgemäß zustande gekommen sein, also durch die zuständige Aufsichtsbehörde erlassen sein. Zweitens müsste die oberste Dienstbehörde bei ihrer Entscheidung einen zutreffenden rechtlichen Maßstab zugrunde gelegt haben. Drittens müssten alle Punkte innerhalb der Entscheidung berücksichtigt worden sein, sodass die Behörde ermessensfehlerfrei gehandelt hätte. Und als vierte Voraussetzung würde das Gericht prüfen, ob die Sperrerklärung u. a. zum Schutz des Wohls des Bundes oder eines deutschen Landes erlassen wurde, also ob die materiellen Voraussetzungen von § 99 Abs. 1 S. 2 VwGO vorliegen.[1209] Hinsichtlich des Ausnahmegrundes wird von Seiten der Rechtsprechung vertreten, dass das Kriterium bestehe, wenn „den Sicherheitsbehörden die Erfüllung ihrer Aufgaben einschließlich ihrer Zusammenarbeit mit anderen Behörden erschwert oder Leben, Gesundheit oder Freiheit von Personen gefährdet werden."[1210] Die öffentliche Aufgabe wäre schon betroffen, wenn die Erfüllung der Aufgaben „ernstlich gefährdet oder erheblich erschwert würde"[1211]. Es wird also erkennbar, dass der vertraulichen Aufgabenerfüllung ein hoher Stellenwert zugeschrieben wird, was die aufgeführten Sachverhalte[1212] aufgezeigt haben. Und da ein Gleichlauf zwischen materiellen Ausnahmegründen und Ausnahmegründen im Prozessrecht zu schaffen ist, hat dies zur Folge, dass Sperrerklärungen, bei denen Informationen, die innerhalb eines behördlichen Arbeitsablaufs

---

1207 BGH, B. v. 26. 07. 2011 – 1 StR 297/11; BGHSt 35, 82 = NJW 1988, 2187; NJW 1981, 1052.

1208 BVerwG, U. v. 19. 08. 1986 – 1 C 7/85 (juris Rn. 58); VG Berlin, B. v. 11. 10. 2013 – 33 L 393/13; Vgl. Benedikt, Geheimnisschutz im deutschen Verwaltungsprozess und im Verfahren vor der Unionsgerichtsbarkeit, S. 65 ff.

1209 Neumann, DVBl 2016, 473, 476.

1210 BVerwG, B. v. 13. 11. 2002 – 2 AV 3/02; B. v. 29. 07. 2002 – 2 AV 1/02.

1211 OVG NRW, B. v. 28. 09. 2010 – 13a F 46/10 (juris Rn. 21) m. V. a. BVerwG, B. v. 22. 07. 2010 - 20 F 11/10; U. v. 27. 02. 2003 – 2 C 10/02 = BVerwGE 118, 10.; OVG Lüneburg, B. v. 30. 04. 2009 – 14 PS 1/09 m. V. a. BVerfG, B. v. 27. 20. 1999 – 1 BvR 385/90 = BVerfGE 101, 106, 128.

1212 Abschnitt V.1.a.

übermittelt wurden, rechtmäßig ergehen können.[1213] Im Hinblick auf Informanten wird gesagt, dass es sich dabei um „ihrem Wesen nach geheim zu haltende Vorgänge" (als einer der Ausnahmegründe des § 99 Abs. 1 S. 2 VwGO) handelt.[1214] In dem Kontext kann die Aufsichtsbehörde eine Sperrerklärung erlassen, die einer gerichtlichen Überprüfung entspräche.

Mithin kann bloß eine Zusage mit dem Inhalt getroffen werden, dass auf den Erlass einer Sperrerklärung hingewirkt wird. Allerdings wird die Aufsichtsbehörde in ihrer Entscheidung nicht gebunden, denn die Aufsichtsbehörde hat beim Erlass der Sperrerklärung nicht nur die konkreten Geheimhaltungsgründe zu berücksichtigen, sondern auch die Interessen des Klägers auf Informationszugang und auf effektiven Rechtsschutz i. S. d. Art. 19 Abs. 4 GG. Die Verweigerung des Informationszuganges kann dazu führen, dass Informationsinteressen innerhalb eines Prozesses nicht erfüllt werden können, was wiederum Auswirkungen auf den Ausgang eines Verfahrens haben kann. Da Sperrerklärungen auf einen gerichtlichen Prozess einwirken, ist es erklärlich, dass Vertraulichkeitszusagen und -absprachen als „prozessrechtliches Geheimhaltungsmittel"[1215] bezeichnet werden, denn die Behörden können die Akteneinsicht auf behördlicher Ebene verhindern, indem Sie (rechtmäßig oder rechtswidrig) die Akteneinsicht unterbinden. Wenn nun die Kontrolle auf gerichtlicher Ebene erfolgt, kann die Vorlage unter Bezugnahme auf § 99 Abs. 1 S. 2 VwGO abgewehrt werden, wenn die Voraussetzungen erfüllt sind. Zu fragen bleibt, ob eine bindende Verwaltungspraxis auf Erlass einer Sperrerklärung – durch Verwaltungsvorschriften – erreicht werden kann. Also ob die Behörden, die Vertraulichkeitsabsprachen abschließen, sich mit den Aufsichtsbehörden darauf einigen kann, dass durch den Vorschlag und die Begründung der unteren Behörde sich die Aufsichtsbehörde an die Wertung gebunden fühlt und in einem solchen Falle auch eine negative Antwort geben würde.

Das Vorliegen der Verweigerungsgründe führt normalerweise bzw. „regelmäßig"[1216] zu einer Sperrerklärung, da den Ausnahmegründen des IFG eine Indizwirkung zukommt, dass die materiellen Voraussetzungen des § 99 Abs. 1

1213 Vgl. unter anderen: BVerwG, B. v. 26. 01. 2017 – 20 F 6.16; Gusy, in: Hoffmann-Riem/u. a. (Hrsg.), Grundlagen des Verwaltungsrecht, Band II, § 23 Rn. 94 der die Grenzen und Ausschlusstatbestände des § 99 VwGO als allgemeine Regelung sieht, um die Regelungen sofern keine speziellen Regelungen bestehen auf andere Informationszugangsansprüche anwenden würde.

1214 Neumann, DVBl 2016, 473, 478 f.

1215 Trantas, Akteneinsicht und Geheimhaltung im Verwaltungsrecht, S. 290 ff.

1216 Weber, NVwZ 2008, 1284, 1287.

S. 2 VwGO bestehen.[1217] Daher kann die Vermutung aufgeworfen werden, dass durch die Entscheidung hinsichtlich des Bestehens des Ausnahmegrundes nach dem IFG zumindest eine ermessenslenkende Entscheidung getroffen wird. Hinsichtlich der Verwaltungspraxis gestaltet sich das so, dass die untere Behörde das Vorliegen eines Ausnahmegrundes erläutert – die Funktionsfähigkeit der Arbeitserfüllung, die einen vertrauensvollen Umgang voraussetzt – was zumindest das Ermessen der Aufsichtsbehörde reduzieren bzw. intendieren würde und da der Aufsichtsbehörde ein Ermessen hinsichtlich der Sperrerklärung zusteht, wäre ein solches dahingehend gelenkt. Somit könnte eine Bindungswirkung der Aufsichtsbehörde zum Erlass der Sperrerklärung durch die vorherige Vereinbarung der Vertraulichkeit erzeugt werden. Das Vorgehen bietet den Informationsgebern den Vorteil, dass zumindest ein zeitlicher Schutzfaktor gesichert ist. Durch das zeitliche Verschieben des Informationszugangs wird „Zeit gewonnen", und da dies einen Wertfaktor für Informationen bildet,[1218] besteht ein Interesse an einem solchen Vorgehen, solange kein anderer absoluter Schutz erreicht werden kann. An dem Punkt kann der Vorwurf des Missbrauchs eines solchen Vorgehens vorgetragen werden, allerdings bestehen für die Informationsgeber als auch den Staat als Informationsnehmer und Auskunftsverpflichteter große Unsicherheiten. Die Ungewissheit ist nämlich auf zwei Punkte zurückzuführen: einmal rechtlich betrachtet auf den Anspruchsumfang, der durch das IFG statuiert wird, und zweitens rein tatsächlich dahingehend, dass der Informationsgeber in Zukunft auf freiwillige Informationsübermittlungen verzichtet. Der letzte Punkt führt dann dazu, dass eine Aufgabenerfüllung des Staates für die Zukunft erschwert wird, weil Informationen nicht übermittelt werden. Für den Informationsgeber wäre das aber die einzige Möglichkeit die Gefahr zu beseitigen, dass andere auf dem Wege Informationen erhalten, die ansonsten nur innerhalb eines gerichtlichen Verfahrens erlangt werden könnten. Für den Auskunftsberechtigten besteht aber kein Dilemma, da er die Information nach der gerichtlichen Geltendmachung erhalten kann. Sofern ihm die Auskunft rechtswidrig verweigert wurde, muss er nicht die Kosten des Verfahrens tragen, vgl. § 154 Abs. 1 VwGO. Daher könnte die Vermutung aufgestellt werden, dass das Mittel der Vertraulichkeitsvereinbarungen das mildeste Mittel zur Schaffung eines harmonischen Ausgleichs der Interessen darstellt, denn die Kontrolle über die Rechtmäßigkeit von Vertraulichkeitszusagen erfolgt im in-camera-Verfahren, in welchem mögliche Geheimhaltungsgründe umfassend abgewogen werden.

1217 Weber, NVwZ 2008, 1284, 1287.

1218 Gurlit, Die Verwaltung 44 (2011), 75, 100.

Allerdings würde das Ergebnis die Reichweite des Ermessens der Sperrbehörde in einer rechtswidrigen Weise verkürzen, denn die Aufsichtsbehörde hat neben dem Vorliegen eines möglichen Ausnahmegrundes des IFG ebenfalls die Interessen der Prozessbeteiligten auf effektiven Rechtsschutz zu berücksichtigen.[1219] Die untere Behörde kann nur über einen Teilbereich der zu betrachtenden Belange eine Einschätzung liefern. Darüber hinaus werden keine ermessensbindenden Gesichtspunkte hinsichtlich der Abwägung der gerichtlichen Informationsbelange geschaffen. Wenn die Aufsichtsbehörde die Belange nicht berücksichtigen würde, würde diese ermessensfehlerhaft handeln. Vertraulichkeitsvereinbarungen erzeugen keine Bindungswirkung auf die Aufsichtsbehörde, sodass solche Vereinbarungen nicht als prozedurales Mittel gesehen werden können, um Informationsinteressen zu verhindern. Dem Ergebnis steht nicht die Nutzung des IFG zur pre-trial-discovery entgegen, denn die mögliche Nutzung des Informationszugangsanspruches zu anderen Zielen als ursprünglich gewollt, musste dem Gesetzgeber durch die Erfahrungen in den anderen Rechtsordnungen bekannt gewesen sein. Da der Gesetzgeber keinen Ausschluss einer solchen Nutzung in das Gesetz aufgenommen hat, ist eine solche Nutzung vom Wortlaut zumindest zulässig. Auch die Untersuchung zur bestehenden Rechtslage und dem Vergleich zu den prozessualen Akteneinsichtsrechten führt zu dem Ergebnis, dass diese mit der Rechtsordnung vereinbar ist.[1220] Der Ausschluss einer solchen Nutzung durch prozessuale Vereinbarungen ist allerdings nicht möglich, sodass die Vertraulichkeitsvereinbarung nicht als prozessuales Mittel eingesetzt werden kann.

cc. Zwischenergebnis

Insofern ist festzuhalten, dass Vertraulichkeitszusagen zumindest keine nach außen bindende prozessuale Wirkung zukommt. Die Behörde kann zwar darauf hinwirken, dass die Aufsichtsbehörde sich zum Erlass einer Sperrerklärung bereiterklärt. Eine Bindungswirkung kann aber durch die Vertraulichkeitsvereinbarung auf die die Aufsichtsbehörde nicht erfolgen, was damit zusammenhängt, dass diese die untere Behörde kontrollieren können muss. Eine Kontrolle wäre nicht möglich, wenn die obere Behörde sich durch Handlungen der unteren Behörde gebunden fühlen würde.

Dementsprechend muss die Variante der Anspruchsverwehrung durch die Einigung darüber, dass keine amtliche Information i. S. d. § 1 Abs. 1 S. 1 IFG

1219 Neumann, DVBl 2016, 473, 480.

1220 Im Abschnitt IV wurden rechtliche Bedenken aufgeführt und widerlegt.

vorliegt, befürwortet werden. Eine solche Variante ist möglich, da eine entgegenstehende Regelung im derzeitigen IFG nicht besteht und eine solche Auslegung im Rahmen des IFG noch möglich ist. Das Ergebnis wird durch den systematischen Vergleich zum BDSG gestärkt, wo von einem Zweckbindungsgrundsatz ausgegangen wird. Ein solcher wird im Sinne einer Dispositionsbeschränkung und der bestehenden Vertrauensbeziehung auch rechtlich relevant. Auf Grund fehlender gesetzlicher Regelungen kann der Informationszugangsanspruch im Voraus verhindert werden, da durch die Vertraulichkeitsvereinbarung keine amtliche Information i. S. d. § 1 Abs. 1 S. 1 IFG entsteht, da die Behörde nicht zur Gewährung des Informationszugangs berechtigt ist i. S. d. § 7 Abs. 1 S. 1 IFG. Auch einige Ausnahmegründe setzten Vertrauensbeziehungen voraus, die durch Vertraulichkeitsvereinbarungen begründet werden können.

VI Fazit

„Vertraue, aber prüfe nach"[1221]

Das Zitat, welches auf Lenin zurückgeführt wird und häufig mit „Vertrauen ist gut, Kontrolle ist besser" übersetzt wird,[1222] fasst das untersuchte Dilemma zusammen. Das Informationsfreiheitsgesetz, das zur Aufdeckung von Korruptionstatbeständen geschaffen wurde, ist Ausdruck des bestehenden Grundmisstrauens gegenüber der Politik und dem demokratischen Etablissements. Es ist primär ein Kontrollinstrument im Dickicht der Transparenzforderungen, allerdings hat das nicht nur Auswirkungen auf bestehende Verwaltungspraktiken, sondern auch auf den Umgang mit Informationsübermittlungen an die Behörden. An der Stelle muss Raues Aussage, „wer sich an eine öffentliche Stelle wendet, kann nicht mehr mit Geheimhaltung rechnen, es sei denn er trifft mit ihr eine besondere Vertraulichkeitsvereinbarung"[1223], unterstrichen werden.

Folglich gewinnt die Aussage, „Vertraue, aber prüfe nach" in dem Zusammenhang ebenfalls Bedeutung, da die Informationsgeber zwar auf die Achtung und Wahrung ihrer Rechte vertrauen, aber nichtsdestotrotz durch die Vereinbarung von Vertraulichkeit die Achtung dieser manifestieren wollen. Somit üben die Informationsgeber mit Vertraulichkeitsvereinbarungen ein Kontrollmittel aus, um ihre Rechte, sollten diese verletzt werden, zu schützen, auch wenn es dann nur nachträglich mit der Gewährung von Schadensersatz erfolgt. An der Stelle wird die Widersprüchlichkeit des Begriffs der Vertraulichkeitsvereinbarung deutlich; wenn Vertrauen besteht, dann muss eine vertragliche Regelung eigentlich nicht getroffen werden; erst wenn ein solches fehlt, ist erst eine vertragliche Manifestierung von Nöten.

Der Umstand hängt mit der Tatsache zusammen, dass der ursprünglich „demokratisch radizierte Informationsanspruch"[1224] häufig zum Zwecke rechtsstaatlicher Motive genutzt wird. Im Gegensatz zu dem „rechtstaatlich radizierten

---

1221 „Доверяй, но проверяй", John, Reclams Zitaten Lexikon, S. 495 geht das Sprichtwort auf Wladimir Iljitsch Uljanow, genannt Lenin, zurück. Häufig wird es als „Vertrauen ist gut, Kontrolle ist besser" wiedergegeben, was aber nicht der wortwörtlichen Übersetzung entspricht.

1222 John, Reclams Zitaten Lexikon, S. 495.

1223 Raue, JZ 2013, 280, 285.

1224 Gusy, in: Hoffmann-Riem/u. a. (Hrsg.), Grundlagen des Verwaltungsrechts, Band II, § 23 Rn. 81.

Auskunftsanspruch“[1225] fehlen aber Tatbestandsvoraussetzungen, die das Vorliegen eines subjektiven Rechtes verlangen. Das Konzept des IFG sieht bloß ein formelles subjektives Recht vor. Das führt zu zwei „Problemen“: einerseits dass Informationsgesuche nun über das Informationsfreiheitsgesetz erlangt werden können, die ansonsten erst in einem späteren Stadium einer Rechtsdurchsetzung verfolgt würden, und andererseits dass nun Informationsgeber mit der Gefahr zu kämpfen haben, dass andere die Informationsübermittlung an die Behörde nutzen können, um gegen die Informationsübermittler rechtlich vorzugehen, d. h. sie liefern den Rechtsschutzsuchenden das Material, um rechtlich gegen sie zu prozessieren.[1226] Den Ungewissheiten versuchen die Beteiligten – die Informationsgeber und der Staat, der an der Informationserlangung ein Interesse hat – durch Vertraulichkeitsvereinbarungen Herr zu werden, denn wie im Abschnitt II. erläutert, ist das Informationsfreiheitsgesetz kein gesetzgeberisches Vorzeigegesetz. Vielmehr bestehen Systematisierungsfehler, die zusammenhängen mit dem Problem, dass ein ausgefeiltes Konzept des Informationsrechtes mit den Teilrechtsgebieten des Informationszugangsrechtes und des Datenschutzrechtes in horizontaler Weise und vertikaler Sicht zwischen den Bundes- und den Landesgesetzen und natürlich auch der europäischen Rechtslage, nicht existiert. Daneben fehlt ein Gleichlauf bzw. eine Abstimmung zu den bestehenden Akteneinsichtsrechten, die teilweise „demokratisch radiziert“[1227] sind und die teilweise „rechtsstaatlich radiziert“[1228] sind. In Abschnitt II.3 wurden einige ausgewählte Akteneinsichtsrechte skizziert und es wurden Parallelen feststellbar. Daher ist eine Übertragung von Konzepten und vor allem Ausschlüssgründen in dem Zusammenhang zu empfehlen, wobei dann aber ein Stufenverhältnis geschaffen werden sollte. Das Stufenverhältnis sollte dahingehend bestehen, dass sofern Auskunftsansprüche zu rechtsstaatlichen Zwecken genutzt werden, die jeweiligen grundrechtlichen Belange in der Abwägung zu betrachten sind, was zu einer Verschiebung hinsichtlich der Gewährung von Zugangsansprüchen führen muss. Nach Ansicht von Gusy sind nämlich rechtsstaatliche Auskunftsansprüche als „prozedurale Annexrechte zu materiellen subjektiv öffentlichen

1225 Gusy, in: Hoffmann-Riem/u. a. (Hrsg.), Grundlagen des Verwaltungsrechts, Band II, § 23 Rn. 81.

1226 Abschnitt IV.

1227 Gusy, in: Hoffmann-Riem/u. a (Hrsg.), Grundlagen des Verwaltungsrechts, Band II, § 23 Rn. 81.

1228 Gusy, in: Hoffmann-Riem/u. a. (Hrsg.), Grundlagen des Verwaltungsrechts, Band II, § 23 Rn. 81.

Rechten konzipiert“[1229], folglich ist das Konzept, nach dem Auskunftsansprüche ausgeübt werden bei der einfachrechtlichen Ausübung zu berücksichtigen. Der Gedanke muss beibehalten werden und bei der Systematisierungsbildung beachtet werden. Dadurch wird eine einzelfallgerechte Lösung garantiert. Des Weiteren können so divergierende Interessen, besonders in Mehrpersonenkonstellationen, berücksichtigt werden, da ansonsten nur von spezifischen Einzelfunktionen ausgegangen wird. Ungeachtet der fehlenden Grundkonzeption hat das Informationszugangsrecht noch damit zu hadern, dass die Ausschlussgründe der gerichtlichen Auslegung bedürfen. Auf Grund dessen beschäftigen sich viele Gerichtsentscheidungen mit der Reichweite und den Grenzen der Ausnahmegründe. Diese rechtlichen Unsicherheiten und die Nutzung des IFG zur pre-trial-discovery führen bei den Informationsgebern zu Unsicherheiten: Unterliegen nun alle Informationen, die an die Behörde übermittelt werden, dem Informationszugang? Wenn nicht, wie weitreichend ist der Informationszugang? Wie gestaltet sich die Möglichkeit der Informationsweiterverwendung, die an den Informationszugang denknotwendig anschließt? Und wie sieht es mit der aktiven Veröffentlichung von Informationen aus, wie das schon teilweise die Transparenzgesetze vorsehen? Die Fragen stellen sich Informationsgeber zwangsläufig und versuchen auf die gesetzlich bestehende Unsicherheit einvernehmlich zu reagieren: Sie schließen Vertraulichkeitsvereinbarungen ab.

Daher kann der ursprünglichen These, dass Vertraulichkeitszusagen und -absprachen ein Überbleibsel des Arkanprinzips[1230] der Verwaltung darstellen, nicht zugestimmt werden. Sicherlich sind bestehende Behördenpraktiken durch das Informationsfreiheitsgesetz nicht beseitigt worden, sodass der Informationszugang bedingt durch die jahrhundertelang bestehende Verwaltungspraxis rechtswidrig verweigert wird und ein Wandel in den „Köpfen der Mitarbeiter“ nicht angekommen ist. Nichtsdestotrotz muss festgehalten werden, dass oftmals Transparenzforderungen und damit die Nutzung des IFG als Transparenzmittel auch ein Zeichen der Zeit bilden. Bedingt durch die Daten- und

1229 Gusy, in: Hoffmann-Riem/u. a. (Hrsg.), Grundlagen des Verwaltungsrechts, Band II, § 23 Rn. 92. Gusy führt Grundsätze auf: „Ein Auskunftsanspruch besteht umso eher, (1) je höherrangig das vorausgesetzte materielle Recht in er Rechtordnung angesiedelt ist, wenn (2) dessen Durchsetzbarkeit ohne vorausgehenden Auskunftsanspruch regelmäßig unmöglich oder wesentlich erschwert ist und (3) für diesen Zustand die gesetzlichen Ermächtigungen oder die Vollzugstätigkeit der öffentlichen Verwaltung maßgeblich verantwortlich sind.“

1230 Wegener, Der geheime Staat – Arkantradition und Informationsfreiheitsrecht, 2006, S. 3 ff.

Informationsmengen, die im Internet verfügbar sind, wird der Zugang zu staatlichen Informationsquellen gefordert. In staatlichen Informationen und Daten wird ein „Wertschöpfungspotential“[1231] gesehen, auf welches man am besten ohne jegliche Kosten zugreifen möchte, um diese Werte zu verwerten. Dabei wird aber oftmals die Verhältnismäßigkeit nicht mehr beachtet, da ein Bewusstsein für Geheimhaltungs- und Privatsphären verloren gegangen ist. Die Reduzierung menschlicher Kommunikation auf Daten und Algorithmen nimmt nämlich einigen die Vorstellung darüber, dass Daten auch sensible (persönliche) Daten und Informationen enthalten können. Daher ist wohl ein bloß schrittweiser Informationszugang und die Entwicklung des Rechtes und folglich die Abkehr vom Arkanprinzip nur peu à peu zu vollziehen. Aus dem Grund ist es nicht schädlich, wenn Behörden zunächst zögerlich mit der Zugangsgewährung umgehen, um so die Verletzung von Rechten a priori zu verhindern, denn schließlich können viele Informationen auch Schutzbereichen einiger Grundrechten zugeordnet werden.[1232]

Solange eine ausreichende gesetzliche Regelung, die alle Belange berücksichtigt, nicht existiert, werden Vertraulichkeitsvereinbarungen wohl die Verwaltungs- und Gerichtspraxis begleiten. Der Grund dafür liegt in dem situationsbedingten Informationsschutz, der durch Vertraulichkeitsvereinbarungen geschaffen wird. Vertraulichkeitsvereinbarungen sind in ihrer Zweckrichtung darauf gerichtet, zukünftige Kommunikation zu gewährleisten. Kommunikationsbeziehungen setzen Vertrauen voraus, um den validen und ehrlichen Informationsaustausch zu ermöglichen. Und wenn Unsicherheiten bestehen, ist es nicht verwunderlich, dass zunächst eine bilaterale Klärung vorgenommen wird.

Rechtlich wurde ebenfalls untersucht, ob Vertraulichkeitsvereinbarungen mit dem System des Informationszugangsrechtes unvereinbar sind und nur ein Ausschluss des Informationszuganges durch die Ausschlussgründe erfolgen kann. Dabei wurde festgestellt, dass einige der Ausnahmegründe, insbesondere § 3 Nr. 7 IFG, durch Vertraulichkeitszusagen begründet werden können, was den situationsbedingen Informationsschutz repräsentiert. Daneben lässt das IFG in seiner bestehenden Form Raum dafür, dass Vertraulichkeitszusagen dazu genutzt werden können, eine Zweckbindung der Informationen zu schaffen. Zweckbindung bedeutet an der Stelle, dass die Verfügungsbefugnis über die Information, welche in § 7 Abs. 1 S. 1 IFG Andeutung findet, beschränkt wird. Solange eine Regelung wie in den Informationsfreiheitsgesetzen in Berlin und

1231 Schoch, IFG, Einl. Rn. 171.

1232 Vgl. Abschnitt II.5.

Bremen und dem Transparenzgesetz in Hamburg nicht existiert, versperrt das IFG vertragliche Absprachen nicht. Dass Vertraulichkeitsvereinbarungen aber zum Erlass einer Sperrerklärung getroffen werden können, ist aber eher abzulehnen. Eine Bindung der Aufsichtsbehörde wird nicht angenommen werden können, es kann lediglich von einer ermessenslenkenden Handlung ausgegangen werden. Gleichwohl wird der Pessimist sagen, dass die „unteren" Behörden und die Aufsichtsbehörden zusammenwirkend tätig sein werden, um bestimmte Informationsquellen für die Zukunft zu schützen. Nichtsdestotrotz würde bei einer rechtlichen Überprüfung einzig die Entscheidung der Aufsichtsbehörde auf Erlass der Sperrerklärung untersucht werden, die unter Berufung auf den situationsbedingen Informationsschutz zu rechtfertigen wäre. Der Zusammenhang zeigt das Zusammenspiel des materiellen Informationszugangsrechtes mit den In-Camera-Verfahren.

Schlussendlich ist zu sagen, dass das Informationszugangsrecht als Voraussetzung für die Informationsweiterverwendung, als Gegenpol zum Datenschutzrecht und als materieller Grund für das In-Camera-Verfahren in einem Querschnitt steht. Daher ist zu hoffen, dass die Weiterentwicklung und die Reformen die bestehenden Wirkungszusammenhänge betrachten und beachten, dabei sollte der Transparenzgedanken – der klassisch gesehen als Teilgebiet der Öffentlichkeitsdebatte zu sehen ist – in Maßen entwickelt werden. Dass das Maß noch nicht ausgerichtet ist, zeigt die Nutzung der Vertraulichkeitsvereinbarungen, die zur Kontrolle der Informationsübermittlung genutzt werden.

Literaturverzeichnis

Aden, Menno: Die Nichtöffentlichkeit des Schiedsverfahrens – Verstoß gegen prozessuales Grundrecht?, DZWIR 2012, 360 ff.

Albers, Marion: Information als neue Dimension im Recht, Rechtstheorie 33 (2002), 61 ff.

Albers, Marion: Informationelle Selbstbestimmung, Baden-Baden 2005.

Albers, Marion: *Grundlagen und Ausgestaltung der Informationsfreiheitsgesetze, ZJS 2009, 614 ff.*

Altmeppen, Stefan/Kahlen, Christine: IWG – Neue Impulse für den Informationsmarkt. Entwurf der Bundesregierung für ein Gesetz über die Weiterverwendung von Informationen öffentlicher Stellen, MMR 2006, 499.

Alexander, Christian: Der verfassungsunmittelbare Auskunftsanspruch der Presse gemäß Art. 5 Abs. 1 Satz 2 GG. Zugleich eine Anmerkung zu der Entscheidung BVerwG, Urteil vom 20. 02. 2013 – 6 A 2.12, in: Zeitschrift für Urheber- und Medienrecht (ZUM) 2013, S. 614–620.

Alexy, Robert: Theorie der Grundrechte, Baden-Banden 1. Aufl. (1985).

Angelov, Jean: Grundlagen und Grenzen eines staatsbürgerlichen Informationszugangsanspruchs, Frankfurt 1999.

Ann, Christoph: Geheimnisschutz – Kernaufgabe des Informationsmanagements im Unternehmen, GRUR 2014, 12 ff.

Ann, Christoph/Hauck, Ronny/Maute, Lena: Auskunftsanspruch und Geheimnisschutz im Verletzungsprozess, Köln 2011.

Ann, Christoph/Loschelder, Michael/Grosch, Markus: Praxishandbuch Know-how Schutz, Köln 2010.

Augsberg, Ino: Informationsverwaltungsrecht. Zur kognitiven Dimension der rechtlichen Steuerung von Verwaltungsentscheidungen, Tübingen 2014.

Augsberg, Steffen: Der Staat als Informationsmittler. Robin Hood oder Parasit der Wissensgesellschaft?, DVBl 2007, 733 ff.

Bachmann, Peter/Pavlitschko, Martin: Akteneinsicht in elektronische Behördenakten, MMR 2004, 370 ff.

Bäcker, Carsten: Whistleblower im Amt. Zwischen Verschwiegenheitspflicht und Verfassungstreue, Die Verwaltung 48 (2015), 499 ff.

Bäcker, Matthias: Grundrechtlicher Informationsschutz gegen Private, Der Staat 51 (2012), 91 ff.

Beaucamp, Guy: Zur Transparenz vertraglichen Handelns des Staates, NordÖR 2014, 149 ff.

Beck, Volker/Schlikker, Michael: Zur Kontrolle der Geheimdienste durch Fragen der Abgeordneten und Fraktionen des Deutschen Bundestages, NVwZ 2006, 912 ff.

Benedikt, Matthias: Geheimnisschutz im deutschen Verwaltungsprozess und im Verfahren vor der Unionsgerichtsbarkeit. Eine Untersuchung der Vorlage- und Auskunftspflichten staatlicher Stellen im gerichtlichen Verfahren, Berlin 2013.

Berg, Wilfried: Der Schutz von Betriebs- und Geschäftsgeheimnissen im öffentlichen Recht unter besonderer Berücksichtigung des Umweltinformationsgesetzes, GewArch 1996, 177 ff.

Berger, Sven: Das Informationszugangsrecht und das in-camera-Verfahren gemäß § 99 Abs. 1 VwGO. Anmerkung zu BVerwG vom 13. 6. 2006 – 20 F 5/05, in: Dix, Alexander/u. a. (Hrsg.), Informationsfreiheit und Informationsrecht. Jahrbuch 2008, Berlin 2009, S. 225 ff.

Berger, Sven/Partsch, Christoph/Roth, Jürgen/Scheel, Christoph: Informationsfreiheitsgesetz. Kommentar, Köln 2. Aufl. (2013).

Berger, Sven/Schirmer, Benjamin: Informationsfreiheit und Finanzaufsicht - Fragen zum Informationszugang im »Single Supervisory Mechanism, SSM«, DVBl 2015, 608 ff.

Berliner Beauftragter für Datenschutz und Informationsfreiheit *(Hrsg.)*: Berliner Informationsfreiheitsgesetz. Bundesinformationsfreiheitsgesetz, Potsdam 3. Aufl. (2011).

Beuth, Patrick/Biermann, Kai/Caspari, Lisa: Whistleblower dürfen nicht benachteiligt werden, Zeitonline vom 18. 08. 2015.

Beyerbach, Hannes: Die geheime Unternehmensinformation. Grundrechtlich geschützte Betriebs- und Geschäftsgeheimnisse als Schranke einfachrechtlicher Informationsansprüche, Tübingen 2012.

Beyerlin, Ulrich: Schutzpflicht der Verwaltung gegenüber dem Bürger außerhalb des formellen Verwaltungsverfahrens? Überlegungen zu Problemen der heutigen Umweltschutzpraxis, NJW 1987, 2713 ff.

Blake, Stephen/Schnichels, Dominik: Schutz der Kronzeugen im neuen EG-Wettbewerbsrecht, EuZW 2004, 551 ff.

Blanke, Hermann-Josef: Vertrauensschutz im deutschen und europäischen Verwaltungsrecht, Tübingen 2000.

Blatt, Henning/Franßen, Gregor: Rechtsschutz im Informationsrecht, NwVBl 2014, 413.

Blatt, Henning: Rechtsprechungsübersicht zum IFG und UIG für die Jahre 2014 und 2015, in: Dix, Alexander/u. a. (Hrsg.), Informationsfreiheit und Informationsrecht. Jahrbuch 2015, Berlin 2016, S. 173 ff.

Brammsen, Joerg: Wirtschaftsgeheimnisse als Verfassungseigentum. Der Schutz der Betriebs- und Geschäftsgeheimnisse gem. Art. 14 GG, DÖV 2007, 10 ff.

Bräutigam, Tobias: Informationen werden freier: Auch in Deutschland? Zu einem Informationsfreiheitsgesetz in Deutschland und den Erfahrungen in den USA mit dem Freedom of Information Act, DÖV 2005, 376 ff.

Breuer, Rüdiger: Schutz von Betriebs- und Geschäftsgeheimnissen im Umweltrecht, NVwZ 1986, 171 ff.

Brink, Stefan/Wirtz, Sonja: Mehr Transparenz der Behörden auf Landesebene, in: Dix, Alexander/u. a. (Hrsg.), Informationsfreiheit und Informationsrecht. Jahrbuch 2015, Berlin 2016, S. 37 ff.

Brocker, Till/Andrzejewski, Nils: Geheimnisschutz durch die BaFin in den Grenzen des Informationsfreiheitsgesetzes, GWR 2011, 378 ff.

Bröhmer, Jürgen: Transparenz als Verfassungsprinzip. Grundgesetz und Europäische Union, Tübingen 2004.

Brox, Hans/Walker, Wolf Dietrich: Allgemeiner Teil des BGB, München 41. Aufl. (2017).

Brückner, Sascha/Breitrück, Klaus: Informationsfreiheit. Das Aus für die „Privatautonomie" der Verwaltung?, DVP 2004, 397 ff.

Bull, Hans Peter: Informationsfreiheitsgesetze – wozu und wie?, ZG 2002, 201 ff.

Bull, Hans Peter: Informationelle Selbstbestimmung – Vision oder Illusion?, Tübingen 2009.

Bundesamt für Verfassungsschutz für die Verfassungsschutzbehörden in Bund und Ländern *(Hrsg.)*: Wirtschaftsspionage – Risiko für Ihr Unternehmen, Düsseldorf 2008.

Die Bundesbeauftragte für den Datenschutz und die Informationsfreiheit *(Hrsg.)*: Das Informationsfreiheitsgesetz des Bundes. Texte und Erläuterungen, Bonn 5. Aufl. (2016).

Burholt, Christian: Die Auswirkungen des Informationsfreiheitsgesetzes auf das Akteneinsichtsrecht in Kartell- und Fusionskontrollverfahren, BB 2006, 2201 ff.

Busch, Jürgen/Sellin, Katharina: Vertrauen in die Vertraulichkeit – Kronzeugenverfahren in Europa auf der Probe, BB 2012, 1167 ff.

Calliess, Christian/Ruffert, Matthias: EUV/AEUV. Das Verfassungsrecht der Europäischen Union mit Europäischer Grundrechtecharta. Kommentar, München 5. Aufl. (2016).

Caspar, Johannes: Informationsfreiheit als Verfassungsgrundrecht – Analyse und Argumente für ein Grundrecht auf staatliche Transparenz, in: Dix, Alexander/u. a. (Hrsg.): Informationsfreiheit und Informationsrecht. Jahrbuch 2011, Berlin 2012, S. 297 ff.

Caspar, Johannes: Informationsfreiheit, Transparenz und Datenschutz, DÖV 2013, 371 ff.

Caspar, Johannes: Das Hamburgische Transparenzgesetz – Eine Zwischenbilanz, in: Hill, Hermann/Schliesky, Utz (Hrsg.), Die Neubestimmung der Privatheit. E-Volution des Rechts- und Verwaltungssystems IV, S. 109 ff. (zitiert: Caspar, in: Hill/Schliesky, Die Neubestimmung der Privatheit, S. 109).

Classen, Kai-Dieter: Amtshaftung im Zeichen von Verwaltungstransparenz, NordÖR 2013, 236 ff.

Cornils, Matthias: Der medienrechtliche Auskunftsanspruch in der Kompetenzordnung des Grundgesetzes. Verfassungsfragen eines Bundes-Presseauskunftsgesetzes, DÖV 2013, 657 ff.

Cranshaw, Friedrich L.: Anspruch auf Auskunft nach dem Informationsfreiheitsgesetz zur Durchsetzung der Insolvenzanfechtung, Anm. zu VG Hamburg, U. v. 23. 04. 2009 – 19 K 4199/07, jurisPR-InsR 17/2099 Anm. 4.

Dix, Alexander: Wirtschaftliche Nutzung von Verwaltungsinformationen, DuD 2003, 471 ff.

Dix, Alexander: Aktive Transparenz bei Grundversorgungsverträgen – Das Berliner Modell, in: Dix, Alexander/u. a. (Hrsg.), Informationsfreiheit und Informationsrecht. Jahrbuch 2010, Berlin 2011, S. 133 ff.

Dix, Alexander: Menschenrechte als Grenze der Geheimhaltung, in: Dix, Alexander/u. a. (Hrsg.): Informationsfreiheit und Informationsrecht. Jahrbuch 2013, Berlin 2014, S. 249 ff.

Dörr, Oliver/Grote, Rainer/Marauhn, Thilo (Hrsg.): EMRK/GG Konkordanzkommentar zum europäischen und deutschen Grundrechtsschutz, Tübingen 2. Aufl. (2013).

Dreier, Horst: Grundgesetzkommentar, Band I, Tübingen 3. Aufl. (2013).

Dreier, Horst: Grundgesetzkommentar, Band II, Tübingen 3. Aufl. (2015).

Dreier, Thomas/Fischer, Veronika/van Raay, Anne/Spiecker, gen. Döhmann, Indra (Hrsg.): Informationen der öffentlichen Hand – Zugang und Nutzung, Baden-Baden 2016.

Druey, Jean Nicolas: Information als Gegenstand des Rechts, Zürich 1995.

Dück, Hermann/Eufinger, Alexander/Schultes, Marion: Das Spannungsverhältnis zwischen kartellrechtlicher Kronzeugenregelung und Akteneinsichtsanspruch nach § 406e StPO, EuZW 2012, 418 ff.

Düwel, Peter: Das Amtsgeheimnis, Berlin 1965.

Duschanek, Alfred: Öffentlichkeit der Verwaltung und privater Geheimnisschutz, in: Griller, Stefan u. a. (Hrsg.), Grundfragen und aktuelle Probleme des öffentlichen Rechts. Festschrift für Heinz Peter Rill zum 60. Geburtstag, Wien 1995, S. 413 ff.

Ebert, Frank/Tiller, Claudia: Grundzüge des behördlichen Geheimschutzes im Freistaat Thüringen, LKV 2001, 255 ff.

Eichenhofer, Johannes: Privatheit im Internet als Vertrauensschutz. Eine Neukonstruktion der Europäischen Grundrechte auf Privatleben und Datenschutz, Der Staat 55 (2016), S. 41 ff.

Erdelt, Alexander: Informationszugang und das Recht auf Information, DuD 2003, 465 ff.

Ernst, Christian: Eine allgemeine Informationsordnung als Regelung der Zuordnung von Informationen zu Rechtssubjekten, in: Hill, Hermman/Engels, Dieter/Schliesky, Utz (Hrsg.), Auf dem Weg zum Digitalen Staat – als ein besserer Staat?, Baden-Baden 2015, S. 33 ff. (zitiert: Ernst, in: Hill/Engels/Schliesky, Auf dem Weg zum Digitalen Staat – als ein besserer Staat?, S.)

Fehling, Michael: Freier Informationszugang zwischen öffentlichen und privaten Interessen, DVBl 2017, 79 ff.

Fiedler, Lilly/Blume Huttenlauch, Anna: Der Schutz der Kronzeugen- und Settlementerklärungen vor der Einsichtnahme durch Dritte nach dem Richtlinien Vorschlag der Kommission, NZKart 2013, 350 ff.

Fisahn, Andreas: Demokratie und Öffentlichkeitsbeteiligung, Tübingen 2002.

Fischer, Kristian/Fluck, Jürgen: Informationsfreiheit versus Betriebs- und Geschäftsgeheimnisse, NVwZ 2013, 337 ff.

Fischerauer, Sven: Anmerkung zu EuG, Urteil v. 22. 05. 2012 – T-344/08, EuWZ 2012, 82 f.

Fluck, Jürgen: Verwaltungstransparenz durch Informationsfreiheit, DVBl 2006, 1406 ff.

Frenz, Walter: Dokumentenzugang vs. Kronzeugenregelung, EuZW 2013, 778 ff.

Frenzel, Eike Michael: Der presserechtliche Auskunftsanspruch – Begründung, Reichweite, Zukunftsfähigkeit, in: Dix, Alexander/u. a.

(Hrsg.): Informationsfreiheit und Informationsrecht. Jahrbuch 2013, Berlin 2014, S. 79 ff.

Fricke, Michael/Gereck, Martin: Informantenschutz und Informantenhaftung, AfP 2014, 293 ff.

Frowein, Jochen A.: Das Informationsfreiheitsgesetz – ein Neuanfang? In: Grote, Rainer (Hrsg.), Die Ordnung der Freiheit: Festschrift für Christian Starck zum siebzigsten Geburtstag, Tübingen 2007, S. 219 ff.

Gärditz, Klaus Ferdinand/Orth, Johannes: Geheimnisschutz im Verwaltungsprozess, JuS 2010, 317 ff.

Gärditz, Klaus Ferdinand: Anmerkung zu BVerwG, Beschluss vom 29. 04. 2015 – 20 F 8.14 – Verweigerung der Vorlage von Geheimdienstakten. „Third Party Rule": Der Vertraulichkeitsvorbehalt als Grenze der Verwertung ausländischer nachrichtendienstlicher Informationen, DVBl 2015, 903

Gärditz, Klaus Ferdinand: Parlamentarische Untersuchungsausschüsse als informationspflichtige Stelle?, NVwZ 2015, 1161.

Garstka, Hansjürgen/Kloepfer, Michael/Schoch, Friedrich (Hrsg.): Datenschutz, Informationsrecht und Rechtspolitik. Gesammelte Aufsätze von Hans Peter Bull, Berlin 2005. (Zitiert: Datenschutz, Informationsrecht und Rechtspolitik).

Geiger, Rudolf/Khan, Daniel-Erasmus/Kotzur, Markus (Hrsg.): Vertrag über die Europäische Union und Vertrag über die Arbeitsweise der Europäischen Union. Kommentar. München 6. Aufl. (2017).

Geminn, Christian L.: Demokratie zwischen Öffentlichkeit und Privatheit, AöR 107 (2016), 601 ff.

Gersdorf, Hubertus/Paal, Boris P. (Hrsg.): Beck'scher Online-Kommentar Informations- und Medienrecht, 15. Edition Stand 01. 02. 2017 (Zitiert: BeckOK Informations- und Medienrecht).

Glauben, Paul: Minderheitenrechte im Untersuchungsrecht und staatlicher Geheimnisschutz mit Verfassungsrang, NVwZ 2017, 129 ff.

Glawe, Robert A. P.: Der Geheimrat. Zum Informationsrecht von Parlamentariern über Beratung und Beschlussfassung im Bundessicherheitsrat, NVwZ 2014, 1632 ff.

Graf, Jürgen-Peter (Hrsg.): Beck'scher Online-Kommentar StPO mit RiStBV und MiStra, 27. Edition Stand: 01. 01. 2017 (Zitiert: BeckOK StPO, §).

Gramm, Christof: Aufklärung durch staatliche Publikumsinformationen. Staatshandeln als Aufklärung?, Der Staat 30 (1991), 51 ff.

Greve, Holger: Presseauskunft – aktuelle Herausforderungen und Umbrüche im digitalen Zeitalter, in: Dix, Alexander/u. a. (Hrsg.), Informationsfreiheit und Informationsrecht. Jahrbuch 2015, Berlin 2016, S. 133 ff.

Griebel, Thomas: Die verfahrensrechtliche Absicherung von Informationsfreiheitsrechten in rechtsvergleichender Sicht. Eine Betrachtung der Rechtslage in Schweden, den USA, Deutschland und der Europäischen Union, Berlin 2007.

Groh, Kathrin: Die Zusicherung als sichere Handlungsform in der kooperierenden Verwaltung, DÖV 2012, 582 ff.

Gröschner, Rolf: Transparente Verwaltung: Konturen eines Informationsverwaltungsrechts, VVDStRL 63 (2004), S. 344 ff.

Groth, Klaus-Martin/von Bubnoff, Daniela: Gibt es „gerichtsfeste“ Vertraulichkeit bei der Mediation?, NJW 2001, 338 ff.

Guckelberger, Annette: Behördliche Zusicherungen und Zusagen, DÖV 2004, 357 ff.

Guckelberger, Annette: Informatisierung der Verwaltung und Zugang zu Verwaltungsinformationen, VerwArch 97 (2006), 62 ff.

Guckelberger, Annette: Wissensgenerierung im Verwaltungsprozess, DVBl 2017, 222 ff.

Gurlit, Elke: Die Verwaltungsöffentlichkeit im Umweltrecht. Ein Rechtsvergleich Bundesrepublik Deutschland – USA, Düsseldorf 1989.

Gurlit, Elke: Verwaltungsvertrag und Gesetz. Eine vergleichende Untersuchung zum Verhältnis von vertraglicher Bindung und staatlicher Normsetzungsautorität, Tübingen 2000.

Gurlit, Elke: Konturen eines Informationsverwaltungsrechts, DVBl 2003, 1119 ff.

Gurlit, Elke: Aussprache. Transparente Verwaltung: Konturen eines Informationsverwaltungsrechts, VVDStRL 63 (2004), 450.

Gurlit, Elke: Verfassungsrechtliche Rahmenbedingungen des Datenschutzes, NJW 2010, 1035 ff.

Gurlit, Elke: Rechtsprechungsanalyse. Das Informationsverwaltungsrecht im Spiegel der Rechtsprechung, Die Verwaltung 44 (2011), 75 ff.

Gurlit, Elke: Informationsfreiheit und Verschwiegenheitspflichten der BaFin, NZG 2014, 1161 ff.

Gurlit, Elke: Transparenz der Hochschulforschung, in: Geis/Winkler/Bickenbach, Von der Kultur der Verfassung, Festschrift für Friedhelm Hufen, München 2015, S. 343–353. (Gurlit, in: Festschrift Hufen)

Gurlit, Elke: Das Spannungsfeld von Transparenz und Geheimhaltung im demokratischen Staat, in: Botha, Henk/Schaks, Nils/Steiger, Dominik (Hrsg.), Das Ende des repräsentativen Staates? Demokratie am Scheideweg, Baden-Baden 2016, S. 157–170.

Gusy, Christoph: Urteilsanmerkung zu BVerwG, U. v. 25. 03. 1999 – 7 C 21.98 (OVG Lüneburg), JZ 1999, 1169.

Gusy, Christoph: Gewährleistung der Vertraulichkeit und Integrität informationstechnischer Systeme. Neuer Grundrechtsname oder neues Grundrechtsschutzgut?, DuD 2009, 33.

Gusy, Christoph: Der transparente Staat, DVBl 2013, 941.

Gusy, Christoph: Information als Ressource im Verwaltungsrecht, in: Bultmann, Peter Friedrich/u. a., Allgemeines Verwaltungsrecht. Institute, Kontexte, System. Festschrift für Ulrich Battis zum 70. Geburtstag, München 2014, S. 499 ff. (zitiert: Gusy, in: FS Battis).

Gusy, Christoph: Informationszugangsfreiheit – Öffentlichkeitsarbeit – Transparenz, JZ 2014, 171 ff.

Gusy, Christoph: Einseitige oder allseitige Transparenz? Das Informationsverwaltungsrecht und die post-privacy-Debatte, in: Knopp, Lothar/Wolff, Heinrich Amadeus, Umwelt – Hochschule – Staat. Festschrift für Franz-Joseph Peine zum 70. Geburtstag, Berlin 2015, S. 423. (zitiert: Gusy, in: FS Peine, S.)

Gusy, Christoph/Eichenhofer, Johannes/Schulte, Laura: e-privacy. Von der Digitalisierung der Kommunikation zur Digitalisierung der Privatsphäre, Jahrbuch des öffentlichen Rechts der Gegenwart (JöR), 64 (2016), S. 385 ff.

Gusy, Christoph: Transparenz – Verfassungstheoretische und verfassungsrechtliche Aspekte, in: Dix, Alexander/u. a. (Hrsg.), Informationsfreiheit und Informationsrecht. Jahrbuch 2015, Berlin 2016, S. 1 ff.

Häberle, Peter: Diskussionsbeitrag: Transparente Verwaltung: Konturen eines Informationsverwaltungsrechts, VVDStRL 63 (2004), S. 445

Habermas, Jürgen: Strukturwandel der Öffentlichkeit. Untersuchungen zu einer Kategorie der bürgerlichen Gesellschaft, Sinsheim 13. Aufl. (2013).

Han, Byung-Chul: Transparent ist nur das Tote, Zeit Online vom 12. 01. 2012.

Hannichen, Rolf (Hrsg.): Karlsruher Kommentar zur Strafprozessordnung: StPO mit GVG, EGGVG, EMRK, München 7. Aufl. (2013).

Haratsch, Andreas/Kugelmann, Dieter/Repkewitz, Ulrich: Herausforderungen an das Recht der Informationsgesellschaft. 36. Tagung der Wissenschaftlichen

Mitarbeiterinnen und Mitarbeiter der Fachrichtung „Öffentliches Recht“, Mainz 1996.

Hauck, Ernst: Wirtschaftsgeheimnisse – Informationseigentum kraft richterlicher Rechtsbildung? Zum Konflikt zwischen Freiheit, Eigentum und Öffentlichkeit, Berlin 1987.

Heckel, Christian: Behördeninterne Geheimhaltung. Ein Beitrag zum amtsinternen Datenaustausch, NVwZ 1994, 224 ff.

Heinichen, Christian: Akteneinsicht durch Zivilgerichte in Kartellschadensersatzverfahren, NZKart 2014, 83 ff.

Heintschel von Heinegg, Wolff: Auskunftsansprüche der Presse gegenüber der Verwaltung, AfP 2003, 295 ff.

Heintschel von Heinegg, Wolff: Beck'scher Online Kommentar StGB, 33. Edition Stand: 01. 12. 2016.(zitiert: BeckOK StGB).

Heitsch, Christian: Die Verordnung über den Zugang zu Dokumenten der Gemeinschaftsorgane im Lichte des Transparenzprinzips, Berlin 2003.

Herbeck, Sebastian: Die Aktenvorlage als Instrument parlamentarischer Kontrolle, DVBl 2015, 471.

Herold, Nico: Die beamtenrechtliche Zulässigkeit des „Whistleblowing“, ZBR 2013, 8 ff.

Hoeren, Thomas: Der Schutz von Betriebs- und Geschäftsgeheimnissen und das IFG, in: Dix, Alexander/u. a. (Hrsg.), Informationsfreiheit und Informationsrecht. Jahrbuch 2008, Berlin 2009, S. 105 ff.

Hoeren, Thomas: Was ist das „Grundrecht auf Integrität und Vertraulichkeit informationstechnischer Systeme“?, MMR 2008, 356 ff.

Hoffmann-Riem, Wolfgang: Konfliktmittler in Verwaltungsverhandlungen, Heidelberg 1989.

Hoffmann-Riem, Wolfgang/Schmidt-Aßmann, Eberhart/Schuppert, Gunnar Folke (Hrsg.): Reform des Allgemeinen Verwaltungsrechts. Band 1, Grundfragen, Baden-Baden 1993.

Hoffmann-Riem, Wolfgang/Schmidt-Aßmann, Eberhart: Verwaltungsrecht in der Informationsgesellschaft, Baden-Baden 2000.

Hoffmann-Riem, Wolfgang/u. a. (Hrsg.): Grundlagen des Verwaltungsrechts, Band 2. Informationsordnung, Verwaltungsverfahren, Handlungsformen, München 2. Aufl. (2012).

Hofstötter, Bernhard: Verordnung 1049/2001 und der Zugang zu in Gerichtsverfahren eingereichten Schriftsätzen, in: Dix, Alexander/u. a. (Hrsg.): Informationsfreiheit und Informationsrecht. Jahrbuch 2014, Berlin 2015, S. 133 ff.

Hohnerlein, Jakob: Verdeckte Ermittler – verdeckter Rechtsstaat?, NVwZ 2016, 511 ff.

Hölscheidt, Sven: Frage und Antwort im Parlament, Koblenz 1992.

Hölscheidt, Sven/Wahlen, Dierk: Informationsrechte von Abgeordneten und Bürgern: Soll der Bürger wissen, was der Abgeordnete weiß?, in: Dix, Alexander/u. a. (Hrsg.): Informationsfreiheit und Informationsrecht. Jahrbuch 2013, Berlin 2014, S. 63 ff.

Hornung, Gerrit: Staatliche Daten als Güter. Informationen öffentlicher Stellen zwischen Arkantradition und wirtschaftlicher Nutzung, in: Towfigh, Emanuel V/Schmolke, Klaus Ulrich/u. a. (Hrsg.): Recht und Markt. Wechselbeziehungen zweier Ordnungen, 49. Assistententagung Öffentliches Recht, Baden-Baden, 2009, S. 75 ff. (zitiert: Hornung, in: Towfigh, Recht und Markt, S.)

Huber, Peter Michael/Unger, Sebastian: Parlamentarisches Fragerecht und Antwortpflicht der Regierung – am Beispiel der Freien und Hansestadt Hamburg, NordÖR 2007, 479 ff.

Huber, Berthold: Das „in-camera"-Verfahren in Rechtsstreitigkeiten nach dem Informationsfreiheitsgesetzen, in: Dix, Alexander/u. a. (Hrsg.): Informationsfreiheit und Informationsrecht. Jahrbuch 2012, Berlin 2013, S. 157 ff.

Huber, Berthold: Anmerkung zu BVerwG, Urt. v. 20. 2. 2013 – 6 A 2/12, NVwZ 2013, S. 1010 ff.

Huber, Berthold: Rechtsfragen des Zugangs zu Daten der Bankenaufsicht, in: Dix, Alexander/u. a. (Hrsg.): Informationsfreiheit und Informationsrecht. Jahrbuch 2014, Berlin 2015, S. 237 ff.

Hufen, Friedhelm: Staatsrecht II. Grundrechte, München 5. Aufl. (2016).

Humborg, Christian: Reflektionen zu Transparenz und Politik, in: Friedrich-Ebert-Stiftung (Hrsg.), Berlin Politik im Forum Berlin, Berlin 2014.

Ibler, Martin: Zur Kontrolle mehrpoliger Verwaltungsentscheidungen durch einen in Personalunion prüfenden Beauftragten. Eine Kritik an Amt, Organisation und Verfahren des Bundesbeauftragten für den Datenschutz und die Informationsfreiheit, in: in: Knopp, Lothar/Wolff, Heinrich Amadeus, Umwelt – Hochschule – Staat. Festschrift für Franz-Joseph Peine zum 70. Geburtstag, Berlin 2015, S. 457 ff. (zitiert: Ibler, in: FS Peine, S.).

Ibler, Martin: Zerstören die neuen Informationszugangsgesetze die Dogmatik des deutschen Verwaltungsrechts?, in: Eberle, Carl-Eugen/u. a. (Hrsg.), Der Wandel des Staates vor den Herausforderungen der Gegenwart: Festschrift für Winfried Brohm zum 70. Geburtstag, München 2002, S. 405 ff. (zitiert: Ibler, in FS Brohm, S.).

Isensee, Josef/Kirchhof, Paul (Hrsg.): Handbuch des Staatsrechts der Bundesrepublik Deutschland, Band II. Verfassungsstaat, Heidelberg 3. Aufl. (2004).

Isensee, Josef/Kirchhof, Paul (Hrsg.): Handbuch des Staatsrechts der Bundesrepublik Deutschland, Band III. Demokratie – Bundesorgane, Heidelberg 3. Aufl. (2005).

Isensee, Josef/Kirchhof, Paul (Hrsg.): Handbuch des Staatsrechts der Bundesrepublik Deutschland, Band IV. Aufgaben des Staates, Heidelberg 3. Aufl. (2006).

Isensee, Josef/Kirchhof, Paul (Hrsg.): Handbuch des Staatsrechts der Bundesrepublik Deutschland, Band V. Rechtsquellen, Organisation, Finanzen, Heidelberg 3. Aufl. (2007).

Isensee, Josef/Kirchhof, Paul (Hrsg.): Handbuch des Staatsrecht der Bundesrepublik Deutschland, Band VII. Freiheitsrechte, Heidelberg 3. Aufl. (2009).

Isensee, Josef/Kirchhof, Paul (Hrsg.): Handbuch des Staatsrechts der Bundesrepublik Deutschland, Band VIII. Grundrechte: Wirtschaft, Verfahren, Gleichheit, Heidelberg 3. Aufl. (2010).

Isensee, Josef/Kirchhof, Paul (Hrsg.): Handbuch des Staatsrechts der Bundesrepublik Deutschland, Band IX. Allgemeine Grundrechtslehren, Heidelberg 3. Aufl. (2011).

Jansen, Stephan A., Schröter, Eckhard, Stehr, Nico (Hrsg.): Transparenz: Multidisziplinäre Durchsichten durch Phänomene und Theorien des Undurchsichtigen, Wiesbaden 2010.

Jarass, Hans D.: Bausteine einer umfassenden Grundrechtsdogmatik AöR 120 (1995), 345 ff.

Jarass, Hans D./Pieroth, Bodo: Grundgesetz für die Bundesrepublik Deutschland: GG. Kommentar, Berlin 14. Aufl. (2016).

Jarass, Hans D.: Charta der Grundrechte der Europäischen Union: GRCh unter Einbeziehung der vom EuGH entwickelten Grundrechte, der Grundrechtsregelungen der Verträge und der EMRK. Kommentar, München 3. Aufl. (2016).

Jastrow, Serge-Daniel/Schlatmann, Arne: Informationsfreiheitsgesetz Kommentar, Heidelberg 1. Aufl. (2006).

Jauch, Oliver: Das Hamburgische Transparenzgesetz (HmbTG) – Ein Paradigmenwechsel in der Informationsfreiheit, DVBl 2013, 16 ff.

Jellinek, Georg: System der subjektiven öffentlichen Rechte, Tübingen 2011 (Nachdruck: Herausgegeben von: Jens Kersten).

Jestaedt, Matthias: Das Geheimnis im Staat der Öffentlichkeit. Was darf der Verfassungsstaat verbergen?, AöR 126 (2001), S. 204 ff.

von Jhering, Rudolf: Geist des römischen Rechts auf den verschiedenen Stufen seiner Entwicklung Teil 3, Darmstadt 9. Unveränderte Aufl. (1968).

John, Johannes: Reclams Zitaten-Lexikon, Stuttgart 5. erw. Aufl. (2002).

Kähler, Lorenz: Begriff und Rechtfertigung des abdingbaren Rechts, Tübingen 2012.

Kaiser, Anna-Bettina: Die Kommunikation der Verwaltung. Diskurse zu den Kommunikationsbeziehungen zwischen staatlicher Verwaltung und Privaten in der Verwaltungsrechtswissenschaft der Bundesrepublik Deutschland, Baden-Baden 2009.

Killias, Laurent/Kramer, Michael/Rohner, Thomas: Gewährt Art. 158 ZPO eine „pre-trial discovery" nach US-amerikanischen Recht?, in: Lorandi, Franco/Staehelin, Daniel (Hrsg.), Innovatives Recht. Festschrift für Ivo Schwander, St. Gallen 2011, S. 933 ff.

Király, Andrei: Whistleblower in der öffentlichen Verwaltung. Ihre Rechtsstellung bei der Korruptionsbekämpfung, Speyer 2010.

Kirschniok-Schmidt, Georg: Das Informationsrecht des Abgeordneten nach der brandenburgischen Landesverfassung, Frankfurt am Main 2010.

Kisker, Gunter: Vertrauensschutz im Verwaltungsrecht, VVDStRL 32 (1974), S. 149 ff.

Kloepfer, Michael/Neun, Andreas: Informationsrecht, München 2002.

Kloepfer, Michael (Hrsg.): Die transparente Verfassung. Zugangsfreiheit zu öffentlichen Informationen, Berlin 2003.

Kloepfer, Michael: Informationszugangsfreiheit und Datenschutz: Zwei Säulen des Rechts der Informationsgesellschaft, DÖV 2003, 221 ff.

Kloepfer, Michael/von Lewinski, Kai: Das Informationsfreiheitsgesetz des Bundes (IFG), DVBl 2005, 1277.

Kloepfer, Michael: Grundprobleme der Gesetzgebung zur Informationszugangsfreiheit, KuR 2006, 19.

Kloepfer, Michael/Schärdel, Florian: Grundrechte für die Informationsgesellschaft – Datenschutz und Informationszugangsfreiheit ins Grundgesetz?, JZ 2009, 453 ff.

Kloepfer, Michael/Greve, Holger: Das Informationsfreiheitsgesetz und der Schutz von Betriebs- und Geschäftsgeheimnisse, NVwZ 2011, 577 ff.

Knemeyer, Franz-Ludwig: Geheimhaltungsanspruch und Offenbarungsbefugnis im Verwaltungsverfahren, NJW 1984, 2241 ff.

König, Marco: Trennung und Zusammenarbeit von Polizei und Nachrichtendienst, Stuttgart 2005.

Kopp, Ferdinand/Ramsauer, Ulrich: VwVfG. Kommentar, München 16. Aufl. (2015).

Köster, Thomas: Vertraulichkeitsverpflichtungen gegenüber Dritten im Kartellvergleichsverfahren der Europäischen Kommission, NZKart 2016, 345 ff.

Kugelmann, Dieter: Die informatorische Rechtsstellung des Bürgers: Grundlagen und verwaltungsrechtliche Grundstrukturen individueller Rechte auf Zugang zu Informationen der Verwaltung, Tübingen 2001.

Kugelmann, Dieter: Pressefreiheit ohne Informantenschutz?, ZRP 2005, 260 ff.

Kugelmann, Dieter: Informationsfreiheit als Element moderner Staatlichkeit, DÖV 2005, 851, 856.

Kürschner, Wolfgang: Parteiöffentlichkeit vor Geheimnisschutz im Zivilprozess, NJW 1992, 1804 ff.

von Landmann, Robert/Rohmer, Gustav: Umweltrecht. Kommentar, 81 EL. 2016.

Langer, Margit: Informationsfreiheit als Grenze informationeller Selbstbestimmung. Verfassungsrechtliche Vorgaben der privatrechtlichen Informationsordnung, Berlin 1992.

Langner, Olaf/Schmieszek, Hans-Peter: Voraussetzungslose Auskunft von der Bundesanstalt für Finanzdienstleistungsaufsicht (BaFin) – Schrecken ohne Ende oder ein Ende mit Schrecken?, WM 2016, 1723 ff.

Larenz, Karl: Methodenlehre der Rechtswissenschaft, 6. neu bearbeitete Auflage (1991) Berlin.

Laurer, H. René: Der Geheimnisschutz im österreichischen Grundrechtssystem, EuGRZ 1983, 29 ff.

Lebsanft, Moritz: Informantenschutz versus Informationsfreiheit – Lösungsmodelle auf europäischer und nationaler Ebene, in: Dix, Alexander/u. a. (Hrsg.), Informationsfreiheit und Informationsrecht. Jahrbuch 2015, Berlin 2016, S. 255 ff.

Lejeune, Mathias: Hinweise zu Geheimhaltungsabkommen in der Praxis, ITRB 2001, 198 ff.

Lerche, Peter: Aktuelle Grundfragen der Informationsfreiheit, Jura 1995, 561.

von Lewinski, Kai: Die Matrix des Datenschutzes. Besichtigung und Ordnung eines Begriffsfeldes, Tübingen 2014.

Linke, Johanna/Fröhlich, Martin: Gestaltungsoptionen für Vertraulichkeitsvereinbarungen bei Unternehmenstransaktionen, GWR 2014, 449 ff.

Linke, Tobias: Ministerielle Amtsverschwiegenheit vs. Ressortbezogene Informationshoheit? Grundsätzliche Überlegungen aus Anlass des „Falls Friedrich“, AöR 141 (2016), 317 ff.

Lorenz, Stephan: Die Neuregelung der pre-trial-Discovery im US-amerikanischen Zivilprozeßrecht – Inspiration für den deutsche und europäischen Zivilprozeß?, ZZP 111 (1998), 35 ff.

Lüderssen, Klaus: Zur „Unerreichbarkeit“ des V-Mannes, in: Kohlmann, Günter (Hrsg.), Festschrift für Ulrich Klug zum 70. Geburtstag: Strafrecht, Prozeßrecht, Kriminologie und Strafvollzugsrecht, Band 2, Köln 1983.

Luhmann, Niklas: Vertrauen. Ein Mechanismus der Reduktion sozialer Komplexität, München 5. Aufl. (2014).

Lukaßen, David: Die Fallpraxis der Informationsbeauftragten und ihr Beitrag zur Entwicklung des Informationsfreiheitsrechts, Berlin 2010.

Lüpke, Tobias/Müller, Robert: „Pre-Trial Discovery of Documents“ und § 142 ZPO – ein trojanisches Pferd im neuen Zivilprozessrecht?, NZI 2002, 588 ff.

Lüttgau, Thomas: Informationsfreiheit als Mittel unzulässiger Recherche? Informationsrechte vs. Unternehmerische Privatsphäre, AnwBl 2010, 462 f.

Maatsch, Asmus/Schnabel, Christoph: Das Hamburgische Transparenzgesetz. Kommentar, Berlin 2015.

Martens, Wolfgang: Öffentlich als Rechtsbegriff, Bad Homburg 1969.

Martin, Jule: Das Steuerungskonzept der informierten Öffentlichkeit. Neue Impulse aus dem Umweltrecht des Mehrebenensystems, Berlin 2012.

Martin, Terry: Von den USA lernen? Der Freedom of Information Act (FOIA) und das Right to Know aus Sicht eines amerikanischen Journalisten, in: Dix, Alexander/u. a. (Hrsg.), Informationsfreiheit und Informationsrecht. Jahrbuch 2015, Berlin 2016, S. 65 ff.

Masing, Johannes: Transparente Verwaltung: Konturen eines Informationsverwaltungsrechts, VVDStRL 63 (2004), S. 377.

Maunz, Theodor/Dürig, Günter (Begr.): Grundgesetz. Loseblatt-Kommentar, 78. EGL (2016) *(zitiert: Maunz/Dürig).*

Maunz, Theodor/Schmidt-Bleibtreu, Bruno/Klein, Franz/Bethge, Herbert: Bundesverfassungsgerichtsgesetz, München 48. Aufl. (2016).

Maurer, Hartmut: Der Verwaltungsvorbehalt, VVDStRL 43 (1985), S. 135 ff.

Maurer, Hartmut: Allgemeines Verwaltungsrecht, 18. Auflage (2011), München.

Mayen, Thomas: Geheimnisschutz im Gerichtsverfahren, AnwBl. 2002, 495 ff.

Mayen, Thomas: Verwertbarkeit von geheim gehaltenen Verwaltungsvorgängen im gerichtlichen Verfahren?, NVwZ 2003, 537 ff.

Mehde, Veith: Transparenz des kommunalen Handelns in Niedersachsen, NordÖR 2014, 49 ff.

Meinel, Florian: Öffentlichkeit als Verfassungsprinzip und die Möglichkeit der Onlinewahlen, KJ 2004, 413 ff.

Meyer, Jürgen: Zur prozeßrechtlichen Problematik des V-Mannes, ZStW 95 (1983), 834 ff.

Milde, Sarah: Schutz des Kronzeugen im Spannungsfeld von behördlicher Kartellrechtsdurchsetzung und privaten Schadensersatzklagen. Eine Untersuchung unter besonderer Berücksichtigung vorprozessualer Dokumentenzugangs- und Akteneinsichtsrechte Dritter auf europäischer und deutscher Ebene, Baden-Baden 2013.

Möllers, Thomas M. J./Wenninger, Thomas: Informationsansprüche gegen die BaFin im Lichte des neuen Informationsfreiheitsgesetzes (IFG), ZHR 170 (2006), 455 ff.

Möllers, Thomas M. J./Pregler, Bernhard: Zivilrechtliche Rechtsdurchsetzung und kollektiver Rechtsschutz im Wirtschaftsrecht. Ein Vergleich der kollektiven Rechtsdurchsetzung im Wettbewerbs-, Kartell-, Gesellschafts- und Kapitalmarktrecht, ZHR 176 (2012), 144 ff.

Möslein, Florian: Dispositives Recht. Zwecke, Strukturen und Methoden, Tübingen 2011.

Müller, Thomas: Exekutivischer Geheimnisschutz und parlamentarische Kontrolle, 1991 München.

von Mutius, Albert: Deutschland auf dem Weg zu einem Informationsgrundrecht? Verfassungsrechtliche Ableitung und Folgen für die gesetzliche Ausgestaltung, in: Dix, Alexander/u. a. (Hrsg.), Informationsfreiheit und Informationsrecht. Jahrbuch 2010, Berlin 2011, S. 45 ff.

Neßler, Volker: Art. 56 III BbgVerf. – Ein Beitrag zu den Informationsbeziehungen zwischen Regierung und Parlament, LKV 1995, 12 ff.

Neubert, Jens/Wollenteit, Ulrich/Gebauer, Jochen: Anmerkung zu OVG Münster, B. v. 20. 05. 2005 – 8 B 940/05, ZUR 2005, 424.

Neumann, Werner: In-Camera-Verfahren vor den Verwaltungsgerichten, DVBl 2016, 473.

Niggemeyer, Stefan: Fetisch Transparenz. Die Welt muss den Umgang mit mehr Offenheit erst noch lernen. Spiegel 43/2011, S. 63.

Ohlenburg, Anna: Geheimnisschutz im Verwaltungsprozess – Die Modifikation des § 99 VwGO in § 138 TKG, NVwZ 2005, 15.

Ohly, Ansgar: Der Geheimnisschutz im deutschen Recht: heutiger Stand und Perspektiven, GRUR 2014, 1 ff.

Open Society Justice Initiative: Weltweite Prinzipien zur Nationalen Sicherheit und dem Recht auf Information, in: Dix, Alexander/u. a. (Hrsg.): Informationsfreiheit und Informationsrecht. Jahrbuch 2013, Berlin 2014, S. 251 ff.

Palzer, Christoph: Stolperstein für die Kommission? Die Kronzeugenregelung auf dem Prüfstand der Transparenz-VO. Zugleich Besprechung der Urteile des EuG vom 15. Dezember 2011, Rs. T-437/08 (CDC-Kommission) und vom 22. Mai 2012, Rs. T-344/08 (EnBW/Kommission), EuR 2012, 583 ff.

Palzer, Christoph: Transparenz-VO und private Kartellrechtsdurchsetzung – Abschied von einem Hoffnungsträger? Entscheidung des EuGH vom 27. Februar 2014 mit Anmerkung, ZEuP 2015, 416 ff.

Partsch, Christoph: Zum Stand der Informationsfreiheit in Deutschland, AfP 2012, 516.

Papier, Hans-Jürgen/Merten, Detlef: Handbuch der Grundrechte in Deutschland und Europa. Band IV. Grundrechte in Deutschland - Einzelgrundrechte I, Heidelberg 2011.

Papier, Hans-Jürgen: Informationszugang und Akteneinsicht bei Behörden, in: Franzius, Claudio (Hrsg.), Beharren, bewegen: Festschrift für Michael Kloepfer zum 70. Geburtstag, Berlin 2013, S. 705.

Pernice, Ingolf: Verfassungs- und europarechtliche Aspekte der Transparenz staatlichen Handelns, in: Dix, Alexander/u. a. (Hrsg.): Informationsfreiheit und Informationsrecht. Jahrbuch 2013, Berlin 2014, S. 17 ff.

Perschel, Wolfgang: Der geheime Behördeninformant – Anmerkung zu BVerwG, U. v. 30. 4. 1965 – VII C 83/63, JuS 1966, 231 ff.

Pitschas, Rainer: Rechtsprechungsanalyse. Das Informationsverwaltungsrecht im Spiegel der Rechtsprechung, Die Verwaltung 33 (2000), 111 ff.

Pitschas, Rainer: Informationelle Selbstbestimmung zwischen digitaler Ökonomie und Internet, DuD 1998, 143.

Pohl, Joachim: Informationsbeschaffung beim Mitbürger, Berlin 2002.

Polenz, Sven: Betriebs- und Geschäftsgeheimnisse der öffentlichen Hand, DÖV 2010, 350 ff.

Prinz, Marius: Der Schutz von Betriebs- und Geschäftsgeheimnissen im Informationsfreiheitsrecht, Münster 2015.

Püschel, Jan Ole: Informationsfreiheit bei Public Private Partnership: Der Fall Toll Collect, DuD 2004, 290 ff.

Püschel, Jan Ole: Vom Informationszugang zur Informationsweiterverwendung, DuD 2005, 481 ff.

Püschel, Jan Ole: Informationen des Staates als Wirtschaftsgut, Berlin 2006.

Püttner, Günter: Vertrauensschutz im Verwaltungsrecht, VVDStRL 32 (1974), S. 200 ff.

Raabe, Marius/Helle-Meyer, Niels: Informationsfreiheit und Verwaltungsverfahren. Zum Verhältnis neuer und klassischer Informationsrechte gegenüber der Verwaltung, NVwZ 2004, 641 ff.

Raue, Benjamin: Informationsfreiheit und Urheberrecht, JZ 2013, 280 ff.

Redeker, Sandra Sophia/Pres, Sascha/Gittinger, Corin: Einheitlicher Geheimnisschutz in Europa (Teil 1), WRP 2015, 681 ff. und Einheitlicher Geheimnisschutz in Europa (Teil 2), WRP 2015, 812 ff.

Reinhart, Oliver: Das gläserne Amt – Das Informationsfreiheitsgesetz als Jedermannrecht auf Akteneinsicht, DÖV 2007, 18 ff.

Rieckers, Oliver: Europäisches Wettbewerbsverfahren und US-amerikanische Discovery. Zugleich eine Besprechung von Intel Corp. v. Advanced Micro Devices, Inc.,124 S. Ct.2466,159, RIW 2005, 19 ff.

Riese, Dorothee: Das Geheimnis in Krisenzeiten. Geheimhaltungssphären bei der Umsetzung des Europäischen Stabilitätsmechanismus, Serie Europa – Europe Series No. 5/2014.

Risse, Jörg/Reichert, Maximilian: Offenlegung eines vertraulichen Vergleichsangebots – Kavaliersdelikt oder strafbarer Geheimnisverrat?, NJW 2008, 3680 ff.

Rödel, Frauke: Öffentlichkeit und Vertraulichkeit im Recht der kommunalen Eigengesellschaften. Am Beispiel Nordrhein-Westfalens, Wiesbaden 2017.

Rösch, Ulrich: Geheimhaltung in der rechtsstaatlichen Demokratie. Demokratietheoretische Überlegungen zum Informationsverhältnis zwischen Staat und Bürger sowie zwischen den Staatsgewalten, Baden-Baden 1999.

Rossi, Matthias: Informationszugangsfreiheit und Verfassungsrecht. Zu den Wechselwirkungen zwischen Informationsfreiheitsgrenzen und der Verfassungsordnung in Deutschland, Berlin 2004.

Rossi, Matthias: Informationsgesetz. Handkommentar, Baden-Baden 1. Aufl. (2006) (zitiert: Rossi, IFG, §).

Rossi, Matthias: Das Informationsfreiheitsrecht in der gerichtlichen Praxis, DVBl 2010, 554 ff.

Rossi, Matthias: Staatliche Daten als Informationsrohstoff, NVwZ 2013, 1263 ff.

Rossi, Matthias: Brauchen wir ein Informationsfreiheitsgesetzbuch?, ZRP 2014, 201 ff.

Roßnagel, Alexander (Hrsg.): Sicherheit für Freiheit? Riskante Sicherheit oder riskante Freiheit in der Informationsgesellschaft, Baden-Baden 2003.

Roßnagel, Alexander: Konflikte zwischen Informationsfreiheit und Datenschutz?, MMR 2007, 16 ff.

Rössner, Anja: Das Informationsfreiheitsgesetz als Instrument der Korruptionsprävention. Akteure und Rahmenbedingungen des Entwicklungsprozesses auf Bundesebene, Bremen 2007.

Roth, Frank: Sittenwidrigkeit von PPP-Verträgen, NVwZ 2007, 301.

Roth, Gregor: Das einheitliche Recht auf Information. Ein Beitrag zur Institutionenbildung, München 2006.

Roth, Hans-Peter: Regierungstätigkeiten im Lichte der Informationsfreiheit – Gleichzeitig Anmerkung zu BVerwG, U. v. 3. 11. 2011 – 7 C3.11, 7 C 4.11, DÖV 2012, 717 ff.

Ruffert, Matthias: Vorrang der Verfassung und Eigenständigkeit des Privatrechts. Eine verfassungsrechtliche Untersuchung zur Privatrechtswirkung des Grundgesetzes, Tübingen 2001.

Rupp, Hans Heinrich: Anmerkung zu LG Bonn, B. v. 24. 05. 1965 – 13 Qs 141/65, JZ 1966, 34 f.

Ruttloff, Marc/Brosende, David: Informationsrecht und „pre-trial discovery". Prozessuale und amtshaftungsrechtliche Folgen der Zugangsvereitlung durch informationspflichtige Stellen, DVBl 2015, 1482.

Saenger, Ingo: Zivilprozessordnung. Handkommentar: ZPO - Familienverfahren - Gerichtsverfassung - Europäisches Verfahrensrecht, Baden-Banden 7. Aufl. (2017).

Saller, Michael: Vertraulichkeit von anonymen Informanten im Kartellverfahren, BB 2013, 1160 ff.

Sauter, Herbert: Die Kronzeugenregelung auf dem Prüfstand, in: Heid, Daniela/Stotz, Rüdiger/Verny, Arsène (Hrsg.), Festschrift für Manfred A. Dauses zum 70. Geburtstag, München 2014, S. 351 ff. (zitiert: Sauter, in: FS Dauses, S.)

Schaar, Peter/Schultze, Michaela: Transparenz und Regierungstätigkeit, in: Dix, Alexander/u. a. (Hrsg.), Informationsfreiheit und Informationsrecht. Jahrbuch 2010, Berlin 2011, S. 1 ff.

Schattenberg, Susanne: Das Ende der Sowjetunion in der Historiographie, APuZ 2011, S. 9 ff.

Scheja, Katharina/Mantz, Reto: Vertraulichkeit von Verträgen vs. Offenlegungsanforderungen, CR 2009, 413 ff.

Schenke, Wolf: Der Geheimnisschutz Privater im verwaltungsgerichtlichen Verfahren, NVwZ 2008, 938 ff.

Scherzberg, Arno: Die Öffentlichkeit der Verwaltung, Baden-Baden 2000.

Scherzberg, Arno: Von den arcana imperii zur freedom of information – Der lange Weg zur Öffentlichkeit der Verwaltung, ThürVBl. 2003, 193.

Scherzberg, Arno: Aussprache. Transparente Verwaltung: Konturen eines Informationsverwaltungsrechts, VVDStRL 63 (2004), 452.

Schindel, Jost: Das Recht auf Information (freedom of information) als Kontrollrecht des Bürgers gegenüber der Staatsmacht, DuD 1989, 591 ff.

Schmidt-Aßmann, Eberhard: Das allgemeine Verwaltungsrecht als Ordnungsidee. Grundlagen und Aufgaben der verwaltungsrechtlichen Systembildung, Baden-Baden 2. Aufl. (2006).

Schmidt-Aßmann, Eberhard: In-camera-Verfahren, in: Baumeister, Peter (Hrsg.), Staat, Verwaltung und Rechtsschutz: Festschrift für Wolf-Rüdiger Schenke zum 70. Geburtstag, 2011, S. 1147 ff.

Schmidt-Preuß, Matthias: Kollidierende Privatinteressen im Verwaltungsrecht. Das subjektive öffentliche Recht im multipolaren Verwaltungsrechtsverhältnis, Berlin 1992.

Schmidt-Preuß, Matthias: Multipolarität und subjektives öffentliches Recht, in: Depenheuer, Otto (Hrsg.), Staat im Wort. Festschrift für Josef Isensee, 2007, S. 597 ff.

Schmieszek, Hans-Peter/Langner, Olaf: Voraussetzungslose Auskunft von der Bundesanstalt für Finanzdienstleistungsaufsicht (BaFin)? – Ein Plädoyer für Transparenz mit Augenmaß, in: Dix, Alexander/u. a. (Hrsg.): Informationsfreiheit und Informationsrecht. Jahrbuch 2014, Berlin 2015, S. 227 ff.

Schmitz, Heribert/Jastrow, Serge-Daniel: Das Informationsfreiheitsgesetz des Bundes, NVwZ 2005, 984.

Schmitz, Heribert: Volksgesetzgebung: Eine kritische Analyse am Beispiel des Gesetzes für die vollständige Offenlegung von Geheimverträgen zur Teilprivatisierung der Berliner Wasserbetriebe, DVBl 2012, 731 ff.

Schnabel, Christoph: Der Schutz öffentlicher Belange vor der Informationsfreiheit, in: Dix, Alexander/u. a. (Hrsg.), Informationsfreiheit und Informationsrecht. Jahrbuch 2011, Berlin 2012, S. 153 ff.

Schnabel, Christoph/Freund, Bernhard: Der Kernbereich exekutiver Eigenverantwortung als Schranke der Informationsfreiheit, DÖV 2012, 192 ff.

Schnabel, Christoph: Das neue Hamburgische Transparenzgesetz – Informationsregister, Datenschutz und Betriebs- und Geschäftsgeheimnisse, NordÖR 2012, 431 ff.

Schnapp, Friedrich E.: Amtshilfe, behördliche Mitteilungspflichten und Geheimhaltung, NJW 1980, 2165 ff.

Schoch, Friedrich: Öffentlich-rechtliche Rahmenbedingungen einer Informationsordnung, in: VVDStRL 57 (1998), S. 158 ff.

Schoch, Friedrich: Informationsfreiheitsgesetz für die Bundesrepublik Deutschland, Die Verwaltung 35 (2002), 149 ff.

Schoch, Friedrich/Kloepfer, Michael: Informationsfreiheitsgesetz (IFG-ProfE). Entwurf eines Informationsfreiheitsgesetzes für die Bundesrepublik Deutschland, Berlin 2002.

Schoch, Friedrich: Informationszugang im Verwaltungsrecht, in: Krebs, Walter (Hrsg.), Liber amicorum Hans-Uwe Erichsen zum 70. Geburtstag am 15. Oktober 2004, Köln 2004.

Schoch, Friedrich: Das Recht auf Zugang zu staatlichen Informationen – Informationszugangsfreiheit in Deutschland und in der Schweiz, DÖV 2006, 1 ff.

Schoch, Friedrich: Das Grundrecht der Informationsfreiheit, JURA 2008, 25 ff.

Schoch, Friedrich: Aktuelle Fragen des Informationsfreiheitsrechts, NJW 2009, 2987.

Schoch, Friedrich: Das Informationsfreiheitsrecht in der gerichtlichen Praxis, VBlBW 2010, 333.

Schoch, Friedrich: Der Zugang zu amtlichen Dokumenten nach Europarecht, in: Dix, Alexander/u. a. (Hrsg.), Informationsfreiheit und Informationsrecht. Jahrbuch 2011, Berlin 2012, S. 23 ff.

Schoch, Friedrich: Informationsfreiheit versus Datenschutz?, in: Dix, Alexander/u. a. (Hrsg.), Informationsfreiheit und Informationsrecht. Jahrbuch 2012, Berlin 2013, S. 123 ff.

Schoch, Friedrich: Verselbstständigung des „in camera"-Verfahrens im Informationsfreiheitsrecht?, NVwZ 2012, 85 ff.

Schoch, Friedrich: Asymmetrischer Grundrechtsschutz durch das Bundesverfassungsgericht im Informationsrecht, in: Franzius, Claudio (Hrsg.), Beharren, bewegen: Festschrift für Michael Kloepfer zum 70. Geburtstag, 2013, S. 201 ff.

Schoch, Friedrich: Aktuelle Entwicklungen im Informationsfreiheitsrecht nach dem IFG des Bundes, NVwZ 2013, 1033 ff.

Schoch, Friedrich/Schneider, Jens-Peter/Bier, Wolfgang: Verwaltungsgerichtsordnung. Kommentar, 32. EL 2017.

Schoch, Friedrich: Informationsfreiheitsgesetz. Kommentar, München 2. Aufl. (2016).

Scholz, Daniel: Die Vorbereitung von Sekundärrechtsschutz durch Informationszugangsansprüche gegen den Staat, NVwZ 2015, 1111 ff.

Scholz, Rupert/Pitschas, Rainer: Informationelle Selbstbestimmung und staatliche Informationsverantwortung, Berlin 1984.

Scholz, Rupert: Informationsfreiheitsgesetz (IFG) als verfassungswidriger Systembruch zu staatlichen Finanz- und Wirtschaftsaufsichten?, BKR 2008, 485 ff.

Schön, Wolfgang (Hrsg.): Rechnungslegung und Wettbewerbsschutz im deutschen und europäischen Recht, Heidelberg 2009.

Schönenbroicher, Klaus: Verwaltungshandeln im Spannungsfeld von Informationsfreiheit und Datenschutz. Gründe für die Ablehnung von Informationsansprüchen unter besonderer Berücksichtigung des Datenschutzes, NwVBl 2014, 405 ff.

Schönke, Adolf/Schröder, Horst: Strafgesetzbuch. Kommentar, München 29. Aufl. (2014).

Schröder, Meinhard: Staatstheoretische Aspekte einer Aktenöffentlichkeit im Verwaltungsbereich. Dargestellt am amerikanischen Information Act vom 4. 7. 1967, Die Verwaltung 4 (1971), 301 ff.

Schroeter, Nicolai: Defizite beim Verfahren der gerichtlichen Überprüfung von Informationsbegehren nach dem Informationsfreiheitsrecht, NVwZ 2011, 457 ff.

Schuhmann, Helmut: Geheimhaltung der Namen von Informanten durch das Finanzamt, wistra 1996, 16.

Schüly, Sven: Das „in camera“-Verfahren der Verwaltungsgerichtsordnung. Unter besonderer Berücksichtigung des Spannungsfeldes zwischen effektivem Rechtsschutz und Geheimhaltung, Mannheim 2006.

Schulze, Reiner/Dörner, Heinrich/Ebert, Ina (Hrsg.): Bürgerliches Gesetzbuch: BGB Handkommentar, Baden-Baden 9. Aufl. (2016). (Zitiert: Schulze, BGB, §).

Schuppert, Gunnar Folke: Verwaltungsrecht und Verwaltungsrechtswissenschaft im Wandel. Von Planung über Steuerung zu Governance?, AöR 133 (2008), 79 ff.

Schwarz, Kyrill-Alexander: Vertrauensschutz als Verfassungsprinzip. Eine Analyse des nationalen Rechts, des Gemeinschaftsrechts und der Beziehungen zwischen beiden Rechtskreisen, Baden-Baden 2002.

Seifert, Jürgen: Das Informationsrecht des Bürgers als Grundvoraussetzung der Demokratie, Vorgänge. Zeitschrift für Gesellschaftspolitik, 1981, 1.

Seitz, Claudia: Anmerkung zu EuGH, U. v. 14. 06. 2011 - C 360/09 (Pfleiderer-AG/BKartA), EuZW 2011, 599 ff.

Sellmann, Christian/Augsberg, Steffen: Chancen und Risiken des Bundesinformationsfreiheitsgesetzes. Eine „Gebrauchsanleitung“ für (private) Unternehmen, WM 2006, 2293 ff.

Shiono, Hiroshi: Die verfassungsrechtliche Grundlage des Informationszugangsgesetzes, in: Sachs, Michael (Hrsg.), Der grundrechtsgeprägte Verfassungsstaat. Festschrift für Klaus Stern zum 80. Geburtstag, S. 1513 ff.

Shirvani, Foroud: Verhältnis zwischen Informationszugangsrecht des Einzelnen und Fragerecht des Abgeordneten – Dargestellt am Beispiel des Bau- und Liegenschaftsbetriebs NRW, NWVBl 2016, 45 ff.

Sieber, Ulrich: Informationsrecht und Recht der Informationstechnik. Die Konstituierung eines Rechtsgebiets in Gegenstand, Grundfragen und Ziele, NJW 1989, 2569 ff.

Simits, Spiros: Datenschutz: Voraussetzungen oder Ende der Kommunikation?, in: Horn (Hrsg.), Europäisches Rechtsdenken in Geschichte und Gegenwart. Festschrift für Helmut Coing zum 70. Geburtstag, Bd. 2, München 1982, S. 495 ff.

Sitsen, Michael: Das Informationsfreiheitsgesetz des Bundes. Rechtsprobleme im Zusammenhang mit dem Anspruch auf Informationszugang nach dem IFG, Hamburg 2009.

Smeddinck, Ulrich: Informationsfreiheit versus Dienstgeheimnis, NJ 2004, 56 ff.

Spiecker gen. Döhmann, Indra/Collin, Peter: Generierung und Transfer staatlichen Wissens im System des Verwaltungsrecht, Tübingen 2008.

Spindler, Gerald/Weber, Marc Philipp: Der Geheimnisschutz nach Art. 7 der Enforcement-Richtlinie, MMR 2006, 711 ff.

Steiger, Dominik: Entgrenzte Gerichte? Die Ausweitung des subjektiven Rechts und der richterlichen Kontrollbefugnisse. Verwaltung und Parlamente im „Kooperationsverhältnis“ der deutschen Verwaltungs- und Verfassungsgerichtsbarkeit mit dem EuGH, VerwArch 107 (2016), 497, 533.

Stelkens, Paul/Bonk, Heinz Joachim/Sachs, Michael: VwVfG. Kommentar, München 8. Aufl. (2014).

Stentzel, Rainer: Sicherheit und Transparenz, in: Dix, Alexander/u. a. (Hrsg.), Informationsfreiheit und Informationsrecht. Jahrbuch 2008, Berlin 2009, S. 47 ff.

Stohrer, Klaus: Informationspflichten Privater gegenüber dem Staat in Zeiten von Privatisierung, Liberalisierung und Deregulierung. Ein Beitrag zur Systematisierung und Vereinheitlichung des allgemeinen Informationsrechts, Berlin 2007.

Stolleis, Michael: Staat und Staatsräson in der frühen Neuzeit. Studien zur Geschichte des öffentlichen Rechts, Frankfurt am Main 1990.

Stollmann, Frank: Informationsfreiheitsgesetze in den Ländern, VR 2002, 309 ff.

Stollmann, Frank: Das Informationsfreiheitsgesetz NRW (IFG NRW), NwVBl 2002, 216 ff.

Strohbusch, Axel: Akzeptanz durch Verfahren? – Möglichkeiten zur Erhöhung der Akzeptanz von Verwaltungsentscheidungen im Verwaltungsverfahren, DVP 2013, 271 ff.

Studiengesellschaft für Wirtschaft und Recht *(Hrsg.)*: Geheimnisschutz, Datenschutz und Informationsschutz, Wien 2007.

Stumpf, Gerrit Hellmuth: Hamburgs Transparenzgesetz – Eine „Blaupause" für die moderne Informationsfreiheitsgesetzgebung?, VerwArch 106 (2015), 499 ff.

Stürner, Rolf: Die Aufklärungspflicht der Parteien des Zivilprozesses, Tübingen 1976.

Sokol, Bettina: Datenschutz versus Informationszugang, DuD 1997, 380 ff.

Soltesz, Ulrich/Marquier, Julia/Wendenburg, Felix: Zugang zu Kartellrechtsakten für jedermann? Das EuG-Urteil Österreichische Banken, EWS 2006, 102 ff.

Sydow, Gernot: Staatliche Verantwortung für den Schutz Privater Geheimnisse. Eine Rekonstruktion des Geheimnisschutzrechts, Die Verwaltung 38 (2005), 35.

Sydow, Gernot/Gebhardt, Georg: Auskunftsansprüche gegenüber kommunalen Unternehmen, NVwZ 2006, 968 ff.

Sydow, Gernot: Vorwirkungen von Ansprüchen auf datenschutzrechtliche Auskunft und Informationszugang, NVwZ 2013, 467 ff.

Tetzlaff, Thilo: Transparenz und Auskunftsrechte auf kommunaler Ebene – ein Paradigmenwechsel?, LKV 2012, 489 ff.

Thum, Kai: Verfassungsunmittelbarer Auskunftsanspruch der Presse gegenüber staatlichen Stellen?, AfP 2005, 30 ff.

Töben, Jan: Mediationsklauseln, RNotZ 2013, 321 ff.

Tomlinson, Edward A.: Use of the freedom of information act for discovery purposes, Maryland Law Review 43 (1984), 119 ff.

Trantas, Georgios: Akteneinsicht und Geheimhaltung im Verwaltungsrecht. Eine vergleichende Untersuchung zum deutschen und französischen Verwaltungsverfahrensrecht, Berlin 1998.

Troidl, Thomas: Akteneinsicht im Verwaltungsrecht. Informationszugang gemäß VwVfG, VwGO, UIG, VIG, IFG u. a., München 2013.

Trosch, Daniel: Grenzen einer Kommerzialisierung von Informationen des öffentlichen Sektors, Baden-Baden 2008.

Trute, Hans-Heinrich: Öffentlich-rechtliche Rahmenbedingungen einer Informationsordnung, in: VVDStRL 57 (1998), S. 216 ff.

Tuner, Lotte: Gehört ein Datenschutz für juristische Personen ins allgemeine Datenschutzrecht? Zur Frage der Aufnahme eines Datenschutzes für juristische Personen in ein novelliertes BDSG, DuD 1985, 20 ff.

Vedder, Christoph/Heintschel von Heinegg, Wolff (Hrsg.): Europäisches Unionsrecht. Handkommentar, 2011 Baden-Baden.

Vesting, Thomas: Zur Entwicklung einer „Informationsordnung", in: Klärung und Fortbildung des Verfassungsrechts. Festschrift 50. Jahre Bundesverfassungsgericht. Band 2, 2001, S. 219 ff. (zitiert: Vesting, in: FS Bundesverfassungsgericht, S. 219 ff.)

Walter, Christian/Lorenz, Stephan: Zur Vereinbarkeit des Abschlusses von Geheimschutzabkommen ohne Beteiligung des Deutschen Bundestages mit dem Grundgesetz und zur Auslegung derartiger Abkommen am Beispiel des Abkommens mit dem Vereinigten Königreich. Völkerrechtliches und verfassungsrechtliches Gutachten erstattet im Auftrag der Bundestagsfraktion Bündnis 90/Die Grünen, auffindbar unter: https://www.gruene-bundestag. de/fileadmin/media/gruenebundestag_de/themen_az/innenpolitik/01-PDF/Geheimschutzabkommen_final. pdf (zuletzt aufgerufen: 28. 06. 2017).

Wanckel, Endress: Persönlichkeitsschutz in der Informationsgesellschaft. Zugleich ein Beitrag zum Entwicklungsstand des allgemeinen Persönlichkeitsrechts, Frankfurt am Main 1999.

Warg, Gunter: Die Grenzen parlamentarischer Kontrolle am Beispiel des Staatswohls, NVwZ 2014, 1263 ff.

Warg, Gunter: Der Begriff der Akte und ihre Vorlage im Strafverfahren, NJW 2015, 3195 ff.

Weber, Harald L.: Historische und verfassungsrechtliche Grundlagen eines öffentlichen Informationszugangsrechts, RDV 2005, 243 ff.

Weber, Sebastian: Informationsfreiheitsgesetze und prozessuales Akteneinsichtsrecht, NVwZ 2008, 1284 ff.

Wegener, Bernhard Werner: Der geheime Staat. Arkantradition und Informationsfreiheitsrecht, Göttingen 2006.

Wegener, Bernhard Werner: Informationsfreiheit und Verfassungsrecht, in: Geis, Max-Emanuel/Umbach, Dieter C. (Hrsg.), Planung - Steuerung – Kontrolle. Festschrift für Richard Bartlsperger zum 70. Geburtstag, Berlin 2006, S. 165 ff. (Zitiert: Wegener, in: FS Bartlsperger, S. 165)

Wegener, Bernhard Werner: Aktuelle Fragen der Umweltinformationsfreiheit, NVwZ 2015, 609 ff.

Weigel, Christoph: Die Absicherung der Vertraulichkeit in Mediationsverfahren, NJOZ 2015, 41 ff.

Weis, Hubert: Parlamentarisches Fragerecht und Antwortpflicht der Regierung, DVBl 1988, 268 ff.

Werder, Andreas/Kost, Timo: Vertraulichkeitsvereinbarungen in der M&A-Praxis, BB 2010, 2903 ff.

Westerbarkey, Joachim: Das Geheimnis. Zur funktionalen Ambivalenz von Kommunikationsstrukturen, Opladen 1991.

Wewer, Göttrik: Auf dem Weg zum gläsernen Staat? Privatsphäre und Geheimnis im digitalen Zeitalter, dms (der moderne Staat) – Zeitschrift für Public Policy, Recht und Management, Heft 2/2012, S. 247 ff.

Wewer, Göttrik: Wundermittel Transparenz? Über Informationsfreiheit und Transparenzgesetze, in: Dix, Alexander/u. a. (Hrsg.): Informationsfreiheit und Informationsrecht. Jahrbuch 2014, Berlin 2015, S. 161 ff.

Wewer, Göttrik: Machen Transparenzgesetze Gesetzgebung transparent?, KritV 2016, 462 ff.

Wiebel, Andreas/Ahnefeld, Elisabeth: Zugang zu und Verwertung von Informationen der öffentlichen Hand Teil I und Teil II, CR 2015, 127 ff. und 199 ff.

Wilms, Jan/Roth, Jan: Die Anwendbarkeit des Rechts auf informationelle Selbstbestimmung auf juristische Personen i. S. von Art. 19 III GG, JuS 2004, 577 ff.

Willenbruch, Klaus: Auswirkungen des Hamburgischen Transparenzgesetzes auf Verträge, NordÖR 2013, 137 ff.

Wilsing, Hans-Ulrich/Paul, Carsten A.: Gläserne BaFin-Akten – Reaktionsmöglichkeiten der Praxis auf Verurteilung der BaFin zur Auskunftserteilung, BB 2009, 114 ff.

Windscheid, Bernhard: Lehrbuch des Padektenrechts, Band 1, Darmstadt 9. Aufl. unter vergleichender Darstellung des deutschen bürgerlichen Recht bearbeitet von Theodor Kipp (1963).

Wirtz, Hannah: Die Änderung der PSI-Richtlinie. Fort- oder Rückschritt?, DuD 2014, 389 ff.

Wirtz, Sonja/Brink, Stefan: Die verfassungsrechtliche Verankerung der Informationszugangsfreiheit. Kennt das Grundgesetz ein Recht auf Zugang zu amtlichen Informationen?, NVwZ 2015, 1166.

Wohlfarth, Jürgen: Informationsfreiheitsgesetzgebung und Informationsnutzung, LKRZ 2013, 494 ff.

Wolf, Joachim: Der rechtliche Nebel der deutsch-amerikanischen „NSA-Abhöraffäre", JZ 2013, 1039 ff.

Wolff, Heinrich Amadeus: Der verfassungsrechtliche Schutz der Betriebs- und Geschäftsgeheimnisse, NJW 1997, 98 ff.

Wolff, Heinrich Amadeus: Der nachrichtendienstliche Geheimnisschutz und die parlamentarische Kontrolle, JZ 2010, 173 ff.

Wolff, Johanna: Grenze der Heimlichkeit. Nicht-öffentliche Schiedsverfahren mit Beteiligung der öffentlichen Hand am Maßstab des Verfassungsrechts, NVwZ 2012, 205.

Wollenschläger, Ferdinand: Staatliche Verbraucherinformation als neues Instrument des Verbraucherschutzes. Möglichkeiten und Grenzen der Informationsbefugnis nach dem Verbraucherinformationsgesetz am Beispiel der Pankower Ekelliste und das Problem staatlicher Marktinformation, VerwArch 102 (2011), 20 ff.

Worms, Christoph/Gusy, Christoph: Verfassung und Datenschutz. Das Private und das Öffentliche in der Rechtsordnung, DuD 2012, 92 ff.

Würtenberger, Thomas: Akzeptanz durch Verwaltungsverfahren, NJW 1991, 257 ff.

Würtenberger, Thomas: Die Akzeptanz von Verwaltungsentscheidungen Baden-Baden 1996.

Zech, Herbert: Information als Schutzgegenstand, Tübingen 2012.

Ziekow, Jan/Debus, Alfred G./Musch, Elisabeth: Hat sich das Informationsfreiheitsgesetz bewährt? Die Evaluierung des IFG und Vorschläge zu seiner Weiterentwicklung, in: Dix, Alexander/u. a. (Hrsg.): Informationsfreiheit und Informationsrecht. Jahrbuch 2012, Berlin 2013, S. 1 ff.

Ziekow, Jan/Debus, Alfred G./Musch, Elisabeth: Bewährung und Fortentwicklung des Informationsfreiheitsrechts. Evaluierung des Informationsfreiheitsgesetzes des Bundes im Auftrag des Deutschen Bundestages, Baden-Baden 2013.

Zilkens, Martin/Beyer, Oliver: Informantenschutz inder Kommunalverwaltung von Nordrhein-Westfalen, DÖV 2001, 374 ff.

Zöllner, Wolfgang: Informationsordnung und Recht. Vortrag gehalten vor der Juristischen Gesellschaft zu Berlin am 25. Oktober 1989, Berlin 1990.

Zuck, Rüdiger: Das rechtliche Interesse auf Akteneinsicht im Zivilprozess, NJW 2010, 2913 ff.

Hinsichtlich der verwendeten Abkürzungen ist auf *Kirchner, Hildebert/Böttcher, Eike*, Abkürzungsverzeichnis der Rechtssprache, Berlin 8. Aufl. (2015) zu verweisen.

www.ingramcontent.com/pod-product-compliance
Ingram Content Group UK Ltd.
Pitfield, Milton Keynes, MK11 3LW, UK
UKHW021909290926
8980IPUK00015B/1146

9 783631 756829